Lições de
PROCESSO CIVIL
— RECURSOS —

Conselho Editorial
André Luís Callegari
Carlos Alberto Molinaro
César Landa Arroyo
Daniel Francisco Mitidiero
Darci Guimarães Ribeiro
Draiton Gonzaga de Souza
Elaine Harzheim Macedo
Eugênio Facchini Neto
Giovani Agostini Saavedra
Ingo Wolfgang Sarlet
José Antonio Montilla Martos
Jose Luiz Bolzan de Morais
José Maria Porras Ramirez
José Maria Rosa Tesheiner
Leandro Paulsen
Lenio Luiz Streck
Miguel Àngel Presno Linera
Paulo Antônio Caliendo Velloso da Silveira
Paulo Mota Pinto

Dados Internacionais de Catalogação na Publicação (CIP)

S2811   Scalabrin, Felipe.
        Lições de processo civil : recursos / Felipe Scalabrin, Miguel do Nascimento Costa, Guilherme Antunes da Cunha. – Porto Alegre : Livraria do Advogado, 2017.
        253 p. ; 25 cm.
        Inclui bibliografia.
        ISBN 978-85-69538-87-5

        1. Recursos (Direito). 2. Direito processual. 3. Processo civil. I. Costa, Miguel do Nascimento. II. Cunha, Guilherme Antunes da. III. Título.

CDU 347.955(81)
CDD 347.81077

Índice para catálogo sistemático:
1. Recursos (Direito)   347.955(81)

(Bibliotecária responsável: Sabrina Leal Araujo – CRB 10/1507)

Felipe Scalabrin
Miguel do Nascimento Costa
Guilherme Antunes da Cunha

Lições de
PROCESSO CIVIL
— RECURSOS —

livraria
DO ADVOGADO
editora

Porto Alegre, 2017

© Felipe Scalabrin
Miguel do Nascimento Costa
Guilherme Antunes da Cunha
2017

Capa, projeto gráfico e diagramação
Livraria do Advogado Editora

Revisão
Rosane Marques Borba

Imagem da capa
Stockphoto.com

Direitos desta edição reservados por
Livraria do Advogado Editora Ltda.
Rua Riachuelo, 1300
90010-273 Porto Alegre RS
Fone: 0800-51-7522
editora@livrariadoadvogado.com.br
www.doadvogado.com.br

Impresso no Brasil / Printed in Brazil

Sumário

Apresentação...11
Capítulo 1 – Pronunciamentos Judiciais..13
   1.1. Conceito 13
   1.2. Espécies..13
         1.2.1. Sentença 14
         1.2.2. Decisão interlocutória..16
         1.2.3. Despacho...17
         1.2.4. Decisão monocrática..18
         1.2.5 Acórdão..19
   1.3. Fiscalização dos pronunciamentos 19
         1.3.1. Remédios jurídicos..20
         1.3.2. Dever de fundamentação...20
         1.3.3. Observância dos precedentes..23
Capítulo 2 – Coisa julgada..26
   2.1. Noções fundamentais do instituto..26
   2.2. A coisa julgada no CPC 2015...29
   2.3. Modalidades de coisa julgada (formal e material)..........................30
   2.4. Limites da coisa julgada (objetivos e subjetivos).............................32
         2.4.1. Limites objetivos..32
         2.4.2 Limites subjetivos...34
   2.5. Preclusão expansiva do julgado ou eficácia preclusiva da coisa julgada....................36
Capítulo 3 – Fundamentos do direito de recorrer....................................39
Capítulo 4 – Recursos: conceito e classificação..41
   4.1. Conceito 41
   4.2. Classificações relevantes 42
         4.2.1. Recurso ordinário ou extraordinário.......................................42
         4.2.2. Recurso total ou parcial 43
         4.2.3. Recurso de fundamentação livre ou vinculada......................44
         4.2.4. Recurso principal ou recurso adesivo......................................44
   4.3. Quadro-sinótico...46
Capítulo 5 – Princípios fundamentais...47
   5.1. Princípio do duplo grau..47
   5.2. Princípio da taxatividade..48
   5.3. Princípio da singularidade – unirrecorribilidade – unidade.........49
   5.4. Princípio da fungibilidade...50
   5.5. Princípio da dialeticidade 51
   5.6. Princípio da voluntariedade..52

5.7. Princípio da irrecorribilidade das decisões interlocutórias..................................53
5.8. Princípio da complementaridade...53
5.9. Princípio da consumação...54
5.10. Princípio da proibição de *reformatio in pejus*...54
Capítulo 6 – Admissibilidade e mérito recursal 55
6.1. Introdução: admissibilidade *versus* mérito recursal...................................55
6.2. Admissibilidade recursal..57
    6.2.1. Requisitos intrínsecos 57
        6.2.1.1. Cabimento 58
        6.2.1.2. Legitimidade 58
        6.2.1.3. Interesse recursal..60
        6.2.1.4. Inexistência de fato impeditivo ou extintivo 62
    6.2.2. Requisitos extrínsecos..63
        6.2.2.1. Tempestividade..63
        6.2.2.2. Regularidade formal..65
        6.2.2.3. Preparo 66
6.3. Mérito recursal 68
Capítulo 7 – Efeitos dos recursos 70
7.1. Efeito obstativo 70
7.2. Efeito devolutivo...70
7.3. Efeito suspensivo..72
7.4. Efeito translativo 75
7.5. Efeito expansivo..75
7.6. Efeito substitutivo 77
7.7. Efeito regressivo 78
7.8. Efeito diferido...78
Capítulo 8 – Apelação..79
8.1. Conceito..79
8.2. Admissibilidade 80
8.3. Efeitos...81
8.4. Procedimento..89
8.5. Questões novas na apelação: possibilidade..90
Capítulo 9 – Agravos: uma apresentação conjunta 92
9.1. Introdução..92
9.2. Sistemática anterior..92
9.3. Sistemática atual...94
Capítulo 10 – Agravo de instrumento 97
10.1. Conceito 97
10.2. Admissibilidade 97
    10.2.1. Cabimento...97
    10.2.2. Demais requisitos 100
10.3. Efeitos e antecipação da tutela recursal..103
10.4. Procedimento 105
Capítulo 11 – Agravo Interno 107
11.1. Conceito 107
11.2. Admissibilidade..109
11.3. Efeitos...110
11.4. Procedimento..110
11.5. Questões controvertidas..111

11.5.1. Recurso manifestamente inadmissível e multa..111
11.5.2. Fungibilidade 112
Capítulo 12 – Embargos de declaração 113
12.1. Conceito..113
12.2. Admissibilidade 113
12.3. Efeitos..116
12.4. Procedimento 118
12.5. Questões controvertidas..118
    12.5.1. Prequestionamento provocado e prequestionamento ficto.....................118
    12.5.2. Sucessão de embargos declaratórios..119
    12.5.3. Recurso manifestamente protelatório e multa.......................................120
    12.5.4. Ratificação de recurso anterior 120
    12.5.5. Fungibilidade 121
Capítulo 13 – Recursos excepcionais..122
13.1. Introdução..122
13.2. Características 125
    13.2.1. Admissibilidade 125
    13.2.2. Exigem o esgotamento das instâncias ordinárias...................................127
    13.2.3. Exigem prequestionamento 127
    13.2.4. Não admitem reanálise do conjunto fático-probatório..........................128
    13.2.5. Interposição simultânea e fungibilidade 130
    13.2.6. O exame de admissibilidade é desdobrado 132
    13.2.7. Admitem a modalidade adesiva...132
    13.2.8. Desnecessidade de ratificação 133
13.3. Efeitos..133
    13.3.1. Efeito devolutivo 133
    13.3.2. Efeito suspensivo...134
13.4. Procedimento..136
13.5. Regime jurídico dos recursos repetitivos...140
Capítulo 14 – Recurso extraordinário..145
14.1. Conceito..145
14.2. Admissibilidade (cabimento)..146
    14.2.1. Condições genéricas...146
        14.2.1.1. Esgotamento das instâncias ordinárias..146
        14.2.1.2. Prequestionamento..147
        14.2.1.3. Repercussão geral 147
    14.2.3. Condições específicas...152
        14.2.3.1. Contrariar dispositivo da Constituição 153
        14.2.3.2. Declarar a inconstitucionalidade de tratado ou lei federal 153
        14.2.3.3. Julgar válida lei ou ato de governo local em face da Constituição 154
        14.2.3.4. Julgar válida lei local em face de lei federal.................................154
Capítulo 15 – Recurso especial..156
15.1. Conceito..156
15.2. Admissibilidade (cabimento) 157
    15.2.1. Condições genéricas 158
        15.2.1.1. Esgotamento das instâncias ordinárias nos tribunais 158
        15.2.1.2. Prequestionamento 158
    15.2.2. Condições específicas 158
        15.2.2.1. Contrariar tratado ou lei federal, ou negar-lhes vigência................158
        15.2.2.2. Julgar válido ato de governo local contestado em face de lei federal...159
        15.2.2.3. Dar interpretação divergente em lei federal: dissídio jurisprudencial...159

Capítulo 16 – Agravo de admissão (agravo em recurso especial e em recurso extraordinário) 162
16.1. Conceito 162
16.2. Admissibilidade 162
16.3. Efeitos 164
16.4. Procedimento 165

Capítulo 17 – Embargos de divergência 167
17.1. Conceito 167
17.2. Admissibilidade 168
17.3. Efeitos 169
17.4. Procedimento 170

Capítulo 18 – Recurso ordinário constitucional 172
18.1. Conceito 172
18.2. Admissibilidade 172
    18.2.1. Cabimento perante o Superior Tribunal de Justiça 173
    18.2.2. Cabimento perante o Supremo Tribunal Federal 173
18.3. Efeitos 174
18.4. Procedimento 175

Capítulo 19 – Incidente de resolução de demandas repetitivas 176
19.1. Conceito 176
19.2. Natureza jurídica 177
19.3. Pressupostos 178
    19.3.1. Efetiva repetição de processos sobre a mesma questão de direito 179
    19.3.2. Risco de ofensa à isonomia e à segurança jurídica 181
    19.3.3. Ausência de afetação da tese jurídica perante os tribunais superiores 181
19.4. Legitimidade 182
19.5. Efeitos 182
    19.5.1. Em razão da admissibilidade: suspensão dos processos 183
    19.5.2. Em razão do julgamento: fixação da tese para casos pendentes e futuros 185
19.6. Procedimento 187
    19.6.1. Instauração 187
    19.6.2. Juízo de admissibilidade 188
    19.6.3. Instrução 189
    19.6.4. Julgamento 190
    19.6.5. Recursos cabíveis 190
19.7. Revisão da tese 191

Capítulo 20 – Incidente de assunção de competência 194
20.1. Conceito 194
20.2. Natureza jurídica 195
20.3. Pressupostos 195
20.4. Legitimidade 197
20.5. Efeitos 197
    20.5.1. Em razão da admissibilidade: mudança da competência 197
    20.5.2. Em razão do julgamento: fixação da tese 198
20.6. Procedimento 198
    20.6.1. Instauração 199
    20.6.2. Juízo de admissibilidade 199
    20.6.3. Julgamento 199
20.7. Revisão da tese 200

Capítulo 21 – Ação rescisória..201
  21.1. Introdução..201
  21.2. Conceito e natureza jurídica...203
  21.3. Competência..206
  21.4. Cabimento (taxatividade legal) e previsão no novo CPC......................................208
    21.4.1. Prevaricação, concussão ou corrupção do juiz...210
    21.4.2. Impedimento ou incompetência absoluta..211
    21.4.3. Dolo, coação, simulação ou colusão entre as partes.....................................212
    21.4.4. Ofensa à coisa julgada..213
    21.4.5. Violação manifesta de norma jurídica..216
    21.4.6. Fundamento em prova falsa reconhecida em ação criminal ou na própria ação rescisória..218
    21.4.7. Prova nova cuja existência ignorava ou que não pode fazer uso..................219
    21.4.8. Fundamento em erro de fato verificável do exame dos autos......................220
  21.5. Legitimidade...221
    21.5.1. Legitimação ativa...221
    21.5.2. Legitimação passiva...222
  21.6. Da petição inicial: requisitos essenciais e depósito..222
  21.7. Possibilidade (ou não) de concessão de efeito suspensivo.....................................224
  21.8. Julgamento e natureza da decisão..226
  21.9. Recursos cabíveis...227
    21.9.1. Embargos de declaração...227
    21.9.2. Recurso especial e recurso extraordinário..228
    21.9.3. Agravo interno..228
    21.9.4. Impossibilidade de remessa necessária..229
  21.10. Decadência do direito à ação rescisória...229
  21.11. Dos institutos e regras processuais esparsas que têm relação com a ação rescisória...230

Capítulo 22 – Ação (declaratória) de nulidade ou ineficácia da sentença e a *querela nullitatis insanabilis*..232
  22.1. Breve apresentação..232
  22.2. Sobrevivência da *querela nullitatis* no direito brasileiro..233
  22.3. Cabimento da *querela nullitatis*..235
  22.4. Competência, forma, prazo para interposição e efeitos da decisão........................237

Capítulo 23 – Reclamação...239
  23.1. Conceito e considerações gerais..239
  23.2. Natureza jurídica..239
  23.3. Hipóteses de cabimento..240
  23.4. Competência, legitimidade e petição inicial...241
  23.5. Providências do relator...242
  23.6. Efeitos da decisão que julga a reclamação...242

Capítulo 24 – Mandado de segurança (em matéria recursal)...................................243
  24.1. Consideração inicial..243
  24.2. Breves notas conceituais e natureza jurídica...243
  24.3. Inviabilidade do mandado de segurança contra decisão judicial recorrível..........244
  24.4. Cabimento do mandado de segurança em face de ato judicial.............................245

Referências bibliográficas...249

Apresentação

Cumprindo a promessa inserta na primeira obra – *Lições de Processo Civil: Execuções* – quanto à continuidade e à incursão em outros ramos do direito processual civil, os autores ora apresentam a todos que se interessarem pelo tema, os seus estudos voltados aos recursos cíveis no direito brasileiro.

Com efeito, o Código de Processo Civil (Lei nº 13.105/2015), vigente há mais de ano, já é uma realidade colocada perante a comunidade jurídica nacional, presente nos bancos universitários e até nos tribunais de última instância recursal.

Todos aqueles que estudam o direito com um mínimo de comprometimento e seriedade, em algum momento, irão se deparar com o estudo da disciplina recursal, seus requisitos (intrínsecos e extrínsecos), seus efeitos, suas espécies, além das principais inovações, dos procedimentos, dos prazos, todos a incidir na solução de casos cotidianos.

Estudar os recursos cabíveis e previstos no Código de Processo Civil é capítulo essencial para a formação de qualquer estudante de direito, assim como para o desenvolvimento e a consolidação de todas as carreiras jurídicas. Trata-se de tema presente nas mais acaloradas discussões, em trabalhos de conclusão de cursos e até mesmo em dissertações de mestrado e teses de doutoramento. Os recursos cíveis influenciam inclusive outros ramos do direito, como o direito constitucional, o direito penal e o direito do trabalho, apenas para citar alguns.

Essa obra, em especial, constitui verdadeiro roteiro de estudos para os estudantes ainda em formação, bem como uma contribuição para os profissionais que cruzam a árdua transição do antigo regime (CPC/1973) para a nova sistemática (CPC/2015). É também uma obra voltada para todo aquele que desejar refletir sobre os avanços e retrocessos que o Novo Código de Processo Civil trouxe em matéria recursal.

Assim com nas *Lições* anteriores, os autores buscaram consolidar as suas aulas, palestras, discussões e inquietações em uma obra que, antes de encerrar qualquer debate, pretende provocar e fomentar novas reflexões, a fim de cumprir a missão de desenvolver a ciência processual civil dentro de uma perspectiva crítica, hermenêutica e epistemologicamente comprometida.

Miguel do Nascimento Costa | *Felipe Scalabrin* | *Guilherme Antunes da Cunha*

Capítulo 1 – Pronunciamentos Judiciais

1.1. Conceito

Ao juiz cabe dar impulso aos atos processuais (art. 2º, CPC/15). Mas nem todos os atos do juiz são decisórios. Assim, por exemplo, quando o juiz participa da audiência de instrução e julgamento ou quando faz a colheita de provas, não há, propriamente, um pronunciamento judicial.[1] *Pronunciamento judicial* (ou *provimento*[2]) é categoria de ato praticado pelo juiz, não abrangendo todos os atos, que adquire *relevância* no estudo dos recursos já que frequentemente o meio de impugnação se relaciona com a natureza do ato decisório.

Pronunciamentos judiciais são os atos decisórios, isto é, aqueles praticados pelo juiz para decidir sobre determinadas questões atinentes ao curso da relação processual ou da própria pretensão processual (o mérito da causa).[3]

1.2. Espécies

O Código de Processo Civil traz rol de pronunciamentos judiciais (arts. 203-204, CPC/15). No primeiro grau de jurisdição, são os seguintes pronunciamentos: sentença, decisão interlocutória e despacho. Já nos tribunais, têm-se decisão monocrática e acórdão.[4]

⇒ **Atos de mero expediente**: nada impede que atos de mero expediente, isto é, atos ordinatórios, sejam delegados aos servidores do Poder Judiciário, sempre possível a revisão pelo juiz (art. 93, XIV, CF; art. 203, § 4º, CPC/15). Tais atos são aqueles que não possuem caráter decisório e que objetivam apenas dar impulso ao processo, como ocorre com a juntada de documentos e petições e a vista obrigatória dos autos à parte contrária.

---

[1] MOREIRA, José Carlos Barbosa. *Comentários ao Código de Processo Civil*, vol. V. 12. ed. Rio de Janeiro: Forense, 2005, p. 240.
[2] BAPTISTA DA SILVA, Ovídio A. *Curso de Processo Civil*, vol. 1. 5. ed. São Paulo: Revista dos Tribunais, 2001, p. 200.
[3] Idem, ibidem.
[4] DIDIER JR., Fredie; CUNHA, Leonardo Carneiro da. *Curso de Direito Processual Civil*, vol. 3. 8. ed. Salvador: Juspodivm, 2010, p. 35. Há também quem considere que, nos tribunais, caso o pronunciamento do relator tenha reduzido caráter decisório, deverá ser considerado um despacho. Nessa linha, igualmente se poderiam identificar despachos no âmbito dos tribunais.

1.2.1. Sentença

O conceito de sentença já suscitava controvérsias perante o direito anterior (CPC/73, em especial após a Lei 11.232/05). O novo diploma processual, na tentativa de dissipar parte da polêmica, buscou aprimorar a definição legal. É preciso deixar claro, portanto, que existe um conceito legal de sentença.

Sentença é, ressalvadas as disposições expressas dos procedimentos especiais, o pronunciamento por meio do qual o juiz, com fundamento nos artigos 485 e 487, põe fim à fase cognitiva do procedimento comum em primeiro grau de jurisdição, bem como extingue a execução (art. 203, § 1º, CPC/15). Assim, em termos diretos, o conceito de sentença leva em consideração dois critérios: (a) o conteúdo do pronunciamento e; (b) o efeito que este ato causa no procedimento.[5]

Quanto ao conteúdo, para que determinada decisão seja considerada sentença, ela deve, necessariamente, tratar das matérias previstas nos artigos 485 e 487 do CPC/15. Trata-se, com efeito, de situações em que o juiz não examina o mérito em razão de alguma questão processual (art. 485, CPC/15) ou se debruça sobre a questão principal apresentada em juízo e, portanto, examina o mérito (art. 487, CPC/15). É aquilo que a doutrina considera sentença de mérito, sentença definitiva (art. 487, CPC/15); ou sentença processual, sentença terminativa (art. 485, CPC/15).

⇒ **Sentença definitiva** é aquela que efetivamente se debruça sobre a questão principal apresentada. Ela apresenta uma resolução acerca do mérito da causa. Vale registrar que a resolução do mérito é requisito para que haja coisa julgada material o que denota a relevância do tema. As hipóteses de resolução de mérito são de clara opção política e estão no art. 487, CPC/15. Enfim, são os seguintes casos: acolhimento ou rejeição do pedido (art. 487, I); prescrição e decadência (art. 487, II); reconhecimento jurídico do pedido (art. 487, III, *a*); transação (art. 487, III, b) e renúncia (art. 487, III, *c*).

⇒ **Sentença terminativa**: é aquela que pode encerrar a fase de conhecimento sem apreciar a questão principal. Ela não aprecia o mérito da causa. A sentença terminativa, basicamente, declara que a parte não possui direito à tutela jurisdicional para aquele caso. Como ela pode extinguir o processo, mas não apresentar resolução definitiva para a questão apresentada em juízo, a parte poderá propor novamente a ação (art. 486, CPC/15). Eventuais vícios, porém, devem ser corrigidos (art. 486, §§ 1º, 2º). É dizer: a causa para a não apreciação do mérito deverá ser sanada na próxima ação. São hipóteses de sentença terminativa: a) indeferimento da petição inicial; b) paralisação do processo por período superior a um ano por negligência das partes; c) abandono da causa pelo autor; d) ausência de pressupostos de constituição e desenvolvimento válido e regular do processo; e) existência de perempção, coisa julgada ou litispendência; f) ausência de legitimidade ou de interesse; g) existência de convenção de

---

[5] Não é pretensão aqui aprofundar o tormentoso tema do que se entende por sentença. Com ampla bibliografia sobre o tema, vide: BAPTISTA DA SILVA, Ovídio A. Sentença condenatória na Lei 11.232. *Revista Jurídica*. Porto Alegre, notadez informação, n. 345, p. 11-20, jul, 2006. MITIDIERO, Daniel. Conceito de Sentença. In: ALVARO DE OLIVEIRA, Carlos Alberto (Coord.). *A nova execução: comentários à Lei 11.232, de 22 de dezembro de 2005*. Rio de Janeiro: Forense: 2006; MOREIRA, José Carlos Barbosa. A nova definição de sentença. *Revista de Processo*, nº 136. São Paulo: Revista dos Tribunais, junho de 2006; CRAMER, Ronaldo. Ação Rescisória por violação de norma jurídica. 2. ed. Salvador: Juspodivm, 2012; SCALABRIN, Felipe. A partir de quando incide a multa de 10% do art. 475-J? Anotação sobre a Súmula nº 517 do STJ. *Revista Eletrônica de Direito Processual*, v. 15, p. 150-164, 2015.

arbitragem ou quando o juízo arbitral reconhecer sua competência; h) desistência da ação; i) morte da parte quando se tratar de direito intransmissível.

Quanto ao efeito processual, para que o pronunciamento seja considerado sentença, é necessário que haja o desfecho de determinada fase procedimental. Assim, quando encerrado o módulo de cognição, será possível considerar o ato decisório uma sentença. De fato, a última decisão de primeiro grau acerca do acertamento ou não daquilo que se controverte em juízo é a sentença. Se o efeito do pronunciamento for o encerramento do módulo de conhecimento em primeiro grau de jurisdição, sentença será.

A solução legislativa, porém, é bastante heterogênea. O conceito de sentença poderá variar conforme variam os procedimentos. Assim, é possível que haja definição diversa do que se considera sentença nos procedimentos especiais (art. 203, § 1º, primeira parte, CPC/15). Há aí, talvez alguma incompreensão sobre os procedimentos especiais que não cabe aqui debater. Também na execução o conceito é outro. O ato decisório que encerra a execução é considerado sentença. Os casos de extinção da execução estão igualmente previstos em lei, conquanto o rol claramente não seja exaustivo (art. 924, CPC/15). Com efeito, no processo de execução (seja cumprimento de sentença, seja ação de execução), a sentença não depende de conteúdo determinado para ser considerada como tal.[6]

Digressões à parte, a sentença ainda ostenta relevante papel na relação processual, já que é ela que apresenta a solução para a controvérsia jurídica levada à juízo. A sua definição também apresenta resultado prático: é que cada pronunciamento judicial é combatido por recursos próprios. A sentença é combatida por meio de apelação (art. 1.009, CPC/15); a decisão interlocutória é, em alguns casos, combatida por agravo de instrumento (art. 1.015, CPC/15).

A sentença também conta com alguns elementos essenciais (requisitos). São eles: o relatório, os fundamentos e o dispositivo (art. 489, CPC/15).

Quanto ao relatório, trata-se de uma síntese daquilo que foi documentado nos autos, incluídas as pretensões das partes. O relatório deve contar com os nomes das partes, a identificação do caso, com a suma do pedido e da contestação, e o registro das principais ocorrências havidas no andamento do processo (art. 489, I, CPC/15). Vale registrar, também, que a sentença proferida nos Juizados Especiais, em razão da sua simplicidade, dispensa relatório (art. 38, Lei 9.099/95).

Quanto aos fundamentos, trata-se de manifestação do dever de fundamentação dos pronunciamentos judiciais. De fato, no Estado Democrático, todos os atos do Poder Público devem ser justificados; todas as decisões devem ser motivadas (art. 93, IX, CF/88). O órgão julgador tem o dever, portanto, de apresentar as razões pelas quais a decisão foi naquele ou noutro sentido, analisando as questões de fato e de direito versadas nos autos (art. 489, II, CPC/15

---

[6] Acerca da sentença no âmbito da execução, remete-se o leitor às *Lições* sobre o tema (ANTUNES DA CUNHA, Guilherme Cardoso; COSTA, Miguel do Nascimento; SCALABRIN, Felipe. *Lições de processo civil: execução* – conforme o novo CPC de 2015. Porto Alegre: Livraria do Advogado, 2015).

c/c art. 489, §§ 1º e 2º, CPC/15). O dever de fundamentação, pela sua relevância, receberá especial atenção em tópico seguinte.

Quanto ao dispositivo, trata-se do desfecho do ato decisório em que se evidenciará o atendimento, ou não, do pedido formulado pela parte. É através do dispositivo que o órgão judicial resolve as questões principais que lhe foram submetidas (art. 489, III, CPC/15). Normalmente, como é o dispositivo que estampa o atendimento ou não do pedido, é nele que se verificarão os limites da imutabilidade do pronunciamento judicial. Em síntese: é o dispositivo que estabelece os limites objetivos da coisa julgada (vide art. 502; art. 504, CPC/15).

Considerada um dos mais relevantes atos processuais, a sentença também produz uma série de efeitos (ou eficácias). Assim, são efeitos da sentença:

a) **Eficácia Principal**: é aquela que decorre diretamente do pedido. Ela diz respeito à tutela da situação jurídica controvertida;[7]

b) **Eficácia Reflexa**: é aquela que repercute em situações jurídicas alheias ao processo (exemplo: o desfazimento da sublocação na ação de despejo);

c) **Eficácia Anexa**: é aquela que evidencia as consequências secundárias que surgem por imposição legal (eficácia *ope legis*). (exemplo: a hipoteca judiciária – art. 495, CPC/15);

d) **Eficácia Probatória**: enquanto documento público, a sentença é prova de sua própria existência, muito embora ela seja prova do exame dos fatos, e não dos fatos em si.

Por fim, frise-se, a sentença certamente *não é* um ato de manifestação dos sentimentos do órgão judicial,[8] mas sim exposição idônea e racional da argumentação jurídica necessária ao atendimento, ou não, do pleito versado na relação processual.

1.2.2. Decisão interlocutória

Decisão interlocutória é o pronunciamento judicial de natureza decisória que não se enquadre no conceito de sentença (art. 203, § 2º, CPC/15). Com efeito, o conceito é obtido por exclusão. Se o pronunciamento judicial ostentar

---

[7] A eficácia principal da sentença já foi objeto de intenso debate na doutrina. Apenas para exemplificar, Pontes de Miranda defendia a chamada teoria quinária da eficácia das sentenças, segundo a qual o pronunciamento judicial contaria com diferentes cargas a depender do resultado pretendido. Para essa corrente, seriam as seguintes cargas de eficácia: a) declaratória; b) constitutiva; c) condenatória; d) mandamental; e) executiva *lato sensu*; Não é pretensão destas *Lições*, porém, adentrar em tão polêmico tema. Confira-se, no ponto: BAPTISTA DA SILVA, Ovídio. A. *Jurisdição, direito material e processo*. Rio de Janeiro: Forense: 2008, p. 193-262.

[8] Lenio Streck, por exemplo, parte de uma visão de mundo calcada na linguagem, derivada de Wittgenstein, passando por Heidegger e Gadamer, para assentar que houve uma virada linguística na tentativa de afastar a concepção filosófica centrada no sujeito (filosofia da consciência) para uma filosofia de mundo centrada na linguagem (filosofia da linguagem). Nesse passo, ao abarcar essa nova perspectiva filosófica, Streck busca, a seu modo, desconstruir o subjetivismo do ato decisório. Sobre essa "viragem linguística", vide: STRECK, Lenio Luiz. *Hermenêutica jurídica e(m) crise: uma exploração hermenêutica da construção do direito*. 10. ed. Porto Alegre: Livraria do Advogado, 2011, p. 231-298.

caráter decisório, mas não preencher os requisitos para ser considerado uma sentença, será uma decisão interlocutória.

Verifica-se, pois, que quanto ao conteúdo, a decisão interlocutória pode tratar do mérito da causa ou não. Aliás, o julgamento antecipado parcial de mérito é ótimo exemplo de decisão interlocutória já que, mesmo uma parcela da questão principal, não colocou fim ao processo (art. 356, CPC/15). Haverá, aí, nítida natureza decisória com conteúdo meritório, mas não sentença.

São outros exemplos clássicos de decisões interlocutórias: (a) deferimento ou indeferimento de produção de provas; (b) concessão de medidas urgentes, como a tutela antecipada; (c) admissão ou não de recursos e exame de seus efeitos; (d) reconhecimento de nulidades processuais; (e) deferimento ou indeferimento de medidas executivas;[9] (f) deferimento ou indeferimento de assistência judiciária gratuita.

Uma das principais mudanças do novo diploma processual foi reduzir a recorribilidade das decisões interlocutórias. Antes, toda a decisão interlocutória "suscetível de causar à parte lesão grave e de difícil reparação" podia ser combatida por agravo de instrumento (art. 522, CPC/73). Agora, apenas as decisões interlocutórias com *determinado conteúdo* podem ser combatidas pelo citado recurso (art. 1.015, CPC/15) e, se a decisão não comportar agravo de instrumento, a questão não será coberta pela preclusão, devendo ser suscitada em preliminar de apelação (art. 1.009, § 1º, CPC/15). Já há, porém, quem considere o rol meramente exemplificativo.[10]

Para determinado segmento da doutrina, a decisão interlocutória que tiver a potencialidade de causar gravame de difícil ou impossível reparação, e cujo conteúdo não autorize o manejo do agravo de instrumento, poderia ser confrontada por mandado de segurança.[11] O tema, porém, é controvertido já que: (a) o propósito do rol taxativo é justamente reduzir as vias impugnativas, o que não ocorreria se admissível o mandado de segurança; (b) não cabe mandado de segurança quando a decisão é recorrível (art. 5º, II, Lei 12.016/09) e, no caso, a decisão pode ser impugnada por ocasião da apelação, de modo que há recorribilidade, ainda que diferida.

1.2.3. Despacho

Nos termos do art. 203, § 3º, CPC/15, "são despachos todos os demais pronunciamentos do juiz praticados no processo, de ofício ou a requerimento da parte". Trata-se de conceito, novamente, obtido por exclusão. Quando não se tratar de sentença ou de decisão interlocutória, estar-se-á diante de um despacho.

---

[9] MEDINA, José Miguel Garcia; ALVIM, Teresa Arruda. *Recursos e ações autônomas de impugnação* (Processo civil moderno, v. 2). 3. ed. São Paulo: Revista dos Tribunais, 2013, p. 44.

[10] Assim: NEVES, Daniel Amorim Assumpção. *Manual de Direito Processual Civil: volume único*. 8. ed. Salvador: Juspodivm, 2016, p. 1.561.

[11] NERY JÚNIOR, Nelson; NERY, Rosa Maria. *Comentários ao Código de Processo Civil*: novo CPC – Lei 13.105/2015. São Paulo: Revista dos Tribunais, 2015, p. 2.078.

Como a definição se apresenta claramente deficitária, há quem considere que despacho é o pronunciamento judicial cujo conteúdo decisório é pouco significativo ou de reduzida densidade interpretativa.[12] Há, bem da verdade, discussão na doutrina sobre o fato de o despacho possuir ou não caráter decisório.[13] Normalmente, o impulso do processo ocorre mediante meros despachos. Por esta razão, o STJ já considerava que os despachos não possuem caráter decisório (REsp 195.848/MG). Esse, de fato, é o ponto distintivo: os despachos são pronunciamentos judiciais sem relevante carga decisória (art. 203, § 2º, c/c § 3º, CPC/15).[14]

Registre-se que dos despachos não cabe recurso (art. 1.001, CPC/15).

⇒ **Natureza decisória**: o grande problema é diferenciar decisões que possuam conteúdo decisório ou não. A distinção é relevantíssima, pois, como visto, dos despachos não cabe recurso e das decisões interlocutórias, caberá agravo de instrumento ou possível reexame da questão na apelação. Para o STJ, a solução é considerar a existência ou não de prejuízo às partes. Assim, se o pronunciamento judicial, de algum modo, causar gravame às partes, deve ser considerado de natureza decisória (vide, nesse sentido: REsp 351.659/SP).

⇒ **Flagrante equívoco**: há doutrina que defende[15] o cabimento de recurso quando houver "erro flagrante" cometido pelo cartório e endossado pelo juiz. Neste caso, não se trata propriamente de decisão interlocutória, mas de legítimo "despacho recorrível" e, na falta de previsão legal, o recurso seria o agravo (art. 522, CPC/73).

Merece destaque também o paradigmático caso do Resp 215.170/CE. Neste julgado, o STJ firmou entendimento de que a regra do art. 504, CPC/73 (reproduzida no art. 1.001, CPC/15), não é absoluta, ou seja, os despachos podem sim, eventualmente, ser recorríveis, caso haja "conteúdo decisório" do ato judicial e que cause prejuízo à parte.

1.2.4. Decisão monocrática

Decisão monocrática é o pronunciamento judicial realizado por órgão judicial individual vinculado a determinado tribunal. Verifica-se que, como regra geral, os pronunciamentos judiciais nos tribunais são tomados de forma colegiada – por uma turma, câmara, seção ou outro órgão. A doutrina inclusive alude ao chamado "princípio da colegialidade" segundo o qual as decisões, nos tribunais, devem ser tomadas de forma coletiva, e não individual.

Ocorre que, por expressa disposição legal, variadas decisões podem ser tomadas de forma singular (individual, unipessoal). Assim, o pronunciamento

---

[12] MEDINA, José Miguel Garcia; ALVIM, Teresa Arruda. *Recursos e ações autônomas de impugnação* (Processo civil moderno, v. 2), op. cit., p. 44.

[13] MOREIRA, José Carlos Barbosa. *Comentários ao Código de Processo Civil*, op. cit., p. 243-245.

[14] São exemplos de despachos: a designação de uma audiência, a ordem de intimação das partes, a intimação de uma testemunha, a ordem de vista quanto a algum documento etc. (BAPTISTA DA SILVA, Ovídio A. *Curso de Processo Civil*, vol. 1. 5. ed. São Paulo: Revista dos Tribunais, 2001, p. 202).

[15] MEDINA, José Miguel Garcia; ALVIM, Teresa Arruda. *Recursos e ações autônomas de impugnação*, op. cit., p. 92.

judicial realizado por apenas um membro do tribunal é considerado decisão monocrática. Registre-se que muitos consideram a decisão monocrática uma espécie de decisão interlocutória proferida nos tribunais. A decisão monocrática é impugnável por agravo interno (art. 1.021, CPC/15).

O CPC/15 privilegia as decisões monocráticas na medida em que há autorização legal para que inúmeras questões sejam resolvidas sem a presença do colegiado nos tribunais. De fato, quando os autos são remetidos para determinado tribunal, o primeiro ato é o de distribuição e encaminhamento para um relator (art. 931, CPC/15), que poderá tomar determinadas decisões (art. 932, CPC/15).

> ⇒ **Poderes do Relator**: nos tribunais, o relator de determinado recurso tem amplos poderes. Além de conduzir o processo mediante controle de sua admissibilidade, ele pode, por decisão monocrática:
>
> a) **negar provimento** ao recurso que for contrário a súmula do Supremo Tribunal Federal, do Superior Tribunal de Justiça ou do próprio tribunal; acórdão proferido pelo Supremo Tribunal Federal ou pelo Superior Tribunal de Justiça em julgamento de recursos repetitivos; entendimento firmado em incidente de resolução de demandas repetitivas ou de assunção de competência;
>
> b) **dar provimento** ao recurso se a decisão recorrida for contrária a súmula do Supremo Tribunal Federal, do Superior Tribunal de Justiça ou do próprio tribunal; acórdão proferido pelo Supremo Tribunal Federal ou pelo Superior Tribunal de Justiça em julgamento de recursos repetitivos; entendimento firmado em incidente de resolução de demandas repetitivas ou de assunção de competência (art. 932, IV e V, CPC/15).

1.2.5 Acórdão

Acórdão é o pronunciamento judicial realizado por órgão judicial coletivo do tribunal. Trata-se, pois, de decisão colegiada, isto é, tomada por mais de um magistrado (juízes de segundo grau, desembargadores ou ministros). Assim, o acórdão é composto dos *votos* daqueles que participaram do julgamento. O primeiro a elaborar voto é o relator (art. 931, CPC/15). Após a tramitação no tribunal, os demais integrantes do colegiado também irão votar e, ao final, é anunciado o resultado do julgamento e redigido o acórdão (art. 941, CPC/15).

1.3. Fiscalização dos pronunciamentos

A sindicância dos atos do Poder Público é elemento central para o bom andamento de um Estado Democrático de Direito.[16] Aliás, a história do constitucionalismo que permeia todos os ramos do Direito é justamente a história do controle do Poder. Nessa linha, seria intolerável a ausência de meios de controle dos pronunciamentos judiciais. Os juízes, enquanto legítimos agentes de poder do Estado, podem e devem ter a sua atuação devidamente fiscalizada.

---

[16] Vide, no ponto: COSTA, Miguel do Nascimento. Direito Fundamental à resposta correta e adequada à Constituição. In: *Constituição, Economia e Desenvolvimento: Revista da Academia Brasileira de Direito Constitucional*. Curitiba, 2013, vol. 5, n. 8, Jan.-Jun, p. 170-189.

O Direito Processual Civil, dando concretude aos desígnios constitucionais, no plano dogmático, revela variadas formas de fiscalização dos pronunciamentos judiciais. Para tanto: (a) existem inúmeros instrumentos processuais, isto é, *remédios* que autorizam a revisão das decisões; (b) há igualmente específicos deveres relacionados com o modo de decidir e que combram uma *motivação* adequada dos pronunciamentos; (c) identifica-se também uma vinculação da atividade jurisdicional à história institucional revelada através de *precedentes judiciais*.

1.3.1. Remédios jurídicos

O direito positivo vigente prevê diversas formas distintas de se combater um pronunciamento judicial. Às vezes, é possível a irresignação no próprio processo; noutros casos, somente é possível a discussão com a instauração de processo novo (nova relação processual). Os recursos são os remédios jurídicos por excelência para o combate contra as decisões, mas não os únicos. Ao lado deles, têm-se, ainda, as ações autônomas de impugnação e os sucedâneos recursais.[17] A seguir, confira-se breve distinção entre cada um:

a) **Recurso**: é o meio de impugnação que ocorre dentro do mesmo processo, mediante conduta voluntária da parte. Na lição de Barbosa Moreira, é o "remédio voluntário, idôneo a ensejar, dentro do mesmo processo, a reforma, a invalidação, o esclarecimento ou a integração de decisão judicial que se impugna".[18] O tema será aprofundado em tópico próprio;

b) **Ação autônoma**: é o meio de impugnação que dá origem a uma relação jurídica processual nova (processo novo). São exemplos de ação autônoma: ação rescisória; reclamação; *querela nullitatis*; embargos de terceiro; mandado de segurança contra ato judicial;

c) **Sucedâneo recursal**: é o meio de impugnação que não se enquadra no conceito de recurso e nem na noção de ação autônoma. Trata-se de conceito por exclusão. Há divergência na doutrina sobre quais impugnações podem ser consideradas sucedâneos. São alguns exemplos: remessa necessária, pedido de reconsideração e pedido de suspensão de segurança (art. 4º da Lei 8.437/92).

Ao longo destas *Lições*, os remédios jurídicos serão abordados – desde os recursos e sua Teoria Geral, como também as ações autônomas de impugnação e certos sucedâneos recursais. Há, pois, vasto espaço para o controle dos provimentos mediante emprego dos respectivos remédios jurídicos.

1.3.2. Dever de fundamentação

A crise no cumprimento do dever de fundamentação das decisões judiciais certamente colaborou para o aprofundamento do tema pelo CPC/15. De

---

[17] ASSIS, Araken de. *Manual dos Recursos*. 5. ed. São Paulo: Revista dos Tribunais, 2013, p. 45.
[18] MOREIRA, José Carlos Barbosa. *Comentários ao Código de Processo Civil*, op. cit., p. 233.

fato, a imposição de justificar os pronunciamentos, mesmo com respaldo em diretriz constitucional (art. 93, IX, CF/88), conflita com a indigesta realidade forense. A massificação dos conflitos e a açodada perseguição pela razoável duração, constantemente imposta por todos os protagonistas da esfera judicial, em nada contribuem para aquele que deveria ser um dos mais caros direitos fundamentais do cidadão: *a motivação das decisões judiciais*.

O tema ostenta relevantíssima consequência prática: *é a fundamentação que permite o controle dos pronunciamentos judiciais através dos remédios jurídicos anteriormente tratados*. Além disso, é a motivação que confere legitimidade ao Poder Judiciário enquanto integrante do Estado Democrático.[19]

Neste particular, cumpre afirmar que o magistrado não é um mero "repetidor da lei",[20] como ocorria no passado (Estado Liberal), mas sim um ator do processo interpretativo em que o texto do dispositivo legal se torna norma jurídica: "a 'norma' representa o produto da interpretação de um texto, isto é, produto da interpretação da regra jurídica realizada a partir da materialidade principiológica",[21] pois o *sentido* não está no *texto*, o sentido é dado pelo intérprete.[22] É preciso enfatizar o ponto: *não há liberdade no sentido a ser dado ao texto pelo órgão judicial*. O juiz não parte de um marco zero de interpretação e nem pode se valer de suas impressões pessoais para chegar à solução do caso. Pelo contrário: fundamentar adequadamente é identificar a referibilidade da situação concreta com a própria ordem jurídica vigente.

É por isso que todas as decisões devem ser fundamentadas, sob pena de nulidade (art. 11, CPC/15). Nesse particular, ainda que tímido, houve avanço. O legislador trouxe um verdadeiro "roteiro" com as hipóteses em que não se considera fundamentado determinado pronunciamento e "uma interpretação *a contrario sensu* permite identificar com clareza quais as premissas para que a justificação seja adequada".[23] Desse modo, são os seguintes deveres relacionados com a fundamentação (art. 489, §§ 1º e 2º, CPC/15):

a) **Explicar a relação da causa ou da questão jurídica com o ato normativo**: trata-se aqui de explicitar o relacionamento entre a situação de fato com a solução jurídica prevista. Significa, pois, que não é dado ao julgador apenas reproduzir ou parafrasear texto de lei. É necessário expor a relação de pertinência concretamente existente entre ambos. Vale ainda anotar que não se trata de mera subsunção silogística entre "ato normativo" e "questão jurídica", mas verdadeira reconstrução da previsão normativa com a realidade de modo a alcançar a norma jurídica constitucionalmente adequada e correta para o caso;[24]

---

[19] SANTANNA, Gustavo; SCALABRIN, Felipe. *A legitimação pela fundamentação*: anotação ao art. 489, § 1º e § 2º, do novo Código de Processo Civil. *Revista de processo*, vol. 255, p. 17-140, mai/2016.

[20] Idem, ibidem.

[21] STRECK, Lenio Luiz. *Verdade e consenso*: constituição, hermenêutica e teorias discursivas da possibilidade à necessidade de respostas corretas em direito. 3.ed. Rio de Janeiro: Lumen Juris, 2010, p. 504.

[22] BAPTISTA DA SILVA, Ovídio. A. *Jurisdição, direito material e processo*. Rio de Janeiro: Forense: 2008, p. 145.

[23] SANTANNA, Gustavo; SCALABRIN, Felipe. *A legitimação pela fundamentação*, op. cit.

[24] STRECK, Lenio Luiz. Aplicar a "letra da lei" é uma atitude positivista? *Revista Novos Estudos Jurídicos (NEJ)*, vol. 15, n. 1, p. 158-173, jan./abr., 2010, p. 159.

b) *Explicar o motivo concreto do emprego de conceito jurídico indeterminado*: aponta-se que a atribuição de sentido não pode ser dissociada de suas condicionantes reais. Assim, a determinação de uma proposição aberta cobra justificação para os limites dados à definição pelo intérprete. Vale frisar que a atribuição de sentido não é um ato meramente reprodutivo, mas sim produtivo daquilo que algo juridicamente é;[25]

c) *Apresentar fundamentação individualizada para o caso em exame*: o diploma processual veda expressamente a chamada fundamentação genérica. Dessa forma, se uma mesma decisão pode ser utilizada indistintamente para vários casos, significa que ela não tratou de qualquer caso e, portanto, é nula;

d) *Enfrentar todos os argumentos deduzidos e capazes de infirmar, em tese, a conclusão adotada*: trata-se do dever de apresentar uma resposta completa para a controvérsia apresentada.[26] Há posição doutrinária no sentido de que "apenas os argumentos relevantes", compreendidos como aqueles capazes de infirmar, em tese, a conclusão do magistrado é que são de obrigatória análise;[27]

c) *Identificar os fundamentos determinantes de precedente ou enunciado de súmula aplicável e demonstrar a relação entre a causa e tais fundamentos*: a valorização dos precedentes é considerada um dos pontos centrais do Novo Código de Processo Civil. Nesse sentido, ao decidir com base em precedentes ou súmulas, deve o órgão judicial apresentar razões concretas que demonstram a correlação entre o caso passado e o caso em exame;

d) *Demonstrar a existência de distinção ou superação de entendimento no julgamento para deixar de seguir enunciado de súmula, jurisprudência ou precedente invocado pela parte*: na mesma esteira do dever anterior, deixar de aplicar uma orientação pretérita cobra a justificação quanto à diferença. É que não é dado ao juiz julgar casos idênticos de forma diferente. Há, aí, direta violação à igualdade. A valorização dos casos pretéritos representa, pois, um dever de seu respeito pelo órgão jurisdicional de modo a assegurar que casos idênticos tenham uma resposta judicial de igual medida;

e) *Justificar os critérios gerais de ponderação no caso de colisão de normas, enunciando as razões que autorizam a interferência na norma afastada e as premissas fáticas que fundamentam a conclusão*: ainda

---

[25] STRECK, Lenio Luiz. *Hermenêutica jurídica e(m) crise*: uma exploração hermenêutica da construção do direito. 8.ed. Porto Alegre: Livraria do Advogado, 2009, p. 220.

[26] "A exigência de que a motivação seja completa, abrangendo tanto a versão aceita pelo julgador quanto as razões pelas quais ele recusara a versão oposta é fundamental para que o convencimento judicial alcance o nível de racionalidade exigido pela lei" (BAPTISTA DA SILVA, Ovídio. A. *Jurisdição, direito material e processo*. Rio de Janeiro: Forense: 2008, p. 150).

[27] MARINONI, Luiz Guilherme; ARENHART, Sérgio Cruz; MITIDIERO, Daniel. *Novo Código de Processo Civil comentado*. São Paulo: Revista dos Tribunais, 2015, p. 493.

que criticável,[28] a utilização da ponderação no direito brasileiro é um dado incontestável. Inúmeras decisões cotidianamente são tomadas através de um juízo de proporcionalidade entre textos e ou princípios em conflito. Partindo dessa premissa, o novo diploma processual expressamente prevê que o órgão judicial deve explicar racionalmente os critérios utilizados para ponderar proposições jurídicas. Significa dizer que o "emprego da ponderação agora passa pelo necessário controle de justificação, razão pela qual vai reafirmado que não é mais dado ao magistrado deixar de aplicar a lei através do genérico trunfo dos princípios".[29]

Desse modo, todo o pronunciamento judicial de relevante caráter decisório deve ser fundamentado e, mais, deve ser adequadamente fundamentado. Como se trata de um dever, o pronunciamento que se omite quanto a algum dos pontos acima poderá ser confrontado pelo recurso de embargos de declaração (vide art. 1.022, parágrafo único, CPC/15) e, como se trata de causa de nulidade, também poderá ser enfretado por outros remédios jurídicos eventualmente cabíveis (por exemplo: a sentença com deficiência de fundamentação ainda poderá ser cobatida por meio de apelação).

1.3.3. Observância dos precedentes

Outro tema fundamental diz respeito à necessidade de observância dos precedentes. A preocupação com a uniformidade na aplicação do direito foi tamanha que o texto legal expressamente aduz que "os tribunais devem uniformizar a sua jurisprudência e mantê-la íntegra, estável e coerente" (art. 926, CPC/15).

Pretende-se, aí, uma *verdadeira mudança cultural*. É que, infelizmente, a história judicial recente revela dado inusitado: muitos juízes não respeitam a orientação dos seus tribunais; os próprios tribunais (locais), por sua vez, não observam as decisões dos tribunais superiores! Formam-se teses consolidadas a respeito de determinadas matérias e, mesmo assim, alguns órgãos judiciais, em flagrante afronta à necessidade de tratamento isonômico (art. 5º, *caput*, CF/88), simplesmente não observam a tese fixada. A insegurança jurídica salta aos olhos.

Na tentativa de mitigar tais efeitos, o diploma processual aponta que determinadas orientações *devem ser observadas* pelos juízes e tribunais. São as seguintes: (a) as decisões do Supremo Tribunal Federal em controle concentrado de constitucionalidade; (b) os enunciados de súmula vinculante; (c) os acórdãos em incidente de assunção de competência ou de resolução de demandas repetitivas e em julgamento de recursos extraordinário e especial repetitivos; (d) os enunciados das súmulas do Supremo Tribunal Federal em matéria cons-

---

[28] SCALABRIN, Felipe. As Deficiências da Teoria da Argumentação Jurídica: uma análise da recepção da hermenêutica filosófica no Direito. *Revista Crítica do Direito*, v. 66, p. 62, 2015.

[29] SANTANNA, Gustavo; SCALABRIN, Felipe. *A legitimação pela fundamentação*: anotação ao art. 489, § 1º e § 2º, do novo Código de Processo Civil, op. cit.

titucional e do Superior Tribunal de Justiça em matéria infraconstitucional; (e) a orientação do plenário ou do órgão especial aos quais estiverem vinculados (art. 927, CPC/15).

O advento dos já chamados *precedentes obrigatórios* exigirá esforço da comunidade jurídica no futuro próximo. Afinal, somente as decisões acima tratadas são obrigatórias? Aliás, há mesmo uma imposição na sua observância? Qual a penalidade pela desobediência? O que ocorre com o juiz que não segue os precedentes? Somente a maturação insitucional trará resposta segura para tantas indagações.

Apesar da ampla controvérsia, algumas *indicações* podem ser apresentadas.[30]

Quanto ao seu conceito, Michele Taruffo esclarece que o precedente oferece uma regra a ser aplicada como critério de decisão no caso sucessivo em função da identidade ou semelhança (os fatos serão sempre ontologicamente diferentes) entre a situação do primeiro caso e os fatos do segundo caso. Essa identidade não é determinada de forma automática, mas depende diretamente da fundamentação da decisão, caso sejam prevalentes os elementos de ambos os casos. É, pois, o juiz quem estabelece se existe ou não precedente para o caso a ser decidido. Assim, a aplicação ou não do precedente está fundada na análise dos fatos.[31]

Quanto ao seu papel na ordem jurídica, haja vista que a novel lei processual trata expressamente de *coerência,* vale apontar, brevemente, o que seria coerência e integridade das decisões. São conceitos provenientes da doutrina de *Ronald Dworkin,* em especial em suas obras *Levando os Direitos a Sério*[32] e *Império do Direito.*[33] Nessas obras, entre tantas contribuições, o autor defende que a *coerência* assegura igualdade de tratamento e aplicação do direito. Os casos semelhantes devem ter igual consideração por parte do Poder Judiciário. Já a *integridade* exige que os juízes construam seus argumentos de forma integrada ao conjunto do Direito (lei, CF, doutrina, jurisprudência – fontes do Direito). Trata-se de garantia contra arbitrariedades interpretativas (como por vezes se lê: "é como penso; é como voto"). A ideia nuclear da coerência e da integridade é a concretização da igualdade que, por sua vez, está justificada a partir da concepção de dignidade da pessoa humana. Não há Estado Democrático de Direito sem integridade e coerência na aplicação do Direito por parte do Po-

---

[30] Não há qualquer pretensão de exaurir tema de tão elevada complexidade neste ponto, mas tão somente uma introdução ao estudo dos precedentes no direito brasileiro. Com amplas referências, vide CUNHA, Guilherme Cardoso Antunes da; REIS, Maurício Martins. Por uma teoria dos precedentes obrigatórios conformada dialeticamente ao controle concreto de constitucionalidade. *Revista de Processo*, São Paulo, v. 39, n. 235, p. 263-292, set. 2014.

[31] TARUFFO, Michele. Precedente e jurisprudência. In: *Revista de Processo,* ano 36, volume 199, setembro/2011. Revista dos Tribunais, 2011, p. 142-143. É base teórica de Michele Taruffo, no que se refere aos precedentes no Direito Inglês, a doutrina de Rupert Cross e de J. W. Harris (El precedente en el Derecho inglês. Madrid: Marcial Pons, 2012).

[32] DWORKIN, Ronald. *Levando os direitos a sério.* Tradução de Jefferson Luiz Camargo e revisão técnica de Gildo Sá Leitão Rios. 2. ed. São Paulo: Martins Fontes, 2007, p. 271.331.

[33] DWORKIN, Ronald. *O império do direito.* Tradução de Nelson Boeira. 3. ed. São Paulo: WMF Martins Fontes, 2010, p. 127-203.

der Judiciário. Como diria Lenio Streck, o aplicador do Direito não pode *dar o drible da vaca hermenêutico*. Deve respeito à *cadeia discursiva* criada ao longo do desenvolvimento do Direito.

Essa *uniformidade*, um dos fundamentos dos recursos, é feita pelos Tribunais Superiores e pelo Supremo Tribunal Federal. Está positivado na Constituição Federal que é função do Superior Tribunal de Justiça uniformizar a aplicação e a interpretação da lei federal. Daí a possibilidade de recorrer a este Tribunal Superior em relação ao dissídio jurisprudencial. Nessa linha, cresce cada vez mais a ideia de que os Tribunais Superiores e o Supremo Tribunal Federal são *Cortes Supremas*, com função de firmar precedentes; não seriam *cortes superiores* ou *cortes de controle*, pois não visariam somente a corrigir a decisão recorrida, mas sim servem de guia para as aplicações futuras do Direito.[34] Com efeito, a função de tais tribunais é tão relevante que será tratada em capítulo próprio.

Vale adiantar, porém, que são inúmeros os mecanismos de vinculação já presentes no ordenamento jurídico e que possuem o claro objetivo de proporcionar o controle dos pronunciamentos judiciais futuros. É por essa razão que a decisão tomada em incidente de resolução de demandas repetitivas (IRDR) produz efeitos até mesmo para os casos futuros que sejam idênticos (art. 985, CPC/15). No mesmo passo, o julgamento dos recursos especial e extraordinário desponta como verdadeiro instrumento de pacificação das controvérsias, já que não é dado aos órgãos judiciais inferiores decidirem, em caso idêntico, de forma contrária à tese fixada, o que representaria violação ao art. 927 do CPC/15.

---

[34] Sobre o tema, consultar: MARINONI, Luiz Guilherme. *O STJ enquanto corte de precedentes: recompreensão do sistema processual da corte suprema*. São Paulo: Revista dos Tribunais, 2013, e MITIDIERO, Daniel. *Cortes superiores e cortes supremas: do controle à interpretação; da jurisprudência ao precedente*. São Paulo: Revista dos Tribunais, 2013.

Capítulo 2 – Coisa julgada

2.1. Noções fundamentais do instituto

Qualquer que seja o enfoque tomado para o estudo da *coisa julgada*, a missão sempre será árdua e demandará profunda pesquisa e elevado esforço intelectuale reflexivo do pesquisador. É, sem dúvidas, um dos temas "mais polêmicos e importantes para a ciência do processo civil".[35] Colocar a salvo o resultado útil do processo,[36] dissipando incertezas e impedindo subtrações futuras daquilo que já fora decidido, é um dos escopos mais nobres a que se atribui à norma constitucional, notadamente, às regras e aos conceitos que abarcam a coisa julgada.

Com efeito, ao se pesquisar o fenômeno da coisa julgada (seja ela formal, seja ela material), toma-se contato com um dos elementos mais essenciais para a conformação do próprio Estado Democrático de Direito, tanto que sua previsão mais importante consta da Constituição da República, art. 5º, inc. XXXVI.

A República Federativa do Brasil e, por consequência seu próprio ordenamento jurídico, possui como um dos seus alicerces mais essenciais a noção de segurança jurídica e de eficácia da sentença,[37] as quais são alcançadas por diversos institutos constitucionais e infraconstitucionais.[38] Dentre estes elementos garantidores da segurança jurídica, destaca-se a coisa julgada, instituto de

---

[35] SILVA, Ovídio Baptista da. *Sentença e coisa julgada*. 2. ed. Porto Alegre: Sergio Antonio Fabris, 1988, p. 16.

[36] No sentido de preservar o conteúdo essencial do direito à estabilidade que acompanhará, a mais das vezes, o resultado do processo (ASSIS, Araken. *Processo civil brasileiro*. Volume 1: parte geral, fundamentos e distribuição de conflitos. 2. ed. rev. e atual. São Paulo: Revista dos Tribunais, 2016, p. 518)

[37] Sobre a eficácia da sentença, ver MOREIRA, José Carlos Barbosa. *Temas de direito processual*: terceira série. Eficácia da Sentença e Autoridade da Coisa Julgada. São Paulo: Saraiva, 1984, p. 99/113.

[38] Acerca do tema, Humberto Theodoro Júnior refere que "Guardando fidelidade ao princípio geral da legalidade (CF, art. 5º, inc. II) e com a certeza de que as normas definidoras dos direitos e garantias fundamentais devem ter aplicação imediata (CF, art. 5º, § 1º), a tutela jurisdicional se aparelha a cumprir o valor supremo da justiça. E com a intangibilidade da coisa julgada, aquela tutela se apresenta coo um dos mais importantes instrumentos de pacificação social e de segurança nas relações jurídicas" (THEODORO JÚNIOR, Humberto. *Coisa julgada e a segurança jurídica*: alguns temas atuais de relevante importância no âmbito das obrigações tributárias. In JOBIM, Geraldo Cordeiro, Marco Felix Jobim, Denise Estrela Tellini. (Org.). *Tempestividade e Efetividade Processual: Novos Rumos do Processo Civil Brasileiro*. Caxias do Sul, RS: Plenum, 2010, p. 303.

direito de *índole nitidamente processual* que se destina a "perenizar as situações normadas através do devido processo de Direito, imunizando-as frente às irresignações das partes sucumbentes".[39]

Acerca desse viés processual (jurisdicional), extrai-se da obra de Ovídio Baptista da Silva que a coisa julgada é um fenômeno peculiar e exclusivo de um tipo especial de atividade jurisdicional, argumentando que "se nem todo ato, ou processo jurisdicional, produz coisa julgada, é certo que não a produzem os atos dos demais Poderes do Estado (Executivo e Legislativo)".[40] Ou nas palavras de José Carlos Barbosa Moreira, para que a coisa julgada seja uma situação jurídica, "precisamente a situação que se forma no momento em que a sentença se converte de instável em estável"[41], sendo que essa estabilidade é, em verdade, aquilo que comumente se denomina *autoridade da coisa julgada*.

Uma das tentativas de definição de coisa julgada – ainda que parcial e cientificamente insuficiente – é encontrada no art. 6º, § 3º, do Decreto-Lei nº 4.657, de 4 de setembro de 1942, a antes chamada "Lei de Introdução ao Código Civil", modernamente denominada "Lei de Introdução às normas de Direito Brasileiro", com redação dada pela Lei nº 12.376, de 2010, segundo a qual: *chama-se coisa julgada ou caso julgado a decisão judicial de que já não caiba recurso*. Essa conceituação, ainda que simplista e incompleta, releva uma das principais funções da coisa julgada, quer seja, evitar que a decisão seja eficazmente atacada.[42]

A coisa julgada, tradicionalmente, foi vinculada à sentença. Todavia, o texto atual substitui a expressão anterior "sentença" por "decisão de mérito". A mudança, com efeito, tem origem na alteração do conceito de sentença, que não tem mais o significado de decisão que coloca fim ao processo.[43] Resta mantida, contudo, a ideia implícita no Código anterior, de que somente as decisões de mérito podem produzir coisa julgada. Nesse viés, a autoridade da coisa julgada pode também recair sobre decisões interlocutórias, especificamente na hipótese de solução parcial de mérito, com o prosseguimento do feito para instrução probatória de outra parcela, conforme se infere da redação do art. 356 do CPC 2015.[44] O pronunciamento em questão terá natureza de decisão interlocutória – embora decidindo o mérito – passível de agravo de instrumento (art. 356, § 5º, do CPC 2015). Transitada essa decisão interlocutória de mérito, ela terá eficácia definitiva, conforme se observa na redação do art. 306, § 3º, do

---

[39] USTÁRROZ, Daniel; PORTO, Sérgio Gilberto. *Manual dos recursos cíveis*. 4. ed. rev. e ampl. Porto Alegre: Livraria do Advogado, 2013, p. 29.

[40] SILVA, Ovídio A. Baptista da. *Curso de processo civil*, volume I, tomo I: processo de conhecimento. 8. ed., rev. e atualizada Rio de Janeiro: Forense, 2008, p. 378.

[41] MOREIRA, José Carlos Barbosa. *Temas de direito processual*: terceira série. Eficácia da Sentença e Autoridade da Coisa Julgada. Op. cit., p. 113.

[42] USTÁRROZ, Daniel. *Manual dos recursos cíveis*. Op. cit., p. 29.

[43] TESCHEINER, José Maria. Art. 502. In: STRECK, Lenio Luiz; NUNES Dierle; CUNHA, Leonardo (orgs.). *Comentários ao Código de Processo Civil*. São Paulo: Saraiva, 2016, p. 714.

[44] WAMBIER, Luiz Rodrigues. Curso avançado de processo civil: cognição jurisdicional (processo comum de conhecimento e tutela provisória), vol. 2. 16. ed. reformulada e ampliada de acordo com o novo CPC. São Paulo: Revista dos Tribunais, 2016, p. 792.

CPC 2015. Em decorrência, atribui-se a decisão interlocutória de mérito transitada em julgado à autoridade de coisa julgada.

Com efeito, somente a sentença (entenda-se, decisão de mérito) – em nem todas elas, na expressão de Ovídio Baptista da Silva – poderá oferecer esse tipo de estabilidade protetora daquilo que o magistrado haja declarado como sendo a "lei do caso concreto", de tal modo que isto se torne um preceito imodificável para as futuras relações jurídicas que se estabelecerem entre as partes perante as quais sentença tenha sido proferida.[45]

Veja-se que, proferida a sentença – seja ela terminativa, seja ela definitiva –, possível é a interposição do respectivo recurso cabível, a fim de que outro órgão jurisdicional reexamine o que foi objeto da decisão (princípio do duplo grau de jurisdição). Assim, após serem manejados todos os recursos cabíveis ou após o transcurso do prazo recursal, "torna-se irrecorrível a decisão judicial",[46] seja por que se esgotaram as possibilidades recursais, seja por que a parte interessada deixou fluir o respectivo prazo recursal. No momento em que se torna irrecorrível a decisão judicial, ocorre seu *trânsito em julgado*, surgindo, dessa forma, a autoridade da coisa julgada.

É que, enquanto sujeita a recurso, a sentença não atinge sua mais nobre finalidade "que é a composição da lide, pelo julgamento final da *res in indicium deducta*".[47] Só haverá coisa julgada no momento em que não mais será possível a interposição de recursos, ou porque foram utilizados todos os prazos possíveis, ou porque não mais eram possíveis outros recursos tendentes ao reexame da sentença. Assim, *não mais suscetível de reforma por meio de recursos, a sentença transita em julgado,*[48] tornando-se imutável dentro do processo.

Sem adentrar na discussão acerca da coisa julgada ser eficácia, qualidade, virtude, situação ou condição da sentença,[49] pode-se definir a mesma como "a imutabilidade que qualifica a sentença não mais sujeita a recurso e que impede sua discussão posterior";[50] ou "a virtude própria de certas sentença judiciais, que as faz imunes às futuras controvérsias impedindo que se modifique, ou discuta, num processo subsequente, aquilo que o juiz tiver declaro como sendo a 'lei do caso concreto'";[51] ou ainda "a imutabilidade da sentença e de seu conteúdo, quando não mais cabível qualquer recurso".[52]

---

[45] SILVA, Ovídio A. Baptista da. *Curso de processo civil*. Op. cit., p. 379.

[46] CÂMARA, Alexandre Freitas. *Lições de direito processual civil*. vol. 1. 23. ed. São Paulo: Atlas, 2012, p. 519.

[47] SANTOS, Moacyr Amaral. *Primeiras linhas de direito processual civil*. Vol. 3. 23. ed. rev. e atual. por Maria Beatriz Amaral Santos Kohnen. São Paulo: 2009, p. 46.

[48] SANTOS, Moacyr Amaral. *Primeiras linhas de direito processual civil*. Op. cit., p. 47.

[49] Para uma análise mais detida sobre a natureza jurídica da coisa julgada, ver os estudos de Alexandre Freitas Câmara, que faz profunda análise do tema, chegando a lecionar que a "coisa julgada se revela como situação jurídica", consistente "na imutabilidade e indiscutibilidade da sentença (coisa julgada formal) e de seu conteúdo (coisa julgada substancial), quando tal provimento jurisdicional não está mais sujeito a qualquer recurso." (CÂMARA, Alexandre Freitas. *Lições de direito processual civil*. Op. cit., p. 521/525).

[50] MARINONI, Luiz Guilherme. *O novo processo civil*. Luiz Guilherme Marinoni, Sérgio Cruz Arenhart, Daniel Mitidiero. São Paulo: Revista dos Tribunais, 2015, p. 585.

[51] SILVA, Ovídio A. Baptista da. *Curso de processo civil*. Op. cit., p. 380.

[52] CÂMARA, Alexandre Freitas. *Lições de direito processual civil*. Op. cit., p. 523.

Aqui, importante trazer a relevante contribuição de Sergio Gilberto Porto, para quem "a definição de coisa julgada envolve algo mais do que as simples somas de seus termos, pois representa um conceito jurídico que qualifica uma decisão judicial, atribuindo-lhe autoridade e eficácia". Para este, "trata-se, em suma, daquilo que, para os alemães é expresso por *rechtskraft*, ou seja, direito e força, força legal, força dada pela lei".[53]

Quanto à imutabilidade como uma das forças trazidas pela coisa julgada, é possível pensar em duas dimensões: (i) quando se faz referência à indiscutibilidade da sentença judicial fora do processo, portanto, em relação a outros feitos judiciais, vislumbra-se o campo da coisa julgada material (de natureza extraprocessual); (ii) já a indiscutibilidade da decisão judicial verificada dentro do processo, remete à noção de coisa julgada formal (de natureza endoprocessual), e "vincula-se exclusivamente à impossibilidade de rediscutir o tema decidido dentro do processo em que a sentença foi prolatada".[54]

A definição legal de coisa julgada, seja no art. 467 do CPC 1973, seja nos arts. 502 e seguintes do CPC 2015 será objeto de análise nas linhas que se seguirão nesse estudo, todavia, integram, igualmente, a ideia de conceituação básica do instituto da coisa julgada no direito processual civil brasileiro.

2.2. A coisa julgada no CPC 2015

O CPC 2015 emprega o conceito de coisa julgada estampado no art. 502, estabelecendo que "denomina-se coisa julgada material a autoridade que torna imutável e indiscutível a decisão de mérito não mais sujeita a recurso". Com efeito, ocorreu avanço conceitual em relação ao disposto no art. 467 do CPC 1973.[55]

Verifica-se da redação em vigor que o novo Código abandonou a caracterização da coisa julgada como *eficácia* da sentença.[56] Conforme já lecionava Enrico Tullio Liebman, "coisas diversas são os efeitos da sentença e o fato de eles serem indiscutíveis e imutáveis".[57] Nesse sentido, refere o processualista italiano que a coisa julgada não é um efeito da sentença, algo que decorra naturalmente dela, mas sim uma qualidade que passa a revesti-la.[58] Sendo que "essa eficácia, como aptidão para produzir efeitos, não é algo de extrínseco

---

[53] PORTO, Sérgio Gilberto. *Coisa julgada civil.* 3. ed. rev. atual e ampl. São Paulo: Revista dos Tribunais, 2006, p. 51/52.
[54] MARINONI, Luiz Guilherme. *O novo processo civil.* Op. cit., p. 585.
[55] Art. 467, CPC 1973: "Denomina-se coisa julgada a eficácia, que torna imutável e indiscutível a sentença, não mais sujeita a recurso ordinário ou extraordinário".
[56] Nesse sentido, aliás, pontual a observação de José Maria Tescheiner, ao afirmar que "houve também a substituição da palavra eficácia, por 'autoridade', em atenção às lições de Liebman, em sua conhecida obra 'Eficácia e autoridade da sentença'. Com isso, porém, não se alterou o sentido da norma, que apenas recebeu expressão mais técnica e precisa". (TESCHEINER, José Maria. Art. 502. In: STRECK, Lenio Luiz; NUNES Dierle; CUNHA, Leonardo (orgs). *Comentários ao Código de Processo Civil.* São Paulo: Saraiva, 2016, p. 714.)
[57] LIEBMAN, Enrico Tullio. *Eficácia e autoridade da sentença.* 3. ed. Trad. Alfredo Buzaid e Benvindo Aires. Rio de Janeiro: Forense, 1984, p. 294.
[58] LIEBMAN, Enrico Tullio. *Eficácia e autoridade da sentença.* Op. cit., p. 55.

que se acresça à sentença em determinado momento, mas uma propriedade intrínseca, de que ela é ditada desde o momento do aperfeiçoamento do seu iter formativo".[59]

Nesse sentido, pode-se concluir que, em verdade, a coisa julgada não é um efeito da sentença, mas uma qualidade (*virtude*, na expressão empregada por Ovídio Baptista da Silva[60]) que pode agregar-se ao "efeito declaratório da decisão de mérito transitada em julgado".[61]

2.3. Modalidades de coisa julgada (formal e material)

A coisa julgada no processo civil é estudada a partir de seus *dois degraus*[62] ou *dois estágios*,[63] quer sejam, a coisa julgada formal e a coisa julgada material,[64] também chamada de coisa julgada substancial. Em ambas, todavia, é pressuposto básico o exaurimento das possibilidades recursais,[65] ou por que foram manejadas todas as hipóteses cabíveis para aquela sentença, ou por que os prazos estabelecidos em lei foram todos encerrados pelo transcurso e inatividade da parte interessada/sucumbente, ou ainda, pela desistência ou renúncia do recurso já interposto.

Em suma: a imutabilidade e a indiscutibilidade (estabilidade) da sentença, fenômenos típicos da coisa julgada, ocorrem quando contra ela não cabe mais qualquer recurso, sendo este "o momento do trânsito em julgado da sentença".[66] A sentença torna-se imutável no feito em que é proferida, não importando se se trata de decisão definitiva (com análise do mérito: art. 487 do CPC 2015) ou meramente terminativa (sem resolução do mérito: art. 485 do CPC 2015).[67]

Todavia, pode ocorrer um certo grau de estabilidade relativa em que as partes podem desfrutar, quando, num dado processo, se tenham esgotado todos os recursos admissíveis, por meio dos quais se poderia impugnar a

---

[59] LIEBMAN, Enrico Tulio. *Eficácia e autoridade da sentença*. Op. cit., p. 296.
[60] SILVA, Ovídio A. Baptista da. *Curso de processo civil*. Op. cit., p. 380.
[61] MARINONI, Luiz Guilherme. *Novo curso de processo civil*: tutela dos direitos mediante procedimento comum. Volume II. Luiz Guilherme Marinoni, Sérgio Crus Arenhart, Daniel Mitidiero São Paulo: Revista dos Tribunais, 2015, p. 625.
[62] CÂMARA, Alexandre Freitas. *Lições de direito processual civil*. Op. cit., p. 524.
[63] USTÁRROZ, Daniel. *Manual dos recursos cíveis*. Op. cit., p. 30.
[64] "Pode-se se dizer, com Liebman, que a coisa julgada formal e a coisa julgada material são degraus do mesmo fenômeno. Proferida a sentença e preclusos os prazos para os recursos, a sentença se torna imutável (primeiro degrau – coisa julgada formal); e, em consequência, tornam-se imutáveis os seus efeitos (segundo degrau – coisa julgada material). (SANTOS, Moacyr Amaral. *Primeiras linhas de direito processual civil*, p. 47)
[65] "Apõe-se à sentença, a partir de determinado momento, o selo da imutabilidade, com extensão menor ou maios, conforme se exclua apenas nova cognição sobre o mesmo objeto no processo em que for proferida a sentença, ou em qualquer outro eventual processo. Como é notório, no primeiro caso fala-se em coisa julgada *formal*; no segundo, de coisa julgada *material*" (MOREIRA, José Carlos Barbosa. *Temas de direito processual*: terceira série. Eficácia da Sentença e Autoridade da Coisa Julgada. Op. cit., p. 102)
[66] CÂMARA, Alexandre Freitas. *Lições de direito processual civil*. Op. cit., p. 524
[67] USTÁRROZ, Daniel. *Manual dos recursos cíveis*. Op. cit., p. 30.

sentença nele proferida.[68] E esta *estabilidade relativa*, através do qual, uma vez proferida a sentença e exaurido os recursos contra ela admissíveis, não mais se poderá modificar na mesma relação processual, atribui-se o nome de *coisa julgada formal*.[69]

A coisa julgada formal (por muitos definida como *preclusão máxima*, à medida que encerra o respectivo processo e as possibilidades que as partes teriam de reabri-lo para novas discussões ou para pedidos de modificação daquilo que fora decidido[70]) é o fenômeno processual que justamente impossibilita a rediscussão dentro do próprio processo em que a sentença foi proferida. Nesse sentido, relevante ressaltar que a mera existência de coisa julgada formal é incapaz de impedir que tal discussão ressurja em outro processo.[71]

Nesse sentido, é a redação do art. 486 do CPC 2015, dispositivo legal, intimamente ligado ao próprio conceito de coisa julgada formal, o qual indica que o pronunciamento que não julga o mérito não obsta a que a parte proponha novamente a ação. Quanto ao tema, relevante chamar atenção para a inovação trazida pelo art. 486, § 1º, do CPC 2015, segundo o qual, na hipótese de extinção do processo pelo reconhecimento da litispendência, assim como nos casos de indeferimento da petição inicial, ausência dos pressupostos e constituição e desenvolvimento válidos do processo, inexistência das condições da ação (legitimidade e interesse processual) e acolhimento da alegação de existência de arbitragem ou reconhecimento da competência arbitral, "a propositura da nova ação depende da correção do vício que levou à sentença sem resolução do mérito".

Com efeito, a coisa julgada formal resulta da impossibilidade de novo julgamento pelas vias recursais, porque este próprio foi proferido por órgão do mais alto grau de jurisdição ou porque transcorreu o prazo para recorrer sem que o vencido interpusesse recurso, o finalmente, porque se registrou desistência do recurso ou a ele se renunciou, conforme assevera José Frederico Marques.[72]

De outra parte, a estabilidade definitiva que torna a sentença indiscutível entre as partes, impedindo que os juízes dos processos futuros novamente se pronunciem sobre aquilo que já fora decidido, é o que se denomina *coisa julgada material*.[73]

Nessa modalidade de coisa julgada, o julgamento se faz regra imutável para a situação litigiosa que foi solucionada, a ele vinculando imperativamente os litigantes e também os órgãos jurisdicionados do Estado, de forma a impedir

---

[68] SILVA, Ovídio A. Baptista da. *Curso de processo civil*. Op. cit., p. 380.
[69] Idem, ibidem.
[70] Idem, ibidem.
[71] CÂMARA, Alexandre Freitas. *Lições de direito processual civil*. Op. cit., p. 524.
[72] MARQUES, José Frederico. *Manual de direito processual civil*. vol. 3. São Paulo: Milleninum, 2000, p. 234.
[73] "No exercício da função jurisdicional compete ao Estado compor a lide, traduzindo na sentença a vontade da lei aplicável à espécie. Verificando-se a coisa julgada formal, cumprida está aquela obrigação jurisdicional. A *res in judicium deducta* torna-se *res iudicata* – coisa definitivamente julga. Coisa julgada – diziam os romanos – é a decisão da autoridade judiciária pondo fim ao litígio com a condenação ou absolvição do réu". (SANTOS, Moacyr Amaral. *Primeiras linhas de direito processual civil*. Op. cit., p. 48)

novo pronunciamento sobre a lide e as questões a ela inerentes.[74] É por essa razão que as sentenças definitivas (que resolvem o mérito), que contemplam a resolução do objeto do processo, estão aptas a produzir seus efeitos – de indiscutibilidade e imutabilidade – também fora do processo (*eficácia extraprocessual* já referida nas linhas antecedentes). Uma vez formada a coisa julgada material, "não poderá a mesma matéria ser novamente discutida, em nenhum outro processo".[75]

Quando a sentença transitada em julgado tenha enfrentado o mérito do processo, isto é, tenha resolvido o conflito que ligava as partes, tem-se a formação da coisa julgada formal acrescida da análise do mérito, criando, pois, a coisa julgada material. Em outras palavras, "a coisa julgada material pressupõe a coisa julgada formal", nos dizeres de Ovídio Baptista da Silva, que também leciona que "para que haja a imutabilidade da sentença no futuro, primeiro é necessário conseguir sua indiscutibilidade na própria relação jurídica de onde ela provém", concluindo que "não já coisa julgada material sem a prévia formação da coisa julgada formal, de modo que somente as sentenças contra as quais não caibam mais recursos poderão produzir coisa julgada material".[76]

A consequência prática e mais imediata dessa distinção é que a coisa julgada meramente formal não impede a propositura de nova demanda, ainda que igual à anterior (mesmas partes, causa de pedir e pedido), conforme se verifica da redação do art. 486 do CPC 2015, antes referida, segundo o qual "o pronunciamento judicial que não resolve o mérito não obsta a que a parte proponha de novo a ação"; pois a sua imutabilidade estava adstrita ao processo em que fora proferida. De outro lado, a coisa julgada material garante a necessária e buscada segurança jurídica, visto que protege o resultado útil do processo de qualquer outra rediscussão.[77]

2.4. Limites da coisa julgada (objetivos e subjetivos)

2.4.1. Limites objetivos

A análise dos limites da coisa julgada é tema peculiar e que encontra amparo na redação dos artigos 503 e 504 do CPC 2015.[78] Tratam, pois, estes dis-

---

[74] MARQUES, José Frederico. *Manual de direito processual civil*. Op. cit., 236.
[75] CÂMARA, Alexandre Freitas. *Lições de direito processual civil*. Op. cit., p. 525.
[76] SILVA, Ovídio A. Baptista da. *Curso de processo civil*. Op. cit., p. 380/381.
[77] Tal observação, contudo, deve ser sopesada pela possibilidade de Ação Rescisória (art. 966 e seguintes do CPC 2015) e outros fenômenos processuais que visam a discutir ou relativizar – por assim dizer – os efeitos da coisa julgada, com o a Ação de Nulidade da Sentença (*querela nulitatisinsanabilis*). Nesse sentido, aliás, valiosas as palavras de José Carlos Barbosa Moreira, quando leciona que não se deve por a coisa julgada em termos absolutos, "ao abrigo de qualquer impugnação", visto que em casos de "extrema gravidade", o direito brasileiro prevê a possibilidade de rescindibilidade da sentença (MOREIRA, José Carlos Barbosa. *Temas de direito processual*. São Paulo: Saraiva. 1977, p. 99).
[78] No CPC 1973, esses dispositivos apresentavam redações equivalentes nos artigos 468 e 469. Já no CPC 1939, ainda que não existisse regramento específico para a coisa julgada, o seu art. 287 trazia previsão muito assemelhada ao que, atualmente, tratamos como limites objetivos da coisa julgada, ao estabelecer que: "A sentença que decidir total ou parcialmente a lide terá força de lei nos limites das questões decididas".

positivos legais de identificar o "alcance da imutabilidade e indiscutibilidade da sentença transitada em julgado",[79] analisada no seu aspecto objetivo. Em outras palavras, o objetivo desse estudo é identificar, efetivamente, sobre o que recai a autoridade da coisa julgada.

Essa análise, portanto, parte do art. 503 do CPC 2015: "A decisão que julgar total ou parcialmente o mérito tem força de lei nos limites da questão principal expressamente decidida". Veja-se que esse dispositivo guarda estreita relação com o disposto no próprio art. 141 do CPC 2015: "O juiz decidirá o mérito nos limites propostos pelas partes, sendo-lhe vedado conhecer de questões não suscitadas a cujo respeito a lei exige iniciativa da parte". Com efeito, a sentença decide o mérito e por isso mesmo deve ater-se aos limites estabelecidos pelas partes. Dessa forma, a sentença transitada em julgado faz coisa julgada nos limites do objeto do processo, o que significa dizer, nos limites do pedido. Dito de outra forma: "o que não tiver sido objeto do pedido, por não integrar o objeto do processo, não será alcançado pelo manto da coisa julgada".[80]

No mesmo sentido é a lição de José Carlos Barbosa Moreira, que ensina que "apenas a lide é *julgada;* e, como a lide se submete à apreciação do órgão judicial por meio do pedido, não podendo decidi-la senão nos limites em que foi proposta", segue-se que a área sujeita à autoridade da coisa julgada não pode jamais exceder os contornos do pedido.[81]

Ainda quanto aos limites objetivos da coisa julgada, a redação do art. 504 do CPC 2015 estabelece que não integram a coisa julgada: "I – os motivos, ainda que importantes para determinar o alcance da parte dispositiva da sentença; II – a verdade dos fatos, estabelecida como fundamento da sentença". Assim, "o primeiro princípio, elementar, que desponta quando se cuida de estabelecer os limites objetivos da coisa julgada é o de que – sendo a sentença de procedência a resposta jurisdicional à demanda posta pelo autor – apenas o *decisum* adquire a condição de coisa julgada, nunca os motivos e os fundamentos da sentença".[82] A imutabilidade consequente ao trânsito em julgado reveste, em suma, o conteúdo da sentença.[83] Deixa de fora, contudo, a motivação para com a solução dada pelo juiz a cada uma das questões de fato e de direito, me mesmo a das questões prejudiciais.[84]

O importante quanto à temática é identificar e "reconhecer que a parte dispositiva é a que se relaciona mais intimamente com a solução do litígio",[85] razão pela qual, dentro da perspectiva do processo civil é a que deve ser resguardada com maior ênfase. Sendo assim, está na conclusão da sentença, no seu dispositivo, o pronunciamento do juiz sobre o pedido (acolhendo-o ou rejeitando-o), sendo esse comando que se tornará firme e imutável por força da

---

[79] CÂMARA, Alexandre Freitas. *Lições de direito processual civil*. Op. cit., p. 531.
[80] Idem, ibidem.
[81] MOREIRA, José Carlos Barbosa. *Temas de direito processual*. São Paulo: Saraiva. 1977, p. 90.
[82] SILVA, Ovídio A. Baptista da. *Curso de processo civil*. Op. cit., p. 380/381.
[83] MOREIRA, José Carlos Barbosa. *Temas de direito processual*..Op. cit., p. 112.
[84] Idem, ibidem.
[85] USTÁRROZ, Daniel; PORTO, Sérgio Gilberto. *Manual dos recursos cíveis*. Op. cit., p. 32.

coisa julgada[86].Relevante enfatizar, nesse quadrante, que a fundamentação da decisão, incluída a análise da questão prejudicial (ressalvada a incidência do art. 503, § 1º, do CPC 2015[87]) e a versão dada aos fatos pelo órgão julgador não vinculam, ou seja, não restam imutáveis e indiscutíveis em eventuais processos subsequentes.[88]

Por fim, salienta-se que a decisão que resolver de questão prejudicial, decidida expressa e incidentemente no processo, também terá eficácia de coisa julgada, se: (i) dessa resolução depender o julgamento do mérito; (ii) a seu respeito tiver havido contraditório prévio e efetivo, não se aplicando no caso de revelia; (iii) o juízo tiver competência em razão da matéria e da pessoa para resolvê-la como questão principal (art. 503, § 1º, do CPC 2015); não aplicando-se esse regramento se no processo houver restrições probatórias ou limitações à cognição que impeçam o aprofundamento da análise da questão prejudicial (art. 503, § 2º, do CPC 2015).

2.4.2 Limites subjetivos

Da mesma forma como foram identificados os limites objetivos, é possível apontar os limites subjetivos da coisa julgada. Nesse caso, a compreensão pode ser alcançada, seja a partir da redação do art. 472 do CPC 1973, seja a partir da redação lançada no art. 506 do CPC 2015, segundo o qual "a sentença faz coisa julgada às partes entre as quais é dada, não prejudicando terceiros".

Os limites subjetivos da coisa julgada demarcam a área de influência da autoridade da coisa julgada.[89] Assim sendo, de modo geral, apenas as partes e seus sucessores se submetem à coisa julgada.[90] Em outras palavras: "desde o trânsito em julgado, fica a sentença definitiva revestida da autoridade da coisa julgada em sentido material; quer isso dizer que a solução dada ao litígio pelo juiz se torna imune a contestações juridicamente relevantes, não apenas no âmbito daquele mesmo processo em que se proferiu a decisão, mas também fora dele, vinculando as partes e quaisquer juízes de eventuais processos subsequentes".[91]

Nesse ponto, uma observação da mais alta relevância: é absolutamente imprescindível que tenha havido a regular citação do réu (art. 240 do CPC 2015).

---

[86] SANTOS, Moacyr Amaral. *Primeiras linhas de direito processual civil*. Op. cit., p. 66.
[87] Dispositivo legal que trata da coisa julgada da questão prejudicial.
[88] MARINONI, Luiz Guilherme. *Novo código de processo civil comentado*. Luiz Guilherme Marinoni, Sérgio Cruz Arenhrdt, Daniel Mitidiero. São Paulo: Revista dos Tribunais, 2015, p. 515. Em igual sentido STRECK, Lenio Luiz. Art. 504. In: ——; NUNES, Dierle, CUNHA, Leonardo (orgs.). *Comentários ao Código de Processo Civil*. São Paulo: Saraiva, 2016, p. 719.
[89] MARINONI, Luiz Guilherme. *Novo código de processo civil comentado*. Op. cit., p. 518.
[90] "A coisa julgada opera, portanto, em relação às partes entre as quais é dada a sentença, e somente em relação a elas. Todavia, na condição de partes, para o efeito de serem atingidos pela coisa julgada, encontram-se, também, o espólio delas, os seus herdeiros e sucessores, e ainda, o adquirente e o cessionário delas." (SANTOS, Moacyr Amaral. *Primeiras linhas de direito processual civil*. Op. cit., p. 78).
[91] MOREIRA, José Carlos Barbosa. *Temas de direito processual*. Op. cit., p. 97.

Se o réu não tiver sido citado, o processo não se realizou de maneira regular e, portanto, inexiste a formação de coisa julgada em relação ao réu não citado validamente.

Assim, em princípio, a partir da regra geral, somente as partes ficam acobertadas pela regra da coisa julgada (art. 506 do CPC 2015), "já que participaram do contraditório que resultou na prolação da decisão judicial".[92] Naturalmente, esses sujeitos processuais tiveram condição de influenciar na prolação da decisão judicial, razão pela qual, inquestionavelmente, devem se submeter aos efeitos da resposta jurisdicional oferecida.[93]

Bastante complexa, contudo, é a limitação subjetiva da coisa julgada nas demandas coletivas (hipótese em que a autoridade da coisa julgada pode ter eficácia *erga omnes*). Para esses casos, existem algumas legislações que visam a dar resposta quanto à eficácia subjetiva da coisa julgada, conforme quadro abaixo:

Ação Popular (Lei nº 4.717/1965)	Art. 18. A sentença terá eficácia de coisa julgada oponível "erga omnes", exceto no caso de haver sido a ação julgada improcedente por deficiência de prova; neste caso, qualquer cidadão poderá intentar outra ação com idêntico fundamento, valendo-se de nova prova.
Ação Civil Pública (Lei nº 7.347/1986)	Art. 16. A sentença civil fará coisa julgada erga omnes, nos limites da competência territorial do órgão prolator, exceto se o pedido for julgado improcedente por insuficiência de provas, hipótese em que qualquer legitimado poderá intentar outra ação com idêntico fundamento, valendo-se de nova prova.
Código de Defesa do Consumidor (Lei nº 8.078/1990)	Art. 103. Nas ações coletivas de que trata este código, a sentença fará coisa julgada: I – erga omnes, exceto se o pedido for julgado improcedente por insuficiência de provas, hipótese em que qualquer legitimado poderá intentar outra ação, com idêntico fundamento valendo-se de nova prova, na hipótese do inciso I do parágrafo único do art. 81; II – ultra partes, mas limitadamente ao grupo, categoria ou classe, salvo improcedência por insuficiência de provas, nos termos do inciso anterior, quando se tratar da hipótese prevista no inciso II do parágrafo único do art. 81; III – erga omnes, apenas no caso de procedência do pedido, para beneficiar todas as vítimas e seus sucessores, na hipótese do inciso III do parágrafo único do art. 81.

Por fim, quanto ao limite subjetivo da coisa julgada de terceiros (aqueles que não são partes no litígio, e assim não podem ser atingidos pela coisa julgada, mas nele têm interesse jurídico), estes apenas podem ser alcançados pelos efeitos reflexos da sentença (art. 109, § 3º, do CPC 2015), sendo considerados terceiros interessados, os quais têm legitimidade para ingressar no processo na qualidade de assistentes simples da partes ou manifestar posterior oposição aos efeitos da sentença.[94]

---

[92] MARINONI, Luiz Guilherme. *O novo processo civil*. Op. cit., p. 589.
[93] Idem, p. 590.
[94] Idem, p. 591.

2.5. Preclusão expansiva do julgado ou eficácia preclusiva da coisa julgada

Fundada no antigo brocardo – *tantum iudicatum quantum disputatumveldisputaredebebat* – a assim denominada preclusão expansiva do julgado oferece ao vencedor, verdadeira blindagem contra as investidas do vencido na maior extensão possível.[95] Estabelece o art. 508 do CPC 2015 que: "transitada em julgado a decisão de mérito, considerar-se-ão deduzidas e repelidas todas as alegações e as defesas que a parte poderia opor tanto ao acolhimento quanto à rejeição do pedido". Trata-se de dispositivo legal, cuja redação é muito semelhante ao art. 474 do CPC 1973, e cuja finalidade precípua é proteger o sistema jurídico através do fortalecimento do sentido e do alcance atribuído à coisa julgada.

Tal eficácia, também chamada de *eficácia preclusiva da coisa julgada* determina que, transitada em julgado a decisão ou sentença de mérito, as partes ficariam impossibilitadas de alegar qualquer outra questão relacionada com a lide, sobre a qual pesa a autoridade da coisa julgada.[96] Assim, a decisão proferida sobre a questão principal, após o trânsito em julgado, ficava imune a posteriores contestações, ainda que fundadas em questões suscetíveis de influir no teor da decisão, mas não apreciadas no processo. Segundo fórmula tradicional lembrada por José Carlos Barbosa Moreira, "a coisa julgada cobriria o *deduzido e o deduzível*", mas sempre e apenas nos limites do que efetivamente se constitui o objeto do pedido e do julgamento.[97]

Em outras palavras, isso significa que não se admite a propositura de nova demanda para rediscutir a lide, com base em novas alegações, por isso, a ideia de eficácia preclusiva. Segundo Alexandre Câmara, ao comentar esse efeito, ainda no CPC 1973 (art. 474), "vale-se a norma da técnica do julgamento implícito",[98] afirmando que consideram deduzidas e repelidas todas as alegações que poderiam ter sido feitas e não o foram. Para este, "uma vez alcançada a sentença definitiva pela autoridade da coisa julgada, tornam-se irrelevantes todas as alegações que poderiam ter sido trazidas a juízo e que não o foram".[99]

E isso ocorre porque, conforme já salientado, não são os motivos que transitam em julgado, mas a parte dispositiva da sentença, sendo assim, não se poderia admitir que a coisa julgada fosse questionada toda a vez que a parte vencida se lembrasse de alguma alegação que poderia ter feito e não o fez.[100]

Questão bastante discutida na doutrina e na jurisprudência, por outro lado, diz respeito à possibilidade de arguir-se a eficácia preclusiva da coisa julgada na hipótese de ações portadoras de causas de pedir (fatos e fundamentos)

---

[95] ASSIS, Araken. *Processo civil brasileiro*. Volume III: parte especial: procedimento comum (da demanda à coisa julgada) 2. ed. rev. e atual. São Paulo: Revista dos Tribunais, 2016, p. 1.459.
[96] NERY JUNIOR, Nelson. *Comentários ao Código de Processo Civil*. Nelson Nery Junior, Rosa Maria de Andrade Nery. São Paulo: Revista dos Tribunais, 2015, p. 1.242.
[97] MOREIRA, José Carlos Barbosa. *Temas de direito processual*. Op. cit., p. 90.
[98] CÂMARA, Alexandre Freitas. *Lições de direito processual civil*. Op. cit., p. 533.
[99] Idem, p. 534.
[100] Idem, ibidem.

diversas entre si. Debate-se, nesse aspecto, sobre a possibilidade de alguma das partes (ou ambas), suprimindo determinada causa de pedir, poder opor-se contra eventual decisão transitada em julgado ajuizando nova ação fundamentada em outra causa de pedir ainda não apreciada.

Quanto à polêmica, Araken de Assis, por exemplo, é bastante enfático ao sustentar que, uma vez transitada em julgado a decisão de mérito, é inviável sustentar nova causa de pedir[101] para o mesmo pedido. Embasa seu entendimento, dentro outros fundamentos, em decisões do Superior Tribunal de Justiça, segundo as quais "as questões deduzidas que poderiam sê-lo e não o foram encontram-se sob o manto da coisa julgada, não podendo constituir novo fundamento para discussão da mesma causa, mesmo que em ação diversa" (REsp 1.264.894/PR, 2ª Turma, Rel. Min. Humberto Martins, DJe de 9.9.2011); ou ainda, "a coisa julgada é tutelada pelo ordenamento jurídico não só pelo impedimento à reproposituta de ação idêntica após o trânsito em julgado da decisão, mas também por força da denominada 'eficácia preclusiva do julgado' (artigo 474, do CPC), que impede seja infirmado o resultado a que se chegou em processo anterior" com decisão transitada em julgado, ainda que "a ação repetida seja outra, mas que, por via oblíqua, desrespeita o julgado adredemente proferida" (REsp 1.039.079/MG, 1ª Turma, Rel. Min. Luiz Fux, DJe de 17.12.2010).

Nada obstante, é prevalente o entendimento no sentido de que "as alegações e defesas que se consideram preclusas com a formação da coisa julgada são unicamente aquelas que concernem ao mérito da causa", ou seja, "o art. 508 do CPC não pode alcançar jamais causas de pedir estranhas ao processo em que transitada em julgada a sentença de mérito",[102] conforme ensinamento de Luiz Guilherme Marinoni. Em igual sentido, leciona José Miguel Garcia Medina: "não incide a regra acima referida quando, mais que meras alegações e defesas, os fundamentos expostos pela parte consubstanciarem em nova causa de pedir".[103] Na mesma quadra, Nelson Nery Júnior aponta que "a proibição de rediscussão da lide com novos argumentos (eficácia preclusiva da coisa julgada) não impede a propositura de nova ação com outro fundamento de fato ou de direito (nova causa de pedir)".[104]

Arrematando, Antônio do Passo Cabral afirma que "cabe ressaltar que a vedação decorrente da eficácia preclusiva da coisa julgada tem aplicação apenas se estivermos diante da mesma causa de pedir", portanto, "havendo nova *causa petendi*, as partes podem lançar mão de qualquer argumento mesmo que omitido na primeira litigância judicial",[105] ao que José Maria Tescheiner finaliza afirmando que seria "quase desnecessário advertir que a situação será de

---

[101] ASSIS, Araken. *Processo civil brasileiro*. Volume III: parte especial: procedimento comum (da demanda à coisa julgada). Op. cit., p. 1.462/1.465.

[102] MARINONI, Luiz Guilherme. *Novo código de processo civil comentado*. Op. cit., p. 520.

[103] MEDINA, José Miguel Garcia. *Novo Código de Processo Civil comentado*: com remissões e notas comparativas ao CPC/1973. 4. ed. rev., atual. e ampl. São Paulo: Revista dos Tribunais, 2016, p. 822.

[104] NERY JUNIOR, Nelson. *Comentários ao Código de Processo Civil*. Op. cit., p. 1.242.

[105] CABRAL, Antônio do Passo. *Breves comentários ao novo código de processo civil*. Coordenadores Teresa Arruda Alvim Wambier ... (*et al.*) 3. ed. rev. e atual. São Paulo: Revista dos Tribunais, 2016, p. 1.452.

todo diferente se no segundo processo se vier alegar outro fato que configure diversa *causa petendi*".[106]

Por fim, ainda que se esteja discutindo a chamada *eficácia preclusiva da coisa julgada*, é essencial que não se confunda os institutos da coisa julgada e da preclusão.[107] O primeiro instituto, o da coisa julgada, já foi objeto de conceituação e discussão neste estudo. Quanto ao segundo instituto, o da preclusão, esta pode ser temporal, lógica e consumativa, e tem relação direta com a perda de posições processuais pelas partes. Esse fenômeno processual pode impedir a prática de determinado ato processual por qualquer das partes (autor ou réu). Com efeito, a preclusão *temporal* ocorre quanto há a perda do prazo para a prática de dado ato; a preclusão *lógica* decorre da prática de algum ato pela parte incompatível com a posição processual que se perde e, por fim, a *consumativa* ocorre quando a prática do ato processual resta inviabilizada por já ter sido exercida na sua plenitude.

---

[106] TESHEINER, José Maria. Art. 508. In: STRECK, Lenio Luiz; NUNES Dierle; CUNHA, Leonardo (orgs). *Comentários ao Código de Processo Civil*. Op. cit., p. 733.

[107] "Não há confundir coisa julgada e preclusão. A coisa julgada é uma das várias situações jurídicas de eficácia preclusiva. Quer dizer: entre os efeitos da coisa julgada, figura o de produzir determinada modalidade de preclusão, sem que fique excluída a produção de efeito análogo por outras causas, isto é, por outras situações diferentes da *res iudicata*". (MOREIRA, José Carlos Barbosa. *Temas de direito processual*. Op. cit., p. 100.)

Capítulo 3 – Fundamentos do direito de recorrer

Ao inerente descontentamento com a solução desfavorável inicialmente apresentada, a ordem jurídica proporciona diversos instrumentos que possibilitam a reapreciação da causa. O catálogo brasileiro, como já visto, é heterogêneo e aceita ações de impugnação, sucedâneos e recursos. Conforme célebre lição, a existência de recursos no sistema judicial enseja delicada tentativa de equacionar a rápida composição dos litígios com o anseio de garantir a conformidade da solução com o próprio direito vigente.[108]

Cumpre refletir, portanto, acerca das razões que autorizam a impugnação de determinado pronunciamento judicial. Noutras palavras, quais os argumentos que justificam a possibilidade de reforma/revisão das decisões judiciais. Enfim, *por que é possível recorrer?* Apesar de "extremamente diversificadas",[109] é possível apresentar três justificativas usuais para que existam recursos aos pronunciamentos judiciais:

a) ***Inconformismo***: é inerente ao homem a insatisfação para com a primeira resolução apresentada, notadamente quando destoante de sua pretensão. Assim, diante da necessidade de se atender ao inconformismo natural do ser humano,[110] o ordenamento jurídico, por bom termo, sopesando segurança e efetividade, permite a rediscussão da questão.

---

[108] MOREIRA, José Carlos Barbosa. *Comentários ao Código de Processo Civil*, op. cit., p. 229.

[109] Além das que razões que serão referidas: "desde a sincera convicção de que o órgão *a quo* decidiu de maneira errônea, até o puro capricho ou espírito emulatório, passando pelo desejo de ganhar tempo, pela irritação com dizeres da decisão recorrida, pelo intuito de pressionar o adversário para induzi-lo a acordo, e assim por diante. Não fica excluída a hipótese de que a vontade de recorrer esteja menos no litigante que no advogado, receoso de ver-se atingido em seu prestígio profissional pela derrota, ou movido por animosidade com o patrono da parte adversa. É intuitivo, por outro lado, que fatores também múltiplos e variados influem na opção final entre interpor e não interpor o recurso: a estimativa das despesas com este relacionadas, a previsão do tempo que fluirá até o julgamento, a qualidade da decisão proferida, a existência ou inexistência de orientação jurisprudencial firme sobre a questão de direito, e até a situação do mercado de trabalho na advocacia... Trata-se de problemática do maior interesse, notadamente pelo ângulo da sociologia do processo, a reclamar estudos interdisciplinares, como os que já se vão fazendo noutros países" (MOREIRA, José Carlos Barbosa. *Comentários ao Código de Processo Civil*, op. cit., p. 238). Confira-se fundados argumentos contrários à recorribilidade em: ASSIS, Araken de. *Manual dos Recursos*, op. cit., p. 83-84.

[110] JORGE, Flávio Cheim. *Teoria Geral dos Recursos Cíveis*. 3. ed. São Paulo: Revista dos Tribunais, 2007, p. 19.

Nessa perspectiva, a justificativa se dá eminentemente no plano sociológico;[111]

b) **Controle**: é dever do Estado assegurar uma resposta adequada às controvérsias que lhe são apresentadas de sorte que, como forma de se obedecer ao postulado do Estado Democrático, a revisão do pronunciamento judicial é medida que amplia o grau de controle sobre o Judiciário enquanto Poder da República. Afinal: "ao mesmo tempo em que existe o dever fundamental de justificar e motivar as decisões judiciais, há também o direito fundamental à obtenção de decisões adequadas à Constituição".[112] De fato, em certos meios de impugnação, o objetivo primordial é justamente promover a supremacia da Constituição, mediante fiscalização da exata aplicação das leis;[113]

c) **Uniformidade**: diante da amplitude territorial nacional, é indispensável que haja uma unidade na compreensão do Direito. Assim, como modo de assegurar a igualdade na interpretação das normas jurídicas, torna-se indispensável a existência de órgãos voltados ao cumprimento deste objetivo. É o que ocorre, por exemplo, com o Supremo Tribunal Federal (último intérprete da Constituição) e com o Superior Tribunal de Justiça (encarregado da interpretação uniforme da legislação federal).[114]

Outro relevante fundamento é a dialeticidade que pincelará a nova decisão com renovado colorido, calcado na *crítica posterior realizada pelas partes*. A segunda ponderação das questões controvertidas, agora com o emprego do material já trabalhado pelo *órgão a quo* e submetido à crítica das partes (seja em recurso, seja em contrarrazões) conspira em favor de uma boa Justiça.[115] Trata-se de fundamento enraizado nos mais elevados valores do processo civil contemporâneo: o contraditório e a motivação das decisões judiciais.

---

[111] THEODORO JR, Humberto. *Curso de direito processual civil*, vol. III. Rio de Janeiro: Forense, 2015, p. 943.
[112] COSTA, Miguel do Nascimento. *Poderes do Juiz, Processo Civil e suas relações com o Direito Material*, op. cit., p. 213.
[113] ASSIS, Araken de. *Manual dos Recursos*, op. cit., p. 42.
[114] MEDINA, José Miguel Garcia; ALVIM, Teresa Arruda. *Recursos e ações autônomas de impugnação* (Processo civil moderno, vol. 2). 3. ed. São Paulo: Revista dos Tribunais, 2013, p. 35.
[115] ASSIS, Araken de. *Manual dos Recursos*, op. cit., p. 84.

Capítulo 4 – Recursos: conceito e classificação

4.1. Conceito

A lição de Barbosa Moreira, segundo a qual, **recurso** é o "remédio voluntário, idôneo a ensejar, dentro do mesmo processo, a reforma, a invalidação, o esclarecimento ou a integração de decisão judicial que se impugna"[116] ainda não logrou superação. Trata-se de definição amplamente aceita e que se amolda à sistemática do CPC/15. Por bem, vale considerar, que o recurso, enquanto tal, deve ser previsto em lei. O conceito apresentado merece, pois, alguns apontamentos:

a) *Remédio voluntário*: cabe ao prejudicado (parte ou terceiro), ou ao Ministério Público, quando for o caso, escolher *se* irá recorrer e *do quê* irá recorrer. Assim, a extensão do recurso é definida pelo próprio recorrente. É por essa razão que o recurso é considerado, por alguns, como mera extensão do direito de ação. Como se trata de remédio voluntário, a parte pode dele desistir (art. 998, CPC/15) ou dele renunciar (art. 999, CPC/15). Pode, também, aquiescer com a decisão e simplesmente não recorrer (ar. 1000, CPC15). Tal elemento também "exclui do campo dos recursos determinadas formas de revisão"[117] que não sejam voluntariamente exigidas pelas partes, como ocorre com a remessa necessária;

b) *No mesmo processo*: o recurso ocorre na mesma relação processual e não em processo novo. Mesmo processo não quer dizer mesmos autos. O recurso pode correr em autos apartados (como se dá com o agravo de instrumento), mas nestes casos o processo permanece "uno".[118] Vale lembrar que a relação processual é a perspectiva jurídica do processo, enquanto os "autos" representam a sua manifestação física. Esse elemento demonstra que impugnações realizadas em outra relação processual não podem ser consideradas recurso, ta como ocorre com a ação rescisória;[119]

---

[116] MOREIRA, José Carlos Barbosa. *Comentários ao Código de Processo Civil*, vol. V. 12. ed. Rio de Janeiro: Forense, 2005, p. 233.
[117] BAPTISTA DA SILVA, Ovídio A. *Curso de Processo Civil*, vol. 1. 5. ed. São Paulo: Revista dos Tribunais, 2001, p. 410.
[118] MOREIRA, José Carlos Barbosa. *Comentários ao Código de Processo Civil*, op. cit., p. 232.
[119] BAPTISTA DA SILVA, Ovídio A. *Curso de Processo Civil*, vol. 1. 5. ed. São Paulo: Revista dos Tribunais, 2001, p. 410.

c) *Reforma, invalidação, esclarecimento ou integração da decisão*: o recurso, por evidente, tem por objetivo promover uma alteração na decisão recorrida, seja para aniquilá-la (reforma ou invalidação), seja para aprimorá-la (esclarecimento, integração).

⇒ **Reforma**: busca obter solução jurídica diferente daquela formulada anteriormente (pelo juízo *a quo*). Caso haja a reforma, a decisão recorrida incorreu no chamado *error in iudicando*.

⇒ **Invalidação**: busca a nulidade do pronunciamento anterior por possuir algum vício de ordem processual; cassa-se a decisão emitida para que outra seja proferida. Caso haja a invalidação, a decisão recorrida incorreu no chamado: *error in procedendo*.

⇒ **Esclarecimento/Integração**: busca deixar a decisão mais clara, completa ou sem contradições. É o que ocorre com os embargos de declaração (vide art. 1.022, CPC/15).

4.2. Classificações relevantes

Existem diversas classificações em doutrina na tentativa de catalogar os recursos cíveis. Por uma questão pragmática, a apresentação aqui elencada destaca as consideradas mais relevantes.

4.2.1. Recurso ordinário ou extraordinário

Quanto ao objetivo imediato tutelado pelo recurso, o remédio jurídico pode ser: (a) recurso ordinário; ou (b) recurso extraordinário.

a) **Recurso ordinário**: é aquele que tem por finalidade tutelar apenas o interesse das partes. São exemplos de recurso ordinário o agravo de instrumento, a apelação e os embargos de declaração.

b) **Recurso extraordinário/excepcional**: é aquele que tem por finalidade precípua, antes da tutela do interesse das partes, a proteção da própria ordem jurídica. Nesse sentido, é considerado um recurso de estrito direito, ou recurso excepcional, já que tem por primeiro objetivo a averiguação da correta aplicação do direito vigente no caso em exame.[120] Assim, para esta classificação, é considerado recurso extraordinário tanto o recurso especial direcionada para o STJ como o recurso extraordinário propriamente dito, direcionado para o STF.

Não é a existência de trânsito em julgado que orienta a classificação brasileira, diferentemente do que ocorre em alguns países europeus.[121] A classificação dos recursos em ordinários e excepcionais demonstra-se relevante na prática, porque demonstra a *função constitucional* dos recursos extraordinários.[122]

---

[120] ASSIS, Araken de. *Manual dos Recursos*. 5. ed. São Paulo: Revista dos Tribunais, 2013, p. 63.

[121] "Para determinados sistemas europeus – como é o caso do direito italiano e português –, são ordinários todos os recursos que correspondam a meios de impugnação formulados na mesma relação processual, capazes de prolongar a pendência da causa evitando a formação da coisa julgada; enquanto consideram-se extraordinários os recursos interpostos contra uma sentença já transitada em julgado (...)." (BAPTISTA DA SILVA, Ovídio A. *Curso de Processo Civil*, vol. 1, op. cit., p. 411).

[122] ASSIS, Araken de. *Manual dos Recursos*. 5. ed. São Paulo: Revista dos Tribunais, 2013, p. 64.

Essa classificação, porém, foi atenuada. No regramento anterior, havia expressa alusão de que a coisa julgada era formada por pronunciamento judicial não mais sujeito "a recurso ordinário ou extraordinário" (art. 467, CPC/73). A classificação, portanto, tinha respaldo legal. O novo regramento, porém, atesta que a coisa julgada é formada pela decisão "não mais sujeita a recurso" (art. 502, CPC/15), sendo irrelevante o objetivo imediato tutelado pela impugnação. Há mais. Em diversos dispositivos, encontra-se expressa referência a ambos os recursos excepcionais: especial e extraordinário. É possível concluir, nessa perspectiva sistemática, que referências isoladas ao "recurso extraordinário" ao longo do CPC/15 dizem respeito exclusivamente à espécie, e não ao gênero, isto é, tratam apenas do recurso extraordinário dirigido ao STF para resolução da questão constitucional.

4.2.2. Recurso total ou parcial

Quanto à extensão, os recursos podem apresentar a seguinte configuração: (a) recurso parcial; (b) recurso total.

a) **Recurso parcial**: é aquele que compreende apenas uma parcela do conteúdo impugnável da decisão. A possibilidade de recurso parcial é legalmente expressa (art. 1.002, CPC/15).

b) **Recurso total**: é aquele que compreende a totalidade do conteúdo impugnável da decisão. Vale lembrar que, no silêncio do recorrente, compreende-se como total o recurso.[123]

Há grande relevância prática na distinção entre recurso parcial e recurso total. É que se o recurso for parcial, significa dizer que, em relação à parcela não impugnada, não houve recurso e, portanto, operou-se a preclusão.[124]

Essa distinção merece especial destaque porque é possível que determinado pronunciamento judicial seja decomposto em capítulos e se determinado capítulo não foi objeto de impugnação, a questão não poderá ser reapreciada em âmbito recursal. Todavia, os "capítulos meramente acessórios" (como, p. ex., os juros de mora, as custas processuais e os honorários), mesmo que haja silêncio do recorrente, ficam abrangidos pela impugnação do capítulo principal.[125]

Há, pois, uma direta relação entre o objeto do pedido recursal e a resposta dada ao recurso.

---

[123] MOREIRA, José Carlos Barbosa. *Comentários ao Código de Processo Civil*, op. cit., p. 354.

[124] "Exercido o direito de recorrer, está consumada a faculdade de o vencido impugnar a decisão judicial recorrível. Se recorreu parcialmente, não pode completar o recurso ainda que não se tenha escoado o prazo" (NERY JÚNIOR, Nelson; NERY, Rosa Maria. *Comentários ao Código de Processo Civil*: novo CPC – Lei 13.105/2015. São Paulo: Revista dos Tribunais, 2015, p. 2.029). Em certo sentido contrários: MOREIRA, José Carlos Barbosa. *Comentários ao Código de Processo Civil*, op. cit., p. 355; MARINONI, Luiz Guilherme; ARENHART, Sérgio Cruz; MITIDIERO, Daniel. *Novo Código de Processo Civil comentado*. São Paulo: Revista dos Tribunais, 2015, p. 935.

[125] MOREIRA, José Carlos Barbosa. *Comentários ao Código de Processo Civil*, op. cit., p. 356.

4.2.3. Recurso de fundamentação livre ou vinculada

Quanto à fundamentação, os recursos podem ser catalogados do seguinte modo: (a) recurso de fundamentação livre; (b) recurso de fundamentação vinculada.

- a) **Recurso de fundamentação livre**: é o recurso que admite a discussão de qualquer questão de fato ou de direito e, por essa razão, admite qualquer fundamentação idônea. Assim, p. ex., a apelação e o agravo de instrumento – que não exigem qualquer fundamentação específica – são recursos de fundamentação livre;
- b) **Recurso de fundamentação vinculada**: é o recurso que somente pode ser utilizado para fulminar vícios determinados e, portanto, a sua fundamentação deve ser vinculada a tais situações. Assim, p. ex., os embargos de declaração, cuja admissibilidade fica restrita aos vícios tipicamente previstos (art. 1.022, CPC/15), e o recurso extraordinário, que apenas pode versar sobre os temas constitucionalmente previstos (art. 102, III, CF/88).

A presente classificação é relevante, pois, se determinado recurso é considerado de fundamentação vinculada, e a afirmação do recorrente não é aquela prevista pela ordem jurídica, o recurso não poderá ser admitido de fato: "abstendo-se o recorrente de alegar o tipo, fundamentando o recurso de acordo com a crítica exigida pelo tipo, e as razões do recurso nele não se fundarem, conforme exige o princípio da congruência, o órgão ad quem não conhecerá do recurso; alegado o tipo, se não houver o erro, o órgão ad quem desproverá o recurso".[126]

4.2.4. Recurso principal ou recurso adesivo

Quanto à forma de interposição, ou "técnica de interposição",[127] o recurso pode ser considerado: (a) independente – principal ou (b) subordinado – adesivo.

- a) **Recurso independente – principal**: é aquele interposto sem qualquer relação com a postura adotada pelo outro recorrente;
- b) **Recurso subordinado – adesivo**: é aquele interposto em razão da postura adotada pelo outro recorrente e que ficará condicionado à admissibilidade deste outro recurso. Em essência, "o recurso 'adesivo' nada mais é do que recurso contraposto ao da parte adversa, por aquela que se dispunha a não impugnar a decisão, e só veio a impugná-la porque o fizera o outro litigante".[128]

---

[126] ASSIS, Araken de. *Manual dos Recursos*. 5. ed. São Paulo: Revista dos Tribunais, 2013, p. 64.
[127] DIDIER JR., Fredie; CUNHA, Leonardo Carneiro da. *Curso de Direito Processual Civil*, vol. 3. 8. ed. Salvador: Juspodivm, 2010, p. 89.
[128] MOREIRA, José Carlos Barbosa. *Comentários ao Código de Processo Civil*, op. cit., p 310.

No direito brasileiro, a regra é que cada parte interponha o seu recurso de forma independente (art. 997, CPC/15). Portanto, na generalidade dos casos, é irrelevante a postura da parte adversa, se irá recorrer ou não. O sistema permite, porém, que na hipótese de sucumbência recíproca, isto é, derrota do autor e do réu, ao recurso interposto por um deles poderá aderir o outro (art. 997, CPC/15). Assim, apesar da crítica ao termo,[129] o diploma processual acolhe a denominação *recurso adesivo*. Em apertada síntese, se uma parte recorrer, a outra, que não tenha recorrido, poderá interpor o seu recurso no prazo para responder (art. 997, § 2º, I, CPC/15). Chega-se a apontar, por alguns, que o recurso adesivo é interposto por aquele que não quer recorrer.[130]

O recurso adesivo tem finalidade nobre. Trata-se de um incentivo para que as partes não impugnem a decisão.[131] Explica-se: é que o recurso adesivo somente pode ser interposto na hipótese de a outra parte recorrer. Se a parte parcialmente vencida estiver inclinada em aceitar a decisão (lembre-se que o recurso pressupõe a derrota parcial de ambos), terá a segurança de que, uma vez interposto o recurso pela parte adversa, poderá recorrer mesmo que escoado o prazo do recurso principal. Mais: se ambas as partes convergirem nessa motivação, não haverá interposição de qualquer recurso, e estará formada a coisa julgada.[132] O recurso adesivo teria, assim, o condão de trazer "tranquilidade ao litigante" disposto a suportar uma sucumbência considerada tolerável.[133] Contudo, em termos práticos, o receio da inadmissibilidade e a incerteza no seu manejo tornam o recurso adesivo figura pouco vista nos tribunais. De todo modo, algumas observações sobre o tema ainda merecem destaque.

Primeiro, reafirma-se, o recurso adesivo não é uma espécie recursal, mas sim uma forma diferenciada de interposição de algum recurso: trata-se de *técnica processual recursal*. Não se interpõe "recurso adesivo"; a interposição é de "apelação adesiva" ou "apelação na forma adesiva".[134]

Segundo, enquanto técnica recursal, o recurso adesivo tem requisitos próprios para que seja utilizado: (a) sucumbência recíproca; (b) interposição de recurso principal por uma das partes; (c) não interposição de recurso principal por quem pretende utilizar o recurso adesivo.[135]

---

[129] ASSIS, Araken de. *Manual dos Recursos*. 5. ed. São Paulo: Revista dos Tribunais, 2013, p. 68; BAPTISTA DA SILVA, Ovídio A. *Curso de Processo Civil*, vol.1, op. cit., p. 465.

[130] NEVES, Daniel Amorim Assumpção. *Manual de Direito Processual Civil: volume único*. 8. ed. Salvador: Juspodivm, 2016, p. 1.461.

[131] MOREIRA, José Carlos Barbosa. *Comentários ao Código de Processo Civil*, op. cit., p. 310.

[132] Idem, p. 309.

[133] Idem, p. 466.

[134] Com acertada crítica ao protocolo dos tribunais: ASSIS, Araken de. *Manual dos Recursos*. 5. ed. São Paulo: Revista dos Tribunais, 2013, p. 68.

[135] MARINONI, Luiz Guilherme; ARENHART, Sérgio Cruz; MITIDIERO, Daniel. *Novo Código de Processo Civil comentado*. São Paulo: Revista dos Tribunais, 2015, p. 931. Controverte-se na doutrina sobre a hipótese de manejo do recurso adesivo em razão da interposição intempestiva de recurso principal. Contra: JORGE, Flávio Cheim. *Teoria Geral dos Recursos Cíveis*. 3. ed. São Paulo: Revista dos Tribunais, 2007, p. 290; DIDIER JR., Fredie; CUNHA, Leonardo Carneiro da. *Curso de Direito Processual Civil*, vol. 3, op. cit., p. 94. Favorável: MARINONI, Luiz Guilherme; ARENHART, Sérgio Cruz; MITIDIERO, Daniel. *Novo Código de Processo Civil comentado*. Op. cit., p. 932.

Terceiro, como se trata, em essência, de manifestação do direito de recorrer, o recurso adesivo, além de preencher os requisitos gerais de admissibilidade do recurso que está sendo objeto da aderência, deve observar requisitos específicos de admissibilidade (art. 997, § 2º, CPC/15): (a) quanto ao prazo, ele deve ser interposto no da resposta;[136] (b) quanto ao cabimento, ele é viável na apelação, no recurso extraordinário e no recurso especial- veja-se que ele não é cabível para todos os recursos;[137] (c) quanto à subordinação, o recurso adesivo somente será admissível se o recurso principal também o for, isto é, se o principal for considerado inadmissível, o recurso adesivo não será conhecido.[138] A desistência do recurso principal também é causa de inadmissão do recurso adesivo.[139]

4.3. Quadro-sinótico

Classificação dos Recursos		
1) Quanto à tutela	Recurso ordinário	Tutela somente o interesse das partes.
	Recurso extraordinário	Tutela o interesse das partes e o direito objetivo.
2) Quanto à extensão	Recurso parcial	Compreende só parcela da decisão (art. 505, CPC).
	Recurso total	Compreende todo o conteúdo da decisão.
3) Quanto à fundamentação	Recurso de fundamentação livre	Qualquer "tipo" de argumento pode ser utilizado.
	Recurso de fundamentação vinculada	Somente alguns argumentos "típicos" podem ser utilizados.
4) Quanto à forma de interposição	Recurso independente – principal	Interposto sem qualquer relação com a postura adotada pelo outro recorrente.
	Recurso subordinado – adesivo	Interposto em razão da postura adotada pelo outro recorrente. É condicionado à admissibilidade do principal.

---

[136] Sujeitos processuais que gozam de algum privilégio quanto ao prazo poderão se valer da vantagem. Assim, por exemplo, o MP e a Fazenda Pública que possuem prazo em dobro para apresentar contrarrazões.

[137] Prevalece na doutrina que o rol é taxativo. A Corte Especial do STJ, na vigência do CPC/73, considerou que não caberia recurso adesivo em embargos de divergência por falta de previsão legal (AgRg nos EREsp 611.395/MG, Rel. Ministro Gilson Dipp, Corte Especial, julgado em 07/06/2006, DJ 01/08/2006, p. 333). Já há quem defenda pelo cabimento em outras hipóteses, como no agravo de instrumento que confronta decisão interlocutória de mérito (NEVES, Daniel Amorim Assumpção. *Manual de Direito Processual Civil: volume único*. 8. ed. Salvador: Juspodivm, 2016, p. 1.461).

[138] BAPTISTA DA SILVA, Ovídio A. *Curso de Processo Civil*, vol. 1, op. cit., p. 471.

[139] José Miguel Garcia Medina defende que, quando já iniciado o julgamento, não é mais possível a desistência do recurso principal em razão da proteção à boa-fé processual (art. 5º, CPC/15). Cita, ainda, precedente do STJ em que se admitiu o recurso adesivo mesmo havendo desistência em razão do deferimento, no recurso adesivo, de tutela provisória (REsp 1.285.405/SP) (op. cit., p. 1.458).

Capítulo 5 – Princípios fundamentais

5.1. Princípio do duplo grau

Os princípios fundamentais são as diretrizes gerais que podem ser extraídas do conjunto do ordenamento jurídico e que norteiam a Teoria Geral dos Recursos.[140] Há controvérsia sobre o adequado catálogo de princípios. De todo modo, o primeiro deles, considerado por muitos como o de maior magnitude, é o duplo grau de jurisdição.

Do dilema entre razoável duração do processo e segurança jurídica nas decisões tomadas, na tentativa de melhor satisfazer o interesse das partes em litígio, os ordenamentos jurídicos, historicamente, forjaram a possibilidade de revisão ou reavaliação da matéria discutida por órgão judicial diverso.

Com efeito, *a remessa para nova avaliação, por órgão distinto, caracteriza o chamado duplo grau de jurisdição*.[141] A despeito da sua gênese, o duplo grau de jurisdição passa por duras críticas. Há, inclusive, dúvida sobre a sua natureza enquanto princípio.[142] Em termos diretos, uma ótima forma de ilustrar o tema é através das indagações a seguir respondidas.

a) **O duplo grau de jurisdição é um princípio constitucional?** É inconteste que não há menção expressa ao duplo grau como garantia constitucional assegurada às partes litigantes tal qual ocorre na previsão contida no art. 8º do Pacto de San José da Costa Rica.[143] A previsão do tratado, porém, é circunscrita ao processo penal. E o processo civil? A resposta é que *há polêmica na doutrina*, notadamente diante do silêncio constitucional. Vale considerar, porém, que se existem competências recursais constitucionalmente previstas, não se pode negar a existência

---

[140] ASSIS, Araken de. *Manual dos Recursos*, op. cit., p. 79; JORGE, Flávio Cheim. *Teoria Geral dos Recursos Cíveis*, op. cit., p. 161.

[141] Nesse sentido: MOREIRA, José Carlos Barbosa. *Comentários ao Código de Processo Civil*, vol. 5, op. cit., p. 237; JORGE, Flávio Cheim. *Teoria Geral dos Recursos Cíveis*, op. cit., p. 171; ASSIS, Araken de. *Manual dos Recursos*, op. cit., p. 81.

[142] Não é pretensão aqui realizar uma digressão sobre o papel dos princípios perante a ordem jurídica, tema que fugiria da proposta das *Lições*.

[143] Artigo 8º – Garantias judiciais (...) 2. Toda pessoa acusada de um delito tem direito a que se presuma sua inocência, enquanto não for legalmente comprovada sua culpa. Durante o processo, toda pessoa tem direito, em plena igualdade, às seguintes garantias mínimas: (...) (h) direito de recorrer da sentença a juiz ou tribunal superior.

da possibilidade de revisão das decisões.[144] Caso contrário, a própria estrutura jurisdicional seria inócua. Há quem defenda se tratar de corolário do devido processo legal;[145] outros, do contraditório.[146] Há também quem aponte ser mera garantia, e não princípio jurídico. Já se apontou também que "não há direito fundamental ao duplo grau" no processo civil.[147] Apesar da controvérsia, mesmo que o duplo grau seja considerado um princípio, ele comporta *limitações pelo direito positivo*.[148]

⇒ **Jurisprudência**: O STF já apontou que "não há, no ordenamento jurídico-constitucional brasileiro, a garantia constitucional do duplo grau de jurisdição." (AI 513044 AgR, relator Min. Carlos Velloso, 2ª Turma, julgado em 22/02/2005). Além disso, reafirmou que "a norma que afirma ser incabível apelação em casos de execução fiscal cujo valor seja inferior a 50 ORTN não afronta os *princípios constitucionais* (...) do duplo grau de jurisdição." (ARE 639448 AgR, relator Min. Dias Toffoli, 1ª Turma, julgado em 19/06/2012; no mesmo sentido: RE 794.149 AgR, rel. Min. Dias Toffoli, julgado em 18/11/2014).

b) **Quais os pontos positivos do duplo grau?** A defesa do duplo grau de jurisdição é uma defesa, em última análise, do próprio direito de recorrer, muito embora não haja necessária relação entre ambos.[149] Por tal motivo, similares entre si os pontos positivos: a) maior controle sobre as decisões judiciais; b) maior possibilidade de frear o arbítrio judicial; c) maior segurança jurídica das decisões; d) uniformização da jurisprudência.

c) **Quais os pontos negativos do duplo grau?** Cresce, porém, a crítica ao duplo grau e que pode ser sintetizada em relevantes argumentos: a) menos prestígio ao juízo de primeiro grau (desvalorização), porquanto a decisão pode ser alterada com relativa facilidade; b) maior duração do processo que ficará sujeito a revisões de modo que tardará a efetividade da prestação jurisdicional; c) menor contato com as provas por parte dos juízos revisionais (que não participam dos debates orais, da colheita das provas, das audiências etc.).

5.2. Princípio da taxatividade

As partes não têm liberdade para criar ou convencionar as formas de impugnar as decisões. Tal função cabe ao direito positivo. Portanto, somente são

---

[144] JORGE, Flávio Cheim. *Teoria Geral dos Recursos Cíveis*, op. cit., p. 171; THEODORO JR, Humberto. *Curso de direito processual civil, vol. III*. Rio de Janeiro: Forense, 2015, p. 953.

[145] PASSOS, José Joaquim Calmon de. *Direito, Poder, Justiça e Processo*. Rio de Janeiro: Forense, 2000, p. 69; NERY JÚNIOR, Nelson; NERY, Rosa Maria. *Comentários ao Código de Processo Civil*: novo CPC – Lei 13.105/2015. São Paulo: Revista dos Tribunais, 2015, p. 1.987.

[146] THEODORO JR, Humberto. *Curso de direito processual civil, vol. III*, op. cit., p. 956.

[147] MARINONI, Luiz Guilherme; ARENHART, Sérgio Cruz; MITIDIERO, Daniel. *Novo Código de Processo Civil comentado*. São Paulo: Revista dos Tribunais, 2015, p. 923.

[148] ASSIS, Araken de. *Manual dos Recursos*, op. cit., p. 87.

[149] JORGE, Flávio Cheim. *Teoria Geral dos Recursos Cíveis*, op. cit., p. 172.

admitidos os recursos legalmente previstos.[150] Todo o recurso depende de previsão legal.

Compete privativamente à União legislar sobre recursos cíveis (art. 22, I, CF), o que é feito no Código de Processo Civil e na legislação extravagante. O rol de recursos está previsto no art. 994 do CPC/15 e encontra particularidades em leis esparsas (assim, prevê a Lei 9.099/95 a figura do recurso inominado, art. 41; e prevê o art. 34 da Lei 6.830/80 a teratológica figura dos embargos infringentes em execução fiscal).

O princípio da taxatividade, além de impor a necessidade de previsão legal aos recursos, permite que determinados pronunciamentos judiciais sejam *irrecorríveis* (exemplos: art. 138; art. 1.007, § 6º; art. 1.031, § 2º; art. 1.035, CPC/15). Não há, aí, inconstitucionalidade, mas mera opção legislativa.[151]

Havia, no passado, controvérsia sobre a possibilidade de norma interna do tribunal (regimento interno) estabelecer recurso não previsto em lei. Tal fato devia-se em razão da ausência de uma regra geral acerca da recorribilidade das decisões monocráticas.[152] Tal controvérsia, porém, perde muito do seu apelo com o CPC/15, em razão da positivação do agravo interno (art. 1.021, CPC/15).

Questão interessante e que cobrará reflexão da doutrina diz respeito aos negócios processuais. Pelo novo diploma processual, as partes podem convencionar mudanças no procedimento para ajustá-lo às especificidades da causa (art. 190, CPC/15). Poderão elas convencionar acerca do cabimento de novos recursos? Ao que tudo indica, prevalecerá corretamente a resposta negativa.[153]

5.3. Princípio da singularidade – unirrecorribilidade – unidade

Segundo este princípio, para cada espécie de pronunciamento judicial *há apenas um recurso cabível*.[154] Assim, por exemplo, não é possível interpor apelação e agravo de instrumento de uma mesma decisão simultaneamente.[155] Obviamente este princípio não impede que partes diferentes interponham recursos diferentes na hipótese de sucumbência recíproca.[156]

---

[150] JORGE, Flávio Cheim. *Teoria Geral dos Recursos Cíveis*, op. cit., p. 174.
[151] ASSIS, Araken de. *Manual dos Recursos*, op. cit., p., p. 93.
[152] JORGE, Flávio Cheim. *Teoria Geral dos Recursos Cíveis*, op. cit., p. 175.
[153] YARSHELL, Flávio Luiz. Convenção das partes em matéria processual: rumo a uma nova era? In: CABRAL, Antonio do Passo; NOGUEIRA, Pedro Henrique (Coords.). *Negócios processuais*. Salvador: Juspodivm, 2015, p. 93; NEVES, Daniel Amorim Assumpção. *Manual de Direito Processual Civil: volume único*. 8. ed. Salvador: Juspodivm, 2016, p. 1.486; no mesmo sentido o Enunciado 36 da ENFAM.
[154] NERY JÚNIOR, Nelson; NERY, Rosa Maria. *Comentários ao Código de Processo Civil*, op. cit., p. 1.987; MARINONI, Luiz Guilherme; ARENHART, Sérgio Cruz; MITIDIERO, Daniel. *Novo Código de Processo Civil comentado*. São Paulo: Revista dos Tribunais, 2015, p. 923.
[155] ASSIS, Araken de. *Manual dos Recursos*, op. cit., p. 95; THEODORO JR, Humberto. *Curso de direito processual civil, vol. III*, op. cit, p. 957.
[156] NERY JÚNIOR, Nelson; NERY, Rosa Maria. *Comentários ao Código de Processo Civil*, op. cit., p. 1.987.

Há, com segurança, problemas na aceitação deste princípio no direito brasileiro, em especial por conta de algumas situações provenientes do direito positivo – abaixo exemplificadas.

a) **Embargos de declaração**: sempre que for cabível *algum* recurso de decisão, *também caberá* o recurso de embargos de declaração para integrar a decisão (art. 1.022, CPC/15). Ao mesmo tempo em que cabível embargos, também poderá ser cabível outro recurso (exemplo: da sentença, cabe apelação e, se nela houver obscuridade, também caberão embargos de declaração).

b) **Recurso especial e recurso extraordinário**: os citados recursos devem, necessariamente, ser interpostos simultaneamente por que dizem respeito a questões distintas: recurso especial, questão federal; recurso extraordinário, questão constitucional. Se a decisão *comportar os dois recursos*, a apresentação de apenas um importa na preclusão do outro e, como a decisão se mantém pela questão não impugnada, o recurso interposto sequer é conhecido (STJ, Súmula 126). Na sistemática dos recursos excepcionais há quase um dever de interposição simultânea (vide, aliás, o art. 1.031, CPC/15).

c) **Recurso especial, recurso extraordinário e recurso ordinário**: a doutrina ainda registra outra peculiar situação de plurirrecorribilidade: "havendo mandado de segurança de competência originária do Tribunal de segundo grau parcialmente acolhido, desse capítulo da decisão caberá recurso especial e/ou recurso extraordinário, enquanto do capítulo denegatório caberá recurso ordinário constitucional".[157]

Por fim, cumpre recordar mais um exemplo de aplicação do princípio da singularidade: as questões incidentais (que poderiam ser tratadas em decisão interlocutória) resolvidas na sentença são impugnáveis por apelação (e não por simultâneo agravo de instrumento). Nesse sentido, aliás, expressa menção do diploma processual (art. 1.009, § 1º, CPC/15).

5.4. Princípio da fungibilidade

Nem sempre é fácil reconhecer qual é o recurso cabível em face de determinada decisão. Assim, o princípio da fungibilidade dita que é possível conhecer um recurso incabível como se cabível fosse.[158]

Tal princípio não está expresso, ao menos para a generalidade dos casos, diferente do que ocorria com o CPC/39 (art. 810).[159] Por esta razão, diz-se que decorre do regime geral das invalidades processuais (art. 277, CPC/15).

---

[157] NEVES, Daniel Amorim Assumpção. *Manual de Direito Processual Civil*: volume único, op. cit., p. 1.488.

[158] MEDINA, José Miguel Garcia; ALVIM, Teresa Arruda. *Recursos e ações autônomas de impugnação*, op. cit., p. 70; NERY JÚNIOR, Nelson; NERY, Rosa Maria. *Comentários ao Código de Processo Civil*, op. cit., p. 1.987; MARINONI, Luiz Guilherme; ARENHART, Sérgio Cruz; MITIDIERO, Daniel. *Novo Código de Processo Civil comentado*. São Paulo: Revista dos Tribunais, 2015, p. 924; JORGE, Flávio Cheim. *Teoria Geral dos Recursos Cíveis*, op. cit., p. 208.

[159] ASSIS, Araken de. *Manual dos Recursos*, op. cit, p. 99.

Todavia, ainda conservados os rigores do formalismo processual e a preservação das preclusões (o que sempre, de algum modo, beneficia uma das partes), o princípio da fungibilidade possui *requisitos* para sua aplicabilidade consagrados na doutrina e na jurisprudência. São eles:[160]

a) **Dúvida objetiva**: deve haver discussão doutrinária e/ou jurisprudencial em torno de qual seria o recurso cabível para a espécie;

b) **Inexistência de erro grosseiro**: o recurso não pode ser manifestamente equivocado (é o que ocorre quando o ditame legal expressamente aponta o tipo de recurso cabível para determinada decisão e, mesmo assim, a parte utiliza outro);

c) **Observância do prazo do recurso correto**: a despeito de dúvida, a parte deverá interpor o recurso no prazo adequado, sob pena de preclusão.

Com efeito, percebe-se que é na casuística que se pode aferir a possibilidade ou não de se admitir recurso inadequado como se adequado fosse. "Dúvida objetiva" e "erro grosseiro" são conceitos altamente flexíveis que precisam ser definidos perante situações concretas.

Por outro lado, o CPC/15 trouxe duas hipóteses expressas de fungibilidade:

a) **Entre embargos de declaração e agravo interno**: nos tribunais, o relator pode converter os embargos de declaração interpostos de decisão monocrática em agravo interno, caso seja este o recurso cabível. Nesta hipótese, deverá ser oportunizado prazo para que o recorrente efetue eventuais ajustes formais na peça recursal em cinco dias (art. 1.024, § 3º) e intimação para contrarrazões;

b) **Entre recurso especial e recurso extraordinário**: como se verá oportunamente, é possível que haja fundada dúvida entre o cabimento do recurso especial e do recurso extraordinário, notadamente porque é frequente que uma determinada decisão, a um só tempo, tenha elementos constitucionais e/ou de legislação federal. Havia, no regime anterior (CPC/73), verdadeira "sinuca de bico", pois o STF poderia não conhecer o recurso extraordinário sob o argumento de se tratar de matéria infraconstitucional, e o STJ não admitir o recurso especial por compreender que a matéria teria violado a CF/88 (!?). Pelo novo regramento, o recurso extraordinário pode ser convertido em recurso especial, mediante remessa dos autos realizada pelo próprio STF (art. 1.033, CPC/15). O recurso especial, por sua vez, pode ser convertido em recurso extraordinário, se o relator, no STJ, verificar a existência de questão constitucional (art. 1.032, CPC/15).

5.5. Princípio da dialeticidade

O princípio da dialeticidade diz respeito à necessidade de exposição da fundamentação e do pedido no âmbito recursal. O recorrente deve, em razão

---

[160] THEODORO JR, Humberto. *Curso de direito processual civil*, vol. III, op. cit, p. 959.

de tal princípio, apresentar as razões pelas quais o pronunciamento judicial incorreu no alegado vício.[161] Como registra autorizada doutrina: "todo o recurso deve ser discursivo, argumentativo, dialético. A mera insurgência contra a decisão não é suficiente".[162]

Vale lembrar que o pedido, em razão dos vícios passíveis de combate através da cadeia recursal, poderá ser de anulação (em caso de *error in procedendo*), reforma (em caso de *error in iudicando*) ou esclarecimento e integração.

É a fundamentação que permite à parte adversa completar a relação dialética mediante apresentação de contrarrazões ao recurso interposto. É o pedido que delimita a atuação do órgão julgador do recurso, como ocorre, por exemplo, com a apelação (art. 1.013, parágrafo único, CPC/15).

A dialeticidade representa nítida projeção do contraditório no âmbito recursal[163] (art. 9º, CPC/15), razão pela qual deve ser prestigiada. Nesse sentido, mesmo o julgamento de embargos de declaração enseja a prévia oitiva da parte contrária, "caso seu eventual acolhimento implique a modificação da decisão embargada" (art. 1.023, § 2º, CPC/15).

⇒ **Regularidade formal**: é bom registrar que a fundamentação recursal deve impugnar especificamente os fundamentos da decisão recorrida, sob pena de inadmissão do recurso por ausência de regularidade formal.[164]

5.6. Princípio da voluntariedade

Segundo o princípio da voluntariedade, a existência do recurso é condicionada à vontade da parte de manifestar a sua desconformidade com o pronunciamento judicial combatido.[165] O ato de interposição do recurso no prazo demonstra essa vontade de recorrer. É também este preceito que indica a faculdade do recorrente em dispor do recurso, renunciando ou desistindo dele.[166]

Como visto anteriormente (Capítulo 4), é ínsito ao conceito de recurso que seja um remédio voluntário, o que justifica a ausência de natureza recursal

---

[161] "No momento em que inexistir saudável comunicação entre a decisão recorrida e as razões recursais, a própria impugnação perderá sua razão de ser. Recorrer significa também controlar o exercício do poder jurisdicional, materializado na decisão. Se a parte em vez de enfrentar os argumentos esposados pelo provimento recorrido, simplesmente discorre sobre pontos abstratos desvinculados do julgado discutido, não haverá razão para se avaliar o mérito do recurso, pois a sua finalidade terá sido desvirtuada" (PORTO, Sérgio Gilberto; USTARRÓZ, Daniel. *Manual dos Recursos Cíveis*. 5. ed. Porto Alegre: Livraria do Advogado, 2016, p. 64).

[162] JORGE, Flávio Cheim. *Teoria Geral dos Recursos Cíveis*, op. cit., p. 166.

[163] THEODORO JR, Humberto. *Curso de direito processual civil*, vol. III, op. cit, p. 961.

[164] AgRg no REsp 1374798/MG, Rel. Ministro MAURO CAMPBELL MARQUES, Segunda Turma, julg. 18/08/2015, DJe 28/08/2015; AgRg nos EDcl no RMS 45.527/SC, Rel. Ministro MAURO CAMPBELL MARQUES, Segunda Turma, julg. 19/08/2014, DJe 25/08/2014; AgRg no REsp 1404995/PE, Rel. Ministro MAURO CAMPBELL MARQUES, Segunda Turma, julg. 10/06/2014, DJe 17/06/2014; AgRg nos EDcl no AREsp 441.188/MG, Rel. Ministro SIDNEI BENETI, Terceira Turma, julg. 25/02/2014, DJe 18/03/2014; AgRg no REsp 1026279/RS, Rel. Ministro LUIZ FUX, Primeira Turma, julg. 04/02/2010, DJe 19/02/2010.

[165] JORGE, Flávio Cheim. *Teoria Geral dos Recursos Cíveis*, op. cit., p. 165.

[166] ASSIS, Araken de. *Manual dos Recursos*, op. cit., p. 110.

na remessa necessária (art. 496, CPC/15) e na técnica do julgamento colegiado qualificado (art. 942, CPC/15).

5.7. Princípio da irrecorribilidade das decisões interlocutórias

O princípio da irrecorribilidade das decisões interlocutórias tem apenas valor histórico. Segundo este princípio, as decisões tomadas no curso do processo e anteriores à solução do mérito não estão sujeitas a recurso. A inspiração se encontra na valorização da oralidade do processo e para impedir "as contínuas interrupções" decorrentes do exame de questões incidentais.[167] Ocorre que nem mesmo o primeiro estatuto nacional afastou a recorribilidade das interlocutórias (art. 842, CPC/39).

Em razão disso, a doutrina passou a considerar a existência de um princípio da irrecorribilidade "em separado" das decisões interlocutórias, já que o pronunciamento podia ser impugnado em momento posterior, e não de forma isolada. Essa é, em certa medida, a sistemática atual: como regra geral, as decisões interlocutórias desfavoráveis ao recorrente podem ser combatidas em preliminar de apelação (art. 1.009, § 1°, CPC/15).

Considerada, porém, a ampla recorribilidade das interlocutórias (art. 1.015, CPC/15), é duvidosa a manutenção do referido princípio na ordem jurídica.[168]

5.8. Princípio da complementaridade

Como regra, as razões de um recurso devem ser apresentadas em conjunto com a sua interposição. Não basta o mero pedido de nova decisão. Não é possível, portanto, complementar um recurso já interposto com novas razões e nem apresentar as razões em momento posterior, como ocorre no processo penal. Por esse prisma, não há complementaridade no processo civil.[169]

Ocorre que, em razão da existência dos embargos de declaração, peculiar situação poderá surgir: a existência de nova sucumbência após já ter sido interposto recurso. Basta cogitar na hipótese em que ambas as partes recebem um provimento desfavorável; uma delas interpõe embargos de declaração; a outra, apelação. Caso os embargos de declaração sejam providos, a outra parte não poderá interpor nova apelação. Isto evidentemente prejudicará o seu direito de defesa, pois surgiu uma nova sucumbência (em razão do provimento dos embargos).

Por conta desse inconveniente, o princípio da complementaridade permite, sim, que a parte recorrente possa complementar as razões de recurso já interposto (seja ele qual for) sempre que o julgamento dos embargos de declaração modificar o provimento originário. Há, pois, expressa previsão legal nesse sentido (art. 1.024, § 4°, CPC/15).

---

[167] BAPTISTA DA SILVA, Ovídio A. *Curso de Processo Civil.* v. 1. 5. ed. São Paulo: Revista dos Tribunais, 2001, p. 68.
[168] No mesmo sentido: ASSIS, Araken de. *Manual dos Recursos*, op. cit., p. 113.
[169] THEODORO JR, Humberto. *Curso de direito processual civil*, vol. III, op. cit., p. 963.

5.9. Princípio da consumação

Uma vez interposto determinado recurso, considera-se consumado o respectivo ato de recorrer. Haverá, pois, preclusão consumativa.[170]

De fato, pelo princípio da consumação, a interposição do recurso impede que ele seja substituído por outro diverso, ainda que no prazo previsto em lei.[171] Assim, por exemplo, caso dois recursos de apelação sejam interpostos pela mesma parte durante a fluência do prazo, o segundo não será admitido em razão da interposição do primeiro em data anterior – houve, pois, consumação do ato de recorrer.

5.10. Princípio da proibição de *reformatio in pejus*

Pela vontade de recorrer da parte, não é dado ao juízo *ad quem* prejudicar a sua situação. *Reformatio in pejus* significa decidir de forma mais desfavorável do que a decisão originalmente atacada.[172] Assim, em razão de tal princípio, o recurso interposto pela parte não pode prejudicá-la.[173]

Vale considerar que o princípio é válido para cada litigante individualmente. Desse modo, se ambas as partes recorrem (hipótese de sucumbência recíproca), poderá haver situação mais desfavorável para um em virtude do recurso do outro. Obviamente, neste caso, não há violação ao princípio da proibição de *reformatio in pejus*.[174]

⇒ **Questões de ordem pública**: prevalece na doutrina[175] e na jurisprudência do STJ que, tendo em vista a sua natureza, as questões de ordem pública, uma vez analisadas pelo juízo *ad quem*, podem causar o agravamento da situação da parte. Assim, o recorrente pode ser prejudicado (*reformatio in pejus*), por questão de ordem pública não levantada no recurso, mas apreciada pelo julgador. Exemplo dessa situação é a mudança de ofício no termo inicial da correção monetária.[176] Outro exemplo de questão que pode causar prejuízo é o exame das condições da ação, como a ilegitimidade da parte.[177]

---

[170] ASSIS, Araken de. *Manual dos Recursos*, op. cit., p. 114.
[171] "Vale dizer: o exercício da faculdade de recorrer consome a possibilidade de fazê-lo eficazmente" (MARINONI, Luiz Guilherme; ARENHART, Sérgio Cruz; MITIDIERO, Daniel. *Novo Código de Processo Civil comentado*. São Paulo: Revista dos Tribunais, 2015, p. 924).
[172] ASSIS, Araken de. *Manual dos Recursos*, op. cit., p. 115.
[173] NERY JÚNIOR, Nelson; NERY, Rosa Maria. *Comentários ao Código de Processo Civil*, op. cit., p. 1.988.
[174] MEDINA, José Miguel Garcia; ALVIM, Teresa Arruda. *Recursos e ações autônomas de impugnação*, op. cit., p. 73.
[175] NERY JÚNIOR, Nelson; NERY, Rosa Maria. *Comentários ao Código de Processo Civil*, op. cit., p. 1.988; THEODORO JR, Humberto. *Curso de direito processual civil*, vol. III, op. cit, p. 964; JORGE, Flávio Cheim. *Teoria Geral dos Recursos Cíveis*, op. cit., p. 202; PORTO, Sérgio Gilberto; USTARRÓZ, Daniel. *Manual dos Recursos Cíveis*. 5. ed. Porto Alegre: Livraria do Advogado, 2016, p. 71.
[176] AgRg no AREsp 424.043/PR, Rel. Ministro Sérgio Kukina, 1ª Turma, julgado em 24/03/2015, DJe 06/04/2015; AgRg no REsp 1415714/RJ, Rel. Ministro Ricardo Villas Bôas Cueva, 3ª Turma, julgado em 08/03/2016, DJe 15/03/2016.
[177] REsp 923.083/RS, Rel. Ministra ELIANA CALMON, SEGUNDA TURMA, julgado em 06/03/2008, DJe 25/03/2008.

Capítulo 6 – Admissibilidade e mérito recursal

6.1. Introdução: admissibilidade *versus* mérito recursal

Os recursos prolongam a relação processual. Natural, pois, que haja requisitos para que se possibilite tal prolongamento.

Há, portanto, uma série de *requisitos* que precisam ser apreciados antes do exame propriamente da causa: é o *juízo de admissibilidade*.[178] O juízo de admissibilidade é aquele no qual o órgão competente analisa se estão presentes todos os requisitos legais para o exame do mérito recursal. Existem, portanto, *requisitos de admissibilidade* que devem ser preenchidos para que se possa examinar o mérito do recurso.[179]

Similar às condições da ação e aos pressupostos processuais (requisitos de validade do processo), surgem os requisitos de admissibilidade dos recursos (requisitos de validade do recurso).[180] Há, com efeito, significativa diferença entre o exame quanto à validade do próprio recurso (que é formal) e o exame do mérito do recurso (que é substancial). Merecem destaque algumas dessas distinções:

a) ***Quanto ao objeto***, o juízo de admissibilidade é destinado ao exame dos requisitos formais do recurso, enquanto o juízo de mérito é destinado ao exame daquilo que se pretende com o recurso, isto é, a anulação, a reforma ou a integração da decisão combatida (pretensão recursal);

---

[178] "Todo ato postulatório sujeita-se a exame por dois ângulos distintos: uma primeira operação destina-se a verificar se estão satisfeitas as condições impostas pela lei para que o órgão possa apreciar o conteúdo da postulação; outra, subsequente, a perscrutar-lhe o fundamento, para acolhê-la, se fundada, ou rejeitá-la, no caso contrário" (MOREIRA, José Carlos Barbosa. *Comentários ao Código de Processo Civil*, vol. V. 12. ed. Rio de Janeiro: Forense, 2005, p. 261).

[179] "Também nos recursos haverá sempre a necessidade de uma investigação prévia, destinada a averiguar se o recurso é possível, numa dada hipótese, e se aquele que o interpôs cumpriu todos os requisitos exigidos por lei para que tal inconformidade merecesse o reexame pelo órgão encarregado de julgá-lo. Este exame preliminar sobre o cabimento do recurso denomina-se juízo de admissibilidade, transposto o qual, em sentido favorável ao recorrente, passará o órgão recursal ao juízo de mérito do recurso" (BAPTISTA DA SILVA, Ovídio A. *Curso de Processo Civil*, vol. 1. 5. ed. São Paulo: Revista dos Tribunais, 2001, p. 416).

[180] CÂMARA, Alexandre Freitas. *O novo processo civil brasileiro*. 2. ed. São Paulo: Atlas, 2016, p. 495.

b) **Quanto à natureza** da decisão, o juízo de admissibilidade tem natureza declaratória,[181] enquanto o juízo de mérito terá a sua natureza vinculada ao resultado do pronunciamento (poderá ser declaratória ou não);[182]

c) **Quanto à competência**, o juízo de admissibilidade pode ser exercido pelo *juízo a quo* (se autorizado) e pelo *juízo ad quem*; já o juízo de mérito apenas pode ser exercido pelo *juízo ad quem*;

d) **Quanto ao momento**, o juízo de admissibilidade pode ser realizado a qualquer tempo, enquanto o juízo de mérito deve ser verificado em cada hipótese recursal;[183]

e) **Quanto à motivação**, o juízo de admissibilidade positivo pode ser implícito (é que se o órgão julgador examina o mérito, por consequência lógica considerou que não há irregularidades formais); todavia, tanto o juízo de admissibilidade negativo como o juízo de mérito devem ser motivados. Aplica-se, aqui, o dever de fundamentação das decisões judiciais.

Acrescente-se que a admissibilidade de um recurso é considerada questão de ordem pública e, por essa razão, não haverá preclusão sobre a matéria. Ela pode ser rediscutida em qualquer grau de jurisdição e, inclusive, de ofício.[184]

Uma das inovações do CPC/15 foi mitigar a admissibilidade dos recursos pelo *juízo a quo*. Não é mais, portanto, "na generalidade dos recursos" que há duplo juízo de admissibilidade.[185] Assim, p. ex., o exame de admissibilidade da apelação não é mais realizado pelo juízo de origem, mas sim pelo tribunal (art. 1.010, § 3º, CPC/15). Houve, por outro lado, tentativa de concentrar a admissibilidade dos recursos excepcionais perante o *juízo ad quem* – proposição que acabou superada com a Lei 13.256/16. Assim, tanto o recurso especial como o recurso extraordinário ainda passam por verificação de admissibilidade perante o *juízo a quo* (art. 1.030, CPC/15).

Acerca das diferenças entre juízo de admissibilidade e juízo de mérito, confira-se o seguinte quadro comparativo:

---

[181] MOREIRA, José Carlos Barbosa. *Comentários ao Código de Processo Civil*, vol. V, op. cit., p. 265.

[182] "Desprovido o recurso, a resolução tomada pelo órgão ad quem exibirá força declarativa. O tribunal proclama a inexistência do direito à revisão do pronunciamento. (...) Ao contrário, provido o recurso, o provimento substituto exprimirá força constitutiva. Flagrantemente, surgirá um novo estado jurídico, quer haja a reforma do provimento recorrido, substituído o originário por outro de sentido diferente ou oposto, quer haja a anulação do ato" (ASSIS, Araken de. *Manual dos Recursos*. 5. ed. São Paulo: Revista dos Tribunais, 2013, p. 136). É bom destacar, entretanto, que a natureza dos juízos recursais é tema de intensa controvérsia doutrinária e cujo enfrentamento escapa à pretensão destas *Lições*.

[183] ASSIS, Araken de. *Manual dos Recursos*. 5. ed. São Paulo: Revista dos Tribunais, 2013, p. 139.

[184] EREsp 978.782/RS, Rel. Ministro ARI PARGENDLER, Corte Especial, julgado em 20/05/2009, DJe 15/06/2009.

[185] Sempre que isto ocorrer, porém, "a admissibilidade do recurso pelo órgão jurisdicional inferior não passa de um simples juízo de encaminhamento, portanto, provisório, que não vincula o tribunal superior" (BAPTISTA DA SILVA, Ovídio A. *Curso de Processo Civil*, vol. 1, op. cit., p. 418).

Juízo de Admissibilidade	Juízo de Mérito
Destina-se a verificar a presença dos requisitos que garantem o exame da questão.	Destina-se ao exame propriamente daquilo que se pretende com o recurso (mérito recursal).
Natureza: declaratória sempre	Natureza: Desprovido: declaratória. Provido: conforme a decisão.
Competência: órgão *a quo* (se autorizado) e órgão *ad quem*	Competência: órgão *ad quem*
Forma: Positivo: pode ser implícito Negativo: deve ser expresso	Forma: Sempre expresso e motivado
Momento: a qualquer tempo enquanto pendente o processo	Momento: conforme o recurso

Terminologia			
Juízo de Admissibilidade		Juízo de Mérito	
Positivo	Negativo	Positivo	Negativo
Dou seguimento	Nego seguimento	Provido	Desprovido
Conheço	Não conheço	Dou provimento	Nego provimento
Admito	Não admito		

Não é ocioso repetir: para que seja viável o exame do mérito de um recurso, isto é, a efetiva possibilidade de reforma ou anulação da decisão recorrida, o juízo de admissibilidade deve ser positivo. É necessário, em termos diretos, o preenchimento de todos os requisitos legalmente previstos para tanto. *Quais são?* É o tema a seguir explorado.

6.2. Admissibilidade recursal

A admissibilidade do recurso passa por relevantes pressupostos. Os requisitos de admissibilidade, ou pressupostos de admissibilidade, que compõem o exame quanto à validade do recurso (juízo de admissibilidade), são usualmente classificados em dois grandes grupos:[186] requisitos intrínsecos e requisitos extrínsecos. Trata-se de classificação tradicional e amplamente aceita.

6.2.1. Requisitos intrínsecos

Os requisitos intrínsecos são aqueles que dizem respeito à existência do direito de recorrer. São eles: (1) cabimento, (2) legitimidade, (3) interesse recursal e (4) inexistência de fato impeditivo ou extintivo.

---

[186] ASSIS, Araken de. *Manual dos Recursos*, op. cit., p. 147; MOREIRA, José Carlos Barbosa. *Comentários ao Código de Processo Civil, vol. V*, op. cit., p. 263.

6.2.1.1. Cabimento

Trata-se de requisito vinculado à recorribilidade da decisão e à propriedade (adequação) do recurso para o caso. Assim, apresentado recurso de decisão que a lei prevê como irrecorrível, haverá inadmissibilidade; apresentado recurso incorreto, também haverá inadmissibilidade. É necessário, portanto, que "o recurso de que o recorrente se valeu seja o indicado para aquela hipótese".[187] O cabimento busca responder às seguintes perguntas: *a decisão é recorrível? Este é o recurso previsto para atacá-la?*

Há mais dois bons exemplos: a interposição de agravo de instrumento fora das hipóteses previstas (art. 1.015, CPC/15) ensejará inadmissibilidade do recurso porque incabível; de igual modo, a interposição de recurso de apelação contra decisão interlocutória se afigura incabível (a apelação somente é cabível para confrontar sentenças, nos termos do art. 1.009, CPC/15).

Nada impede que a lei processual formule hipótese em que simplesmente não haverá recurso cabível. Assim, exemplificativamente, dos despachos não cabe recurso (art. 1.001, CPC/15). Também não cabe recurso da decisão acerca da participação ou não de *amicus curiae* nos autos (art. 138, *caput*, CPC/15). O perfil da recorribilidade é, pois, escolha política do legislador.

Com acerto, Daniel Amorim Assumpção Neves registra que "o pronunciamento que deixa de analisar o pedido de tutela antecipada tem carga decisória".[188] Assim, caso determinada decisão, ao invés de apreciar o pedido de tutela urgente, posterga a análise para outro momento, tal pronunciamento não é mero despacho, mas sim decisão interlocutória que versa sobre tutela provisória e, portanto, confrontada por agravo de instrumento (art. 1.015, I, CPC/15). O recurso, na espécie, é cabível.

6.2.1.2. Legitimidade

A legitimidade é requisito vinculado aos sujeitos que podem recorrer da decisão. Aliás, nos termos do art. 996 do CPC/15, são legitimados para recorrer: (a) a parte vencida; (b) o Ministério Público e (c) o terceiro juridicamente prejudicado. A legitimidade busca responder a seguinte pergunta: *a pessoa recorrente pode recorrer?*

A *parte* tem evidente legitimidade para recorrer. Se o sujeito integra a relação processual, naturalmente recebe as vantagens de participar dela, inclusive o direito de recorrer. Vale lembrar que os terceiros intervenientes, porque já integrados ao processo, são considerados partes.[189]

O **Ministério Público**, inclusive na condição de fiscal da ordem jurídica (*custos legis*), também está legitimado para recorrer. A legitimidade do Minis-

---

[187] BAPTISTA DA SILVA, Ovídio A. *Curso de Processo Civil*, vol.1, op. cit., p. 419.
[188] NEVES, Daniel Amorim Assumpção. *Manual de Direito Processual Civil: volume único*. 8. ed. Salvador: Juspodivm, 2016, p. 1.508.
[189] BAPTISTA DA SILVA, Ovídio A. *Curso de Processo Civil*, vol. 1, op. cit., p. 292.

tério Público é autônoma: mesmo que as partes não recorram, ele poderá apresentar o recurso cabível. Nesse sentido, ainda é válida a Súmula 99 do STJ.[190]

O *terceiro prejudicado* é o sujeito alheio à relação processual até então (ou seja, não participava do processo). Para que o terceiro possa recorrer, ele deve demonstrar que a decisão combatida irá atingir direito de que se afirme titular ou direito que poderia discutir em juízo como substituto processual (art. 996, parágrafo único, CPC/15). Consoante célebre lição doutrinária, a legitimidade do terceiro é definida pela existência de *interesse jurídico* que justifique a sua intervenção.[191] O recurso do terceiro prejudicado tem caráter "eminentemente preventivo", já que, não integrando a relação processual, poderá confrontar em momento posterior a decisão, inclusive por via de ação autônoma, se for o caso.[192]

Alguns pontos controvertidos ainda merecem destaque em matéria de legitimidade recursal.

O *advogado*, para a corrente majoritária e para o STJ, é considerado *terceiro prejudicado* em relação ao capítulo que fixa os honorários.[193] De fato, não há qualquer dúvida de que a verba honorária representa direito autônomo do advogado (art. 85, § 14, CPC/15 c/c art. 23, Lei 8.906/94) e ele, portanto, tem interesse jurídico em recorrer da decisão que trata do tema.[194] Aliás, cumpre registrar que a parte também pode recorrer do capítulo referente à verba honorária (há legitimação concorrente).

O *auxiliar da justiça* (perito, tradutor, intérprete, leiloeiro, conciliador, etc.), para a corrente majoritária[195] e para o STJ,[196] não é considerado parte e tampouco terceiro prejudicado, razão pela qual não possui legitimidade para interpor recursos. A justificativa jurisprudencial é que o auxiliar não é titular da relação jurídica controvertida nos autos e nem de relação jurídica conexa. *Data venia*, essa não é a solução adequada,[197] pois o serventuário da justiça, em inúmeras hipóteses, poderá ter a sua esfera de interesses atingida pelo pronunciamento judicial (basta exemplificar com a fixação dos seus honorários, como ocorre com o perito e com o tradutor).

O *amicus curiae*, cuja posição processual doutrinariamente controvertida foi inserida no âmbito das intervenções de terceiros (art. 138, CPC/15), tem legitimidade parcial para recorrer. De fato, por expressa previsão legal, o *amicus*

---

[190] Súmula 99, STJ: "O Ministério Público tem legitimidade para recorrer no processo que oficiou como fiscal da lei, ainda que não haja recurso da parte".
[191] MOREIRA, José Carlos Barbosa. *Comentários ao Código de Processo Civil*, vol. V, op. cit., p. 295.
[192] BAPTISTA DA SILVA, Ovídio A. *Curso de Processo Civil*, vol. 1, op. cit., p. 420.
[193] JORGE, Flávio Cheim. *Teoria Geral dos Recursos Cíveis*, op. cit., p. 98; NEVES, Daniel Amorim Assumpção. *Manual de Direito Processual Civil: volume único*. 8. ed. Salvador: Juspodivm, 2016, p. 1.510.
[194] REsp 614.218/PR, Rel. Min. João Otávio de Noronha, 2ª Turma, julg. 19/10/2006, DJ 07/12/2006, p. 289.
[195] JORGE, Flávio Cheim. *Teoria Geral dos Recursos Cíveis*, op. cit., p. 95; NERY JÚNIOR, Nelson; NERY, Rosa Maria. *Comentários ao Código de Processo Civil*: novo CPC – Lei 13.105/2015. São Paulo: Revista dos Tribunais, 2015, p. 2.011.
[196] REsp 410.793/SP, Rel. Min. Jorge Scartezzini, 4ª Turma, julg. 28/09/2004, DJ 06/12/2004, p. 316.
[197] No mesmo sentido: PORTO, Sérgio Gilberto; USTARRÓZ, Daniel. *Manual dos Recursos Cíveis*. 5. ed. Porto Alegre: Livraria do Advogado, 2016, p. 92; ASSIS, Araken de. *Manual dos Recursos*, op. cit., p. 169.

curiae não está autorizado a interpor recursos, exceto quando se tratar de embargos de declaração ou julgamento do incidente de resolução de demandas repetitivas (art. 138, § 1º, CPC/15).[198]

6.2.1.3. Interesse recursal

O interesse recursal ocorre quando o recorrente possa esperar do julgamento do recurso, em tese, situação mais vantajosa, do ponto de vista prático, daquela em que o haja posto a decisão impugnada e quando seja preciso usar as vias recursais para alcançar esse objetivo.[199] É possível fazer a seguinte analogia: o interesse recursal está para admissibilidade do recurso como o interesse processual está para a admissibilidade da ação (condição da ação). Por essa razão, deverá observar o binômio utilidade e necessidade.[200]

A *utilidade*, num primeiro momento, se contenta com a presença de prejuízo para o recorrente. De fato, se o pronunciamento foi, de algum modo desfavorável para quem recorre, é útil o manejo do recurso. A existência de sucumbência, portanto, indica a presença de utilidade: não obtida a procedência integral do pedido do autor, haverá necessidade no manejo do recurso. Por isso, não há interesse do autor em recorrer da sentença de total procedência: a medida seria inútil. De igual modo, o recurso será útil (necessário) para o réu, caso não haja improcedência integral do pedido do autor. Em caso de sucumbência recíproca, o recurso é útil para ambas as partes. Haverá interesse.[201]

Mas não é só. É possível que haja utilidade sem sucumbência. Aliás, é o que ocorre com os terceiros prejudicados e com o Ministério Público na condição de fiscal da ordem jurídica. Em ambas as hipóteses, não houve sucumbência para o recorrente. É por essa razão que se passou a defender que o interesse se contenta com a possibilidade de obtenção de uma decisão mais favorável sob o ponto de vista prático, e não meramente formal (fundado na sucumbência).[202] A essa distinção, considera-se o interesse sob a perspectiva da sucumbência formal (resultado do processo) ou material (resultado prático).

---

[198] José Miguel Garcia Media acrescenta que deve ser admitido, também, recurso contra a decisão que não admite a intervenção do *amicus curiae* (MEDINA, José Miguel Garcia. *Novo Código de Processo Civil comentado: com remissões e notas comparativas ao CPC/1973*. 4. ed. São Paulo: Revista dos Tribunais, 2016, p. 1.454).

[199] ASSIS, Araken de. *Manual dos Recursos*, op. cit., p., p. 172.

[200] MOREIRA, José Carlos Barbosa. *Comentários ao Código de Processo Civil*, vol. V, op. cit., p. 298; ASSIS, Araken de. *Manual dos Recursos*, op. cit., p., p. 172.

[201] Para tais casos, como lembra Flávio Cheim Jorge, com escólio em Laura Salvaneschi, o resultado é meramente matemático. Bastaria apurar a diferença entre demanda (o que foi pedido) e sentença (o que foi concedido), para verificar a presença de interesse recursal (JORGE, Flávio Cheim. *Teoria Geral dos Recursos Cíveis*, op. cit., p. 101).

[202] Barbosa Moreira aponta o seguinte: "A construção de um conceito unitário do interesse de recorrer, ao que nos parece, exige a adoção de uma óptica antes prospectiva que retrospectiva: a ênfase incidirá mais sobre o que é possível ao recorrente esperar que se decida, no novo julgamento, do que sobre o teor daquilo que se decidiu, no julgamento impugnado. Daí preferirmos aludir à utilidade, como outros aludem, como fórmula afim, ao proveito ou ao benefício que a futura decisão seja capaz de proporcionar ao recorrente" (*Comentários ao Código de Processo Civil*, vol. V, op. cit., p. 299).

A *necessidade* – segundo elemento do binômio caracterizador do interesse recursal – revela-se quando a interposição do recurso é o remédio apto a confrontar o ato judicial.[203] Com efeito, o recurso deve ser o meio viável para a obtenção da vantagem pretendida para que seja necessário e, assim, haja interesse em recorrer. Em termos práticos, a desnecessidade de um recurso é de difícil visualização.

Sem solução no novo diploma processual, algumas questões polêmicas ainda podem gerar controvérsia em matéria de interesse recursal. A seguir, algumas delas:

a) *Fundamentação*: tradicional concepção doutrinária considera que não há interesse recursal para impugnar apenas as razões de decidir.[204] A postura faz eco na jurisprudência. De fato, prevalece que o interesse recursal leva em consideração a parte dispositiva do julgado, isto é, a conclusão dada ao caso pelo órgão judicial.[205] O tema, porém, suscita revigorada polêmica, especialmente diante da valorização da motivação no novo diploma processual. Vale registrar que a mais autorizada pena considerou que deveriam ser ressalvadas as hipóteses, "em que a própria lei atribui importância prática à motivação".[206] Já há quem considere possível modificar apenas a fundamentação pela via recursal.[207] Vale lembrar que a importância de um precedente deriva justamente da sua fundamentação, fato que conspira em favor da recorribilidade das razões de decidir ao menos em alguns casos, como, p. ex., no julgamento do incidente de resolução de demandas repetitivas (IRDR);

b) *Pronunciamentos com duplo fundamento*: para os casos em que a lei considera relevante a fundamentação, como se dá nos recursos excepcionais, se o pronunciamento possuir duplo fundamento, isto é, com razões autônomas que justificam a decisão tomada, não há interesse no recurso que combate apenas um dos fundamentos, já que a decisão se manteria pelo outro.[208] Por essa razão, nestes casos, é dever da parte interpor recurso total: o recurso parcial seria inadmitido. Essa constatação é relevantíssima para as hipóteses em que a decisão está ancorada em questão federal e questão constitucional simultaneamente: a parte

---

[203] Para Barbosa Moreira, ele deve ser o "único remédio capaz de ministrar garantia plena contra o ato judicial" (*Comentários ao Código de Processo Civil*, vol. V, op. cit., p. 304); para Araken de Assis: "o recurso perde seu caráter de meio imprescindível, transformando-se na via mais direta e cômoda e menos dispendiosa para arredar os efeitos do pronunciamento – em perfeita harmonia com o princípio da economia processual" (ASSIS, Araken de. *Manual dos Recursos*, op. cit., p.183).

[204] NERY JÚNIOR, Nelson; NERY, Rosa Maria. *Comentários ao Código de Processo Civil*: novo CPC – Lei 13.105/2015. São Paulo: Revista dos Tribunais, 2015, p. 1.992.

[205] MOREIRA, José Carlos Barbosa. *Comentários ao Código de Processo Civil*, vol. V, op. cit., p. 302.

[206] Idem, p. 302.

[207] NEVES, Daniel Amorim Assumpção. *Manual de Direito Processual Civil*: volume único. 8. ed. Salvador: Juspodivm, 2016, p. 1.515.

[208] "Com efeito: se, por hipótese, ainda que reconhecida pelo órgão ad quem a inconsistência daquele singular motivo, a conclusão subsistiria in totum, isso significa que o julgamento do recurso em caso algum poderia trazer a quem o interpôs qualquer vantagem prática" (MOREIRA, José Carlos Barbosa. *Comentários ao Código de Processo Civil*, vol. V, op. cit., p. 302).

recorrente deverá interpor recurso especial e recurso extraordinário simultaneamente, sob pena de inadmissão;[209]

c) **Primazia do exame de mérito**: nos pronunciamentos que extinguem o processo sem exame de mérito (art. 485, CPC/15), há interesse em recorrer para que haja apreciação do mérito (art. 487, CPC/15), ainda que a decisão terminativa tenha sido favorável ao recorrente.[210] A razão é simples: o resultado de mérito proporciona situação mais vantajosa confirmada pela formação da coisa julgada. A decisão terminativa, por sua vez, não fará coisa julgada.

6.2.1.4. Inexistência de fato impeditivo ou extintivo

A inexistência de fato impeditivo, ou extintivo, é requisito vinculado diretamente ao direito de recorrer. O direito de recorrer pode ser impedido ou extinto pelas seguintes situações: desistência, renúncia ou aceitação. Alguns recursos possuem casos específicos de impedimento ao direito de recorrer (é o que ocorre no recurso extraordinário, com a falta de repercussão geral, art. 102, § 3º, CF/88). Neste caso, interroga-se: há algum fato impeditivo ou extintivo?

A *desistência* é o ato pelo qual o recorrente manifesta a vontade de que o seu recurso não seja julgado.[211] Haverá abdicação do direito de recorrer. A desistência pode ocorrer a qualquer tempo, desde a interposição[212] até o julgamento do recurso, mesmo que, nos tribunais, já tenha sido proferido voto.[213] O relevante é a conclusão do julgamento: a partir daí não cabe mais desistência.[214] Para desistir, não é necessária a concordância da parte contrária e nem dos litisconsortes.

O Superior Tribunal de Justiça considerava que não cabia desistência quando o recurso especial fosse considerado repetitivo – hipótese em que o recurso excepcional passaria a contar com especial caráter público.[215] O novo diploma processual traz regra expressa no sentido de que a desistência não

---

[209] Súmula 283, STF: É inadmissível o recurso extraordinário, quando a decisão recorrida assenta em mais de um fundamento suficiente e o recurso não abrange todos eles.

[210] Favorável: JORGE, Flávio Cheim. *Teoria Geral dos Recursos Cíveis*, op. cit., p. 108; ASSIS, Araken de. *Manual dos Recursos*, op. cit., p. 176. E ainda: "(..) só se há falar em interesse recursal quando, acolhida a defesa processual do réu (art. 301, *caput*, do CPC), deixar o magistrado de examinar o mérito da causa, porquanto o demandado poderia alcançar sentença meritória com autoridade de coisa julgada, posição mais vantajosa se comparada com a decorrente de sentença terminativa" (REsp 309.639/SP, Rel. Min. Luis Felipe Salomão, 4ª T., julg. 06/08/2009, DJe 02/09/2009). Contra: MARINONI, Luiz Guilherme; ARENHART, Sérgio Cruz; MITIDIERO, Daniel. *Novo Código de Processo Civil comentado*. São Paulo: Revista dos Tribunais, 2015, p. 925.

[211] MOREIRA, José Carlos Barbosa. *Comentários ao Código de Processo Civil*, vol. V, op. cit., p. 331.

[212] Idem, ibidem.

[213] REsp 689.439/PR, Rel. Ministro Mauro Campbell Marques, Segunda Turma, julgado em 04/03/2010, DJe 22/03/2010.

[214] Em sentido contrário, favorável ao limite temporal da desistência, que deveria ser adstrita ao início do julgamento: MEDINA, José Miguel Garcia. *Novo Código de Processo Civil comentado: com remissões e notas comparativas ao CPC/1973*. 4. ed. São Paulo: Revista dos Tribunais, 2016, p. 1.459.

[215] QO no REsp 1063343/RS, Rel. Ministra Nancy Andrighi, Corte Especial, julgado em 17/12/2008, DJe 04/06/2009.

impede a análise: (a) de questão constitucional com repercussão geral reconhecida; (b) de questão objeto de recursos repetitivos (art. 998, parágrafo único, CPC/15). Verifica-se, em tais casos, que não há óbice para a desistência, mas mero seguimento no julgamento do recurso. É possível concluir que o caso julgado, mas objeto de desistência, não atingirá a esfera jurídica do recorrente.[216]

A *renúncia* é o ato pelo qual a parte manifesta a vontade de não interpor o recurso que poderia utilizar para combater determinada decisão.[217] Não é possível renunciar a recurso já interposto, pois o caso seria de desistência. A renúncia pressupõe, portanto, o surgimento do direito de recorrer e cessa com eventual interposição do recurso.

A *aceitação*, ou aquiescência, é o ato pelo qual a parte manifesta a sua concordância com a decisão judicial. Ela pode ser expressa ou tácita. A primeira é a manifestação nesse sentido direcionada ao órgão judicial. A segunda é revelada pela prática de algum ato incompatível com o direito de recorrer.[218] Trata-se de caso em que haverá preclusão lógica. O pagamento do valor imposto na condenação é tradicional exemplo de aquiescência. É possível, porém, depositar a quantia em juízo sem que seja o ato considerado aceitação (art. 520, § 3º, CPC/15).

6.2.2. Requisitos extrínsecos

São aqueles requisitos que dizem respeito ao *modo de exercício* do direito de recorrer. São eles: tempestividade, regularidade formal e preparo.

6.2.2.1. Tempestividade

O recurso deve ser interposto dentro do prazo previsto em lei. Haverá preclusão caso não interposto no adequado prazo. Observam-se as regras gerais sobre prazos (arts. 218-235, CPC/15).

Quanto a sua natureza jurídica, o prazo de tempestividade do recurso é tradicionalmente considerado *peremptório*: não pode ser modificado por vontade das partes ou do órgão judicial (art. 222, § 2º, CPC/15). Já há quem considere o prazo recursal inserido nos atos passíveis de convenção processual, permitindo adaptação pela conveniência das partes (art. 190, CPC/15).[219]

Quanto à extensão, o prazo para recorrer, em geral, é de quinze dias (art. 1.003, § 5º, CPC/15). A exceção fica com os embargos de declaração, cuja tempestividade se dá em cinco dias. Esse prazo é *dobrado* para a Fazenda Pública (União, Estados Municípios, Distrito Federal, autarquias e fundações públicas

---

[216] No mesmo sentido: PORTO, Sérgio Gilberto; USTARRÓZ, Daniel. *Manual dos Recursos Cíveis*. 5. ed. Porto Alegre: Livraria do Advogado, 2016, p. 68.

[217] MOREIRA, José Carlos Barbosa. *Comentários ao Código de Processo Civil*, vol. V, op. cit., p. 340.

[218] Idem, p. 346.

[219] NEVES, Daniel Amorim Assumpção. *Manual de Direito Processual Civil: volume único*. 8. ed. Salvador: Juspodivm, 2016, p. 1.524.

de direito público), Ministério Público e Defensoria Pública.[220] O prazo também é dobrado para litisconsortes com procuradores diferentes, de escritórios distintos (at. 229, *caput*, CPC/15), desde que haja sucumbência para ambos (Súmula 641, STF) e não se trate de processo eletrônico (art. 229, § 2º, CPC/15).

Quanto ao início da contagem (*dies a quo*), há regramento específico (art. 1.003, CPC/15). Conta-se o prazo a partir da intimação da decisão (art. 1.003, *caput*, CPC/15). Se a decisão for proferida em audiência, considera-se a parte intimada na própria audiência (art. 1.003, § 1º, CPC/15). A Fazenda Pública (União, Estados Municípios, Distrito Federal, autarquias e fundações públicas de direito público), Ministério Público e Defensoria Pública devem ser pessoalmente intimados, e isso pode ocorrer por carga, remessa ou meio eletrônico. De todo modo, aplica-se a regra geral segundo a qual "os prazos serão contados excluindo o dia do começo e incluindo o dia do vencimento" (art. 224, *caput*, CPC/15). Aliás, se a intimação for eletrônica, o prazo tem início no primeiro dia útil posterior à publicação, que é considerada realizada no dia útil subsequente à disponibilização da informação no Diário Eletrônico (art. 4º, Lei 11.419/06). E se o réu ainda não foi citado, aplicam-se as disposições do art. 231, incisos I até IV (art. 1.003, § 2º, CPC/15).

⇒ **Ciência inequívoca**: em matéria de prazo, o excesso de cautela não é demasia. Daí por que acertado alerta feito por Sérgio Porto e Daniel Ustárroz no sentido de que a *ciência inequívoca* do pronunciamento judicial pela parte também dá início à contagem do prazo recursal. Alguns exemplos citados pelos autores, com respaldo na jurisprudência do STJ, merecem destaque: (a) retirada dos autos do cartório; (b) comparecimento nos autos; (c) juntada de petição após a decisão de que se pretende recorrer; (d) apresentação de pedido de reconsideração.[221] Registra-se, ainda, que a retirada dos autos do cartório realizada exclusivamente por estagiário não induz em ciência inequívoca.[222]

Cumpre registrar que *o recurso interposto antes do início do prazo não é intempestivo* por expressa previsão do direito positivo (art. 218, § 4º, CPC/15). A mudança é justificada em razão da pretérita jurisprudência dos tribunais superiores que considerava o denominado "recurso prematuro" intempestivo e, pois, inadmissível.[223]

Quanto à fluência, o prazo recursal somente corre em dias úteis. Há também variadas e heterogêneas situações que interrompem ou suspendem a fluência do prazo. Exemplifica-se com o recesso forense (art. 220, CPC/15), com o obstáculo promovido pela parte contrária (art. 221, CPC/15), v. g., a retirada

---

[220] Além da Defensoria Pública, os "escritórios de prática jurídica das faculdades de Direito reconhecidas na forma da lei e às entidades que prestam assistência jurídica gratuita em razão de convênios firmados com a Defensoria Pública" também possuem prazo dobrado, nos termos do art. 186, § 3º, do NCPC.

[221] PORTO, Sérgio Gilberto; USTARRÓZ, Daniel. *Manual dos Recursos Cíveis*. 5. ed. Porto Alegre: Livraria do Advogado, 2016, p. 100.

[222] REsp 1296317/RJ, Rel. Ministro Benedito Gonçalves, 1ª Turma, julgado em 23/04/2013, DJe 16/09/2013; AgRg no AREsp 282.000/DF, Rel. Ministro Antonio Carlos Ferreira, 4ª Turma, julgado em 16/02/2016, DJe 19/02/2016.

[223] E nos termos da Súmula 418 do STJ (anterior ao CPC/15): "É inadmissível o recurso especial interposto antes da publicação do acórdão dos embargos de declaração, sem posterior ratificação".

dos autos de cartório em prazo comum[224] e, também, o falecimento da parte ou do seu advogado (art. 1.004, CPC/15). O feriado local também impede a fluência do prazo recursal (art. 214, CPC/15). Ocorre que o feriado local deve ser comprovado no ato de interposição do recurso, sob pena de inadmissão (art. 1.003, § 6º, CPC/15). Não se desconhece, porém, que no regime do CPC/73, o STF chegou a aceitar que a comprovação do feriado local pudesse ser realizada após a interposição.[225] É possível argumentar, por outro lado, que a prova do feriado local poderia ser demonstrada em momento posterior, já que o relator, nos tribunais, pode sanar vícios relacionados com a inadmissibilidade (art. 932, parágrafo único, CPC/15).

Quanto ao término do prazo, o recorrente tem até o último dia previsto para que o recurso seja interposto (*dies ad quem*). Não é recomendável, mas é possível recorrer até o "último momento", isto é, o último minuto do último dia.[226]

6.2.2.2. Regularidade formal

A direta relação entre o direito de ação e o direito de recorrer traz inafastável constatação: se até mesmo a postulação inicial é condicionada a requisitos de forma (art. 319, CPC/15), quanto mais o será a postulação recursal. De fato, todo o recurso é sujeito a determinadas formalidades que devem ser observadas, sob pena de inadmissão. Assim, não há margem de liberdade na forma do recurso.[227]

Alguns requisitos formais podem ser considerados genéricos e aplicáveis a todos os remédios. Nada impede, porém, que determinado recurso conte com disposição específica quanto à forma. O exemplo privilegiado fica com as peças essenciais que devem instruir o agravo de instrumento protocolado em meio físico (art. 1.017, CPC/15).

São requisitos formais genéricos: (a) identificação das partes; (b) fundamentação, com as razões pelas quais se recorre; (c) pedido (de reforma, invalidação ou integração da decisão).[228] Merece realce o papel da motivação recursal – imposição derivada da dialeticidade – que deve atacar especificamente o fundamento da decisão recorrida.[229] Devem ser apresentadas, pois, razões para que o pronunciamento seja reformado, invalidade ou esclarecido. Na mesma linha: "as razões devem ser pertinentes e dizer respeito aos fundamentos da decisão, ou a outro fato, que justifique a modificação dela. Se as razões forem

---

[224] ASSIS, Araken de. *Manual dos Recursos*, op. cit., p. 211.
[225] AI 741616 AgR, Relator Min. Dias Toffoli, Primeira Turma, julgado em 25/06/2013.
[226] NEVES, Daniel Amorim Assumpção. *Manual de Direito Processual Civil*: volume único. 8. ed. Salvador: Juspodivm, 2016, p. 1.529.
[227] ASSIS, Araken de. *Manual dos Recursos*, op. cit., p. 216.
[228] Idem, ibidem; BAPTISTA DA SILVA, Ovídio A. *Curso de Processo Civil*, vol. 1, op. cit., p. 422. O ato processual ainda é, na maioria das vezes, apresentado por petição escrita. Não se desconhece, porém, recurso que pode ser interposto por via diferente (assim, vide o art. 49, Lei 9.099/95).
[229] Assim, p. ex., a Súmula 182, STJ: "É inviável o agravo do art. 545 do CPC que deixa de atacar especificamente os fundamentos da decisão agravada".

completamente diversas do objeto litigioso, não há como se admitir o recurso".[230] Há, inclusive, quem considere a adequada motivação (dialeticidade) como um requisito autônomo para a admissibilidade dos recursos.[231]

Na vigência do CPC/73, a regularidade formal suscitava constante inquietação para o recorrente (e seu advogado). Os tribunais exibiam, sem pudor, a chamada "jurisprudência defensiva" para negar seguimento a recurso cujo vício formal era pífio. Na lista das teratologias, o exemplo privilegiado do "carimbo ilegível", borrado pelo próprio Judiciário e, depois, causador da inadmissão recursal: como se a parte pudesse avaliar a falta de qualidade do utensílio cartorário. É verdade que a regularidade formal assume relevante papel de controle do rito e da ordem processual, mas ela não pode ser confundida com o antidemocrático formalismo excessivo.

O CPC/15 afasta o rigor formal dos recursos cíveis ao estabelecer que o recorrente deva ser intimado "para que seja sanado vício ou complementada a documentação exigível", antes de eventual inadmissão (art. 932, parágrafo único, CPC/15). Ocorre que o direito é o que dele fazem os seus protagonistas, seja no plano legislativo, seja "no momento predominantemente pragmático de sua aplicação".[232] Ledo engano considerar que o novo dispositivo aplacará a sede de inadmissão.

Nesse sentido, aliás, o Superior Tribunal de Justiça, antes mesmo da vigência do novo diploma processual fixou que "somente será concedido o prazo previsto no art. 932, parágrafo único, c/c o art. 1.029, § 3º, do novo CPC para que a parte sane vício estritamente formal" (Enunciado Administrativo nº 6, STJ). Quais serão, porém, os vícios estritamente formais? A juntada de uma procuração? A ausência de uma assinatura? A carência de uma peça obrigatória? Se o CPC/15 pretendia afastar a inquietação antes denunciada, o objetivo já parece não ter sido atingido.

Não há alternativa para o recorrente: deverá se resguardar de todas as cautelas possíveis para atender às formalidades legais.[233] Assim, a dúvida ainda favorece a forma (ao menos até que se dissipe a controvérsia no plano jurisprudencial): o recurso deve estar assinado, sob pena de inadmissão; o advogado do recorrente deve ter procuração nos autos, sob pena de inadmissão; todas as peças obrigatórias devem ser apresentadas sob pena de inadmissão.

6.2.2.3. Preparo

O **Preparo** é a necessidade de comprovação do pagamento das despesas relativas ao processamento do recurso e que deve ocorrer no momento da in-

---

[230] JORGE, Flávio Cheim. *Teoria Geral dos Recursos Cíveis*, op. cit., p. 145.

[231] PORTO, Sérgio Gilberto; USTARRÓZ, Daniel. *Manual dos Recursos Cíveis*, op. cit., p. 114.

[232] CALMON DE PASSOS, José Joaquim. *Ensaios e artigos*, vol. 1. Salvador: Juspodivm, 2014, p. 361.

[233] O tema já trouxe contundentes críticas ao rigor formal do regime anterior. É claro e translúcido que as hipóteses aqui ventiladas apontam para vícios sanáveis nos termos do art. 932, parágrafo único, CPC/15. Todavia, o apego formal dos tribunais não recomenda a falta de zelo do profissional. Ao menos enquanto não se consolidar a jurisprudência em novo sentido.

terposição (art. 1.007, CPC/15), sob pena de deserção.[234] O porte de remessa e retorno dos autos ao órgão de julgamento faz parte do preparo. Trata-se de despesa decorrente do transporte do processo para outro órgão. Recurso deserto, portanto, é aquele desacompanhado de preparo. A deserção é causa de inadmissão do recurso.[235] Variadas situações em torno do preparo encontram solução diversa pelo diploma processual. Com o CPC/15, houve uma "atenuação do formalismo" inerente a tal requisito.[236]

A *ausência de preparo*, isto é, a total falta de recolhimento, causa a deserção e, portanto a inadmissão do recurso (art. 1.007, *caput*, CPC/15). No regime anterior, a parte sequer era intimada para pagamento ulterior, e a decretação de não conhecimento era imediata (STJ, REsp 853.787/SP). A doutrina considerava o vício insanável.[237] Houve aí substancial mudança: *a ausência de preparo não é mais causa imediata de deserção*. Isto porque a legislação processual determina que o recorrente seja intimado para realizar o recolhimento em dobro se não comprovar o preparo no ato de interposição (art. 1.007, § 4º, CPC/15).

A *insuficiência do preparo*, isto é, a parcial falta de recolhimento, também *não é causa imediata de deserção*, pois a parte deverá ser intimada para suprir o vício em cinco dias (art. 1.007, § 2º, CPC/15). Decorrido o prazo sem pagamento, será imposta a pena de deserção. Caso o recorrente já tenha sido intimado para regularização em razão da ausência de preparo, não será novamente intimado para suprir o vício. Neste caso, já estará caracterizada a deserção (art. 1.007, § 5º, CPC/15).

A *dispensa do preparo*, isto é, a desnecessidade de recolhimento dos valores pode atingir determinados recursos (p. ex., embargos de declaração) ou determinados sujeitos (como a Fazenda Pública, o Ministério Público, o beneficiário da gratuidade e outras pessoas que gozem de isenção legal – art. 1.007, § 1º, CPC/15). Acrescente-se que não há porte e remessa em processo cujo autos são eletrônicos (art. 1.007, § 3º, CPC/15).

A *penalidade*, isto é, a deserção, ainda pode ser relevada caso o recorrente comprove "justo impedimento" que tenha obstado o cumprimento do ônus formal. Trata-se de decisão irrecorrível e que proporciona a correção do problema, com o recolhimento no prazo de cinco dias (art. 1.007, § 6º, CPC/15). Ainda sobre a deserção, vale anotar que *o equívoco no preenchimento da guia de custas não é causa imediata de deserção* (art. 1.007, § 7º, CPC/15).[238] Em tais situa-

---

[234] Súmula 484, STJ: "Admite-se que o preparo seja efetuado no primeiro dia útil subsequente, quando a interposição do recurso ocorrer após o encerramento do expediente bancário" (Relator Ministro Cesar Asfor Rocha, em 28/6/2012). Muito antes da referida súmula, já se apontava essa solução em: BAPTISTA DA SILVA, Ovídio A. *Curso de Processo Civil*, vol. 1, op. cit., p. 423.

[235] ASSIS, Araken de. *Manual dos Recursos*, op. cit., p. 226.

[236] PORTO, Sérgio Gilberto; USTARRÓZ, Daniel. *Manual dos Recursos Cíveis*, op. cit., p. 118.

[237] ASSIS, Araken de. *Manual dos Recursos*, op. cit., p. 227.

[238] Antes do CPC/15: "Mesmo juntadas guias de recolhimento e comprovantes de pagamento aos autos, a falta de indicação do número correto do processo a que tais documentos se referem enseja a aplicação da pena de deserção" (STJ, AgRg no AREsp 225.202/RJ).

ções, caso o relator tenha "dúvida quanto ao recolhimento", deverá intimar o recorrente para sanar o vício em cinco dias.

6.3. Mérito recursal

Consoante já assinalado, o juízo de mérito é destinado ao exame daquilo que se pretende com o recurso, isto é, a anulação, a reforma ou a integração da decisão combatida (pretensão recursal).

Cumpre registrar que, superada a admissibilidade do recurso, o *juízo ad quem* deverá avaliar a questão e verificar o (des)acerto da decisão impugnada. Para tanto, deverá se debruçar sobre a fundamentação versada pela parte recorrente. Aqui, novamente, se destaca o relevante papel da motivação recursal, especialmente por fixar os lindes do novo julgamento.

Com efeito, "o julgamento proferido pelo tribunal substituirá a decisão impugnada no que tiver sido objeto de recurso" (art. 1.008, CPC/15). É o chamado efeito substitutivo do recurso.

O exame do mérito recursal é sempre destinado ao *juízo ad quem* e, muito embora a lei processual conte com variadas hipóteses de reconsideração, o fenômeno não se confunde com a reapreciação da causa em razão da pendência recursal. Caso haja reconsideração, porém, prejudicado estará o recurso.

Nos tribunais, o exame de mérito pode ser realizado diretamente pelo relator em variadas hipóteses, tanto para negar provimento como para dar provimento (art. 932, IV e V, CPC/15).

Quanto à causa de pedir, conforme célebre distinção[239] já levantada em momento anterior, os vícios do provimento que podem ser aduzidos no mérito recursal são basicamente de duas ordens:

a) ***Vício de juízo*** (*error in iudicando*): trata-se de vício decorrente da má avaliação quanto às questões de fato e de direito que dizem respeito à causa.[240] O vício de juízo normalmente está relacionado com a "justiça do caso" e, portanto, atinge inclusive a reapreciação da prova produzida (ou não) nos autos. Nada impede, porém, que o direito positivo dote de limites a cognição recursal: nos recursos excepcionais não há, como regra, reapreciação das questões de fato;

b) ***Vício de procedimento*** (*error in procedendo*): trata-se de vício decorrente do desrespeito às regras procedimentais pelo órgão judicial. É também chamado de vício de atividade. Tal mácula pode ocorrer no curso do processo (o melhor exemplo é o indeferimento de produção de provas) ou na própria decisão combatida (o exemplo emblemático está no provimento sem motivação idônea).[241]

---

[239] ASSIS, Araken de. *Manual dos Recursos*, op. cit., p. 38.
[240] Idem, p. 142.
[241] Idem, p. 143.

Diferenciadas as causas de pedir em matéria recursal, também podem ser identificados distintos pedidos. Assim: "se o recorrente averba o ato decisório de ilegal, porque contaminado por vício de atividade, pleiteará sua invalidação, e a validade do próprio ato impugnado se torna o mérito do recurso; ao invés, acoimando de injusto tal ato, pedirá a reforma e, do ponto de vista qualitativo, o objeto do juízo de mérito se identificará com o objeto da atividade judicante que resultou no provimento".[242]

---

[242] ASSIS, Araken de. *Manual dos Recursos*, op. cit., p. 144.

Capítulo 7 – Efeitos dos recursos

7.1. Efeito obstativo

Variados efeitos podem surgir da interposição e do julgamento dos recursos.[243] São os "reflexos" decorrentes do acesso à recorribilidade.[244]

O efeito obstativo é aquele que, uma vez interposto o recurso, cria um óbice[245] para a preclusão temporal da decisão recorrida.[246] É também denominado efeito impeditivo.[247] De fato, enquanto o pronunciamento judicial está sendo confrontado por recurso, significa que a controvérsia está pendente. É este efeito que justifica uma relevante constatação: enquanto houver recurso, a decisão não recebe a autoridade da coisa julgada. Assim, o recurso interposto obstrui a formação da coisa julgada.[248]

7.2. Efeito devolutivo

O efeito devolutivo é aquele que proporciona a devolução da matéria controvertida para que seja objeto de reanálise perante o Poder Judiciário.[249] Através dele, haverá o deslocamento do conhecimento da questão do *juízo a quo* para o *juízo ad quem*.[250]

---

[243] A pretensão do presente capítulo é expor de forma didática os efeitos que são mais aceitos na doutrina brasileira quanto aos recursos cíveis. Trata-se, portanto, de esquema meramente pedagógico e não científico. Aliás, com um apanhado das possíveis categorias (classificações) de efeitos, vide: ASSIS, Araken de. *Manual dos Recursos*. 5. ed. São Paulo: Revista dos Tribunais, 2013, p. 240-241.

[244] JORGE, Flávio Cheim. *Teoria Geral dos Recursos Cíveis*. 3. ed. São Paulo: Revista dos Tribunais, 2007, p. 222.

[245] MOREIRA, José Carlos Barbosa. *Comentários ao Código de Processo Civil*, vol. V. 12. ed. Rio de Janeiro: Forense, 2005, p. 257; BAPTISTA DA SILVA, Ovídio A. *Curso de Processo Civil*, vol. 1. 5. ed. São Paulo: Revista dos Tribunais, 2001, p. 412; ASSIS, Araken de. *Manual dos Recursos*. 5. ed. São Paulo: Revista dos Tribunais, 2013, p. 241.

[246] PORTO, Sérgio Gilberto; USTARRÓZ, Daniel. *Manual dos Recursos Cíveis*. 5. ed. Porto Alegre: Livraria do Advogado, 2016, p. 74.

[247] CÂMARA, Alexandre Freitas. *O novo processo civil brasileiro*. 2. ed. São Paulo: Atlas, 2016, p. 504.

[248] Com acerto, Flávio Cheim Jorge aponta que o efeito obstativo "não está relacionado aos recursos, mas sim com a manutenção de um estado de pendência do processo", de modo que o recurso "limita-se a prolongar um estado de pendência que já existia antes de sua interposição" (JORGE, Flávio Cheim. *Teoria Geral dos Recursos Cíveis*. 3. ed. São Paulo: Revista dos Tribunais, 2007, p. 224).

[249] JORGE, Flávio Cheim. *Teoria Geral dos Recursos Cívei*, op. cit., p. 233.

[250] Parte da doutrina entende que só há efeito devolutivo quando a lei atribui competência a órgão diverso, hierarquicamente superior, para apreciar a matéria objeto do recurso. É a posição de José Carlos Barbosa Moreira. Neste caso, não haveria efeito devolutivo nos embargos declaratórios.

O efeito devolutivo decorre da manifestação do princípio dispositivo e, assim, depende do impulso das partes.[251] É o prolongamento do direito de ação e, por isso, aplica-se a ele as mesmas consequências. Se o juiz somente presta a jurisdição mediante provocação das partes, e a prestação jurisdicional tem limite no pedido formulado pelo autor, o recurso devolve ao órgão julgador a matéria impugnada pelo recorrente: *tantum devolutum quantum apellatum*.

O efeito devolutivo tem duas perspectivas: uma horizontal e outra vertical.[252]

A ***dimensão horizontal*** diz respeito à extensão daquilo que é objeto do recurso. Dessa forma, cabe ao recorrente delimitar quais são os pontos do pronunciamento judicial que são combatidos e, portanto, é ele quem definirá os limites da extensão da devolutividade. Se o pronunciamento, por exemplo, resolver duas questões e o recorrente impugnar apenas uma delas, a outra não poderá ser examinada pelo *juízo ad quem*.

A ***dimensão vertical***, por sua vez, diz respeito à profundidade com que o objeto do recurso será examinado. Assim, a partir das balizas fixadas antes pela extensão, a profundidade define os limites dos argumentos, isto é, da fundamentação para a apreciação do pedido recursal. É pertinente destacar que, enquanto a extensão (dimensão horizontal) é fixada pela parte recorrente, que sempre poderá apresentar apenas um recurso parcial (art. 1.002, CPC/15), a profundidade (dimensão vertical) é fixada pelo direito positivo. Assim, por exemplo, na apelação, o efeito devolutivo, em profundidade, é amplo: "todas as questões suscitadas e discutidas no processo, ainda que não tenham sido solucionadas, desde que relativas ao capítulo impugnado" podem ser apreciadas no julgamento do recurso (art. 1.013, § 1º, CPC/15). Todas as causas de pedir, isto é, os fundamentos de fato e de direito para o atendimento do pedido ou da defesa, também são devolvidos para o tribunal no julgamento da apelação (art. 1.013, § 2º, CPC/15).

> ⇒ **Exemplo (1) Questão de mérito**: se uma causa, com dois fundamentos, for julgada procedente pelo fundamento A, o tribunal poderá, na análise do recurso do demandado, manter a sentença com base no fundamento B. Quer dizer, a apelação de uma parte devolve ao tribunal o conhecimento dos fundamentos de mérito apontados pela outra parte, assim como os fundamentos sustentados pela parte recorrente e não apreciados pela sentença.

Ainda no que tange à apelação, é bom recordar que o CPC/15 autoriza a devolutividade das questões resolvidas antes da sentença e sobre as quais não se operou a preclusão – notadamente aquelas solucionadas por decisão interlocutória da qual não coube agravo de instrumento (art. 1.009, § 1º, CPC/15).

---

[251] ASSIS, Araken de. *Manual dos Recursos*. 5. ed. São Paulo: Revista dos Tribunais, 2013, p. 248; MARINONI, Luiz Guilherme; ARENHART, Sérgio Cruz; MITIDIERO, Daniel. *Novo Código de Processo Civil comentado*. São Paulo: Revista dos Tribunais, 2015, p. 926.

[252] "A exata configuração do efeito devolutivo é problema que se desdobra em dois: o primeiro concerne à extensão do efeito, o segundo à sua profundidade. Delimitar a extensão do efeito devolutivo é precisar o que se submete, por força do recurso, ao julgamento do órgão *ad quem*; medir-lhe a profundidade é determinar com que material há de trabalhar o órgão *ad quem* para julgar" (MOREIRA, José Carlos Barbosa. *Comentários ao Código de Processo Civil*, vol. V. op. cit., p. 431).

A jurisprudência e a doutrina também aceitam que as *questões de ordem pública*, ainda que não invocadas pelas partes, podem ser apreciadas pelo *juízo ad quem*. Para alguns, elas estariam enquadradas na profundidade do efeito devolutivo.[253] Para outros, trata-se de outro efeito – o efeito translativo (e que será tratado em tópico próprio).

> ⇒ **Exemplo (2) Questão de ordem pública**: quando o juízo *a quo* julga improcedente, no mérito uma ação, que tinha na defesa, ainda, uma preliminar de prescrição. Se o tribunal entender por afastar o decreto de improcedência, poderá analisar a questão da prescrição. O mesmo vale, p. ex., para alegações de litispendência ou coisa julgada.

Por fim, nos recursos excepcionais (recurso especial e recurso extraordinário), o efeito devolutivo é atenuado, na medida em que o âmbito de cabimento do recurso está limitado a certas questões (questão constitucional para o recurso extraordinário e questão federal para o recurso especial), não sendo apto a devolver ao juízo *ad quem* toda a amplitude da matéria devolvida nos recursos ordinários (como a apelação). Aliás, nesse tema em especial, o art. 1.034, parágrafo único, CPC/15 aduz que "admitido o recurso extraordinário ou o recurso especial por um fundamento, devolve-se ao tribunal superior o conhecimento dos demais fundamentos para a solução do capítulo impugnado".

7.3. Efeito suspensivo

O efeito suspensivo é aquele que proporciona o impedimento à produção de efeitos do pronunciamento judicial impugnado até o julgamento do recurso.[254] O efeito suspensivo inibe a eficácia da decisão combatida e, portanto, cria óbice para que os seus resultados práticos e jurídicos sejam concretizados. Em termos mais diretos: *o efeito suspensivo impede que a decisão recorrida produza resultados*. A decisão, portanto, não poderá ser executada.

> ⇒ **Execução Provisória**: quando determinado recurso não possui efeito suspensivo, o pronunciamento judicial poderá produzir efeitos imediatamente, inclusive com atos executórios. Nestes casos, porém, como há recurso pendente, a execução possuirá regime jurídico próprio: é a chamada execução provisória.[255]

O perfil do efeito suspensivo, isto é, as hipóteses e requisitos de sua ocorrência, são delimitados pelo direito positivo. Um dado básico, porém, é inafastável: quanto mais tempo durar o efeito suspensivo de um recurso, mais tardará a entrega da tutela jurisdicional em termos práticos.

---

[253] MOREIRA, José Carlos Barbosa. *Comentários ao Código de Processo Civil*, vol. V. op. cit., p. 447; ASSIS, Araken de. *Manual dos Recursos*. 5. ed. São Paulo: Revista dos Tribunais, 2013, p. 253, JORGE, Flávio Cheim. *Teoria Geral dos Recursos Cíveis*. 3. ed. São Paulo: Revista dos Tribunais, 2007, p. 227.

[254] MOREIRA, José Carlos Barbosa. *Comentários ao Código de Processo Civil*, op. cit., p. 262.

[255] Vide, a propósito: ANTUNES DA CUNHA, Guilherme Cardoso; COSTA, Miguel do Nascimento; SCALABRIN, Felipe. *Lições de processo civil*: execução (conforme o novo CPC de 2015). Porto Alegre: Livraria do Advogado, 2015, p. 181 e ss.

Há duas espécies de efeito suspensivo: *ope legis* e *ope judicis*.[256]

a) **Efeito suspensivo *ope legis***: é aquele que decorre de expressa previsão legal. Assim, caso seja possível a interposição de recurso com efeito suspensivo, isto impedirá a eficácia da decisão combatida. É preciso deixar o ponto claro: não é a interposição do recurso que impede a eficácia do provimento, mas sim a mera recorribilidade formatada pela lei com o atributo da suspensividade.[257]

b) **Efeito suspensivo *ope judicis***: é aquele que decorre de um pronunciamento judicial. Assim, o órgão judicial analisará o caso concreto e atribuirá, ou não, efeito suspensivo a determinado recurso. Diferentemente do efeito anterior, o que causa a suspensão da eficácia do provimento atacado é a decisão judicial que delibera sobre tal efeito, e não a existência ou a interposição do recurso.

É possível concluir, do cotejo entre as espécies acima tratadas, que o pronunciamento judicial que, por lei, possa ser impugnado por recurso com efeito suspensivo, nasce com a sua eficácia inibida. "A regra se aplica também em sentido contrário":[258] se não há recurso com efeito suspensivo legalmente previsto (*ope legis*), o provimento nasce apto a produzir efeitos. Evidentemente, tais efeitos poderiam ser afastados por ordem judicial (efeito suspensivo *ope judicis*).

Pois bem. Apresentado o tema, cumpre identificar o modelo atual.

O CPC/73 adotava, como regra geral, o efeito suspensivo *ope legis* para os recursos cíveis. A legislação trazia, assim, os casos em que determinados recursos *não teriam* efeito suspensivo. No silêncio, deveria ser considerado que o recurso teria efeito suspensivo *ope legis*.[259] Além disso, conjugado com este critério, para os recursos sem efeito suspensivo *ope legis*, a legislação autorizava a concessão de tal efeito mediante provocação do órgão judicial (efeito

---

[256] ASSIS, Araken de. *Manual dos Recursos*. 5. ed. São Paulo: Revista dos Tribunais, 2013, p. 262; MARINONI, Luiz Guilherme; ARENHART, Sérgio Cruz; MITIDIERO, Daniel. *Novo Código de Processo Civil comentado*. São Paulo: Revista dos Tribunais, 2015, p. 927.

[257] Não é o ato de interposição que suspende a eficácia da decisão: "Na realidade é o contrário que se verifica: mesmo antes de interposto o recurso, a decisão, pelo simples fato de estar-lhe sujeita, é ato ainda ineficaz, e a interposição apenas prolonga semelhante ineficácia, que cessaria se não se interpusesse o recurso" (MOREIRA, José Carlos Barbosa. *Comentários ao Código de Processo Civil*, vol. V. op. cit., p. 258). A justificativa é que o provimento sujeito a recurso com efeito suspensivo já nasce ineficaz, pois, do contrário, poderia ser efetivado antes mesmo do surgimento do recurso, tornando inócua a previsão legal quanto ao efeito suspensivo. Assim: "Neste caso, quando o tribunal superior (ad quem), ao apreciar o recurso, o julgasse procedente e modificasse aquilo que a sentença recorrida dispusera, poderia suceder que a decisão superior encontrasse já um fato consumado decorrente do cumprimento integral da sentença precedente, sempre que seus efeitos produzissem uma situação de fato irreversível" (BAPTISTA DA SILVA, Ovídio A. *Curso de Processo Civil*, vol. 1. 5. ed. São Paulo: Revista dos Tribunais, 2001, p. 414).

[258] NEVES, Daniel Amorim Assumpção. *Manual de Direito Processual Civil*: volume único. 8. ed. Salvador: Juspodivm, 2016, p. 1.470.

[259] "O Código respeitou a tradição: no seu sistema, os casos em que não há efeito suspensivo são os enumerados taxativamente no texto legal" (MOREIRA, José Carlos Barbosa. *Comentários ao Código de Processo Civil*, vol. V. op. cit., p. 468).

suspensivo *ope judicis*). A solução claramente prestigiava a segurança em prol da efetividade.[260]

O CPC/15 adota modelo distinto. A crítica ao modelo anterior era latente.[261] Considera-se agora que os recursos, em geral, não impedem a eficácia da decisão,[262] salvo se houver expressa disposição legal ou decisão judicial em sentido contrário (art. 995, *caput*, CPC/15). A regra, portanto, é que os recursos não tenham efeito suspensivo, e que as decisões nasçam aptas à produção de efeitos. Aliás, nas ações de caráter não repetitivo,[263] excetuada a apelação, "todos os demais recursos só neutralizam a eficácia da decisão recorrida mediante decisão judicial em contrário que outorgue efeito suspensivo".[264]

Foi mantido o efeito suspensivo *ope judicis*: a eficácia da decisão recorrida pode ser suspensa pelo *órgão ad quem*, desde que comprovados: (a) a probabilidade de provimento do recurso e; (b) a existência de risco de dano grave, de difícil ou impossível reparação (art. 995, parágrafo único, CPC/15).

Quanto à apelação, cujo efeito suspensivo decorre de imposição legal (art. 1.012, CPC/15), mesmo para ela, há um rol de hipóteses em que o recurso estará desprovido desse efeito (art. 1.012, § 1º, CPC/15). Acrescente-se que se a sentença estiver inserida na cláusula de exceção e, portanto, não confrontável por recurso com efeito suspensivo *ope legis*, ela é passível de cumprimento imediato (art. 1.012, § 2º, CPC/15).

⇒ **Efeito ativo**: é comum na *práxis* forense o emprego do termo "efeito ativo" ou "pedido de efeito ativo" a determinado recurso. Explica-se o paralelo: enquanto o efeito suspensivo impede a produção dos efeitos pretendidos, o "efeito ativo" representaria uma forma de atribuir eficácia imediata à decisão com a produção dos efeitos que se pretendia no pedido originário. O termo, porém, não é correto. Se o pedido não foi atendido pelo *juízo a quo*, a parte deverá interpor o respectivo recurso com o fito de anular ou cassar a decisão. Caso o recurso seja provido, é natural que haja uma determinação para a produção dos efeitos buscados. Como o tempo da pendência recursal pode ser prejudicial, deverá ser formulado pedido de "antecipação de tutela recursal" ou "tutela provisória recursal". O CPC/15 deixa isso claro ao estabelecer que a tutela provisória, em grau recursal, deve ser requerida ao *órgão ad quem*

---

[260] BAPTISTA DA SILVA, Ovídio A. *Curso de Processo Civil*, vol. 1. 5. ed. São Paulo: Revista dos Tribunais, 2001, p. 414.

[261] "Não há base firme e racional para tornar o efeito suspensivo a regra, e não a exceção" (ASSIS, Araken de. *Manual dos Recursos*. 5. ed. São Paulo: Revista dos Tribunais, 2013, p. 264).

[262] CÂMARA, Alexandre Freitas. *O novo processo civil brasileiro*. 2. ed. São Paulo: Atlas, 2016, p. 506; MARINONI, Luiz Guilherme; ARENHART, Sérgio Cruz; MITIDIERO, Daniel. *Novo Código de Processo Civil comentado*. São Paulo: Revista dos Tribunais, 2015, p. 928; NERY JÚNIOR, Nelson; NERY, Rosa Maria. *Comentários ao Código de Processo Civil*: novo CPC – Lei 13.105/2015. São Paulo: Revista dos Tribunais, 2015, p. 1.994; MEDINA, José Miguel Garcia. *Novo Código de Processo Civil comentado*: com remissões e notas comparativas ao CPC/1973. 4. ed. São Paulo: Revista dos Tribunais, 2016, p. 1.446.

[263] Quando se tratar de demanda repetitiva, é possível a instauração de incidente de resolução de demandas repetitivas (IRDR). Nesta hipótese, que se tratada em capítulo próprio, os recursos excepcionais também possuem efeito suspensivo por imposição legal nos termos do art. 987, § 1º, CPC/15. Assim, a rigor, no procedimento comum, os recursos cujo efeito suspensivo é *ope legis* são: (a) apelação (art. 1.012, CPC/15) e (b) recurso especial e extraordinário no IRDR (art. 987, § 1º, CPC/15).

[264] MARINONI, Luiz Guilherme; ARENHART, Sérgio Cruz; MITIDIERO, Daniel. *Novo Código de Processo Civil comentado*. São Paulo: Revista dos Tribunais, 2015, p. 928.

(art. 299, parágrafo único) e o relator tem poderes para o exame dessa questão (art. 932, II, CPC/15). O exemplo mais patente é o agravo de instrumento, que pode ser manejado tanto para a suspensão de efeitos como para a obtenção de efeitos (art. 1.019, I, CPC/15). Como se percebe, o paralelo entre "efeito ativo" e efeito suspensivo é imperfeito. Enquanto o segundo diz respeito à perda da eficácia do ato produzido pelo *órgão a quo*, o primeiro trata da antecipação da eficácia do ato a ser produzido pelo *órgão ad quem*.

7.4. Efeito translativo

O efeito translativo é aquele que proporciona a devolução de determinada questão para o órgão *ad quem* sem que haja provocação da parte nesse sentido. Nada impede que o direito positivo estabeleça que determinadas matérias possam ser examinadas de ofício. É o que ocorre no direito brasileiro. Assim, mesmo que as partes silenciem a respeito, elas poderão ser objeto de análise pelo órgão judicial.[265] É o que ocorre, por exemplo, com as questões de ordem pública.[266] Há, para alguns, uma relação entre o efeito translativo e a profundidade do efeito devolutivo, no ponto em que este trata das matérias cognoscíveis de ofício. Evidentemente, deverá ser respeitado o contraditório.[267]

No direito positivo brasileiro, não há registro expresso acerca do efeito translativo, muito embora ele possa ser extraído ou das regras relacionadas com a profundidade do efeito devolutivo ou, até mesmo, da sistemática das questões de ordem pública na forma como tratadas pelo diploma processual.

A principal controvérsia neste tema diz respeito ao conhecimento das questões de ordem pública pelos tribunais superiores quando a questão não foi objeto de exame pelos tribunais inferiores. Poderia o STF reconhecer a decadência do direito controvertido se a matéria não havia sido tratada nas instâncias ordinárias? A resposta dada pela Corte é negativa.[268] Apesar da polêmica, o STJ também passou a seguir esse entendimento.[269] Cumpre refletir, porém, se ele será mantido diante do já citado art. 1.034 do CPC/15.

7.5. Efeito expansivo

O efeito expansivo ocorre quando o julgamento do recurso atinge questões, atos processuais, ou partes que não integraram o recurso. Assim, reputam-se

---

[265] MARINONI, Luiz Guilherme; ARENHART, Sérgio Cruz; MITIDIERO, Daniel. *Novo Código de Processo Civil comentado*. São Paulo: Revista dos Tribunais, 2015, p. 926.

[266] NERY JÚNIOR, Nelson; NERY, Rosa Maria. *Comentários ao Código de Processo Civil*: novo CPC – Lei 13.105/2015. São Paulo: Revista dos Tribunais, 2015, p. 1.995.

[267] PORTO, Sérgio Gilberto; USTARRÓZ, Daniel. *Manual dos Recursos Cíveis*. 5. ed. Porto Alegre: Livraria do Advogado, 2016, p. 84.

[268] Assim: "Nos termos da jurisprudência desta Corte, exige-se o regular prequestionamento das questões constitucionais, ainda que se trate de matéria de ordem pública" (ARE 930708 AgR, Relator Min. Roberto Barroso, Primeira Turma, julgado em 02/02/2016).

[269] "A exigência do prequestionamento prevalece também quanto às matérias de ordem pública" (EREsp 805.804/ES, Rel. Ministro João Otávio de Noronha, Corte Especial, julgado em 03/06/2015).

sem efeito os atos ou decisões dependentes da decisão recorrida, naquilo que forem incompatíveis com o julgamento do recurso.[270] Este efeito é produzido *após o julgamento do recurso*, caso a decisão recorrida venha a ser anulada ou reformada. Segundo o princípio da causalidade dos atos processuais, estes são interdependentes. Evidentemente, apenas os atos que não poderão ser aproveitados serão tidos como nulos.

⇒ **Exemplo**: se uma medida liminar, antecipatória dos efeitos da tutela (final de mérito), for concedida pelo juiz de primeiro grau e a parte agravar de instrumento, mas não obtendo a antecipação da tutela recursal, vier a ter êxito no julgamento final do agravo, a decisão recorrida será reformada e todos os atos processuais seguintes, ocorridos em primeiro grau, para a satisfação/cumprimento da decisão liminar cassada ficam, expansivamente/extensivamente, sem efeito, retornando as partes ao *status quo*.

Como visto, o efeito expansivo pode ser visualizado em duas perspectivas: quanto às questões e atos processuais e quanto às partes. Não é à toa, pois que "costuma-se"[271] classificar o efeito da seguinte maneira:

a) *Efeito expansivo objetivo*: ocorre quando capítulos não impugnados são reflexamente atingidos pelo julgamento do recurso (exemplo: a perda de objeto do capítulo de honorários se invertida a sucumbência através do recurso)[272] ou quando determinados atos processuais são atingidos em razão do julgamento do recurso (exemplo: a anulação da execução provisória se dado provimento ao recurso sem efeito suspensivo);

b) *Efeito expansivo subjetivo*: ocorre quando o julgamento do recurso se estende a partes que não tenham recorrido. É o que ocorre quando há litisconsórcio unitário, e um dos litisconsortes recorre: ao outro se estenderão os efeitos do julgamento do recurso.[273]

É lógico que o efeito expansivo ocorre entre *as partes* do processo. Há, pois, proteção das situações jurídicas criadas pela decisão recorrida em relação a *terceiros*. É exemplo privilegiado o caso de execução provisória, em que haja eventualmente a arrematação de um bem do executado para a satisfação do crédito reconhecido ao credor-autor em sede de tutela antecipada. Neste caso, o arrematante é terceiro e não terá sua esfera jurídica alcançada em caso de futura reforma da decisão liminar. Isto porque há, na execução provisória, a responsabilidade objetiva do exequente.

---

[270] MEDINA, José Miguel Garcia; ALVIM, Teresa Arruda. *Recursos e ações autônomas de impugnação* (Processo civil moderno, vol. 2). 3. ed. São Paulo: Revista dos Tribunais, 2013, p. 123.

[271] PORTO, Sérgio Gilberto; USTARRÓZ, Daniel. *Manual dos Recursos Cíveis*. 5. ed. Porto Alegre: Livraria do Advogado, 2016, p. 81.

[272] Outro ótimo exemplo é o seguinte: "quando o tribunal, v. g., ao apreciar a apelação interposta contra sentença de mérito, dá-lhe provimento e acolhe a preliminar de litispendência, que atingirá todo o ato impugnado (sentença)", inclusive os capítulos que não foram objeto do recurso (NERY JÚNIOR, Nelson; NERY, Rosa Maria. *Comentários ao Código de Processo Civil*: novo CPC – Lei 13.105/2015. São Paulo: Revista dos Tribunais, 2015, p. 1.994).

[273] ASSIS, Araken de. *Manual dos Recursos*. 5. ed. São Paulo: Revista dos Tribunais, 2013, p. 257.

Como se percebe, o efeito expansivo é uma decorrência lógica do julgamento do recurso, na medida em que afasta incompatibilidades entre a decisão julgada e outras situações processuais.

7.6. Efeito substitutivo

O efeito substitutivo ocorre quando o julgamento do recurso substitui a decisão recorrida (art. 1.008, CPC/15). Trata-se de efeito que se dá em duas hipóteses: (a) no recurso fundado em *error in judicando*: a nova decisão, pelo provimento ou não do recurso, irá substituir o provimento recorrido; (b) no recurso fundado em *error in procedendo*, o desprovimento do recurso também irá substituir o pronunciamento combatido.[274] Justifica-se o efeito substitutivo pela impossibilidade de coexistirem duas decisões versando exatamente sobre a mesma matéria no mesmo processo.[275]

Sempre que um recurso não superar o exame de admissibilidade, não haverá efeito substitutivo. É que se não há direito ao remédio jurídico, a decisão recorrida estará mantida, isto é, não será substituída. O ato impugnado não chega a ser alterado.[276]

Também não há efeito substitutivo no recurso fundado em *error in procedendo* que seja procedente (isto é, favorável ao recorrente). A razão é simples: neste caso, a decisão é anulada (pois houve o erro de procedimento) e é determinado pelo *órgão ad quem* que outra seja proferida. Não haverá substituição, mas sim ordem para que uma nova decisão seja proferida pelo órgão *a quo*.

A argúcia prática de alguns registra questão relevante: mesmo que uma decisão, em grau recursal, seja mantida "por seus próprios fundamentos", ela foi objeto de substituição, pois ao recurso houve negativa de provimento, isto é, exame de mérito.[277]

Havia tremendo impacto prático na identificação do efeito substitutivo. Se a decisão não foi substituída, é ela que deve ser confrontada pela ação rescisória. Se a decisão foi substituída, é a nova decisão que deverá ser confrontada pela ação rescisória. A questão atingia diretamente o prazo da ação rescisória. A jurisprudência, porém, passou a prestigiar a segurança jurídica e, neste aspecto, a relevância do tema foi atenuada com a consideração de que o prazo somente tem início com o trânsito em julgado da última decisão proferida no processo, ainda que se trate de decisão de inadmissão do recurso interposto.[278]

---

[274] NERY JÚNIOR, Nelson; NERY, Rosa Maria. *Comentários ao Código de Processo Civil*: novo CPC – Lei 13.105/2015. São Paulo: Revista dos Tribunais, 2015, p. 1.997.
[275] ASSIS, Araken de. *Manual dos Recursos*. 5. ed. São Paulo: Revista dos Tribunais, 2013, p. 282.
[276] Idem, ibidem.
[277] PORTO, Sérgio Gilberto; USTARRÓZ, Daniel. *Manual dos Recursos Cíveis*. 5. ed. Porto Alegre: Livraria do Advogado, 2016, p. 86.
[278] NEVES, Daniel Amorim Assumpção. *Manual de Direito Processual Civil: volume único*. 8. ed. Salvador: Juspodivm, 2016, p. 1.479.

Ainda merece relevo, porém, já que a competência da ação rescisória é fixada pela decisão a ser combatida.[279]

7.7. Efeito regressivo

O efeito regressivo é aquele que permite ao *juízo a quo*, uma vez interposto o recurso, retomar o conhecimento da matéria impugnada. Há quem considere o efeito regressivo meramente um reflexo do efeito devolutivo. É também denominado "efeito de retratação".[280] O efeito regressivo permite, em termos práticos, que quem proferiu a decisão exerça uma reanálise da questão. Trata-se de efeito que depende de expressa autorização legal. Apesar disso, o CPC/15 é repleto de hipóteses nesse sentido.

Assim, são alguns exemplos: apelação da sentença de indeferimento da petição inicial (art. 331), apelação da sentença de improcedência liminar do pedido (art. 332, § 3º), apelação da sentença terminativa (art. 485, § 7º), no agravo de instrumento (art. 1.018, § 1º), no agravo interno (art. 1.021, § 2º).

Há outro exemplo peculiar: a possibilidade de o órgão recorrido se retratar da decisão que foi desafiada por recurso especial ou extraordinário quando o pronunciamento for contrário à orientação do tribunal superior (art. 1.040, II, CPC/15).

7.8. Efeito diferido

O efeito diferido, por fim, é aquele que torna o conhecimento de um recurso dependente de outro recurso. É o que ocorre, por exemplo, com o recurso adesivo (cujo juízo de admissibilidade fica diferido, isto é, postergado, para depois do exame de admissibilidade do recurso principal[281]) e com o recurso extraordinário interposto contra acórdão que tenha sido desafiado por ambos os recursos excepcionais (especial e extraordinário).[282] Neste último caso, o recurso extraordinário somente terá sua admissibilidade analisada após a conclusão do julgamento do recurso especial e se não estiver prejudicado pelo êxito do próprio recurso especial (art. 1.031, § 1º, CPC/15).

---

[279] MARINONI, Luiz Guilherme; ARENHART, Sérgio Cruz; MITIDIERO, Daniel. *Novo Código de Processo Civil comentado*. São Paulo: Revista dos Tribunais, 2015, p. 939.

[280] BAPTISTA DA SILVA, Ovídio A. *Curso de Processo Civil*, vol. 1. 5. ed. São Paulo: Revista dos Tribunais, 2001, p. 415.

[281] BUENO, Cassio Scarpinella. *Curso Sistematizado de Direito Processual Civil*, vol. V. 3. ed. São Paulo: Saraiva, 2011, p. 112.

[282] NEVES, Daniel Amorim Assumpção. *Manual de Direito Processual Civil*: volume único. 8. ed. Salvador: Juspodivm, 2016, p. 1.480.

Capítulo 8 – Apelação

8.1. Conceito

O recurso de apelação é o mais antigo meio de irresignação contra os pronunciamentos judiciais, remontando à *appelatio* romana, nascida na *cognitio extra ordinem*.[283] Além disso, é o recurso que melhor espelha o duplo grau de jurisdição na medida em que promove a rediscussão *ampla* da matéria.[284] Não há cognição recursal mais ampla do que a da apelação.

A apelação é o recurso que, por excelência, demonstra a principal função dos tribunais de segundo grau: o controle das decisões judiciais de piso. Afinal, é dever do Estado assegurar uma resposta adequada às controvérsias que lhe são apresentadas, como forma de se obedecer ao postulado do Estado Democrático de Direito. Assim, a revisão do pronunciamento judicial é medida que amplia o grau de controle sobre o Judiciário enquanto poder da República.

Trata-se, pois, *do recurso cabível contra os pronunciamentos judiciais caracterizados como sentença*. Com isso, da sentença cabe apelação (art. 1.009 do NCPC).

No passado (CPC/39), a apelação apenas tinha por objetivo atacar a sentença de mérito (sentença definitiva). No CPC/73, a apelação passou a atacar tanto a sentença de mérito, como a sentença processual (sentença terminativa).[285] O mesmo ocorre com o NCPC (art. 203, § 1º, c/c art. 485 e art. 487). Isso significa que, da sentença, cabe apelação, e neste recurso poder-se-ão discutir tanto questões de mérito como questões de forma, e sejam as questões de fato/prova ou de direito. Por isso que a apelação é um recurso de fundamentação livre.

Realmente, havendo pronunciamento judicial fundado nos artigos 485 e 487 do NCPC *e que encerre a fase cognitiva da relação processual de primeiro grau*, o recurso cabível será a apelação. Importante, pois, compreender o conceito de sentença como ato do juiz que, decidindo ou não o mérito, encerra a fase de conhecimento em primeiro grau de jurisdição.

Ademais, importa ressaltar que o capítulo da sentença que confirma, concede, ou revoga a tutela provisória, é recorrível na apelação (art. 1.013, § 5º,

---

[283] ASSIS, Araken de. *Manual dos Recursos*, op. cit., p. 399.
[284] MOREIRA, José Carlos Barbosa. *Comentários ao Código de Processo Civil*, op. cit., p. 431.
[285] Idem, p. 414.

do NCPC). Além disso, sempre que integrar capítulo da sentença alguma das questões do art. 1.015 do NCPC, caberá apelação, e tal questão deverá ser deduzida, no recurso de apelo, em sede de preliminar (art. 1.009, § 3º, do NCPC).

8.2. Admissibilidade

Quanto à admissibilidade, a apelação não tem outros requisitos além daqueles já tratados e aplicáveis a todos os recursos. Quer dizer, não há, para a apelação, requisitos específicos de admissibilidade. Merecem relevo, porém, algumas observações sobre a sua admissibilidade.

(1º) Cabimento: é a apelação o recurso cabível para atacar esta decisão? Eis a pergunta que, se respondida positivamente, permite o manejo da apelação. Já foi apontado que a apelação é o recurso cabível das sentenças. Essa correlação entre sentença e apelação, porém, conta com imperfeições no próprio sistema processual, de modo que existem situações em que a sentença não é confrontada por apelação. Confiram-se, pois, as seguintes *exceções*:

a) *Sentença de primeiro grau em causa envolvendo estado estrangeiro ou organismo internacional contra município ou pessoa residente ou domiciliada no Brasil* (art. 109, II, c/c art. 105, II, "c", da CF/88): cabe recurso ordinário previsto na própria Constituição e dirigido ao Superior Tribunal de Justiça. Note-se: da sentença de primeiro grau cabe tal recurso direto ao STJ. Aplica-se, porém, o regime jurídico da apelação ora estudado, pois o recurso ordinário funciona como espécie de recurso de apelação, em que todas as matérias – de fato e de direito – podem ser invocadas;

b) *Sentença que decreta a falência*: há polêmica quanto à natureza da decisão que decreta a quebra da empresa. A própria lei falimentar assume que se trata de sentença (art. 99, parágrafo único, Lei 11.101/05), mas, ainda assim, prevê que o recurso cabível é o agravo.[286] Mas cuidado, se a sentença for de improcedência do pedido de quebra, observa-se a regra geral da apelação (art. 100, Lei 11.101/05);

c) *Sentença no âmbito dos Juizados Especiais*: em se tratando de Juizado Especial, que possui regramento próprio (Lei 9.099/95; Lei 10.259/01; Lei 12.153/09), o recurso cabível da sentença não é a apelação, mas o tradicional "recurso inominado" (art. 41, Lei 9.099/95).

(2º) Legitimidade e interesse: a apelação observa as regras gerais quanto à legitimidade, de sorte que os legitimados para recorrer são: a) a parte vencida; b) o terceiro juridicamente prejudicado (art. 996, parágrafo único, do NCPC); c) o Ministério Público (inclusive na condição de *custos legis* – Súmulas 99 e 226 do STJ). Ademais, o apelante deve ter *interesse jurídico* na reforma ou invalidação da sentença, ou seja, deve, de alguma forma, ter sido prejudicado,

---

[286] O motivo do cabimento de agravo de instrumento parece bastante razoável: a sentença que decreta a falência não encerra o procedimento (especial) da falência em primeiro grau. Ao contrário: é a partir da sentença que decreta a falência que se inicia a execução concursal (realização do ativo, satisfação do passivo etc.).

devendo demonstrar em que ponto sua situação jurídica pode/deve melhorar com o julgamento do recurso.

(3º) Inexistência de fato impeditivo ou extintivo (do direito de recorrer): trata-se dos fatos jurídicos tipicamente consagrados como impeditivos ou extintivos do direito de recorrer, quais sejam, a desistência, a renúncia e a aceitação. Quer dizer, por exemplo, que se a parte vencida cumprir a sentença,[287] não terá seu recurso julgado no mérito (não será, pois, *conhecido* o recurso). É a preclusão lógica. Ainda, cumpre atentar para a preclusão consumativa (quando a parte pratica o ato, perdendo, de conseguinte, direito de praticá-lo novamente): uma vez apresentado o recurso de apelação, o recorrente não poderá, mesmo que ainda dentro do prazo recursal, substituir, aditar ou complementar o recurso.

(4º) Tempestividade: o prazo para interpor a apelação é de 15 (quinze) dias (art. 1.003, § 5º, do NCPC). Eventualmente, tal prazo poderá ser em dobro, caso o recorrente seja o Ministério Público, a Defensoria Pública ou a Fazenda Pública (artigos 180, 183 e 186 do NCPC).

(5º) Regularidade formal: o recurso de apelação deve estar devidamente instruído e destinado ao juízo da causa. Normalmente são apresentadas duas peças (uma para o juiz da causa, requerendo o processamento do recurso; outra destinada ao órgão *ad quem*, contendo as razões e o pedido de tutela recursal). A apelação deve conter os nomes das partes com sua qualificação, as razões para que a sentença seja reformada ou invalidada e, ainda, o pedido de nova decisão (art. 1.010 do NCPC). Pelo princípio da dialeticidade, o recurso deve impugnar especificamente a sentença, atacando pontualmente os fundamentos da decisão recorrida, sob pena de não conhecimento.

(6º) Preparo: aplicável o regramento geral sobre o preparo, inclusive as hipóteses de levantamento da deserção. Destaque-se, no ponto, que o NCPC não refere expressamente que haja preparo para a apelação. Desse modo, cabe à "legislação pertinente" apontar a necessidade ou não de pagamento dessa despesa processual (art. 1.007, *caput*, NCPC).[288]

8.3. Efeitos

Também já foram destacadas, na parte da *teoria geral dos recursos*, as regras gerais acerca dos efeitos dos recursos. Merecem, entretanto, apontamento específico os efeitos da apelação.

Quanto ao efeito devolutivo, a apelação possui efeito devolutivo amplo. *Na extensão*, incumbe à parte definir qual parcela da demanda será objeto de reexame, por esta razão "*tantum devolutum quantum apellatum*": a devolutividade

---

[287] Vale lembrar, porém, que, se o executado depositar a quantia a que foi condenado para evitar a imposição de multa, tal ato não é considerado incompatível com o recurso interposto (art. 520, § 3º, NCPC).

[288] Apenas para exemplificar, no Estado do Rio Grande do Sul, a apelação tem preparo, nos termos do art. 13 da Lei Estadual 14.634/2014.

é limitada pelo pedido da parte. A apelação devolve ao tribunal o conhecimento da matéria impugnada (art. 1.013, *caput*, do NCPC).

Esta é a regra geral do efeito devolutivo da apelação. Há, de outra parte, as exceções, aquelas matérias que a própria lei permite o conhecimento pelo Tribunal, mesmo que não delineadas pelas partes: é a *profundidade* do efeito devolutivo da apelação.

Quanto à *profundidade*, o tema diz respeito ao substrato de fato e de direito que o órgão *ad quem* irá apreciar, independentemente de a parte ter impugnado a matéria. A profundidade deriva de previsão legal e, no caso da apelação, a devolutividade é ampla (art. 1.013, §§ 1º e 2º, do NCPC).[289] Existem matérias, portanto, que a lei processual devolve para conhecimento do Tribunal, ainda que as partes não as tenham, em seus recursos, as discutido.

A primeira situação diz respeito às matérias de ordem pública. Pelo efeito devolutivo, em regra, o Tribunal não pode manifestar-se além da matéria delimitada pelo recorrente. Em algumas hipóteses, contudo, o Tribunal está autorizado a julgar fora do contexto delimitado pelas razões (e contrarrazões) recursais. Trata-se dos casos em que ao juízo *ad quem* é permitido pronunciar-se de ofício, ou seja, independentemente de provocação das partes. As matérias objeto desse efeito são aquelas consideradas de *ordem pública* (dentre elas, pressupostos processuais, condições da ação, prescrição/decadência).[290] Essa devolutividade, em que pese prevista no § 1º do art. 1.013 do NCPC, deriva do sistema das regras de ordem pública, previsto nos artigos 485, § 3º, 487, II, e 337, do NCPC.[291] Como visto anteriormente, há quem considere a presença do chamado *efeito translativo*.

Isso significa, por exemplo, que, havendo uma sentença que julgue *parcialmente* procedente o mérito da causa em primeiro grau, e as partes vindo a apelar da sentença apenas no mérito (autor visando à procedência total, e réu visando à improcedência), o Tribunal poderá eventualmente reconhecer a ausência de algum pressuposto processual ou condição da ação, independentemente de as partes terem aventado tais matérias em seus recursos. Evidentemente, deverá o Tribunal, antes de extinguir o processo sem resolução do mérito – se for o caso, ouvir as partes acerca da matéria que pretende decidir de ofício (art. 10 do NCPC).

Na segunda situação, a lei processual devolve ao Tribunal o conhecimento dos fundamentos do pedido ou da defesa que o Magistrado de primeiro grau não tenha acolhido ou apreciado, no julgamento de mérito da demanda (art. 1.013, § 2º, do NCPC). Por exemplo, se uma causa, com dois fundamentos,

---

[289] MOREIRA, José Carlos Barbosa. *Comentários ao Código de Processo Civil*, op. cit., p. 432.

[290] Gize-se que, pelo novel diploma processual, em que pese ser a matéria de ordem pública e poder, assim, o Magistrado pronunciar-se de ofício e a qualquer tempo e grau de jurisdição, caso o juiz ou tribunal identifique a necessidade de pronunciar-se sobre tal matéria, deverá dar às partes oportunidade de se manifestar, caso ainda não tenham se manifestado (art. 10 do NCPC). A intenção é incrementar o contraditório.

[291] Consigne-se, por oportuno, que as questões de ordem pública somente serão devolvidas ao Tribunal, pela profundidade do efeito devolutivo, caso não tenham sido decididas na sentença (§ 1º do art. 1.013), pois, caso tenham sido objeto da sentença, mas não tenham sido objeto de recurso, haverá formação de coisa julgada em relação a matéria.

for julgada procedente pelo fundamento A (despejo por não pagamento dos aluguéis), o tribunal poderá, na análise do recurso do demandado, manter a sentença com base no fundamento B (uso indevido – para fins comerciais – do imóvel locado para fins residenciais).

Quer dizer, a apelação de uma parte devolve ao Tribunal o conhecimento dos fundamentos de mérito apontados pela outra parte, assim como os fundamentos sustentados pela parte recorrente e não apreciados pela sentença. Portanto, a apelação da parte vencida abrangerá as questões rejeitadas ou não decididas, devolvendo ao conhecimento do Tribunal tanto as causas de pedir deduzidas pelo autor, quanto a matéria de defesa arguida pelo réu.[292]

De outra parte, serão, também, objeto de apreciação e julgamento pelo Tribunal todas as questões suscitadas e discutidas no processo, ainda que não tenham sido solucionadas em primeiro grau, e desde que relativas ao capítulo impugnado (art. 1.013, § 1º, do NCPC). Nota-se a amplitude (profundidade) do efeito devolutivo pelo apelo: não se cinge a questões que efetivamente foram decididas na sentença, mas abrange também questões que poderiam ter sido apreciadas na sentença, aí compreendidas tanto questões de ordem pública, como questões que, não sendo de ordem pública, deixaram de ser apreciadas, a despeito de terem sido suscitadas e discutidas pelas partes.[293]

Frise-se que a parte final do dispositivo ("desde que relativas ao capítulo impugnado") não estava prevista no § 1º do art. 515 do CPC/73. Nesse andar, as questões discutidas, mas não solucionadas por inteiro, devem ter relação com o capítulo impugnado. A regra do NCPC tem, pois, inegável restrição em comparação com a regra do CPC/73. Ora, se o recurso de apelação impugnar apenas parte da sentença, as questões suscitadas e discutidas não relacionadas à parte impugnada não poderão ser retomadas pelo Tribunal.[294] Imagine-se uma ação de cobrança em que o réu, em sua defesa, alega prescrição, ausência de prova da dívida e compensação. Se a apelação se limitar apenas a discutir a verba sucumbencial ou a taxa de juros aplicável ao valor constante no contrato cobrado (se procedente o pedido condenatório), somente nos limites desses pedidos de reforma é que as questões seriam devolvidas (questões atinentes à sucumbência ou aos juros aplicáveis), ficando o restante de fora do campo da cognição judicial em segundo grau.[295]

Portanto, o capítulo não impugnado transita em julgado e, por isso, não pode ser reexaminado pelo tribunal. Assim, tendo o recorrente, por exemplo, postulado apenas a reforma parcial do julgado, o tribunal, não ultrapassando esse limite de *extensão*, poderá analisar todo e qualquer fundamento, provas e demais elementos contidos nos autos, ainda que não examinados na sentença

---

[292] ASSIS, Araken de. *Manual dos Recursos*, op. cit., p. 441.

[293] MOREIRA, José Carlos Barbosa. *Comentários ao Código de Processo Civil*, op. cit., p. 445.

[294] NERY JÚNIOR, Nelson; NERY, Rosa Maria de Andrade. *Comentários ao Código de Processo Civil*. São Paulo: Revista dos Tribunais, 2015, p. 2.068.

[295] MARINONI, Luiz Guilherme; ARENHART, Sérgio Cruz; MITIDIERO, Daniel. *Novo curso de processo civil: tutela dos direitos mediante procedimento comum*, vol. II. São Paulo: Revista dos Tribunais, 2015, p. 532.

recorrida. Poderá o tribunal, com efeito, em *profundidade*, analisar todo o material constante dos autos, limitando-se à *extensão* fixada pelo recorrente.[296]

Ademais, o efeito devolutivo da apelação pode dar ao Tribunal o poder de julgar, no mérito, uma causa cuja sentença tenha sido terminativa. Trata-se da tese da *causa madura*, em que o Tribunal *analisa o mérito da demanda ao cassar de ofício, no julgamento da apelação, uma sentença terminativa (ou definitiva que não tenha analisado a causa de pedir)*: é possibilidade que se extrai do art. 1.013, §§ 3º e 4º, do NCPC.

É possível, pois, o exame de mérito da causa, quando a apelação é interposta contra sentença terminativa (casos do art. 485 do NCPC), contra sentença definitiva que venha a ser decretada nula (por ausência de fundamentação ou incongruência em relação ao pedido formulado na inicial), contra sentença definitiva que não tenha apreciado um dos pedidos ou contra sentença definitiva que reconheça a decadência ou a prescrição.

Nesse andar, segundo o novel diploma processual, se o processo estiver em condições de imediato julgamento, o tribunal deverá julgar desde logo o mérito quando: (a) reformar sentença terminativa; (b) decretar nulidade da sentença por não ser ela congruente com os limites do pedido ou da causa de pedir; (c) constatar a omissão no exame de um dos pedidos, hipótese em que poderá julgá-lo; (d) decretar a nulidade de sentença por falta de fundamentação (art. 1.013, § 3º, NCPC).

Evidentemente, este dispositivo será aplicado quando a causa estiver suficientemente "madura" para julgamento, ou seja, não poderá o Tribunal julgar o mérito da causa quando for necessária a produção de outras provas em primeiro grau de jurisdição. Observe-se que tal dispositivo apenas se aplica quando a causa estiver em condições de julgamento. A principal exigência para a aplicação do dispositivo deve ser o esgotamento da atividade instrutória do juiz – de primeiro grau – ou quando se estiver diante de fatos incontroversos (sendo, assim, desnecessário o exame de provas). Com efeito, caso seja necessária a realização de outras provas, o Tribunal poderá cassar a sentença e remeter os autos ao juízo *a quo* para prosseguimento do feito e, oportunamente, julgamento.[297]

É o que ocorre, por exemplo, quando o juízo *a quo* extingue o processo reconhecendo a prescrição, logo após a apresentação da contestação pelo réu e da réplica pelo autor. Ora, se o demandado arguir, dentre outras coisas, a existência de prescrição, o autor poderá manifestar-se acerca desse (e dos demais fundamentos da contestação) na réplica. Se o juiz de primeiro grau entender ter havido prescrição, poderá sentenciar, extinguindo o processo. Ato contínuo, no julgamento de eventual recurso de apelo pelo autor, se o Tribunal reconhecer

---

[296] DIDIER JÚNIOR, Fredie; CUNHA, Leonardo Carneiro da. *Curso de direito processual civil*: o processo civil nos tribunais, recursos, ações de competência originária de tribunal e querela nullitatis, incidentes de competência originária de tribunal. 13. ed. Salvador: JusPodivm, 2016, p. 179.

[297] Vale lembrar, porém, que o art. 932, I, autoriza que o relator, no tribunal determine a produção de provas. Nesta hipótese, "o relator converterá o julgamento em diligência, que se realizará no tribunal ou em primeiro grau de jurisdição, decidindo-se o recurso após a conclusão da instrução" (art. 938, § 3º, CPC/15).

a inexistência de prescrição, não poderá julgar o mérito, devendo devolver os autos ao primeiro grau, para prosseguimento do feito nas fases de saneamento, instrutória e decisória, não ocorridas pela "prematura" extinção do processo.

Por outro lado, caso o processo tenha passado por todas as suas fases, inclusive instrutória – caso não tenha havido os efeitos da revelia ou não fosse a matéria fática incontroversa, o Tribunal poderá julgar diretamente o mérito da causa, por exemplo, caso identifique – de ofício ou a requerimento do apelante – a nulidade da sentença por falta de fundamentação (ou congruência). Neste caso, o Tribunal reconhecerá a nulidade da sentença, mas poderá julgar o mérito desde já, haja vista o amadurecimento da causa em primeiro grau de jurisdição. O mesmo ocorre em caso de extinção do processo pela prescrição, após desenvolvimento regular de todas as fases do processo em primeiro grau.[298]

Frise-se, por oportuno, que tal medida adotada pelo NCPC acaba, ao fim e ao cabo, por desvincular o Magistrado de origem dos deveres de motivação das decisões delineados pelo art. 489, § 1º, do NCPC. Isto porque, estando a causa madura, a lei permite que o Tribunal julgue o mérito da demanda, tendo a sentença cumprido os rigorosos critérios de fundamentação das decisões. Portanto, entende-se que, mesmo estando a causa madura para julgamento, nos casos de ausência de fundamentação, em que pese o permissivo legal, deverá o Tribunal devolver os autos à origem, determinando que o Magistrado profira nova sentença, à luz dos ditames do art. 489, § 1º, do NCPC.[299] Essa medida certamente contribui de forma mais decisiva para que haja o cumprimento do dever de fundamentação pelo juízo *a quo* – em verdadeiro estímulo à observância do direito à motivação das decisões. Confira-se, a propósito, preciosa lição doutrinária sobre o tema:

> É bom lembrar que a aplicação indiscriminada da técnica de julgamento único de mérito pelo tribunal de segundo grau, em fase de apelação, já demonstrou o que temíamos ao tempo da modificação do CPC de 1973 pela Lei nº 10.352/2001, ou seja, a prática abusiva, por alguns juízes de primeiro grau, da extinção do processo por sentença terminativa, como expediente de liberar-se da resolução de lides mais complexas. A praxe, evidentemente, atrita com os princípios básicos da dualidade de instâncias e do juiz natural, sobrecarregando os tribunais com a análise complicada da matéria probatória que competia ser feita originariamente, e em melhores condições, pelo juiz da causa. Eis aí um exemplo que desestimula a aplicação liberal e indiscriminada do efeito expansivo previsto no art. 1.013, § 3º, do NCPC.[300]

---

[298] É o exemplo de ação indenizatória em face de determinado Município, por danos sofridos na residência de um cidadão, a qual ficou alagada pela chuva, por causa do entupimento e transbordamento de um conduto. Neste caso, a sentença, após toda a instrução do processo, extinguiu o feito pela prescrição, entendendo ser de três anos a prescrição das ações indenizatórias. O Tribunal, acolhendo recurso do autor e o entendimento pelo prazo de cinco anos para a propositura da ação (prescrição quinquenal contra a Fazenda Pública), julgou o mérito da causa, haja vista que em primeiro grau todo o conhecimento da causa se exauriu, estando, pois, madura para julgamento de mérito.

[299] O objetivo, aqui, é evitar esse "boicote a si mesmo" do ordenamento, pois passa uma "mensagem" equivocada ao juiz de primeiro grau, no sentido de que não seria preciso preocupar-se com a fundamentação, pois o Tribunal, no segundo grau, ao reexaminar a questão, providenciará a motivação ausente na sentença. Conforme WAMBIER, Luiz Rodrigues; TALAMINI, Eduardo. *Curso avançado de processo civil*: cognição judicial (processo comum de conhecimento e tutela provisória), vol. 2. 16. ed. São Paulo: Revista dos Tribunais, 2016, p. 521.

[300] THEODORO JÚNIOR, Humberto. *Curso de Direito Processual Civil*, vol. III. 47. ed. Rio de Janeiro: Forense, 2016, p. 966.

Portanto, ao elaborar as razões ou contrarrazões de recurso de apelação, principalmente em face de sentença terminativa, o advogado deve, sempre, atentar para discutir todos os fundamentos de mérito (de fato e de direito) debatidos na causa, caso o Tribunal pretenda utilizar-se da devolutividade contida nos §§ 3º e 4º do art. 1.013 do NCPC e julgar o mérito da causa. Quando, entretanto, a sentença terminativa for impugnada por apelação que discuta tão somente a questão adotada pela decisão recorrida, sem adentrar no mérito, é adequado que o Tribunal, entendendo pela reforma da decisão, deverá cassar a sentença e baixar os autos para decisão de mérito.

O julgamento imediato pelo Tribunal, mesmo quando presentes os requisitos dos §§ 3º e 4º do art. 1.013 do NCPC, é criticado por parte da doutrina, haja vista que violaria não apenas os limites da jurisdição – supressão de instância, como, também, o princípio do contraditório julgamento,[301] embora o Superior Tribunal de Justiça já tenha se posicionado no sentido de que a aplicação dessa técnica independe de pedido expresso do apelante, bastando que o tribunal considere a causa pronta para julgamento.[302]

Pois bem, controvérsias à parte, o estudo do efeito devolutivo não exaure o debate. Outros efeitos da apelação ainda podem ser destacados.

Quanto ao efeito regressivo, verifica-se que, em determinadas hipóteses, a interposição da apelação autoriza que o magistrado de primeiro grau exerça um juízo de retratação sobre a sentença. Assim é dado ao *juízo a quo* retratar-se: (a) quando houver o indeferimento da petição inicial (art. 331, NCPC); (b) quando ocorrer a improcedência liminar do pedido (art. 332, § 3º, CPC) e (c) quando houver julgamento sem exame de mérito em geral (art. 485, § 7º, NCPC). Vale aqui frisar a inovação: em qualquer hipótese de desfecho do processo sem exame do mérito, a sentença poderá ser objeto de reapreciação pelo juiz da causa na hipótese de interposição de apelação. Há quem veja, aí, mais um exemplo da chamada "primazia do julgamento do mérito".

Quanto ao efeito suspensivo, a apelação é o recurso que, por excelência, proporciona a rediscussão da matéria e inibe a produção de efeitos da sentença ou após o escoamento do prazo recursal ou, se interposta a apelação, após o julgamento do recurso. Por previsão legal, a apelação, como regra geral, possui efeito suspensivo (art. 1.012, *caput*, do NCPC). Noutras palavras, como regra, a apelação impede que a sentença produza seus efeitos de imediato (assim, por exemplo, em se tratando de sentença condenatória, não é possível a execução provisória[303]). A própria lei, porém, prevê hipóteses em que a apelação

---

[301] THEODORO JÚNIOR, Humberto. *Curso de Direito Processual Civil*, vol. III. 47, op. cit., p. 965-966.

[302] STJ, 4ª Turma, Resp 836.932/RO, Rel. Min. Fernando Gonçalvez, DJe 24.22.2008.

[303] Há quem sustente que o novel diploma processual civil perdeu a oportunidade de ter tolhido o efeito suspensivo do recurso de apelação. Ao menos no que concerne à sua concessão automática *ope lege*. Dever-se-ia, pois, fazer da concessão do efeito suspensivo apenas *ope judicis*. Isto porque as decisões provisórias, fundadas em cognição sumária, têm eficácia imediata, ao passo que decisões definitivas fundadas em cognição exauriente não contam com a mesma eficácia. Assim, o processo civil brasileiro atribui maior peso em termos de efetividade a decisões provisórias do que a decisões definitivas. (Conforme MARINONI, Luiz Guilherme; ARENHART, Sérgio Cruz; MITIDIERO, Daniel. *Novo curso de processo civil*: tutela dos direitos mediante procedimento comum, vol. II. São Paulo: Revista dos Tribunais, 2015, p. 525). De fato, por exemplo,

não terá efeito suspensivo (§ 1º do art. 1.012 do NCPC[304]). Além disso, também a legislação extravagante informa casos em que a apelação não possui efeito suspensivo, como ocorre na Ação de Despejo.[305]

Como já apontado, o efeito suspensivo é *ope lege* quando deriva da lei; é *ope judicis* quando deriva de pronunciamento judicial. O efeito suspensivo da apelação, em regra, é *ope lege*. Entretanto, não só é possível a modulação dos efeitos na sentença (exemplo: deferindo antecipação de tutela na sentença), como também é possível que o relator do recurso suspenda o cumprimento da decisão quando houver "risco de dano grave, de difícil ou impossível reparação, e ficar demonstrada a probabilidade de provimento do recurso" (art. 995, parágrafo único, do NCPC).

Com efeito, nos casos em que a parte tenha interesse em apresentar pedido de efeito suspensivo, para os casos em que o apelo não tem efeito suspensivo *ex lege* (art. 1.012, § 1º, do NCPC), tal pedido deve ser formulado por requerimento direto ao Tribunal ou ao Relator do recurso de apelação. Será apresentado direto ao Tribunal no período compreendido entre a interposição do recurso (em primeiro grau) e a sua distribuição no juízo *ad quem* (porque o processo ainda está em tramitação em primeiro grau); por sua vez, será apresentado diretamente ao relator, quando o recurso de apelo já houver sido distribuído (§ 3º do art. 1.012 do NCPC).

Esta modificação do NCPC visa a dar coerência às demais regras previstas no novel diploma. Como se verá, no *procedimento* do recurso de apelação, quando interposta a apelação, o apelado será intimado para contrarrazões recursais, mas o juiz não realiza a admissibilidade do recurso; isto é feito diretamente pelo Tribunal, pelo relator do recurso (art. 1.010, §§ 1º e 3º, NCPC).

---

há maior *efetividade* na decisão liminar (provisória) do que na sentença (definitiva). Contudo, a decisão provisória só pode ser concedida quando presente, além da plausibilidade das alegações (probabilidade do direito), a urgência (perigo de dano ou risco ao resultado útil do processo), conforme art. 300 do NCPC. E, caso haja urgência, quando da prolação da sentença, poderá o magistrado, a requerimento da parte, conceder a tutela provisória na sentença, se antes não o fez. Portanto, salvo casos de urgência (ou tutela da evidência, nos casos do art. 311 do NCPC), o sistema opta, em regra, pela *segurança*, mantendo a sentença sem efeitos até o decurso do prazo (*in albis*) do apelo ou até o julgamento deste pelo Tribunal. De qualquer forma, o tema certamente merecerá reflexão aprofundada em futuro próximo. Evidentemente, não é pretensão das *Lições* adiantar esse tema de tão árdua compreensão para a doutrina e para o direito positivo. Remanesce, porém, uma segura indagação: há, para o juiz de primeiro grau, juízo de evidência maior do que uma sentença de procedência? Como a sentença de procedência poderia não conter uma tutela provisória da evidência (que dispensa a demonstração de perigo de dano ou risco ao resultado útil do processo) se refutou as provas apresentadas pelo réu e confirmou os fatos constitutivos do direito do autor? É por essa razão que interessante corrente doutrinária já aponta que sempre que o juiz julgar procedente o pedido na sentença, deveria, também, conceder, a tutela da evidência (MEDINA, José Miguel Garcia. *Novo Código de Processo Civil comentado*: com remissões e notas comparativas ao CPC/1973. 4. ed. São Paulo: Revista dos Tribunais, 2016, p. 1.491).

[304] Art. 1.012. A apelação terá efeito suspensivo. § 1º Além de outras hipóteses previstas em lei, começa a produzir efeitos imediatamente após a sua publicação a sentença que: I – homologa divisão ou demarcação de terras; II – condena a pagar alimentos; III – extingue sem resolução do mérito ou julga improcedentes os embargos do executado; IV – julga procedente o pedido de instituição de arbitragem; V – confirma, concede ou revoga tutela provisória; VI – decreta a interdição.

[305] Exemplos de legislação extravagante e falta de efeito suspensivo: Ação civil pública (art. 14 da Lei 7347/85); Concessão de mandado de segurança (art. 14, § 3º, da Lei 12.016/09); Sentença em ação de despejo (arts. 63 e 64 da Lei nº 8.245/91).

No NCPC, como o juízo de origem não realiza a admissibilidade, o pedido é feito na forma do art. 1.012, § 3º, do NCPC, conforme visto linhas acima. Quando feito ao Tribunal, entre a interposição do recurso e a sua distribuição, não poderá sê-lo nos próprios autos, os quais estarão em primeiro grau ainda – ou em remessa. Nesse caso, o novel diploma não estabelece o procedimento e a forma de como deverá ser tal *requerimento*, o que se sabe é que não cabe *agravo de instrumento*. Trata-se de verdadeira "petição avulsa".[306]

Frise-se, por oportuno, que a parte que vier a requerer o efeito suspensivo a recurso de apelo que não o tiver, deverá, na forma do art. 995, parágrafo único, do NCPC, demonstrar a urgência (*risco de dano grave, de difícil ou impossível reparação*) e a verossimilhança das alegações recursais (a *probabilidade de provimento do recurso*), como ocorre em qualquer medida de urgência (os requisitos do efeito suspensivo do apelo são semelhantes aos requisitos da tutela provisória – art. 300, mantendo-se a lógica do sistema das tutelas de urgência[307]).

O art. 995, parágrafo único, aplica-se a todos os recursos cíveis, não sendo diferente, pois, no caso do recurso de apelo. Mas o § 4º do art. 1.012 do NCPC é regra especial da apelação.[308] Este dispositivo determina que o efeito suspensivo pode ser concedido à apelação havendo probabilidade do provimento do recurso *ou* houver risco de dano grave ou de difícil reparação e fundamentação relevante. Quer dizer, o dispositivo especial do efeito suspensivo para o apelo permite a concessão de efeito suspensivo mesmo quando não demonstrada a urgência, ou seja, basta demonstrar a probabilidade do provimento do recurso, o que remete à tutela da evidência.[309]

Nesse andar, o recorrente deverá juntar, preferencialmente, cópia integral do processo – já contendo a interposição e razões do recurso de apelo, e, assim, apontar (*i*) a verossimilhança das suas alegações recursais, demonstrando ser provável o provimento pelo Tribunal, (*ii*) assim como deverá sinalizar ao juízo *ad quem* os danos que correrá o direito do recorrente, caso a decisão seja executada de imediato.

---

[306] Na prática, será uma espécie de agravo de instrumento, com qualificação completa das partes, informação dos dados completos do processo e juntada de cópia integral dos autos "principais" (ou das peças relevantes para a decisão do efeito suspensivo). A prática forense e a jurisprudência acabarão por conformar a interpretação do dispositivo.

[307] Acerca dos requisitos da tutela de urgência, em um comparativo entre o CPC/73 e o NCPC, consultar: RIBEIRO, Darci Guimarães; ANTUNES DA CUNHA, Guilherme. Tutelas de urgência: da estrutura escalonada às tutelas de urgência autônomas. In: *Controvérsias constitucionais atuais*, n. 2. Paulo Fayet, Geraldo Jobim e Marco Félix Jobim (orgs.). Porto Alegre: Livraria do Advogado, 2015, p. 75-104.

[308] Contra, na defesa da aplicação generalizada do dispositivo: NEVES, Daniel Amorim Assumpção. *Manual de Direito Processual Civil*: volume único. 8. ed. Salvador: Juspodivm, 2016, p. 1.471; BUENO, Cássio Scarpinella. Manual de direito processual civil, São Paulo: Saraiva, 2015, p. 609; NERY JÚNIOR, Nelson; NERY, Rosa Maria. *Comentários ao Código de Processo Civil*: novo CPC – Lei 13.105/2015. São Paulo: Revista dos Tribunais, 2015, p. 1.994, 2.063.

[309] WAMBIER, Luiz Rodrigues; TALAMINI, Eduardo. *Curso avançado de processo civil*: cognição judicial (processo comum de conhecimento e tutela provisória), vol. 2. 16. ed. São Paulo: Revista dos Tribunais, 2016, p. 524.

8.4. Procedimento

Confira-se a seguir um breve itinerário que o recurso de apelação irá percorrer até que haja o seu efetivo julgamento.

(1º) A apelação é interposta perante o juízo *a quo*, devendo conter partes, fundamento e pedido (art. 1.010, NCPC). A apelação normalmente é apresentada em duas petições conjuntas: a primeira, direcionada ao magistrado de primeiro grau, considerada a "petição de interposição"; a segunda, direcionada ao Tribunal, contém as razões de apelo;

(2º) Interposta a apelação, o apelado será intimado para contrarrazões recursais, mas o juiz não realiza a admissibilidade do recurso; isto é feito diretamente pelo Tribunal, pelo relator do recurso (art. 1.010, §§ 1º e 3º, do NCPC);

(3º) No prazo das contrarrazões, a parte recorrida poderá apresentar recurso adesivo, que seguirá as mesmas regras do recurso de apelação (art. 997, § 2º, do NCPC). Aliás, como já adiantado em momento anterior, o recurso adesivo é, basicamente, uma especial forma de interposição de outro recurso – no caso, a apelação adesiva da parte contrária. Caso isto ocorra, o recorrente (que é adesivamente recorrido), será intimado para apresentar contrarrazões. Ainda em contrarrazões, caso seja suscitada questão preliminar não coberta pela preclusão, a parte contrária também será intimada para se manifestar no prazo de quinze dias (art. 1.009, §§ 1º e 2º, do NCPC);

(4º) Ato contínuo, é determinada a remessa ao Tribunal, órgão *ad quem*, após as formalidades legais, quais sejam, as contrarrazões e o recurso adesivo (e suas respectivas contrarrazões), quando houver. No Tribunal, o relator realiza o exame de admissibilidade, podendo inclusive julgar o mérito monocraticamente – tema que já foi tratado anteriormente (art. 932, NCPC).[310] Caso haja julgamento diretamente pelo relator (art. 932, incisos III e V, do NCPC), caberá *agravo interno*, para alcançar a apreciação da decisão recorrida ao órgão colegiado competente para julgar o recurso;[311]

(5º) Admitido o recurso, e não havendo julgamento monocrático, será relatado o processo e elaborado o voto pelo relator, designando-se dia para julgamento e intimando-se as partes. Na sessão de julgamento, após a exposição

---

[310] Observa-se, da leitura dos incisos IV e V, os quais apontam os casos em que o relator pode julgar, no mérito, monocraticamente o recurso, que há lógica entre esses dispositivos e o sistema do NCPC quanto ao apreço pelos precedentes, pela estabilidade, coerência e integridade das decisões dos Tribunais. Quer dizer, somente cabe julgamento de mérito monocrático do recurso, seja para negar provimento, seja para dar provimento, com base em súmula (do STF, STJ ou do próprio Tribunal), julgamento de demandas ou recursos repetitivos, ou incidentes de assunção de competência. Não cabe, pois, negar ou dar provimento a recurso, monocraticamente, por "manifesta improcedência" ou "manifesta procedência". Já em relação ao inciso III, nota-se que cabe julgamento monocrático do recurso quando este não passar no juízo de admissibilidade. O dispositivo prevê que caberá julgamento monocrático quando o recurso for inadmissível (não preenchimento a algum requisito de admissibilidade), prejudicado ou não impugnar especificamente os fundamentos da decisão recorrida (este último caso, salvo melhor juízo, está contido no primeiro; ora, quando o recurso não impugna os fundamentos da decisão recorrida, não passa no requisito de admissibilidade da *regularidade formal*).

[311] Normalmente, trata-se de uma Câmara de Tribunal de Justiça ou uma Turma de Tribunal Regional Federal.

da causa pelo relator, o Presidente dará a palavra, sucessivamente, ao recorrente, ao recorrido e ao MP (se for o caso), por quinze minutos cada;

(6º) A decisão, então, é tomada na Câmara ou Turma pelo voto de três desembargadores, nos termos do art. 941 do NCPC, oportunidade em que são proferidos os votos e anunciado o resultado do julgamento.

> ⇒ **Colegiado qualificado**: eventualmente, o resultado do julgamento da apelação poderá não ser unânime. Neste caso, o julgamento terá prosseguimento em sessão a ser designada com a presença de outros julgadores, que serão convocados nos termos previamente definidos no Regimento Interno, em número suficiente para garantir a possibilidade de inversão do resultado inicial, assegurado às partes e a eventuais terceiros o direito de sustentar oralmente suas razões perante os novos julgadores. Trata-se da repristinação dos Embargos Infringentes, recurso retirado do rol de impugnações cabíveis no novel diploma processual (art. 942 do NCPC). Sendo possível, o prosseguimento do julgamento dar-se-á na mesma sessão, colhendo-se os votos de outros julgadores que porventura componham o órgão colegiado. Os julgadores que já tiverem votado poderão rever seus votos por ocasião do prosseguimento do julgamento. A técnica de julgamento, prevista no art. 942 do NCPC, aplica-se, igualmente, ao julgamento não unânime proferido em (a) ação rescisória, quando o resultado for a rescisão da sentença, devendo, nesse caso, seu prosseguimento ocorrer em órgão de maior composição previsto no regimento interno; (b) agravo de instrumento, quando houver reforma da decisão que julgar parcialmente o mérito. Não se aplica, porém, ao julgamento: (a) do incidente de assunção de competência e ao de resolução de demandas repetitivas; (b) da remessa necessária; (c) não unânime proferido, nos tribunais, pelo plenário ou pela corte especial. Verifica-se que essa técnica de ampliação do quorum de julgamento, ou "colegiado qualificado", amplia significativamente a demanda dos Tribunais que antes julgavam apenas específicos casos de acórdãos não unânimes e, agora, passarão a reapreciar a grande maioria das situações em que há divergência entre desembargadores.

8.5. Questões novas na apelação: possibilidade

Nos termos do art. 1.014, do NCPC: "As questões de fato, não propostas no juízo inferior, poderão ser suscitadas na apelação, se a parte provar que deixou de fazê-lo por motivo de força maior" (art. 1.014 do NCPC).

Essas "questões novas" não podem trazer uma nova causa de pedir.[312] São questões de fato atinentes à causa de pedir (já antes) delineada na petição inicial (ou na defesa, na resposta do réu), que, por motivo de força maior, a parte não pôde suscitar, *por não ter ciência da ocorrência* ou quando o fato que se traz à apreciação do Tribunal *ainda não se verificara* até o último momento em que a parte poderia tê-lo eficazmente arguido no primeiro grau de jurisdição.[313] O motivo de força maior deve ser alegado nas razões ou contrarrazões recursais, chamando a atenção dos julgadores no segundo grau acerca da situação.

Se, depois da propositura da ação, algum fato novo, constitutivo, modificativo ou extintivo de direito influir no julgamento do mérito, caberá ao juiz

---

[312] MOREIRA, José Carlos Barbosa. *Comentários ao Código de Processo Civil*, op. cit., p. 456.
[313] Idem, p. 457.

tomá-lo em consideração, de ofício ou a requerimento da parte, no momento de proferir a decisão (art. 493 do NCPC). Caso esse fato novo seja conhecido de ofício, deverá o Magistrado intimar as partes para dele se manifestar. O mesmo ocorre se o relator constatar fato superveniente à decisão recorrida, de ofício ou a requerimento das partes, devendo, pois, levar em conta a situação superveniente (art. 933 do NCPC).

Embora não esteja regulada na lei, caso o motivo de força maior seja aceito pelos julgadores do órgão *ad quem*, deve haver a permissão correlata e necessária para a prática de atos instrutórios, se for o caso. Não há, contudo, regulação do procedimento a ser adotado nesses casos.

O problema, porém, não é de difícil resolução: caso seja a prova documental, a parte acostará aos autos o documento, e a parte contrária será ouvida (caso o documento já não tenha sido acostado com as razões; se juntado com as contrarrazões, a parte recorrente deverá ter prazo para manifestação, a ser apresentada oportunamente).

Caso seja prova testemunhal ou pericial, aplicando-se analogicamente o art. 972 do NCPC, o Relator poderá delegar competência ao juiz da comarca onde deva ser produzida a prova para que esta seja realizada e, após, sejam devolvidos os autos do Tribunal.[314]

Ressalte-se, entretanto, que este dispositivo não permite que a parte venha a suprir eventuais deficiências da argumentação fática e da sua atividade probatória realizada na primeira instância. A apelação tem, no sistema processual brasileiro, a função de *controle* de equívocos porventura cometidos pelo juízo de primeiro grau.[315] Não se trata de julgamento de uma "causa nova".

---

[314] ASSIS, Araken de. *Manual dos Recursos*, op. cit, p. 483.
[315] MOREIRA, José Carlos Barbosa. *Comentários ao Código de Processo Civil*, op. cit., p. 458.

Capítulo 9 – Agravos: uma apresentação conjunta

9.1. Introdução

O sistema recursal está em constante movimento na busca de melhor satisfazer a tutela dos direitos. No regime jurídico dos agravos, isso é ainda mais palpitante, pois foram muitas as alterações legislativas ao longo dos anos. Os "agravos" – e sequer é possível estabelecer uma nomenclatura homogênea já que tão distantes os pressupostos de cada um – compunham, no regime anterior, um amplo feixe de situações.

A ideia básica era a seguinte: decisões interlocutórias, qualquer delas, que causassem prejuízo às partes, poderiam ser confrontadas através de algum tipo de agravo. Havia, portanto, ampla recorribilidade das decisões interlocutórias. Como se verá no seguimento, o Novo Código de Processo Civil buscou melhor sistematizar o tema e reduzir a recorribilidade imediata das decisões interlocutórias.

9.2. Sistemática anterior

O panorama atual dos agravos é bem distinto daquele estabelecido na sua origem. Nesse sentido, de algum modo provocaram mudanças nos agravos as seguintes normas: Lei 9.139/95; Lei 10.352/01; Lei 11.187/05; Lei 12.322/10. Esta última promoveu a extinção da instrumentalidade do agravo voltado a "destrancar" recurso extraordinário e recurso especial.

Se, no seu nascedouro, o regime dos agravos era descomplicado, havendo a regra geral do agravo de instrumento e a retenção (agravo retido) como medida excepcional, atualmente, o sistema peca em uniformidade procedimental, podendo ser identificadas heterogêneas situações.

No CPC/73, das decisões interlocutórias do juiz de primeiro grau, o recurso cabível era o agravo (art. 522). Sem adjetivos. Tal agravo se manifestava em duas modalidades: agravo de instrumento e agravo retido. O agravo retido, por sua vez, poderia surgir de maneira oral (em audiência) ou escrita (nos demais casos), ficando este último retido nos autos até a subida do recurso de apelo. Além disso, o termo *agravo* não estava somente ligado às decisões interlocutórias. De muitas decisões monocráticas (tribunais) também cabia agravo, qualificado como "agravo interno" ou "agravinho". E há mais. As decisões que negavam seguimento a recurso extraordinário e a recurso especial também eram confrontadas por agravo, cujo regime jurídico possuía inúmeras particularidades.

Identificavam-se, pois, no regime do CPC/73, os seguintes recursos no âmbito do estudo dos agravos:

a) *Agravo retido (oral ou escrito)*: para desafiar decisões interlocutórias do magistrado de primeiro grau;

b) *Agravo de instrumento*: para desafiar, também, decisões interlocutórias do magistrado de primeiro grau;

c) *Agravo interno, legal ou regimental*: para desafiar determinadas decisões monocráticas proferidas nos tribunais;

d) *Agravo nos próprios autos ou de admissão*: para desafiar as decisões que julgassem inadmitido o recurso especial ou extraordinário pelos tribunais inferiores.

Nesse andar, conforme art. 522 do CPC/73, as interlocutórias eram recorríveis por agravo. A regra era de agravo retido, salvo quando a parte comprovasse risco de lesão grave e de difícil reparação, quando cabia agravo por instrumento. Quando a parte distribuía agravo de instrumento, e o Tribunal entendia não ser caso de risco de lesão grave, poderia converter o agravo de instrumento em retido. Ainda, cabia agravo de instrumento nos casos de inadmissibilidade da apelação e nos relativos aos efeitos em que a apelação era recebida.

Já o agravo retido era interposto perante o juízo de primeiro grau e só seria analisado pelo Tribunal quando da apresentação da apelação (a parte interessada deveria reiterar a necessidade de julgamento do agravo retido antes interposto, em sede de preliminar de apelação, na forma do art. 523 do CPC/73). Ele tinha como objeto as decisões interlocutórias que não apresentassem risco de lesão grave e de difícil reparação.

De outra banda, o agravo interno (art. 557, § 1º, do CPC/73) segue, no NCPC, mais ou menos a mesma forma e estrutura do estabelecido para o recurso no CPC/73, com as modificações que serão tratadas em capítulo próprio. O seu objeto são as decisões monocráticas proferidas pelo Relator, nos Tribunais de segundo grau, nos Tribunais Superiores ou no Supremo Tribunal Federal, assegurando ao interessado, assim, o acesso ao órgão colegiado do órgão fracionário competente para analisar o recurso.

Por fim, o agravo nos próprios autos, cujo objetivo era de destrancar os recursos especial e extraordinário não admitidos pelo Tribunal de origem, segue, também, no NCPC, a mesma estrutura do CPC/73. Como o juízo de admissibilidade dos recursos excepcionais ocorre no Tribunal de origem, caso este venha a não admitir o recurso, cabia, sempre, agravo, nos próprios autos, "forçando" a subida do recurso à Brasília. O NCPC, embora mantenha a estrutura e o objeto, modifica, em especial, situações na hipótese de cabimento do recurso, limitando os casos em que é possível lançar mão do recurso em tela para levar ao STJ e/ou STF a apreciação dos recursos excepcionais. O tema será tratado oportunamente.

Confirma-se, com isso, um panorama geral nada uniforme dos agravos no CPC de 1973. O Novo Código de Processo Civil, por sua vez, alterou diversas situações do regime de tais recursos, além de unificar os prazos para interposição das modalidades de agravos em quinze dias.[316] A seguir, uma rápida apresentação dos agravos no Novo Código de Processo Civil.

9.3. Sistemática atual

No Novo CPC cabem três espécies de agravos: *por instrumento, interno* e *em recurso especial ou extraordinário* (art. 994, incisos II, III e VIII). Não há mais previsão de agravo retido (escrito e nem oral – audiência). As três espécies sobreviventes têm a mesma estrutura de seus correspondentes no CPC de 1973, embora o procedimento e as hipóteses de cabimento tenham sofrido modificações, além da já citada unificação nos prazos.

Não há mais agravo retido, e as hipóteses de cabimento do agravo de instrumento constam em rol taxativo (art. 1.015, NCPC). Isso porque só são recorríveis, pela via do agravo de instrumento, as decisões interlocutórias que constam no catálogo legal. Aquelas que não estão previstas no referido dispositivo, embora sejam recorríveis, não o são mediante agravo de instrumento (e nem por qualquer outro agravo, pois não há mais agravo retido). Em contrapartida, essas decisões interlocutórias, não constantes do art. 1.015, não são atingidas pela preclusão, e podem ser alçadas à apreciação do Tribunal quando da interposição do recurso de apelação, em sede de preliminar.

Com efeito, as "questões resolvidas na fase de conhecimento" não são cobertas pela preclusão, devendo ser suscitadas em preliminar de apelação, eventualmente interposta em face da decisão final (sentença), ou nas contrarrazões (art. 1.009, § 1º). No caso de preliminar de contrarrazões, a parte contrária terá prazo de quinze dias para manifestação (art. 1.009, § 2º). Evidentemente, quando a regra aduz "questões resolvidas na fase de conhecimento", não se refere a *todas* as questões, mas apenas àquelas (interlocutórias) não agraváveis por instrumento.

Observa-se, pois, que não há mais a previsão do critério da necessidade de causar à parte lesão grave de difícil e incerta reparação para o cabimento do agravo por instrumento, como ocorria sob a égide do diploma processual anterior. No CPC/73, o critério para estabelecer se a decisão interlocutória era recorrível mediante agravo de instrumento ou retido (nos autos) estava na circunstância de ser ou não a decisão passível de causar à parte prejudicada pela decisão lesão grave de difícil e incerta reparação, o que a parte recorrente devia comprovar quando da interposição do agravo de instrumento.

---

[316] No CPC de 1973, o prazo do agravo de instrumento era 10 dias; do agravo interno, era 5 dias; do agravo nos próprios autos da decisão que denega REsp e/ou RExt, 10 dias.

Portanto, embora as interlocutórias não sejam mais, em regra, recorríveis diretamente (exceto aquelas previstas no art. 1.015 do NCPC), poderão ser discutidas em segundo grau quando da interposição do recurso de apelação ou na oportunidade de apresentar as contrarrazões (caso a parte não venha a recorrer da sentença). Frise-se, ainda, que não há previsão de *"protesto antipreclusivo"* ou qualquer outra forma de manifestação no primeiro grau, contra a decisão proferida, para evitar a preclusão. Basta levantar a questão em sede de preliminar (de apelo ou contrarrazões de apelação). Isso porque a própria lei processual estabelece que tais questões não estão sujeitas à preclusão.

Nessa senda, retirada a hipótese do agravo retido e estabelecidas hipóteses taxativas para o cabimento do agravo de instrumento, as interlocutórias passam a não ser mais, em regra, recorríveis diretamente, embora não acobertadas pela preclusão, podendo ser novamente analisadas em segundo grau, mediante requerimento da parte interessada em preliminar de razões ou contrarrazões de apelação.

No mais, a estrutura dos três recursos de agravo previstos no NCPC seguem a mesma lógica de seus antecessores respectivos previstos e estabelecidos no CPC/73. O agravo de instrumento cabe contra (agora determinadas) decisões interlocutórias proferidas em primeiro grau de jurisdição, na fase de conhecimento (art. 1.015 do NCPC). Além disso, cabe contra decisões interlocutórias proferidas nas fases de liquidação de sentença, de cumprimento de sentença, e nos processos de execução e de inventário (art. 1.015, parágrafo único, do NCPC). Não é necessário, como se viu, demonstrar risco de lesão grave de difícil reparação para o cabimento do citado recurso.

Por sua vez, o agravo interno mantém idêntico objetivo daquele delineado no CPC de 1973: alcançar ao órgão colegiado dos tribunais inferiores e do STF e do STJ a apreciação das decisões proferidas monocraticamente pelos desembargadores e ministros, nos casos em que a lei processual prevê a possibilidade de o relator julgar monocraticamente o recurso (art. 932, incisos III a V, do NCPC). A razão desse recurso é assegurar ao sucumbente da decisão monocrática o acesso ao colegiado do respectivo tribunal.

Por fim, o agravo em recurso especial ou extraordinário segue funcionando como um recurso em face de decisão dos tribunais inferiores (TJs e TRFs) que não admita os recursos excepcionais (REsp e RExt). Como se verá no capítulo dos recursos excepcionais, é no Tribunal de origem que é feito o primeiro juízo de admissibilidade do recurso especial ou extraordinário eventualmente interposto em face de acórdão do Tribunal *a quo*. Trata-se de um recurso que objetiva destrancar o recurso excepcional e alavancá-lo para apreciação do Tribunal Superior competente (STJ) ou da Suprema Corte (STF). Essa modalidade de agravo será trabalhada em capítulo próprio, após os recursos excepcionais.

Confirma-se, assim, o panorama atual dos agravos no direito processual civil da seguinte maneira:

a) ***Agravo de instrumento***: para desafiar específicas decisões interlocutórias do magistrado de primeiro grau;

b) *Agravo interno*: para desafiar as decisões monocráticas proferidas nos tribunais;

c) *Agravo de admissão*: para desafiar as decisões que julgam inadmitido o recurso especial ou extraordinário pelos tribunais inferiores.

Capítulo 10 – Agravo de instrumento

10.1. Conceito

O agravo de instrumento é o recurso cabível contra determinadas decisões interlocutórias. Como se percebe, diferentemente da apelação, que é cabível contra as sentenças em geral, não é toda decisão interlocutória que pode ser combatida pelo agravo de instrumento. Trata-se, pois, do recurso cabível contra as decisões interlocutórias previstas como impugnáveis por essa via.

Verifica-se, com isto, que o elemento central para a identificação do agravo de instrumento no Novo Código de Processo Civil é o seu cabimento, isto é, as hipóteses autorizadas pelo ordenamento jurídico para o seu manejo. O tema se relaciona, pois, com a admissibilidade do remédio.

10.2. Admissibilidade

10.2.1. Cabimento

O **cabimento** do agravo de instrumento, como apontado, merece especial reflexão diante do Novo Código de Processo Civil. Nessa esteira, das decisões interlocutórias versadas no art. 1.015 e seu parágrafo único, caberá o recurso. Confira-se:

Art. 1.015. Cabe agravo de instrumento contra as decisões interlocutórias que versarem sobre:

I – tutelas provisórias;

II – mérito do processo;

III – rejeição da alegação de convenção de arbitragem;

IV – incidente de desconsideração da personalidade jurídica;

V – rejeição do pedido de gratuidade da justiça ou acolhimento do pedido de sua revogação;

VI – exibição ou posse de documento ou coisa;

VII – exclusão de litisconsorte;

VIII – rejeição do pedido de limitação do litisconsórcio;

IX – admissão ou inadmissão de intervenção de terceiros;

X – concessão, modificação ou revogação do efeito suspensivo aos embargos à execução;

XI – redistribuição do ônus da prova nos termos do art. 373, § 1º

XII – (VETADO);

XIII – outros casos expressamente referidos em lei.

Parágrafo único. Também caberá agravo de instrumento contra decisões interlocutórias proferidas na fase de liquidação de sentença ou de cumprimento de sentença, no processo de execução e no processo de inventário.

Importa ressaltar que, apesar de não mais haver o requisito do risco de lesão grave de difícil reparação para o cabimento do agravo de instrumento, porque suas hipóteses estão previstas expressamente no art. 1.015 do NCPC, os casos elencados no dispositivo têm, de regra, certo risco de lesão inerente à situação. Ou, de outro lado, são casos em que da decisão proferida o recurso deverá ser imediatamente apreciado pelo Tribunal, mesmo que o processo siga em primeiro grau de jurisdição. Daí a lógica do novo diploma processual civil em elencar casos específicos de cabimento para o agravo de instrumento – e pronto julgamento da questão pelo Tribunal – e deixar as demais interlocutórias para apreciação do segundo grau quando do julgamento do recurso de apelação.

A decisão que aprecia as tutelas provisórias, por exemplo, deve ser recorrível mediante agravo de instrumento (art. 1.015, I, NCPC). Seja decisão concessiva ou indeferitória, seja de medida cautelar ou de medida antecipada, uma das partes poderá estar em risco de dano de difícil reparação.[317] O mesmo ocorre com a decisão que decide o incidente de desconsideração da personalidade jurídica (art. 1.015, IV, NCPC) e com a decisão que concede, modifica ou revoga o efeito suspensivo aos embargos à execução (art. 1.015, X, NCPC). Em todos esses três casos, a esfera jurídica da parte poderá ser invadida por atos processuais cautelares ou executivos. Além disso, pode haver caso de interlocutória que verse sobre o mérito do processo, mas que não é sentença porque não extingue o processo. É o caso do pronunciamento judicial que reconhece a prescrição ou a decadência de uma das pretensões iniciais, mas o processo segue em relação às demais. Cabe, nesse caso, também, agravo de instrumento (art. 1.015, II, NCPC), para que, caso o Tribunal reforme a decisão, o juiz de primeiro grau tenha tempo hábil para julgar o mérito da pretensão, antes tida por prescrita/decaída, com as demais pretensões, na sentença.

Por seu turno, nos casos em que o magistrado de primeiro grau exclui um litisconsorte, rejeita o pedido de limitação do litisconsórcio (art. 1.015, VIII, NCPC), admite ou não a intervenção de terceiros (art. 1.015, IX, NCPC), redistribui o ônus da prova (art. 1.015, XI, NCPC) ou rejeita a alegação de convenção de arbitragem (art. 1.015, III, NCPC), tais decisões devem ser revistas de imediato pelo Tribunal, na medida em que alteram o caminho – e as faculdades processuais – do procedimento comum no próprio primeiro grau de jurisdição. Não há como aguardar a sentença e a interposição de apelação para que o Tribunal venha a apreciar tais questões. Observe-se mais este exemplo: da decisão que denega o pedido do autor da ação de AJG ou que revoga tal be-

---

[317] Conforme Enunciado nº 29 do Fórum Permanente de Processualistas Civis, a decisão que condicionar a apreciação da tutela provisória incidental ao recolhimento de custas ou a outra exigência não prevista em lei equivale a negá-la, sendo impugnável por agravo de instrumento.

nefício a pedido do demandado (preliminar de contestação), não há como não caber agravo de instrumento, pois, para que o feito prossiga em primeiro grau, deverá o demandante pagar as custas do processo.

De outro giro, verifica-se do parágrafo único que caberá agravo de instrumento contra decisões interlocutórias proferidas na fase de liquidação de sentença ou de cumprimento de sentença, no processo de execução e no processo de inventário. Quer isso dizer que, ao longo da fase de liquidação (e da decisão final de liquidação), na tramitação do cumprimento de sentença e dos processos de execução e inventário, as decisões proferidas serão, quando interlocutórias, recorríveis mediante *agravo de instrumento*. Evidentemente, em todos esses processos e procedimentos poderá haver decisões que extingam o processo em primeiro grau de jurisdição e cujo conteúdo esteja contido nos artigos 485 e 487 do NCPC (apreciação, ou não, de mérito). Para tais casos, evidentemente não caberá agravo de instrumento, mas sim apelação.

A lei ainda pode estabelecer expressamente o agravo de instrumento como o recurso cabível para confrontar determinada decisão (art. 1.015, XIII, NCPC). É o caso, por exemplo, da decisão que julga parcialmente o mérito da causa, nos casos previstos pelo art. 356 do NCPC. A decisão tem conteúdo de sentença, pois é proferida nos termos do art. 487 do NCPC. Mas, como não encerra o procedimento comum em primeiro grau de jurisdição, desta decisão caberá agravo de instrumento, conforme § 5º do citado dispositivo. Assim, o diploma processual pode prever de forma esparsa o cabimento do recurso de agravo de instrumento, para além dos casos do art. 1.015.[318]

Acrescente-se que será cabível agravo de instrumento nos casos em que a legislação extravagante apontar o cabimento do recurso em questão. Um exemplo privilegiado desses casos é o art. 100 da Lei nº 11.101/2005 (Lei de Falências). Observa-se a lógica deste dispositivo, como se coaduna com a lógica dos recursos de agravo de instrumento e de apelação. Nos termos desse artigo, da decisão que decreta a falência cabe agravo, e da sentença que julga a improcedência do pedido cabe apelação.

Outro ponto que pode gerar divergência é que, quando a lei diz *agravo*, quer dizer *agravo de instrumento*, haja vista que não há mais agravo retido (previsto no CPC/73), pois o processo falimentar não ruma a uma sentença definitiva – de sua fase de conhecimento – da mesma forma que o procedimento comum. Em segundo lugar, quando houver decisão que acolha o pedido de falência, tal decisão iniciará, no mesmo primeiro grau de jurisdição, a fase de execução concursal contra a falida, cujo procedimento tem o objetivo de realizar o ativo e satisfazer o passivo. Por isso, em que pese seja uma decisão com conteúdo de sentença, já que acolhe o pedido formulado na ação, não há como

---

[318] Outro exemplo está previsto expressamente no § 13 do art. 1.037. O dispositivo prevê o cabimento de recurso de agravo de instrumento nos casos em que o juiz de primeiro grau decidir – positiva ou negativamente – o pedido de prosseguimento de processo sobrestado em razão de determinação, dos Tribunais Superiores, de suspensão de processos pendentes no território nacional que versem sobre matéria afetada a julgamento de recursos especial ou extraordinário repetitivos. Vide arts. 1.036 a 1.041 do NCPC e o capítulo sobre recursos excepcionais desta obra.

desta decisão caber apelação, pois os autos deverão seguir em primeiro grau de jurisdição, para o prosseguimento do rito falimentar. Entretanto, caso a decisão que aprecia o pedido de falência seja de improcedência, caberá recurso de apelação, na medida em que o procedimento falimentar não seguirá em primeiro grau (ao menos que o Tribunal, em grau de recurso, reformar a sentença, julgar procedente o pedido inicial e, assim, determinar o processamento da falência).

Por fim, destaca-se que o Novo Código de Processo Civil optou por um rol taxativo de hipóteses de cabimento do agravo de instrumento. Frise-se: a lista prevista no art. 1.015, apesar de extensa e com cláusula de abertura ("os demais casos expressamente" previstos), não é exemplificativa. Fora da autorização expressa, o recurso não será cabível e poderá ser liminarmente inadmitido nos tribunais (art. 932, III, do NCPC).

Com efeito, o rol é suficientemente amplo. É evidente, contudo, que a riqueza das situações que podem surgir no dia a dia do foro escapam da previsibilidade do legislador. Provavelmente, a prática forense ocupar-se-á em colmatar eventual lacuna, e poderá ser o caso de se fazer uso do *mandado de segurança*. Ora, poderá haver casos em que haja incompatibilidade procedimental da decisão proferida com o regime de impugnabilidade da decisão interlocutória apenas em apelação. O melhor exemplo fica com a rejeição da alegação de incompetência relativa.

Considera-se viável, pois, que o mandado de segurança opere como sucedâneo recursal contra decisões interlocutórias proferidas em primeiro grau, quando for inútil o exame da decisão judicial apenas por ocasião do julgamento da apelação. A depender do caso, pode-se também cogitar do manejo de *pedido de reconsideração*.[319]

10.2.2. Demais requisitos

Já tratado do cabimento, cabe reforçar que ao agravo de instrumento, assim como aos demais recursos, aplicam-se os requisitos gerais de admissibilidade. São eles: cabimento, legitimidade, interesse e inexistência de fato impeditivo ou extintivo do direito de recorrer (intrínsecos, pois dizem respeito à *existência* do direito de recorrer); tempestividade, regularidade formal e preparo (extrínsecos, eis que ligados ao *modo de exercer* do direito de recorrer).

A ***regularidade formal*** do agravo de instrumento merece especial destaque. É que o recurso precisa ser *formado pela parte*. Trata-se de peça autuada em autos apartados dirigidos ao Tribunal. É o chamado *instrumento* – peça contendo a petição de interposição, a petição de razões, ambas acompanhadas de diversos outros elementos que constavam nos autos originários. São *as peças que instruem* o agravo de instrumento.

---

[319] MEDINA, José Miguel Garcia. *Novo Código de Processo Civil comentado*: com remissões e notas comparativas ao CPC/1973. 4. ed. Paulo: Revista dos Tribunais, 2016, p. 1.503-1.504.

Com efeito, a petição necessita ser formada pelas petições de interposição e razões e, ainda, deverá ser instruída com diversas peças provenientes do processo originário para que o juízo *ad quem* possa compreender a situação levada ao seu exame (artigos 1.016 e 1.017 do NCPC).[320]

A petição de interposição, dirigida diretamente ao Tribunal, conterá o nome e a qualificação das partes, a sinalização do juízo recorrido, os nomes e endereços completos dos advogados constantes no processo e a menção de quais documentos são acostados no agravo de instrumento. O objetivo da petição de interposição é apontar ao Tribunal as partes e a decisão recorrida e esclarecer quais documentos, provenientes dos autos de primeiro grau, são juntados. Ainda, a exigência da indicação dos advogados e do endereço destes serve para que o Tribunal possa realizar a intimação dos procuradores do(s) agravado(s) para contra-arrazoar o recurso (já que esta espécie de agravo é distribuída diretamente em segundo grau de jurisdição, permanecendo os autos em primeiro grau); o Tribunal precisa saber quem é o advogado da parte recorrida para intimá-lo.

Por sua vez, a petição de razões de agravo de instrumento deve efetuar a exposição do fato e do direito alegado, as razões de reforma ou de invalidação da decisão recorrida e o pedido. Trata-se, em verdade, da *causa de pedir* e do *pedido* recursais. O agravante deve apresentar a questão jurídica discutida, sinalizando os fatos e os fundamentos jurídicos que envolvem a situação, sustentando, em seguida, os motivos para que a decisão recorrida seja reformada ou invalidada. Ou seja, na petição de razões, o agravante deve esclarecer os fatos e fundamentos de direito a serem levados em conta pelo(s) julgador(es) *ad quem* para que o objetivo do recorrente – reforma ou invalidação da decisão – seja alcançada. Por isso, o pedido será de reforma (no mérito) ou de cassação (invalidação) da decisão recorrida.

Além disso, quanto às peças do processo originário a serem juntadas, existem *peças obrigatórias*, *peças facultativas* e *peças essenciais* (ou necessárias).

a) ***Peças obrigatórias***: são aquelas que a lei prevê como indispensáveis à instrumentalização do agravo de instrumento. São elas: petição inicial, contestação, petição que ensejou a decisão agravada, decisão agravada, da certidão da respectiva intimação do recorrente da decisão (ou outro documento que comprove a tempestividade do recurso[321]), das procurações outorgadas aos advogados do agravante e do agravado (art. 1.017, I, NCPC). A ausência de uma das peças poderá ser declarada pelo advogado caso ela não exista ainda nos autos.[322] Também deve

---

[320] MEDINA, José Miguel Garcia; ALVIM, Teresa Arruda. *Recursos e ações autônomas de impugnação*, op. cit., p. 177-178.

[321] Como, por exemplo, do Diário de Justiça Eletrônico.

[322] Caso alguma dessas peças e documentos não existam no processo, o advogado deverá fazer, sob pena de sua responsabilidade pessoal, declaração nesse sentido – que pode ser feita na petição de interposição. É o que pode ocorrer quando, por exemplo, da decisão liminar indeferitória da tutela provisória apresentada na petição inicial, o demandante vier a recorrer. Como ainda não houve a angularização do feito, muitas vezes não há citação do réu ainda e, assim, não há contestação e sequer o advogado do réu estará devidamente cadastrado nos autos (não haverá procuração).

ser apresentado o comprovante de pagamento das custas recursais se for o caso (art. 1.017, § 1º, NCPC);

b) **Peças facultativas**: são aquelas que a lei não prescreve como indispensáveis, podendo ser eleitas pela parte recorrente, dentre aquelas que reputadas úteis (art. 1.017, III, NCPC). A ausência de tais peças não gera qualquer prejuízo às partes;

c) **Peças essenciais (ou necessárias)**: a jurisprudência firmada sob a égide do CPC/73 ainda apontava a existência de peças essenciais. Ou seja, aquelas que, a despeito de não previstas em lei como obrigatórias, tornam-se necessárias para a compreensão da controvérsia (vide, p. ex., súmula 288 do STF[323]).

Como não há disposição legal apontando quais seriam tais peças, pode ser mais seguro ao recorrente juntar cópia integral dos autos. Isso porque, na vigência do CPC/73, por vezes os agravos não eram conhecidos pela falta de alguma "peça essencial à compreensão da controvérsia". Ora, um recurso não ser conhecido porque não trouxera, no entendimento do julgador, uma peça essencial, mas não obrigatória, é nítido formalismo excessivo – claramente combatido pelo NCPC. Deveria o órgão *ad quem* intimar a parte recorrente para proceder à juntada. Registrava-se uma tendência do STJ nesse sentido.[324]

Com efeito, a fim de privilegiar o mérito sobre a forma, o NCPC positivou regra nesse sentido: antes de considerar inadmissível o recurso, o relator concederá o prazo de cinco dias para que o recorrente sane eventual vício ou complemente a documentação (art. 932, parágrafo único, NCPC). Esta nova regra demonstra o valor estabelecido pelo princípio do contraditório no NCPC. Não há porque um recurso não ser apreciado diante da falta de um documento específico ou algum vício sanável, como entendia grande parte da jurisprudência sob a égide do CPC de 1973.[325] Aliás, essa regra certamente é extensível para a

---

[323] Nega-se provimento a agravo para subida de recurso extraordinário, quando faltar no traslado o despacho agravado, a decisão recorrida, a petição de recurso extraordinário ou qualquer peça essencial à compreensão da controvérsia.

[324] RECURSO ESPECIAL – OFENSA AO ART. 535 DO CPC – INEXISTÊNCIA – MULTA APLICADA EM SEDE DE EMBARGOS DE DECLARAÇÃO – AFASTAMENTO – NECESSIDADE – ENUNCIADO 98 DA SÚMULA/ STJ – MATÉRIA AFETADA COMO REPRESENTATIVA DA CONTROVÉRSIA – AGRAVO DE INSTRUMENTO DO ARTIGO 522 DO CPC – PEÇAS NECESSÁRIAS PARA COMPREENSÃO DA CONTROVÉRSIA – OPORTUNIDADE PARA REGULARIZAÇÃO DO INSTRUMENTO – NECESSIDADE – RECURSO PROVIDO. 1. Os embargos de declaração consubstanciam-se no instrumento processual destinado à eliminação, do julgado embargado, de contradição, obscuridade ou omissão sobre tema cujo pronunciamento se impunha pelo Tribunal, não verificados, in casu. 2. Embargos de declaração manifestados com notório propósito de prequestionamento não tem caráter protelatório. 3. Para fins do artigo 543-C do CPC, consolida-se a tese de que: no agravo do artigo 522 do CPC, entendendo o Julgador ausente peças necessárias para a compreensão da controvérsia, deverá ser indicado quais são elas, para que o recorrente complemente o instrumento. 4. Recurso provido. (REsp 1102467/RJ, Rel. Ministro MASSAMI UYEDA, CORTE ESPECIAL, julgado em 02/05/2012, DJe 29/08/2012)

[325] AGRAVO DE INSTRUMENTO. LICITAÇÃO E CONTRATO ADMINISTRATIVO. TRANSPORTE COLETIVO URBANO. PREÇO DA TARIFA. AUSÊNCIA DE DOCUMENTO OBRIGATÓRIO. RECURSO DEFICIENTEMENTE INSTRUÍDO. INADMISSIBILIDADE. A cópia da decisão recorrida é documento que obrigatoriamente deve instruir o agravo de instrumento. Inteligência do art. 525 do CPC. A sua ausência impede o conhecimento do recurso. Caso concreto em que não foi juntada cópia da decisão recorrida, não se

falta de qualquer peça – seja ela obrigatória por lei ou essencial na compreensão do julgador.

Ainda em sede de *regularidade formal*, a regra geral do NCPC mantém-se aquela do CPC/73: o recurso de agravo de instrumento deve ser protocolado (interposto) diretamente perante o Tribunal competente. Mas o novo diploma processual inova, permitindo ao agravante, em vez de protocolizar o recurso diretamente no Tribunal, protocolar o recurso na própria comarca, seção ou subseção judiciárias, a fim de facilitar o acesso do recorrente – especialmente aquele que reside no interior – ao protocolo Judiciário. Cabe, também, interposição mediante *fac-símile*[326] e pelo correio, com aviso de recebimento, entre outras formas previstas em lei.[327]

Evidentemente, quando o processo for eletrônico, resta dispensada a juntada das peças obrigatórias, haja vista que o(s) magistrado(s) da superior instância terá(ão) à disposição tais peças processuais no sistema, para pesquisa e apreciação de ofício (art. 1.017, § 5º, NCPC). Entretanto, caso o agravante, queira, poderá acostar junto à peça de razões recursais outras peças processuais que entenda úteis para a compreensão da controvérsia, embora tais peças, igualmente, estarão disponíveis no sistema do processo eletrônico.

Outro requisito de admissibilidade digno de nota, específico do agravo de instrumento, é a necessidade de juntada, nos autos originários, de cópia da petição do agravo de instrumento, do comprovante de sua interposição e da relação de documentos que instruíram o recurso, no prazo de três dias (art. 1.018 do NCPC). Tal regra não se aplica ao processo eletrônico. Não havendo a juntada, nos processos físicos, e caso a parte contrária alegue o vício, o recurso será inadmitido (art. 1.018, § 3º, do NCPC). Como apontado: é ônus da parte recorrida alegar o vício, sendo certo que, no silêncio, tal requisito não pode ser imposto de ofício.[328]

10.3. Efeitos e antecipação da tutela recursal

O agravo de instrumento promove efeito devolutivo tal qual na apelação, pois devolve ao Tribunal o conhecimento da matéria impugnada, que será uma das matérias previstas no art. 1.015 do NCPC. De outra banda, o agravo de instrumento também possui efeito regressivo, já que o órgão *a quo* poderá exercer juízo de retratação, revendo sua decisão anterior. Nesse caso, o relator

---

prestando a este fim a cópia do mandado de intimação. Precedentes. A formação do instrumento é ônus da parte agravante, e verificando-se a ausência de peça ou documento obrigatório, impõe-se o seu não conhecimento. RECURSO A QUE SE NEGA SEGUIMENTO. DECISÃO MONOCRÁTICA. (Agravo de Instrumento nº 70064190853, Vigésima Segunda Câmara Cível, Tribunal de Justiça do RS, Relator: Denise Oliveira Cezar, Julgado em 02/04/2015).

[326] Neste caso, as peças – documentos e peças processuais obrigatórias, essenciais e facultativas – devem ser juntadas no momento do protocolo da petição original.

[327] Alguns Tribunais têm convênio com os Correios. O *protocolo integrado* permite ao peticionante entregar a petição nos Correios e considera-se a data do protocolo a data da postagem da peça processual.

[328] MEDINA, José Miguel Garcia; ALVIM, Teresa Arruda. *Recursos e ações autônomas de impugnação*, op. cit., p. 180.

do agravo de instrumento no Tribunal o julgará *prejudicado*, não conhecendo do recurso, monocraticamente, na forma do art. 932, inciso III, combinado com art. 1.018, § 1º, ambos do NCPC.

No agravo de instrumento *não há efeito suspensivo*, mas é dado ao relator atribuir tal efeito nos casos previstos no diploma processual. Ademais, o relator igualmente tem poderes para conceder *tutela antecipada recursal*, presentes os requisitos legais. Neste ponto, serão analisados os requisitos para a concessão do efeito suspensivo e para a tutela antecipada recursal, já que diversas são as decisões interlocutórias que *poderão causar algum prejuízo imediato* às partes.

Conforme já adiantado em momento anterior, o efeito suspensivo tem lugar quando a decisão agravada *concedeu/deferiu* determinado pedido promovido pela parte recorrida; *já a tutela antecipada recursal será necessária quando o agravante teve um requerimento negado* pelo juízo *a quo*.

O efeito suspensivo está previsto no art. 995, parágrafo único, do NCPC e seus requisitos são: probabilidade do provimento do recurso e demonstração de situação que possa resultar lesão grave e de difícil reparação ao agravante. Trata-se de uma espécie de tutela de urgência, sendo um dos requisitos relativo ao perigo na demora da prestação jurisdicional e o outro relativo à plausibilidade e relevância das alegações apresentadas pelo recorrente.

Por sua vez, a tutela antecipada recursal não tem requisitos expressos na lei processual, ao menos no que tange ao capítulo dos recursos. Utiliza-se, nesse sentido, o art. 300 do NCPC, como aplicação analógica, lógica que a doutrina já apontava desde o CPC/73.[329] Nessa linha, aplicam-se os requisitos da tutela antecipada do pedido final da ação para a tutela antecipada recursal (*probabilidade do direito* e *perigo de dano* ou *risco ao resultado útil*) – art. 300 do NCPC. Portanto, para que o Relator possa antecipar os efeitos do pedido final apresentado no recurso de agravo de instrumento, a parte recorrente deverá comprovar os dois requisitos da urgência.

Nesse ponto, é interessante notar que, quando o recurso de agravo de instrumento for manejado em face da decisão interlocutória que deferiu ou não pedido liminar antecipatório de tutela do demandante, o recorrente (autor, quando indeferido; ou réu, quando deferido) estar-se-á diante de uma situação singular: a "urgência da urgência".

Ora, a decisão liminar (deferitória ou não) de primeiro grau deverá levar em conta a presença – ou não – dos requisitos da urgência afirmada pela parte demandante. Os pressupostos do artigo 300 do NCPC são, pois, "mérito" da decisão interlocutória em primeiro grau. Com efeito, o recurso interposto terá como objetivo demonstrar a presença (caso o autor recorra de decisão indeferitória) ou ausência (se o réu recorrer da decisão concessiva) desses requisitos, quer dizer, esse será o tema principal do recurso de agravo de instrumento.

E paralelamente, o recorrente deverá demonstrar, para o Relator, a presença dos requisitos do art. 300 ou do art. 995, parágrafo único, ambos do NCPC,

---

[329] Nesse sentido: PORTO, Sérgio Gilberto; USTÁRROZ, Daniel. *Manual dos Recursos Cíveis*. 3. ed. Porto Alegre: Livraria do Advogado, 2011, p. 168.

para fundamentar o pedido de efeito suspensivo ou de tutela antecipada recursal, como se viu linhas acima. Essa "urgência da urgência" deverá demonstrar ao Relator que a parte recorrente, além de ter direito à reforma da decisão liminar recorrida, não pode aguardar o julgamento definitivo do agravo de instrumento, a ser realizado futuramente pelo colegiado.

Quer dizer, deve demonstrar (*i*) que o tempo para a tramitação regular do agravo de instrumento (intimação para contrarrazões, elaboração do voto, aprazamento da sessão de julgamento, espera e realização desta sessão) pode causar lesão grave de difícil reparação e (*ii*) que há probabilidade no provimento do recurso (verossimilhança nas alegações recursais que venham a convencer o Relator, da leitura do recurso e da apreciação das questões fático-jurídicas expostas, que este, ao final, terá boas chances de ser provido).

Registra-se, por fim, que da decisão do relator acerca do efeito suspensivo ou da antecipação da tutela recursal, caberá o recurso de agravo interno (vide *caput* do art. 1.021 do NCPC).[330]

10.4. Procedimento

Confira-se a seguir um breve itinerário que o agravo de instrumento irá percorrer até que haja o seu efetivo julgamento.

(1º) O recurso é interposto diretamente perante o órgão *ad quem* (art. 1.016, *caput* c/c art. 1.017, § 2º, inciso I), devendo conter todas as peças necessárias à formação do instrumento (art. 1.017). O NCPC permite que o agravo de instrumento seja interposto, também, mediante protocolo a ser realizado na própria comarca, seção ou subseção judiciária, onde tramita o processo em primeiro grau. Isto permite ao interessado protocolar seu recurso perante o juízo de origem, facilitando a interposição do recurso. Ressalte-se que o recurso será apenas *protocolado* no primeiro grau, não sendo *juntado* ao processo em primeiro grau. Quer dizer, o juízo *a quo* não tem qualquer apreciação do recurso. De outra parte, igualmente o recurso pode ser enviado ao Tribunal pelo Correio, com aviso de recebimento, assim como por fax. Tais permissivos encontram-se nos incisos II a IV do § 2º do art. 1.017;

(2º) O agravo de instrumento é distribuído ao relator da causa que poderá de imediato (art. 1.019, NCPC) tomar as posturas previstas no art. 932 do NCPC, tais como não conhecer do recurso inadmissível ou negar provimento monocraticamente em determinadas hipóteses. O relator ainda poderá atribuir efeito suspensivo ao recurso, ou deferir, em antecipação de tutela, total ou parcialmente, a pretensão recursal, comunicando ao juiz sua decisão.

> ⇒ **Atenção!** Diferentemente da apelação, em que o relator pode julgar monocraticamente nos casos dos incisos III, IV e V, do art. 932, o NCPC entendeu que o relator, *quando o recurso se tratar de agravo de instrumento*, só poderá julgar monocratica-

---

[330] No mesmo sentido: WAMBIER, Luiz Rodrigues; TALAMINI, Eduardo. *Curso avançado de processo civil: cognição judicial (processo comum de conhecimento e tutela provisória)*, vol. 2. 16. ed. São Paulo: Revista dos Tribunais, 2016, p. 548.

mente nos casos dos incisos III e IV do art. 932, e não nos casos do inciso V, diante da disposição expressa do art. 1.019, *caput*. Isto significa que o relator, monocraticamente, poderá apenas não conhecer ou negar provimento ao agravo de instrumento nos casos elencados na lei. Não poderá o relator *dar provimento* a recurso que seja admissível e esteja em conformidade com súmulas do STJ e do STF ou de acordo com julgamentos de recursos repetitivos (que é o caso do inciso V do art. 932);

(3º) Caso não haja julgamento monocrático, o relator determinará a intimação do agravado, pessoalmente ou, se tiver, na pessoa de seu advogado constituído, para apresentar contrarrazões ao recurso, no prazo de 15 dias, facultando-lhe a juntada da documentação necessária para o julgamento do agravo de instrumento. Também determinará a oitiva do Ministério Público, se for o caso de sua intervenção, para manifestação em 15 dias;

(4º) Após, relator pedirá dia para julgamento, em prazo não superior a um mês, contado da intimação do agravado (art. 1.020). Vale frisar que, em regra, não cabe sustentação oral no agravo de instrumento (embora caiba, no agravo de instrumento, sustentação oral quando o recurso for interposto em face de decisões interlocutórias que versem sobre tutelas provisórias de urgência e da evidência, conforme art. 937, inciso VIII, do NCPC);

(5º) A decisão será tomada na sessão, pela Câmara ou Turma, por voto de três magistrados (desembargadores).

Capítulo 11 – Agravo Interno

11.1. Conceito

Não havia, no CPC/73, uniformidade quanto à denominação e emprego de recurso em face das decisões tomadas pelo relator da causa nos tribunais. Para diferenciar de outras figuras, era denominado "agravo legal", "agravo regimental", "agravo interno" ou até mesmo "agravinho", o recurso cabível contra as decisões monocráticas. O NCPC, porém, sepulta a divergência passada com a inclusão do agravo interno no rol dos recursos cabíveis (art. 994, III, NCPC).

O tema, aliás, ganha especial relevância na medida em que, na atualidade, o relator do recurso nos tribunais tem poderes amplos, podendo exercer o juízo de admissibilidade recursal e, inclusive, o juízo de mérito em determinados casos.[331] Porém, é pedra de toque no âmbito dos Tribunais que a controvérsia seja levada à Câmara ou à Turma para julgamento. Daí ser amplamente defendida a *colegialidade*: as decisões nos tribunais não devem, como regra, ser tomadas pelo juízo monocrático, mas sim por órgão colegiado. Os principais poderes do relator constam nos incisos do art. 932 do NCPC, *verbis*:

> Art. 932. Incumbe ao relator:
>
> I – dirigir e ordenar o processo no tribunal, inclusive em relação à produção de prova, bem como, quando for o caso, homologar autocomposição das partes;
>
> II – apreciar o pedido de tutela provisória nos recursos e nos processos de competência originária do tribunal;
>
> III – não conhecer de recurso inadmissível, prejudicado ou que não tenha impugnado especificamente os fundamentos da decisão recorrida;
>
> IV – negar provimento a recurso que for contrário a:
>
> a) súmula do Supremo Tribunal Federal, do Superior Tribunal de Justiça ou do próprio tribunal;
>
> b) acórdão proferido pelo Supremo Tribunal Federal ou pelo Superior Tribunal de Justiça em julgamento de recursos repetitivos;
>
> c) entendimento firmado em incidente de resolução de demandas repetitivas ou de assunção de competência;
>
> V – depois de facultada a apresentação de contrarrazões, dar provimento ao recurso se a decisão recorrida for contrária a:

---

[331] ASSIS, Araken de. *Manual dos Recursos*, op. cit., p. 525.

a) súmula do Supremo Tribunal Federal, do Superior Tribunal de Justiça ou do próprio tribunal;

b) acórdão proferido pelo Supremo Tribunal Federal ou pelo Superior Tribunal de Justiça em julgamento de recursos repetitivos;

c) entendimento firmado em incidente de resolução de demandas repetitivas ou de assunção de competência;

VI – decidir o incidente de desconsideração da personalidade jurídica, quando este for instaurado originariamente perante o tribunal;

VII – determinar a intimação do Ministério Público, quando for o caso;

VIII – exercer outras atribuições estabelecidas no regimento interno do tribunal.

Parágrafo único. Antes de considerar inadmissível o recurso, o relator concederá o prazo de 5 (cinco) dias ao recorrente para que seja sanado vício ou complementada a documentação exigível.

Os incisos III a V são os casos em que o Relator julga monocraticamente os recursos. A *decisão monocrática* é uma decisão *definitiva* acerca do recurso julgado. Desta decisão, caberá *agravo interno*, para que o *colegiado* manifeste-se acerca do próprio *agravo interno*, e não mais do *agravo de instrumento* (já decidido monocraticamente pelo relator). Já no caso do inciso VI, o relator julga, também definitivamente, o incidente de desconsideração da personalidade jurídica, quando instaurado originariamente no Tribunal. Desta decisão cabe agravo interno, para que o colegiado manifeste-se acerca do próprio agravo interno (a decisão do relator é *definitiva* quanto ao incidente; o colegiado funciona como espécie de "nova instância"). Por fim, o inciso II é caso em que o relator decide *liminarmente* acerca do pedido de tutela provisória (antecipada ou efeito suspensivo) no recurso. Desta decisão, por não haver vedação legal, cabe, também, agravo interno, embora não seja uma decisão *definitiva* acerca do recurso em que se pede a tutela.

Importa tratar mais especificamente dos casos em que é cabível a decisão monocrática. Em primeiro lugar (inciso III), o relator não conhecerá de recurso inadmissível, prejudicado ou que não tenha impugnado especificamente os fundamentos da decisão recorrida. Somente não conhecerá (monocraticamente), pois, quando o recurso não passar no exame de admissibilidade ou estiver prejudicado (não impugnar especificamente os fundamentos da decisão recorrida igualmente é requisito de admissibilidade – *regularidade formal*).

Ademais, o relator pode negar provimento ao recurso, no mérito, quando o fundamento jurídico do recurso for contrário a súmulas, acórdãos de recursos ou demandas repetitivas ou incidente de assunção de competência. Ressalte-se que não há mais previsão de julgamento monocrático para negar provimento ao recurso por *manifesta improcedência*, como cabível no CPC/73 (art. 557, *caput*). Apenas nos casos em que a tese recursal é contrária a julgamentos repetitivos, súmulas ou decisões em assunção de competência. Nem poderia ser diferente: nesses casos, conforme art. 927, incisos II a IV, juízes e tribunais devem observar tais teses jurídicas. Nessa ordem de ideias, se tais situações são de obrigatória aplicação, não há porque o recurso ser levado ao colegiado, já que neste, teoricamente, a decisão será idêntica, pela aplicação da súmula ou da tese firmada em recursos/demandas repetitivas ou assunção de competência.

Com a mesma lógica do inciso IV, o inciso V do art. 932 prevê a possibilidade de decisão monocrática, mas para dar provimento ao recurso, quando a decisão for contrária a julgamentos repetitivos, súmulas ou decisões em assunção de competência. Se o Magistrado pode negar provimento, no mérito, nesses casos, mostra-se justo que também tenha o relator poderes para dar provimento, eis que nas mesmas hipóteses.

Não é necessário, no julgamento monocrático para não conhecer ou negar provimento ao recurso, intimar o agravado para contrarrazões (incisos II e IV do art. 932). Entretanto, para dar provimento monocraticamente é necessário intimar o agravado (inciso V do art. 932). Isso porque a decisão que nega ou não conhece o recurso mantém a situação jurídica que o agravado detinha no julgamento da instância inferior. Por outro lado, o provimento do recurso modifica (e piora) a situação jurídica que o agravado antes desfrutava. Daí a necessidade de intimação apenas no caso de provimento monocrático, o que reforça o contraditório.

Ressalte-se que, fora dos casos dos incisos III a V do art. 932 do NCPC, não pode o relator julgar monocraticamente o recurso. Entende-se que está, assim, devidamente respeitado o *princípio da colegialidade*, tendo em vista que os casos em que o relator pode julgar de forma *singular* ocorrem apenas para não conhecer do recurso (e, portanto, não há julgamento de mérito) ou para, julgando o mérito recursal, aplicar tese jurídica firmada em julgamentos repetitivos, súmulas ou decisões em assunção de competência, situações em que o próprio colegiado já estaria obrigado a no mesmo sentido julgar por força do art. 927 do novel diploma processual.

De todo o modo, o agravo interno é o recurso cabível contra as decisões monocráticas e que proporciona a rediscussão da matéria pelo colegiado do tribunal local ou do tribunal superior (art. 1.021, NCPC).

11.2. Admissibilidade

Quanto à admissibilidade, o **cabimento** do agravo interno é tratado no art. 1.021 do NCPC: "das decisões proferidas pelo relator", o recurso será cabível. Destaca-se que, diferentemente do agravo de instrumento (que é limitado pelo conteúdo da decisão), não há uma limitação no manejo do agravo interno.[332] Repisa-se, pois, que a intenção do agravo interno é alcançar ao órgão colegiado a reapreciação da decisão monocrática proferida pelo relator, diante dos *poderes* que lhe são conferidos pela lei processual, em especial nos casos de agravo de instrumento e apelação no âmbito dos Tribunais de Justiça e Tribunais Regionais Federais.

---

[332] No CPC/73, por exemplo, era expressa a vedação da interposição de agravo interno das decisões do Relator que apreciavam os pedidos (liminares recursais) de concessão de efeito suspensivo ou de tutela antecipada recursal. Não há mais essa vedação no NCPC. A ideia era que o *agravo interno* fosse manejado apenas contra as decisões "definitivas" do Relator em relação ao recurso, quais sejam, os casos de *decisões monocráticas*.

Por fim ainda quanto à admissibilidade, ao agravo interno igualmente aplicam-se os requisitos genéricos dos recursos, embora um deles, o da *regularidade formal*, seja expressamente repetido no dispositivo que trata especificamente do agravo interno (art. 1.021 do NCPC): na petição de agravo interno, o recorrente impugnará especificadamente os fundamentos da decisão agravada (§ 1º). O objetivo é reforçar a obrigação que o recorrente tem de apontar os motivos para reforma da decisão monocrática recorrida, o que demonstra claramente que o agravo interno jamais deve ser a reprodução dos fundamentos do "recurso principal" (ex: agravo de instrumento). O agravo interno impugna a decisão monocrática, e não a decisão recorrida pelo "recurso principal".

Outro ponto digno de nota diz respeito ao prazo do agravo interno. Pela regra geral, o prazo é de quinze dias. Ocorre que não houve revogação expressa do prazo específico de cinco dias previsto para o agravo em face de decisões monocráticas nos tribunais superiores (art. 39 da Lei 8.038/90). Ao que tudo indica, porém, a regra nova revogou tacitamente o dispositivo ao prever o prazo geral de quinze dias (art. 1.003, § 5º, NCPC).[333]

11.3. Efeitos

Quanto aos efeitos, a devolutividade do agravo interno é restrita e se limita à discussão em torno da decisão atacada. Há, também, efeito regressivo, em que o relator, diante do recurso de agravo interno, poderá retratar-se da decisão (abrindo-se, em decorrência lógica, a possibilidade de o recorrido interpor agravo interno da decisão de retratação do relator).

O agravo interno não possui efeito suspensivo. Aplica-se o regramento geral quanto à eficácia das decisões: "os recursos não impedem a eficácia da decisão, salvo disposição legal ou decisão judicial em sentido contrário" (art. 995, *caput*, NCPC). Nesse sentido, somente terão o efeito de suspender a decisão recorrida, de forma "automática", aqueles recursos que a lei assim expressamente definir (é o exemplo do recurso de apelação, vide art. 1.012, *caput*). Com efeito, não há efeito suspensivo *ex lege* ao agravo interno, embora seja possível ao agravante requerê-lo ao Magistrado, na forma do art. 995, parágrafo único. O requerimento de efeito suspensivo, frise-se, deve ser feito pelo recorrente expressamente, sob pena de produção dos efeitos da decisão recorrida. Há, também, o efeito regressivo, em que o relator, diante do recurso de agravo interno, poderá retratar-se da decisão (abrindo-se, em decorrência lógica, a possibilidade de o recorrido interpor agravo interno da decisão de retratação do relator), conforme depreende-se do § 2º do art. 1.021 do NCPC.

11.4. Procedimento

Em breve síntese, o procedimento do agravo interno é o seguinte:

---

[333] Em certo sentido, vide: TUCCI, José Rogério Cruz e. *Os prazos dos recursos cíveis no STF e no STJ segundo o novo CPC*. Disponível em: <http://www.conjur.com.br>. Acesso em 11-08-2016.

(1º) O recurso é interposto diretamente ao relator da decisão recorrida, que intimará o agravado para, em quinze dias, querendo, apresentar suas contrarrazões;

(2º) O relator poderá exercer juízo de retratação, após a apresentação das razões e contrarrazões das partes;

(3º) O relator encaminhará ao órgão colegiado competente para julgamento, incluindo o feito em pauta. Registre-se que o NCPC não trata do procedimento do agravo interno, sendo usual a sua pormenorização nas legislações locais (regimentos internos);[334]

(4º) No julgamento, o relator proferirá voto e não pode se limitar a reproduzir os fundamentos da decisão agravada para julgar improcedente o recurso.

Com efeito, a lei processual nova, no § 3º do art. 1.021, prevê que é vedado ao relator limitar-se à reprodução dos fundamentos da decisão agravada para julgar improcedente (ou melhor, para negar provimento a) o agravo interno. Isto será de extrema importância para o *efetivo contraditório* imposto pelo NCPC (dentre outros, vide art. 7º), na medida em que na prática forense é muito comum o colacionamento integral dos fundamentos da decisão monocrática no julgamento do agravo interno, sem qualquer apreciação e análise dos fundamentos deste último recurso.

11.5. Questões controvertidas

11.5.1. Recurso manifestamente inadmissível e multa

Destaque-se, ainda, que, quando o agravo interno for declarado manifestamente inadmissível ou improcedente em votação unânime, o órgão colegiado, em decisão fundamentada, condenará o agravante a pagar ao agravado multa fixada entre um e cinco por cento do valor atualizado da causa (art. 1.021, § 4º, NCPC). Neste caso, a interposição de qualquer outro recurso está condicionada ao depósito prévio do valor da multa, à exceção da Fazenda Pública e do beneficiário da gratuidade da justiça, que farão o pagamento ao final (art. 1.021, § 5º, NCPC).

Trata-se de uma inovação curiosa. E perigosa. Ora, de um lado, a obrigação de fundamentação adequada da decisão que julga o agravo interno mostra-se como inovação justificada, não apenas à luz do princípio do contraditório, mas também diante da prática forense observada nos tribunais. Contudo, o

---

[334] Abaixo, os artigos do Regimento Interno do Tribunal de Justiça do Rio Grande do Sul, que tratam do procedimento do Agravo Interno na referida Corte, devidamente atualizados após entrada em vigor do NCPC (incluídos pela Emenda Regimental nº 01/2016): Art. 325-A. Contra decisão do Relator e dos Vice-Presidentes no exercício da função delegada caberá agravo interno ao órgão competente. § 1º A petição do agravo interno será dirigida ao Relator, que determinará a intimação do agravado para responder no prazo de quinze (15) dias. § 2º Em seguida, o recurso será submetido ao prolator da decisão agravada, que poderá reconsiderá-la ou submeter o agravo interno a julgamento pelo órgão competente. § 3º Se for dado provimento ao recurso, o desembargador que proferir o primeiro voto vencedor será o Relator do acórdão. Art. 325-B. No julgamento do agravo interno, deverá ser observado o que dispõe o § 3º do artigo 1.021 do Código de Processo Civil.

que não pode ocorrer é que a multa prevista no § 4º não seja a "mão que tira" do jurisdicionado aquilo concedido "pela outra mão", pelo § 3º. Há de se ter muita parcimônia na aplicação dessa multa, sob pena de, virando regra, afastar o jurisdicionado do colegiado, incorrendo, quiçá, em inconstitucionalidade.

Partir do pressuposto que a parte está agindo de má-fé ao interpor um recurso manifestamente improcedente ou inadmissível é julgar que seu advogado seja um inimigo, e não um aliado da Administração da Justiça, bem como considerar que a parte está tomando tempo do Judiciário, em vez de estar praticando seu direito de defesa.

Importa notar que, nos embargos de declaração, recurso que também prevê a cominação de multa por uso protelatório, tal sistemática é diferente da regra prevista para o agravo interno, pois admitida a cominação da multa (e o condicionamento de interposição de outro recurso ao depósito da multa) apenas na *reiteração* de recurso protelatório, o que não ocorre no agravo interno. Há, pois, criação de parâmetros diferentes para considerar e regrar situações com as mesmas consequências.[335]

11.5.2. Fungibilidade

Vale lembrar, por fim, que o NCPC consagrou uma cláusula de fungibilidade entre embargos de declaração e agravo interno. Assim, nos tribunais, o relator poderá converter os embargos de declaração em agravo interno, caso seja este o recurso cabível. Nesta hipótese, deverá ser oportunizado prazo para que o recorrente efetue eventuais ajustes formais na peça recursal em cinco dias (art. 1.024, § 3º, NCPC).

---

[335] NERY JÚNIOR, Nelson; NERY, Rosa Maria de Andrade. *Comentários ao Código de Processo Civil*. São Paulo: Revista dos Tribunais, 2015, p. 2.116.

Capítulo 12 – Embargos de declaração

12.1. Conceito

Atualmente, há fundada controvérsia sobre a utilidade do recurso de embargos de declaração, notadamente tendo em vista que o dever de motivação cobra fundamentação idônea para os pronunciamentos judiciais. De todo modo, consagrou-se historicamente a possibilidade de manejar recurso com o fito de atingir específicos vícios do pronunciamento e que poderiam ser corrigidos diretamente pelo órgão judicial que proferiu a decisão. É nesse panorama que surgem os embargos de declaração.

O recurso pretende afastar vícios específicos na decisão recorrida: obscuridade, contradição, omissão ou erro material. São, portanto, "aclaratórios" da decisão e objetivam a sua integração, de modo a aperfeiçoar o ato decisório antes proferido. A decisão, pois, é "complementada" mediante embargos de declaração. Assim, por exemplo, a sentença omissa que é atacada por embargos de declaração acolhidos passa a ser constituída pela "sentença originária", acrescida da decisão dos embargos, que também passa a ser parte integrante da sentença. Como a decisão originária passa a ter um acréscimo, é natural que o recurso seja dirigido diretamente ao órgão que elaborou o ato combatido.

Trata-se, portanto, de recurso que tem por objetivo afastar obscuridade, contradição, omissão ou erro material e que é dirigido diretamente ao órgão que tomou a decisão.

12.2. Admissibilidade

Os embargos de declaração são cabíveis em hipóteses *taxativas* previstas no art. 1.022 do NCPC, de modo que se trata de recurso de *fundamentação vinculada*. Assim, a decisão embargada deve, necessariamente, conter algum dos seguintes vícios:

a) ***Obscuridade***: ocorre quando a decisão não é clara acerca de algum ponto debatido ou não é inteligível (seja pelo vernáculo, seja pela grafia);[336]

---

[336] MOREIRA, José Carlos Barbosa. *Comentários ao Código de Processo Civil*, op. cit., p. 551.

⇒ **Exemplos**: (1) decisão que fixa a condenação em determinada quantia, mas não aponta os índices de atualização ou juros; (2) decisão que acolhe o pedido, julgando procedente a causa, fixa os honorários e não aponta as razões para fixação em quantia menor destes; (3) decisão tomada às pressas, de próprio punho, por juiz com péssima letra e que é, por isso, ilegível.[337]

b) *Contradição*: ocorre quando a decisão traz afirmações opostas entre si ou que conduzem a resultados inversos. A contradição precisa ser derivada de um *elemento interno*, e não externo.[338] Assim, não é contraditória a decisão que julga diferente de um precedente de tribunal superior; não é contraditória a decisão que julga diferente de fatos novos alegados; não é contraditória a decisão do mesmo juiz que julga de modo diverso causa idêntica;[339]

⇒ **Exemplos**: (1) Sentença que, na fundamentação, reconhece todos os argumentos do autor, mas rejeita o pedido no dispositivo; (2) Ementa apresentando justificativas diversas daquelas tomadas no acórdão.

c) *Omissão*: há omissão quando a decisão não trata de algum dos pedidos ou não trata de questões que influenciariam no resultado do julgamento (seja pela rejeição, seja pelo acolhimento do pedido);

⇒ **Exemplos**: (1) Sentença de procedência que não fixa os honorários; (2) ausência de ementa no acórdão; (3) ausência de exame acerca de alguma questão/fundamentação necessária aos recursos especial e extraordinário (como a declaração incidental de inconstitucionalidade de determinada lei).

d) *Erro Material*:[340] ocorre quando houver "inexatidões materiais" ou "erros de cálculo" na decisão; servem os aclaratórios, nesses casos, pois, para corrigir tais erros materiais.

⇒ **Exemplos**: (1) embora toda a fundamentação do recurso seja no sentido de dar provimento ao recurso, constou na nota de expediente como desprovido o agravo de instrumento; (2) equívocos quanto a número de contratos, quanto a índices de correção monetária etc.

Registre-se que há posição doutrinária no sentido de que as hipóteses de cabimento devem ser interpretadas de uma maneira mais ampla. Assim, obscuridade não é visualizada apenas nas palavras e frases do decisório, mas também na forma desconexa de organização do raciocínio na construção dos

---

[337] MEDINA, José Miguel Garcia; ALVIM, Teresa Arruda. *Recursos e ações autônomas de impugnação*, op. cit., p. 206.
[338] MOREIRA, José Carlos Barbosa. *Comentários ao Código de Processo Civil*, op. cit., p. 554.
[339] MEDINA, José Miguel Garcia; ALVIM, Teresa Arruda. *Recursos e ações autônomas de impugnação*, op. cit., p. 207.
[340] O conceito e a finalidade dos embargos de declaração, no novel diploma processual civil, são os mesmos do CPC de 1973. Mantém-se o objetivo de clarear e integrar a decisão embargada, quando esta apresentar obscuridade, contradição, omissão. Mas o novel diploma agrega ao cabimento do recurso em questão a possibilidade de correção de erro material. Esta última hipótese, em que pese não prevista especificamente no CPC de 1973, já era objeto dos embargos declaratórios, diante da construção doutrinária e jurisprudencial a respeito do necessário cabimento dos aclaratórios nos casos em que se mostra necessário corrigir erro material.

fundamentos que devem alicerçar as conclusões do julgado. Nas contradições, por seu turno, deve-se avançar a avaliação para além da relação entre conclusões e premissas. A coerência deve existir em todo o arcabouço lógico da sentença, tanto na apreciação de fatos e provas, como nas questões de direito. São cabíveis, também, embargos declaratórios para corrigir erro material (ou de fato), que configure premissa falsa ou equivocada adotada na decisão. Ainda, omissões justificadoras de aclaratórios podem referir-se tanto a pedidos como aos seus fundamentos, como em caso de apreciação apenas de parte das pretensões e respectivos fundamentos.[341]

De outra parte, a questão da omissão merece especial atenção. Talvez a pedra-de-toque das hipóteses de cabimento dos embargos de declaração seja a omissão. Não há tantas controvérsias nas demais hipóteses. Não é por outro motivo que o NCPC expressamente dispõe o que entende por decisão omissa e, também, trouxe os casos em que as decisões são consideradas omissas.

A decisão será omissa quando o juiz devia se pronunciar de ofício ou a requerimento sobre determinado ponto ou questão (art. 1.022, inciso II). Mais especificamente, o parágrafo único do art. 1.022 considera omissa, ainda, a decisão que:

i) deixe de manifestar-se sobre tese firmada em julgamento de casos repetitivos ou em incidente de assunção de competência (art. 947 do NCPC) aplicável ao caso em julgamento ou que

ii) incorra em qualquer das condutas descritas no art. 489, § 1º (casos que a lei processual entende não fundamentada a decisão).

Verifica-se, nessa esteira, que os embargos de declaração representam instrumento que contribui com a valorização do princípio do contraditório e a exigência de decisões judiciais adequadamente fundamentadas. Nesse espectro, o NCPC, como se viu no tópico sobre os pronunciamentos judiciais, intensifica o diálogo que o magistrado deve demonstrar em sua decisão em relação às partes (art. 10); exige do juiz uma fundamentação mais elaborada entre as teses jurídicas por ele adotadas (atos normativos e jurisprudência) e o caso concreto, sempre à luz dos argumentos deduzidos pelas partes (art. 489, § 1º); e exige a observação das teses firmadas nos julgamentos de recursos repetitivos (art. 927).

Com efeito, não poderia ser diferente a postura dos embargos de declaração, no que concerne às omissões de decisões judiciais que não se coadunem com os ditames do *efetivo contraditório* (artigos 7º a 10) e com o dever de motivação das decisões judiciais (art. 489, § 1º). Daí o cabimento dos aclaratórios por omissão também nos casos em que o juiz descumpre os deveres de motivação impostos pelo NCPC e/ou não se manifesta sobre tese firmada em julgamento de recursos repetitivos. O cabimento aqui é medida adequada, para que a parte, antes de apresentar o recurso "principal" da decisão supostamente não fundamentada (tanto alegando sua nulidade, quanto em relação às questões de

---

[341] THEODORO JÚNIOR, Humberto. *Curso de Direito Processual Civil*, vol. III. 47. ed. Rio de Janeiro: Forense, 2016, p. 1.070-1.071.

fundo da decisão), provoque o próprio órgão prolator da decisão para sanar eventual desconformidade com o dispositivo legal em apreço.

De outra parte, interessante que o NCPC, no que tange ao cabimento dos aclaratórios por omissão, vai além da situação posta no CPC/73. Neste, cabe/iam os declaratórios em caso de omissão acerca de ponto sobre o qual devia pronunciar-se o juiz; no NCPC, cabem para suprir omissão acerca de ponto sobre o qual o Magistrado devia pronunciar-se *de ofício ou a requerimento*.

Portanto, nota-se que o novel diploma acrescentou, na parte final do dispositivo acerca do cabimento dos aclaratórios por omissão, a expressão *de ofício ou a requerimento*. Diante disso, pode-se sustentar que caberão os declaratórios para forçar pronunciamento do juiz de matéria de ordem pública, mesmo que a matéria não tenha sido ventilada pelas partes.[342]

Noutro espectro, gize-se que, como a devolutividade dos embargos de declaração é muito restrita – limitada aos casos apontados no art. 1.022, não podem ser suscitadas questões novas em sede deste recurso nem é possível requerer a revisão – do mérito – da decisão no âmbito dos embargos de declaração, mas apenas *aclarar* a decisão omissa, contraditória, obscura ou com erro material. Eventualmente, o aclaramento da decisão pode, contudo, causar a modificação do julgado, o que se verá no próximo item.

Por fim, ainda no plano da admissibilidade, o prazo dos embargos de declaração é de 05 dias e não há preparo (art. 1.023 do NCPC). A petição é dirigida ao juiz que proferiu a decisão embargada e deve, pela regularidade formal, sinalizar o erro, a obscuridade, a contradição ou a omissão, apontando as razões para a integração ou esclarecimento da decisão. Reforce-se que se aplica, também aos embargos de declaração, o prazo em dobro para litisconsortes com procuradores diversos.

12.3. Efeitos

Havia intensa controvérsia no CPC/73 sobre os efeitos dos embargos de declaração em razão de não haver expressa previsão legal nesse sentido. Neste ponto, o tema foi significativamente aperfeiçoado pelo Novo Código de Processo Civil. Assim, podem ser apontados os seguintes efeitos:

a) ***Interrupção dos prazos recursais***: com a interposição de embargos de declaração, ficam interrompidos os prazos para os demais recursos (sejam quais forem), nos termos do art. 1.026, *caput*, do NCPC;[343]

---

[342] Isto, quiçá, poderá alterar a posição dos Tribunais Superiores e da Suprema Corte acerca do *prequestionamento*. Como se verá no momento oportuno, as matérias de ordem pública, embora possam ser alegadas ou reconhecidas de ofício a qualquer tempo e grau de jurisdição, para que a parte possa alçar a discussão da matéria às instâncias extraordinárias, deverá efetuar o competente *prequestionamento* prévio da matéria nas instâncias ordinárias. Vide, nesse sentido, AgRg no AREsp 637420/SP, Rel. Min. Luis Felipe Salomão, Quarta Turma, julgado em 16.04.2015, DJe em 27.04.2015; REsp 1.379.402/PE, Rel. Min. Humberto Martins, Segunda Turma, julgado em 14.04.2015, DJe em 20.04.2015.

[343] Na vigência do CPC/73, a jurisprudência apontava que esse efeito interruptivo apenas ocorria se o recurso fosse tempestivo: "Os embargos de declaração, mesmo que rejeitados, interrompem o prazo para o poste-

b) ***Efeito suspensivo***: havia, sob a égide do CPC/73, grande controvérsia sobre a existência – ou não – de efeito suspensivo nos embargos de declaração, já que a lei não tratava expressamente do tema.[344] Contudo, o NCPC dispõe expressamente que não há efeito suspensivo, embora mantenha a regra de interrupção do prazo para a interposição dos demais recursos (art. 1.026). Evidentemente, a eficácia da decisão embargada poderá ser suspensa se demonstrada a possibilidade de provimento do recurso ou, sendo relevante a fundamentação, haja risco de lesão grave ou de difícil reparação. Neste caso, deverá o embargante requerer a concessão do efeito suspensivo ao(s) magistrado(s) destinatário(s) do recurso;

c) ***Efeito infringente***: Não se deve requerer a modificação ou a retratação nos embargos de declaração. Os embargos não se prestam para a retratação das questões de mérito. A justiça do caso ou a invalidade da decisão são analisadas conforme as outras modalidades recursais. É possível que ocorra, porém, que como *consequência do reconhecimento de algum dos vícios típicos* (omissão, contradição, obscuridade) haja mudança inclusive no mérito na decisão.[345]

O efeito infringente merece maiores considerações. Não há, como regra, efeito infringente no recurso. Nesses casos, observando o magistrado que, no julgamento dos *aclaratórios*, haja possibilidade de *modificação* da decisão, deverá intimar a parte contrária para contrarrazões para exercer o contraditório, peça esta que, via de regra, não existe nos embargos declaratórios. Não havia, no CPC/73, qualquer previsão de intimação da parte embargada para apresentar contrarrazões aos embargos de declaração. A doutrina e a jurisprudência, contudo, nos casos em que puderem os aclaratórios ter efeito infringente (modificativo), pacificou o entendimento sobre a necessidade de intimar a outra parte para contra-arrazoar. O NCPC positiva a situação: art. 1.023, § 2º.

O exemplo clássico de caso de efeito infringente aos embargos de declaração surge da omissão da decisão acerca da apreciação de alguma matéria de admissibilidade da tutela jurisdicional (ausência de algum pressuposto processual, condição da ação ou requisito de admissibilidade do recurso). Caso o magistrado decida a demanda no mérito e se omita acerca da apreciação da matéria *preliminar*, no julgamento dos embargos declaratórios, opostos em face da omissão, poderá, caso seja acolhida a tese do embargante, haver a modificação do julgado. Neste caso, pois, deverá o magistrado intimar a parte contrária

---

rior recurso. Apenas os declaratórios intempestivos não possuem o mencionado efeito." (REsp 1.328.393/SP, Rel. Ministro Castro Meira).

[344] Havia, em termos didáticos, três correntes. A primeira corrente entendia que sim: é que o efeito suspensivo é a regra geral nos recursos, devendo a lei prever as exceções taxativamente e isto não ocorre nos embargos. A segunda corrente apontava que não: como não havia expressa previsão legal, a concessão de efeito suspensivo dependerá de pedido da parte e comprovação da urgência. Por fim, a terceira corrente defendia que o efeito suspensivo dependia do recurso cabível: se a decisão será suspensa em virtude da existência de outro recurso com efeito suspensivo, aí sim, os embargos também teriam tal efeito (exemplo: se a apelação tem efeito suspensivo no caso específico, os embargos dessa sentença também o terão).

[345] MOREIRA, José Carlos Barbosa. *Comentários ao Código de Processo Civil*, op. cit., p. 560.

para manifestar-se acerca dos embargos de declaração opostos antes de decidir, para dar guarida ao princípio do contraditório.

No entanto, a jurisprudência, a par dessas hipóteses ordinárias de outorga de efeito infringente aos declaratórios (reconhecimento de prescrição, preliminares, requisito de admissibilidade dos recursos), vem ampliando o cabimento do recurso para corrigir erros graves de julgamento e vícios manifestos. Ora, a contradição pode resultar de erro de fato no julgamento, por uma premissa equivocadamente adotada pelo Magistrado no julgamento. Já se concedeu efeito modificativo a embargos declaratórios resultante de decisão que, contra prova *incontroversa*, admite o fato como inexistente; ou considera inexistente fato efetivamente ocorrido. Nesses casos, os *aclaratórios* atacam erro de fato gerador de uma contradição na própria decisão.[346]

12.4. Procedimento

O procedimento a ser adotado no caso de embargos de declaração, em síntese, é o seguinte:

1º) O recurso é interposto perante o órgão que julgou no prazo de cinco dias;[347]

2º) Conforme o caso, a parte contrária deverá ser intimada para apresentar contrarrazões (art. 1.024, § 4º, NCPC);

3º) No primeiro grau, deverá o juiz julgar os embargos em cinco dias; no segundo grau, os embargos de declaração interpostos contra decisão monocrática serão apreciados pelo órgão que proferiu a decisão; por outro lado, caso interpostos contra decisão colegiada, caberá ao mesmo colegiado o exame dos aclaratórios. Aliás, nos tribunais, os embargos de declaração serão apresentados "em mesa na sessão subsequente, proferindo voto, e, não havendo julgamento nessa sessão, será o recurso incluído em pauta automaticamente" (art. 1.024, § 1º, NCPC);

4º) O recurso é julgado pelo órgão que proferiu a decisão embargada.

12.5. Questões controvertidas

12.5.1. Prequestionamento provocado e prequestionamento ficto

Sob a égide do CPC/73 uma das primordiais razões de emprego dos embargos de declaração fundava-se na necessidade de superação do chamado *prequestionamento*. Explica-se.

---

[346] Vide julgamento do Tribunal de Justiça do Rio Grande do Sul: EMD 70000845974.

[347] Os embargos declaratórios são julgados pelo próprio órgão julgador. Se pelo juiz de primeiro grau, este terá competência para apreciar os aclaratórios. Se embargada decisão monocrática proferida pelo relator, nos Tribunais, o próprio relator julgá-los-á em nova decisão monocrática. Se pelo colegiado, este apreciará o recurso.

Quando a parte, insatisfeita com o resultado da demanda nas instâncias ordinárias, aspira melhor sorte nos Tribunais Superiores deve estar atenta para quais matérias foram efetivamente discutidas no processo, pois, dentre os muitos requisitos de admissibilidade do recurso especial e do recurso extraordinário está o *prequestionamento*. Trata-se, em síntese, da necessidade de prévio exame, pelos tribunais inferiores, da questão levada aos tribunais superiores.

De fato, a matéria a ser levada a conhecimento dos Tribunais Superiores e da Suprema Corte deve ter sido ventilada e debatida nas instâncias ordinárias, como se verá na análise dos requisitos do recurso especial e do recurso extraordinário.

Contudo, eventualmente, o Tribunal não se manifesta acerca da matéria, ainda que apontada no recurso. Nesses casos, a parte que pretender levar à Brasília a discussão deverá opor embargos de declaração *com o fim de prequestionar a matéria a ser objeto de julgamento nos Tribunais Superiores e no Supremo Tribunal Federal*. Busca-se, pois, provocar o órgão julgador para que efetue análise sobre a questão que se pretende discutir. Essa, pois, a finalidade de provocar o prequestionamento.

Neste aspecto, o NCPC inaugurou dispositivo que expressamente considera incluído no acórdão que julga os embargos de declaração os elementos que o embargante suscitou, para fins de prequestionamento, ainda que o recurso não seja conhecido ou seja rejeitado, caso o Tribunal Superior considere existente erro material, omissão, contradição ou obscuridade (art. 1.025). Confira-se:

> Art. 1.025. Consideram-se incluídos no acórdão os elementos que o embargante suscitou, para fins de pré-questionamento, ainda que os embargos de declaração sejam inadmitidos ou rejeitados, caso o tribunal superior considere existentes erro, omissão, contradição ou obscuridade.

Este dispositivo visa a possibilitar que o tribunal superior, ao receber o recurso excepcional para julgamento, não precise determinar o retorno dos autos ao tribunal de origem para suprimento da omissão, como ocorre, atualmente, na posição do E. STJ acerca do tema, a qual não permite o chamado *prequestionamento ficto*. O tema será aprofundado no capítulo referente aos recursos excepcionais.

12.5.2. Sucessão de embargos declaratórios

Outra questão polêmica diz respeito ao cabimento de embargos de declaração em face da decisão dos embargos de declaração.

É plenamente possível que a decisão que julga os embargos declaratórios não sane o vício apontado no recurso, mantendo-se a decisão embargada omissa, contraditória, obscura ou com erro material. Nesse caso, evidentemente, caberá novos embargos de declaração. É importante destacar, porém, que não basta apontar que o vício da decisão originária ainda está presente. Para que seja cabível o uso de novos embargos, a fundamentação do recurso deve atacar expressamente a decisão que julgou os embargos anteriores, sob pena de ausência de correlação entre a fundamentação e o recurso interposto.

Nesse sentido, irreparável e ainda atual o alerta de José Carlos Barbosa Moreira no sentido de que o "o que na verdade não se admite é a tentativa de reproduzir, nos segundos embargos, crítica feita nos primeiros à decisão contra a qual haviam estes sido interpostos".[348]

12.5.3. Recurso manifestamente protelatório e multa

Como os embargos de declaração podem combater qualquer espécie de pronunciamento judicial, é frequente o seu manejo com o único propósito de protelar o julgamento final da causa. Por este motivo, os embargos de declaração "manifestamente protelatórios" ensejam multa (art. 1.026, §§ 2º e 3º, do NCPC).

O *primeiro recurso* reconhecido pelo órgão judicial como protelatório enseja multa de até dois por cento sobre o valor atualizado da causa (art. 1.026, § 2º, NCPC).

O *segundo recurso* reconhecido pelo órgão judicial como protelatório ensejará a elevação da multa para até dez por cento sobre o valor atualizado da causa. Além disso, a interposição de outros recursos ficará condicionada ao depósito prévio do valor, excepcionados a Fazenda Pública e o beneficiário de AJG (art. 1.026, § 3º, NCPC).

O *terceiro recurso* de embargos de declaração, se os dois anteriores forem considerados protelatórios, não será admitido (art. 1.026, § 4º, NCPC). Há, aí, uma verdadeira limitação *ope legis* à utilização dos embargos de declaração que simplesmente não são cabíveis se os dois anteriores forem considerados protelatórios.

É importante registrar, porém, que somente é possível a aplicação das sanções se houver o reconhecimento de que o recurso é protelatório. Deve-se demonstrar que há um propósito desleal. Por essa razão, caso não esteja demonstrado o abuso do direito de recorrer, não haverá a penalidade.[349] Quando o recurso é interposto com o propósito de provocar o órgão jurisdicional a se manifestar expressamente sobre determinada tese ou questão jurídica e obter, assim, o prequestionamento da matéria, não há que se falar em recurso protelatório.[350]

12.5.4. Ratificação de recurso anterior

Havia, à luz do diploma anterior (CPC/73) e da posição dos tribunais, a necessidade de reiterar o recurso interposto antes do julgamento dos embargos de declaração, independente do resultado deste. Assim, por exemplo, se uma

---

[348] MOREIRA, José Carlos Barbosa. *Comentários ao Código de Processo Civil*, op. cit., p. 567.

[349] Vide, nesse sentido: NERY JÚNIOR, Nelson; NERY, Rosa Maria de Andrade. *Comentários ao Código de Processo Civil*. São Paulo: Revista dos Tribunais, 2015, p. 2.138.

[350] Súmula 98, STJ. Embargos de declaração manifestados com notório propósito de prequestionamento não têm caráter protelatório.

parte interpôs apelação e a outra, embargos de declaração após o julgamento dos aclaratórios, o apelante precisava ratificar o seu recurso anterior.

O NCPC positivou situação não expressa no CPC/73, mas que a doutrina já havia resolvido. Eventualmente, durante o prazo recursal, uma parte opõe embargos de declaração e a outra interpõe outro recurso. Caso o acolhimento dos aclaratórios modifique a decisão embargada, o embargado que já tiver apresentado outro recurso contra a decisão originária tem o direito de complementar ou alterar suas razões, nos limites da modificação, no prazo de 15 dias, a contar da intimação da decisão dos declaratórios (art. 1.024, § 4º).[351]

Verifica-se, pois, que a antiga Súmula 418 do STJ ("é inadmissível o recurso especial interposto antes da publicação do acórdão dos embargos de declaração, sem posterior ratificação") era incompatível com o Novo Código de Processo Civil, razão pela qual foi cancelada e, no seu lugar, aprovada a Súmula 579, *verbis*: "não é necessário ratificar o recurso especial interposto na pendência do julgamento dos embargos de declaração quando inalterado o julgamento anterior" (Corte Especial, julgado em 01/07/2016, DJe 01/08/2016).

12.5.5. Fungibilidade

Consoante apontado em capítulo anterior, nos casos em que for embargada decisão monocrática proferida pelo Relator em Tribunal, o NCPC prevê que o órgão julgador conhecerá dos embargos de declaração como agravo interno se entender ser este o recurso cabível, determinando a intimação do "embargante/agravante" para, em cinco dias, complementar suas razões recursais, adequando o recurso aos termos do art. 1.021 do NCPC.[352]

A questão, frise-se, já era aceita pela jurisprudência, atendendo aos princípios da fungibilidade e da celeridade (STJ, 4ª Turma, EDclResp 1.338.937/PR, rel. Min. Luis Felipe Salomão, DJUe 11.04.2014). Certamente a opção legislativa serve para dar celeridade ao processo nos tribunais. A prática forense demonstra ser comum, das decisões monocráticas, a parte sucumbente opor embargos de declaração antes de interpor agravo interno. Contudo, via de regra, o objetivo propriamente dito dos aclaratórios é *rediscutir* a decisão embargada, função precípua do agravo interno. É possível que a decisão monocrática deva ser aclarada, e isto deve ser feito mediante *embargos declaratórios*; contudo, quando os aclaratórios forem manejados com o objetivo de rediscutir o mérito da decisão embargada, o novo diploma processual permite ao relator converter o expediente, de ofício, em *agravo interno*.

---

[351] Deverá ser revista a Súmula 418 do STJ, segundo a qual "É inadmissível o Recurso Especial interposto antes da publicação do acórdão dos embargos de declaração, sem posterior ratificação".

[352] Art. 1.021, § 1º, do NCPC: "na petição de agravo interno, o recorrente impugnará especificamente os fundamentos da decisão agravada". Trata-se, mais uma vez, do requisito de admissibilidade da *regularidade formal*.

Capítulo 13 – Recursos excepcionais

13.1. Introdução

A distinção entre recursos ordinários e recursos extraordinários ou excepcionais já foi objeto de estudo em momento anterior. Os recursos excepcionais tutelam o direito objetivo, transcendendo a mera discussão das partes e possuem uma relevância jurídica mais ampla e que vai além daquele caso concreto. São espécies do gênero "recurso extraordinário" o *recurso especial* direcionado para o Superior Tribunal de Justiça e o *recurso extraordinário* voltado para o Supremo Tribunal Federal.

Pela dificuldade de nomenclatura, adota-se, na doutrina, a expressão *recursos excepcionais*, ou ainda, *recursos de superposição* para definir ambos os recursos. Inegavelmente, eles possuem muitas características comuns. São, de fato, muito semelhantes. Aliás, antes da Constituição de 1988, o recurso extraordinário abarcava também as hipóteses que hoje comportam recurso especial. O recurso extraordinário era cabível contra decisões que confrontassem a Constituição e que confrontassem leis federais.[353]

Essa é, a propósito, uma nota comum a ambos: vigilância, guarda, e busca pela uniformidade na interpretação e aplicação do direito (federal e constitucional) no território nacional. Da necessidade de dar uma *aplicação uniforme ao texto constitucional* em todo o território brasileiro, surge o recurso extraordinário. Da necessidade de dar *aplicação uniforme à legislação federal*, surge o recurso especial. Mormente nas teses jurídicas (questões de direito), avulta-se o papel de cada um desses tribunais.

Cumpre, portanto, realizar uma apresentação conjunta do recurso extraordinário e do recurso especial – aqui compreendidos no grupo dos recursos excepcionais.[354]

A finalidade dos recursos excepcionais, com o advento do Novo Código de Processo Civil, foi incrementada com as regras relativas ao regime de recursos repetitivos e da criação do Incidente de Resolução de Demandas Repetitivas

---

[353] A proposta de distribuição de competências que culminou com a criação do Superior Tribunal de Justiça é de SILVA, José Afonso da. *Do recurso extraordinário no direito processual brasileiro*. São Paulo: Revista dos Tribunais, 1963.

[354] A expressão *recurso excepcional* pode não ser a mais adequada, todavia, propicia maior facilidade na identificação e análise conjunta de ambos.

(IRDR), cujas decisões são vinculantes. O que se pretende é que tais recursos propaguem efeitos para todos os juízes e tribunais do território nacional.

Para alguns, o Supremo Tribunal Federal e o Superior Tribunal de Justiça seriam verdadeiras Cortes Supremas (Cortes de Precedentes), e não meras Cortes Superiores (Cortes de Controle).[355]

Nessa esteira, para Daniel Mitidiero, há relevante diferença entre Cortes Superiores e Cortes Supremas. Cortes Superiores estão vinculadas a uma compreensão cognitivista do Direito e, assim, a jurisdição apresenta-se como simples declaração de uma norma preexistente. O escopo está em controlar a decisão recorrida mediante uma jurisprudência uniforme, sem que as razões expendidas pelos Magistrados possam ser consideradas fontes primárias do direito.[356]

Já as Cortes Supremas estão vinculadas a uma compreensão não cognitivista, e sim, lógico-argumentativa do Direito, motivo pelo qual a jurisdição é entendida como reconstrução e outorga de sentido a textos e elementos não textuais da ordem jurídica. Nesse andar, o escopo consiste em dar unidade ao Direito mediante a formação de precedentes, entendidas as razões adotadas nas decisões como dotadas de eficácia vinculante.[357]

O julgamento do recurso especial, por exemplo, não serve (apenas) para a solução – controle – do caso concreto. Por isso, não importa apenas a parte dispositiva da decisão, que corrige ou não a decisão objeto do recurso. Importam, principalmente, os fundamentos determinantes da solução do caso concreto. A decisão, assim, não diz respeito tão somente aos litigantes, mas projeta-se sobre todos e passa a servir de critério para a solução dos casos futuros.[358]

Para essa corrente doutrinária, a finalidade pública das Cortes Supremas é, pois, tutelar a integridade do ordenamento jurídico, devolvendo ao Estado de Direito a prospectividade, estabilidade, cognoscibilidade e a generalidade das normas jurídicas objeto de discussão nos processos jurisdicionais. E aos cidadãos a definição dos seus direitos e deveres, com o fim de favorecer o desenvolvimento igualitário e racional de uma dada comunidade jurídica.[359]

As decisões, em especial aquelas provenientes das Cortes Supremas, revelam conteúdo indispensável à vida social, integrando a ordem jurídica e, por isso, interessam a toda comunidade. Desse modo, os precedentes exercem função de desenvolvimento do direito, motivo pelo qual se projetam perante toda a sociedade, obrigando, pois, os Juízos ordinários. E deste precedente não há tanta (ou única) importância no dispositivo decisional: importam as razões pelas quais, diante dos fatos relevantes do caso, chegou-se na conclusão, reve-

---

[355] MITIDIERO, Daniel. *Cortes superiores e cortes supremas: do controle à interpretação; da jurisprudência ao precedente*. São Paulo: Revista dos Tribunais, 2013.

[356] Idem, p. 32.

[357] Idem, p. 32.

[358] Idem, p. 20.

[359] PEREIRA, Paula Pessoa. *Legitimidade dos precedentes: universalidade das decisões do STJ*. Coleção O Novo Processo Civil; Diretor Luiz Guilherme Marinoni; Coordenadores Sérgio Cruz Arenhart e Daniel Mitidiero. São Paulo: Revista dos Tribunais, 2014, p. 153.

lando-se o sentido (norma jurídica). Será a partir dessas razões (*ratio decidendi*) que se trabalhará com a técnica do *distinguishing*, limitando-se ou estendendo-se a aplicação do precedente.³⁶⁰

Por essa razão, as Cortes Supremas seriam Cortes de Precedentes, enquanto as Cortes Superiores seriam Cortes de Controle. Utiliza-se por vezes, contudo, a expressão *Tribunais Superiores*, para se referir ao STJ e ao STF, na medida em que são esses conhecidos como tal. E tinham roupagem de *Cortes Superiores*, pois, salvo súmulas vinculantes e julgados em controle concentrado de constitucionalidade pelo STF, suas decisões não *vinculariam* os juízes e tribunais inferiores. O NCPC, nesse sentido, traria uma nova roupagem a esses tribunais, fazendo destes *Cortes de Precedentes* e, por isso, poderiam ser entendidos como *Cortes Supremas*.

A função dos tribunais superiores, porém, é tema altamente controvertido, especialmente quando há uma tentativa de redução da complexidade do discurso. Nessa linha, Lenio Streck e Georges Abboud apresentam crítica severa à tentativa de equiparar os precedentes com as súmulas vinculantes do STF e tornar a Corte em um instrumento exclusivo de produção de teses jurídicas. Confira-se: "a ideia de que a atuação do STF e do STJ estaria reduzida apenas a uma função objetiva não encontra respaldo no texto constitucional. Nem mesmo mediante emenda constitucional seria possível transformar o STF e o STJ em tribunais que julgam questões exclusivamente de natureza objetiva, uma vez que, mesmo com a alteração dos arts. 102 e 105 da CF, ainda assim não estaria autorizado tal entendimento. Isso ocorre porque somente seria possível afirmar que o STF e o STJ são tribunais de natureza jurisdicional exclusivamente objetiva se fossem suprimidos do texto constitucional todos os writs constitucionais previstos na CF 5°, tais como: mandado de segurança, mandado de injunção, *habeas corpus* e *habeas data*".³⁶¹

É certo, porém, que, se por um lado, o Poder Judiciário assume, no Estado Democrático de Direito, o papel de realizar a ordem jurídica, dando concretude a regras e princípios que compõem o ordenamento jurídico, não é natural, por outro lado, que o sistema judicial não combata decisões que, para as mesmas situações jurídicas, apresentem interpretações conflitantes acerca do direito aplicável, pois isto enseja a quebra do princípio da igualdade perante a lei. Ora, se o princípio da legalidade tem como objetivo dar ao cidadão previsibilidade acerca das consequências jurídicas de suas condutas, isto só se concretizará se a lei for compreendida e aplicada da mesma forma para todos. Se assim não for, esvaziam-se por completo o sentido e a razão de ser desses princípios, bases do Estado de Direito.³⁶²

---

³⁶⁰ MARINONI, Luiz Guilherme. *O STJ enquanto corte de precedentes: recompreensão do sistema processual da corte suprema*. São Paulo: Revista dos Tribunais, 2013, p. 116.

³⁶¹ STRECK, Lenio luiz; ABBOUD, George. *O que é isto – o precedente judicial e as súmulas vinculantes?* 2. ed. Porto Alegre: Livraria do Advogado, 2014, p. 58.

³⁶² WAMBIER, Teresa Arruda Alvim; DANTAS, Bruno. *Recurso especial, recurso extraordinário e a nova função dos tribunais superiores no direito brasileiro*. 3. ed., rev., atual. e ampl. São Paulo: Revista dos Tribunais, 2016, p. 311-312. Com efeito, a previsibilidade é marca insuprimível do Estado Democrático de Direito, na medida em que a segurança jurídica protege a liberdade e assegura o desenvolvimento econômico. A estabilidade

Com efeito, a principal função dos recursos de superposição é irradiar efeitos para toda a prestação jurisdicional brasileira. É dizer, as teses jurídicas firmadas nos julgamentos dos recursos excepcionais devem ser adotadas pelos juízes e tribunais.

O NCPC, por sua vez, traz situações em que juízes e tribunais *observarão*, ou seja, estão *vinculados*, a determinadas orientações (art. 927). São exemplos: as súmulas (não apenas as vinculantes) do STJ e do STF; as decisões proferidas nos julgamentos de recursos repetitivos, de incidentes de demandas repetitivas e em incidentes de assunção de competência; as decisões proferidas pelo Plenário ou pelo Órgão Especial dos Tribunais.

E, vale dizer que, mesmo nos casos em que as decisões provenientes dos STF ou do STJ não sejam *vinculantes* (por exemplo, decisões dos órgãos fracionários em processos individuais), com certeza devem servir de guia interpretativo para juízes e tribunais, em especial a partir de toda a lógica de respeito às decisões insculpidas no art. 927 do NCPC. Até porque, independentemente de a decisão ser ou não *obrigatória* a juízes e tribunais, o diploma processual determina que os tribunais mantenham sua jurisprudência estável, íntegra e coerente (art. 926), não havendo estabilidade, integridade ou coerência na interpretação e na aplicação do direito por parte de qualquer Magistrado sem a observação das decisões do Superior Tribunal de Justiça e do Supremo Tribunal Federal. Portanto, o principal foco dos recursos excepcionais é a tutela dos princípios da igualdade perante a lei e da segurança jurídica, para muito além, pois, da resolução do caso concreto.

13.2. Características

13.2.1. Admissibilidade

Os recursos excepcionais possuem regime jurídico de admissibilidade mais rigoroso do que os recursos ordinários. De fato, além dos requisitos amplamente tratados, há requisitos específicos para o recurso especial e para o recurso extraordinário. É possível, porém, identificar um amplo feixe de afinidades quanto à admissibilidade e que podem ser destacados de forma conjunta, isto é, são aplicáveis tanto ao recurso especial como ao recurso extraordinário.

Quanto ao **cabimento**, destaca-se que ambos os recursos possuem fundamento na Constituição Federal (art. 102, inciso III – Recurso Extraordinário; art. 105, inciso III – Recurso Especial). Aliás, verifica-se daí que não é qualquer tipo de vício que pode ser alegado. Nos recursos excepcionais, é indispensável

---

negocial e a liberdade individual dependem da previsibilidade do Direito aplicado pelos juízes e Tribunais. E esta estabilidade serve também como controle da atividade judicial, em virtude de que evita decisões arbitrárias ao partir do momento em que a aplicação dos precedentes exige uma justificação (fundamentação) adequada e razoável (Conforme CAMBI, Eduardo. *Neoconstitucionalismo e neoprocessualismo*: direitos fundamentais, políticas públicas e protagonismo judiciário. 2. ed., rev. e atual. São Paulo: Revista dos Tribunais, 2011, p. 163).

comprovar que a questão discutida efetivamente se enquadra no tipo constitucionalmente previsto. Trata-se, portanto, de recursos de fundamentação vinculada.

Quanto à *legitimidade*, aplicam-se as mesmas regras provenientes da Teoria Geral dos Recursos, de modo que podem recorrer as partes, o terceiro prejudicado e o Ministério Público.

Quanto ao *interesse recursal*, também são empregadas as disposições hauridas da Teoria Geral dos Recursos: é necessário que a interposição do recurso traga uma posição mais favorável para a parte recorrente. Acrescente-se que não há particularidades relativas à inexistência de fato impeditivo ou extintivo do direito de recorrer. Vale apenas lembrar que a desistência não impede a análise: (a) de questão com repercussão geral reconhecida; (b) de questão objeto de recursos repetitivos (art. 998, parágrafo único, CPC/15).

Quanto à *tempestividade*, o prazo para interposição é de quinze dias tanto para o recurso extraordinário como para o recurso especial. Também o *preparo* observa as mesmas regras. Registre-se que ambos os recursos excepcionais possuem preparo a ser devidamente adimplido.

No que tange à *regularidade formal*, é necessária a apresentação das razões para reforma ou invalidação da decisão recorrida. Nesse sentido, em suas razões de recurso especial e extraordinário, a parte deverá apresentar os motivos do pedido de reforma ou invalidação da decisão recorrida, sob pena de não conhecimento do recurso. Ademais, deverá a parte recorrente expor os fatos e fundamentos de direito e, ainda, demonstrar o cabimento do recurso interposto, tudo conforme art. 1.029 do NCPC. Ora, haja vista que se trata de recurso de fundamentação vinculada, o recorrente deve apontar expressamente o cabimento do recurso, sinalizando qual a hipótese constitucional de cabimento o recurso está calcado. Ainda nessa ótica, ambos devem ser interpostos em peças distintas, e cada peça terá uma *petição de interposição*, a ser endereçada ao tribunal de origem (que é o que realiza a admissibilidade), e uma *petição de razões*, direcionada ao Tribunal Superior. Sob a égide do CPC/73, a regularidade formal dos recursos excepcionais era rigorosa, razão pela qual será tratada novamente em momento posterior.

⇒ **Prevalência do mérito sobre a forma**: o Supremo Tribunal Federal e o Superior Tribunal de Justiça, na apreciação dos Recursos Extraordinário e Especial, podem desconsiderar eventual vício formal de recurso tempestivo ou determinar sua correção, desde que não repute grave. Observe-se que a lei traz duas condições: que o recurso seja tempestivo e que o vício não seja grave. Se, de um lado, parece uma medida adequada, para não afastar o jurisdicionado de um julgamento de mérito do recurso por um vício *leve* (ou não grave), por outro lado pode criar problemas, pois a lei deixa absolutamente aberto o conceito de *vício grave*. Quer dizer: quais vícios não são graves? Se a lei trata de vício formal e o objetivo é que seja feito o juízo de mérito, esse "vício" poderá eventualmente ser algum dos requisitos de admissibilidade (?), que são pressupostos para o julgamento do mérito. Daí a necessidade de o STF e o STJ, tão logo quando possível, firmarem e pacificarem o entendimento do que é considerado um vício não grave para fins de conhecimento dos recursos especial e extraordinário.

13.2.2. Exigem o esgotamento das instâncias ordinárias

As portas dos recursos excepcionais somente se abrem com o fim das instâncias ordinárias (Súmulas 281 do STF e 207 do STJ). Desse modo, não pode ser cabível nenhum outro recurso para que seja viável o seu manejo. Com efeito, o recurso excepcional precisará ser o *último cabível*. Nesse sentido, se da sentença foi interposto recurso de apelação e este foi julgado monocraticamente, ainda que a decisão monocrática proferida pelo relator tenha violado diretamente dispositivo de lei federal, o interessado não poderá interpor recurso especial sem antes provocar a manifestação do órgão colegiado acerca da questão, mediante agravo interno (e, após, se necessário, embargos de declaração).

13.2.3. Exigem prequestionamento

Conforme adiantado linhas atrás, nos recursos excepcionais, é necessário que a questão jurídica *já tenha sido debatida pelo órgão recorrido* (vide Súmulas 282 e 356 do STF). Assim, não é possível inovar no argumento jurídico em sede de recurso especial ou extraordinário, pois é necessário que a causa (que inclui a questão jurídica debatida) já tenha sido decidida acerca do tema. Trata-se da necessidade de afloramento da questão constitucional ou da questão federal, nos graus ordinários de jurisdição, com apreciação prévia da questão.

A matéria discutida no recurso pode não ser expressamente debatida nas instâncias ordinárias. Pode ocorrer de não ser expressamente analisada pelo acórdão que julga o recurso em segundo grau. Daí a existência dos embargos declaratórios com fim de prequestionamento. A finalidade é forçar a manifestação do tribunal de origem quando o acórdão recorrido se omite da questão. Caso o acórdão de segundo grau não se manifeste sobre a questão de direito que será objeto de REsp ou RExt, a parte deve, pois, opor embargos declaratórios para fins de prequestionamento.

Se, mesmo assim, a omissão não for sanada, consideram-se incluídos no acórdão – que julga os aclaratórios – os elementos que o embargante suscitou, para fins de prequestionamento, ainda que os embargos de declaração sejam inadmitidos ou rejeitados, caso o tribunal superior, na apreciação do REsp ou do RExt, considere existentes erro, omissão, contradição ou obscuridade (art. 1.025 do NCPC). Nesse andar, os embargos declaratórios *prequestionadores* provocam, ainda que de forma *ficta*,[363] a ventilação, no tribunal de segundo grau, da questão de direito a ser debatida em Recurso Especial e/ou Extraordinário.

---

[363] No CPC/73, o prequestionamento somente era *ficto* no que tange ao Recurso Extraordinário, para o STF. O STJ, por seu turno, exigia o prequestionamento expresso. Para o Superior Tribunal de Justiça, a simples oposição de Embargos de Declaração não supria, implicitamente, a omissão da questão federal a ser enfrentada. Com efeito, caso o acórdão da apelação, por exemplo, não se manifestasse expressamente sobre a matéria de direito infraconstitucional a ser objeto de Recurso Especial, os embargos declaratórios deveriam provocar tal manifestação do órgão julgador do apelo; caso, no julgamento dos aclaratórios, a omissão não fosse suprida, o Recurso Especial deveria discutir a omissão ao art. 535, inciso II, do CPC/73, ou seja, alegar o descumprimento ao dever de sanar omissões da decisão. Esse passava a ser a "questão federal" objeto do recurso excepcional. Nesse sentido, a Súmula 211 do STJ e o AgRg no AREsp 314656/SP, Rel. Min. João Otávio de Noronha, julgado em 12.05.2015. Ora, tal medida era contrária à celeridade processual, haja

13.2.4. Não admitem reanálise do conjunto fático-probatório

É lugar comum que os recursos de superposição são destinados *preponderantemente* à discussão de teses jurídicas e, por isso, não se destinam ao reexame das provas (Súmula 279 do STF; Súmula 07 do STJ).

Evidentemente, não é tão fácil (senão inviável) separar fato e direito, já que integrantes de um mesmo fenômeno social. Com efeito, o que os recursos excepcionais não permitem é a *análise do conjunto fático-probatório dos autos* do processo. Como assevera Ovídio Baptista da Silva em seu artigo "'Questão de fato' em recurso extraordinário": "como o juízo de admissibilidade dos recursos extraordinários costumam envolver a apreciação do mérito do recurso, fica, também por esta via, demonstrada a essencial interpenetrabilidade entre as 'questões de fato' e as 'questões de direito'".[364] Deve-se anotar que a construção da argumentação jurídica das razões recursais terão a presença de questões de fato, das quais as questões de direito sucedem. Como diz Castanheira Neves, uma questão de direito é sempre uma questão de direito de uma certa questão de fato.[365]

Contudo, para que o recurso excepcional seja admitido – ao menos em relação ao requisito da impossibilidade de reexame de provas, a questão de fato – que origina a questão de direito debatida – não deve tratar de reexame de prova, de discussão acerca das provas coligidas nos autos. Quer dizer, deve demonstrar o recorrente que a questão de direito levada à apreciação da corte superior está embasada em questão de fato *incontroverso*. Ora, não há como "retirar" ou "suspender" o(s) fato(s) objeto da demanda para a apreciação do direito – federal ou constitucional – discutido no recurso especial ou extraordinário.

Oportuno sinalizar, entretanto, que não raro os recursos excepcionais são inadmitidos nos tribunais de origem com fundamento no impedimento emprestado pelas Súmulas 7 do STJ e 279 do STF, sem que o recorrente esteja, efetivamente, buscando *simples reexame de prova*. Nessa linha, recursos especiais e extraordinários são diuturnamente negados pelas Vice-Presidências dos tri-

---

vista que o REsp teria como objeto o art. 535, inciso II, do CPC/73 e, se provido, o STJ devolvia os autos à instância inferior para apreciação da questão omitida. Ocorre que, após a apreciação da omissão, cabia, em tese, novamente, Recurso Especial pela parte interessada, acerca da matéria "de fundo" – antes omissa. O NCPC modificou o entendimento e facilitou a situação, prevendo expressamente o prequestionamento ficto também no STJ.

[364] *Questão de fato em recurso extraordinário*. In: ROCHA, Leonel Severo; STRECK, Lenio Luiz (Org.). *Constituição, sistemas sociais e hermenêutica*: programa de pós-graduação em Direito da Unisinos: mestrado e doutorado, anuário 2006, n. 3. Porto Alegre: Livraria do Advogado, 2007.

[365] CASTANHEIRA NEVES, António. *Questão-de-Facto – Questão-de-Direito ou O Problema Metodológico da Juridicidade* (ensaio de uma reposição crítica). Coimbra: Livraria Almedina, 1967, p. 43-44. Castanheira Neves prossegue sustentando que, ao considerar-se a questão de fato, está implicitamente presente a questão de direito; ao considerar-se a questão de direito, não se pode prescindir da solidária influência da questão de fato. O fato não tem existência senão a partir do momento em que se torna matéria de aplicação do direito, o direito não tem interesse senão no momento em que se trata de aplicar ao fato; pelo que, quando o jurista pensa o fato, pensa-o como matéria de direito, quando pensa o direito, pensa-o como forma destinada ao fato (p. 55-56).

bunais de segundo grau, com arrimo nestas Súmulas, mas que não têm como objetivo "simplesmente" uma reanálise da prova dos autos.

Ocorre que, diante do cabimento de agravo em recurso especial ou extraordinário (vide art. 1.042 do NCPC), a discussão acaba sendo alavancada à Brasília forçadamente. Essa aplicação desmedida – indevida, quiçá – das Súmulas 7 do STJ e 279 do STF acaba por afastar o jurisdicionado dos Tribunais Superiores, impedindo o acesso à justiça às "Cortes de Vértice".[366] Com efeito, mostra-se por demais relevante o trabalho dos advogados na elaboração de suas razões (de recurso especial ou extraordinário), a fim de deixar bastante claro que o REsp ou o RExt interposto não pretende "simples" reexame das provas.

É por isso que se deve atentar para a diferença entre *revaloração da prova* e *mero reexame da prova*. Por um lado, é inviável, no âmbito do recurso especial, reexaminar os fatos e provas dos autos, promovendo a reincursão no acervo fático-probatório mediante análise detalhada de documentos, testemunhos, contratos, perícias etc., não se podendo meramente reexaminar a questão de fato.

Por outro lado, promover a revaloração da prova e dos dados explicitamente admitidos e delineados na decisão recorrida não implica o *reexame* do material probatório, ou seja, é possível ao Tribunal Superior competente, na apreciação do recurso excepcional, dar definição jurídica diversa aos fatos mencionados no acórdão do tribunal de origem.[367] Já se decidiu que "a revaloração da prova delineada no próprio decisório recorrido, suficiente para a solução do caso, é, ao contrário do reexame, permitida no recurso especial.[368] Ora, a errônea definição jurídica do fato descrito e provado na causa impede que incida a regra jurídica correta (que seja aplicado corretamente o ordenamento jurídico), tratando-se de questão de direito, em que se nega vigência à

---

[366] Importa seja superado o paradigma positivista, que termina por separar fato e direito. Ora, não há direito sem fato. Aquele emerge deste. O sentido da lei (ordenamento jurídico em sentido amplo) é dado pela interpretação e aplicação do texto normativo à luz da situação fática em questão. Por isso, não há como qualquer corte judicial aplicar a Direito destacado dos fatos que originam a demanda. Friedrich Müller, ao propor uma *teoria estruturante do direito*, traz um conceito pós-positivista de norma jurídica, sustentando que esta não já está pronta nos *textos legais*, pois nestes encontram-se apenas formas primárias, os textos normativos. A norma só será produzida em cada processo particular de solução jurídica de um caso, em cada decisão judicial. Conforme MÜLLER, Friedrich. *Teoria estruturante do direito*. Tradução de Peter Naumann e Eurides Avance de Souza. 2. ed. rev., atual. e ampl. São Paulo: Revista dos Tribunais, 2009, p. 304-305. Para Lenio Streck, eis a especificidade do direito: textos são importantes (não há norma sem texto) e não podem ser ignorados pelas posturas pragmatistas-subjetivistas, em que o sujeito assujeita o objeto, mas os textos não carregam seu próprio sentido, pois textos dizem sempre respeito a algo da faticidade. Por isso, interpretar um texto é aplicá-lo, saltando-se do fundamentar para o compreender (e, portanto, aplicar). Conforme STRECK, Lenio Luiz. *Verdade e consenso – Constituição, Hermenêutica e Teorias Discursivas: da possibilidade à necessidade de respostas corretas em direito*. 3. ed., revista, ampliada e com posfácio. Rio de Janeiro: Lumen Juris, 2009, p. 165. Resta evidente que a adequada conformação do Direito a ser aplicado no caso terá sempre por trás uma questão de fato, motivo pelo qual não podem os recursos especial e extraordinário serem barrados simplesmente por "rediscutirem" os fatos envolvidos no processo. Daí a necessidade de se observar a diferença entre *mero reexame de provas* e *revaloração da prova*, pois a capitulação adequada do Direito a ser aplicável a determinada situação de fato não se enquadra no *mero reexame de prova*, não devendo, nesses casos, os recursos excepcionais terem sua apreciação barrada de análise pelos Tribunais Superiores.

[367] STJ, 4ª Turma, AgRg no Resp 1.036.178/SP, rel. Min. Marco Buzzi, DJe em 19.12.2011.

[368] STJ, 1ª Turma, Resp 734.541/SP, rel. Min. Luiz Fux, DJ em 20.02.2006.

norma não aplicada.[369] Com efeito, é possível a revaloração probatória, quando devidamente delineados os fatos e as provas no acórdão recorrido.[370]

Portanto, nos casos em que os fatos forem qualificados equivocadamente, tendo-se-lhes aplicado norma diferente daquela que, na verdade, deveria ter sido aplicada, a questão poderá ser alçada ao STF e ao STJ pela via dos recursos especial e extraordinário. Assim, a questão de se saber qual a solução normativa que se deve dar a determinado quadro fático é a questão de direito por excelência.[371] Trata-se de questão de direito, de interpretação da norma aplicável ao caso concreto, em que não se faz *mero reexame de prova*, mas sim *revaloração da prova*, ou melhor, aplicação adequada do Direito à situação de fato concreta.

13.2.5. Interposição simultânea e fungibilidade

É necessário interpor o recurso especial e o recurso extraordinário *no mesmo momento caso existam argumentos constitucionais e questões federais na mesma decisão*. É que se for interposto só um deles, o pronunciamento ficaria mantido pelo outro fundamento.

Nos termos da Súmula 126 do STJ, é inadmissível recurso especial quando o acórdão recorrido assenta em fundamentos constitucional e infraconstitucional, qualquer deles suficiente, por si só, para mantê-lo, e a parte vencida não manifesta recurso extraordinário. No mesmo sentido, a Súmula 283 do STF.

O acórdão de segundo grau, fundamentado em questão de direito infraconstitucional e também constitucional, deve ser impugnado em ambos os fundamentos. Não cabe, pois, apenas um dos recursos excepcionais, caso o fundamento infraconstitucional ou o fundamento constitucional sejam suficientes para manter o acórdão recorrido.[372] Em vista disso, calcado o acórdão recorrido em dispositivo constitucional e infraconstitucional, impõe-se a interposição de ambos os recursos excepcionais – especial e extraordinário – a fim de evitar o não conhecimento de um caso não interposto o outro. Verifica-se, pois, exceção ao chamado princípio da unirrecorribilidade.

Nessa senda, mesmo que haja "ofensa reflexa" à Constituição Federal, como por vezes entende o STF, será seguro interpor ambos os recursos, para não correr-se o risco de o REsp não ser conhecido pela simples ausência de

---

[369] STF, RE 76.535/SP, rel. Min. Antonio Nader, jul. 06.05.1977. O STF, em julgado de relatoria do Ministro Moreira Alves, já asseverou que reavaliar certo documento que havia sido considerado como confissão, pois nele não havia admissão pela parte supostamente "confitente", de fatos contrários a seu interesse, é possível em sede de recurso extraordinário, haja vista que se reexamina a prova e se lhe dá o devido valor (e qualificação jurídica), diferente daquele que lhe haja dado o acórdão recorrido (RE 91.512/SP, jul. 16.12.1980). O STF, inclusive, já reanalisou lide em face de prova constante dos autos, que foi fundamento fático da sentença de primeiro grau e que, porém, restou ignorada pelo acórdão de segundo grau, em que, todavia, se considerou importante tal prova cuja existência se ignorou (RE 79.932/GB, rel. Min Xavier de Albuquerque, jul. 15.10.1974).

[370] STJ, 3ª Turma, AgRg no Resp nº 1.159.867/MG, rel. Min. Paulo de Tarso Sanseverino, DJe em 14.05.2012.

[371] WAMBIER, Teresa Arruda Alvim; DANTAS, Bruno. *Recurso especial, recurso extraordinário e a nova função dos tribunais superiores no direito brasileiro*. 3. ed. São Paulo: Revista dos Tribunais, 2016, p. 351-356.

[372] Ver, dentre inúmeros outros, AgRg no REsp 1.480.028/SC, Rel. Min. Napoleão Nunes Maia Filho, Primeira Turma do STJ, julgado em 05.05.2016.

interposição de RExt, mesmo que este venha a não ser conhecido por ofensa "reflexa". Como é cediço, o Supremo Tribunal Federal, por vezes, entende "reflexa" a ofensa ao texto constitucional, quando a questão jurídica debatida está calcada em torno de dispositivo infraconstitucional que, por trás, está "legitimado" por um dispositivo constitucional.

É o que ocorre, por exemplo, com a (im)penhorabilidade do bem de família: as regras que regulam o instituto estão na Lei nº 8009/90 (fundamentalmente arts. 1º a 3º), embora, por detrás dessas regras, haja o direito fundamental à moradia. Nesses termos, o STF entende não ser cabível o Recurso Extraordinário, como se denota de diversos julgados da Corte Constitucional (dentre eles, AgRg no Agravo em RExt 637204/RS e no AgRg em AI 733508/RS).

Diante dessas situações, o NCPC estabeleceu espécie de *fungibilidade* entre os recursos especial e extraordinário. Quando o STF entender que a ofensa à Constituição Federal for reflexa, remeterá os autos ao STJ para julgamento como REsp (art. 1.033). Esta hipótese ocorrerá quando o recorrente interpõe tão somente o Recurso Extraordinário. Assim, será julgado o recurso excepcional pelo STJ; o RExt, nesse caso, não será *inadmitido* (não conhecido), mas convertido em REsp. Por outro lado, se, da decisão de segundo grau, este igualmente tiver sido interposto REsp (em conjunto com o RExt devolvido pelo STF ao STJ), o STJ poderá entender *prejudicado* este "segundo" REsp ou, eventualmente, poderá ocorrer aumento do objeto do recurso especial,[373] aumentando-se as matérias a serem julgadas pelo STJ (que acabará, na prática, julgando dois recursos especiais em conjunto, como se fosse um único).

De outra banda, se o relator do REsp, no STJ, entender que o recurso especial versa sobre matéria constitucional, deverá intimar a parte recorrente e conceder prazo de 15 dias para demonstrar a existência de repercussão geral e para se manifestar sobre a questão constitucional; cumprida a diligência, os autos serão remetidos ao STF, para exame de admissibilidade e eventual devolução ao STJ, se entender assim a Suprema Corte (art. 1.032 do NCPC).

Ora, muitas vezes a questão discutida no acórdão recorrido pode ser analisada sob a ótica constitucional e infraconstitucional e nem sempre é fácil distinguir uma e outra. O objetivo dos dispositivos (arts. 1.032 e 1.033 do NCPC) é, pois, evitar a jurisprudência defensiva, ou seja, evitar que os tribunais deixem de admitir o respectivo recurso afirmando que a competência para julgar a matéria é do outro. A finalidade é que a parte tenha sua questão apreciada, mesmo quando usar um recurso excepcional em vez do outro, permitindo a lei a conversão do recurso inadequado no recurso adequado.[374]

Com efeito, há primazia da obtenção da decisão de mérito no âmbito dos recursos excepcionais, pondo fim a inúmeras situações em que havia negativa de prestação jurisdicional pelos Tribunais Superiores. A *fungibilidade* entre o REsp e o RExt trata de casos em que, havendo dúvida ou sobreposição de ele-

---

[373] Nesse sentido: NERY JÚNIOR, Nelson; NERY, Rosa Maria de Andrade. *Comentários ao Código de Processo Civil*. São Paulo: Revista dos Tribunais, 2015, p. 2.068, 2.173.
[374] THEODORO JÚNIOR, Humberto. *Curso de Direito Processual Civil*, vol. III. 47. ed. Rio de Janeiro: Forense, 2016, p. 1.127-1.128.

mentos capazes de justificar tanto o recurso especial quanto o extraordinário, a questão acabava não sendo julgada por nenhum dos dois Tribunais: o STJ afirmava que a matéria era constitucional, não conhecendo, nesse andar, o REsp; e o STF afirmava que havia ofensa reflexa e, assim, não admitia o RExt.[375]

De fato, muitos problemas de direito infraconstitucional federal não podem ser dirimidos senão a partir da leitura da Constituição. Aliás, por detrás de toda a regra, deve haver um princípio constitucional que a legitime. A própria "constitucionalização do direito civil" deixa clara essa ideia. O direito infraconstitucional há de ter lastro na Lei Maior.[376] Não é possível, a partir de uma interpretação sistemática do direito e de respostas jurisdicionais adequadas à Constituição,[377] que haja uma divisão estanque entre casos de recurso especial e casos de recurso extraordinário. Portanto, de notável procedência a medida tomada pelo NCPC no que tange à *fungibilidade* entre recurso especial e extraordinário.

13.2.6. O exame de admissibilidade é desdobrado

No âmbito dos recursos excepcionais, a admissibilidade do recurso é verificada em dois momentos: primeiro pelo Presidente ou Vice-Presidente do órgão *a quo* (conforme determinar o Regimento Interno de cada tribunal de segundo grau); depois, pelo próprio órgão *ad quem* (relator e colegiado), nos termos do art. 1.030, *caput*, do NCPC.[378] Em razão dessa delegação de atribuições, já que o autêntico órgão para a análise do recurso é o próprio tribunal superior, será cabível recurso da decisão quanto à inadmissão deste pelo órgão *a quo*.

De fato, caso o recurso excepcional não seja admitido no órgão *a quo* (tribunais de segundo grau), poderá ser interposto agravo nos próprios autos dirigido ao órgão *ad quem*, com o objetivo de "destrancar" o recurso especial ou extraordinário não admitido, para que seja apreciado (art. 1.042 do NCPC). O agravo de admissão será tratado posteriormente em capítulo próprio.

13.2.7. Admitem a modalidade adesiva

Assim como no recurso de apelação, é cabível recursos especial e extraordinário adesivo, nos mesmos termos e regras formais e procedimentais, inclusive de admissibilidade (art. 997, § 2º, inciso II, do NCPC).

---

[375] WAMBIER, Luiz Rodrigues; TALAMINI, Eduardo. *Curso avançado de processo civil: cognição judicial (processo comum de conhecimento e tutela provisória)*, vol. 2. 16. ed. São Paulo: Revista dos Tribunais, 2016, p. 616.

[376] MEDINA, José Miguel Garcia. *Novo Código de Processo Civil comentado: com remissões e notas comparativas ao CPC/1973*. 4. ed. São Paulo: Revista dos Tribunais, 2016, p. 1.554-1.555.

[377] Sobre respostas adequadas ao Direito, consultar: STRECK, Lenio Luiz. *Verdade e consenso:* Constituição, Hermenêutica e Teorias Discursivas: da possibilidade à necessidade de respostas corretas em direito. 3. ed., revista, ampliada e com posfácio. Rio de Janeiro: Lumen Juris, 2009.

[378] Não era este o objetivo inicial do CPC de 2015 quando aprovado. No sistema originariamente proposto, a admissibilidade dos recursos excepcionais tinha a mesma lógica da admissibilidade da apelação no NCPC: o recurso seria interposto perante o Tribunal *a quo* e, após o prazo para as contrarrazões, o processo seria encaminhado ao Tribunal Superior competente, independentemente de admissibilidade. Por pressão dos Tribunais Superiores, o legislador, em fevereiro de 2016 – quando o NCPC estava no final de sua *vacatio legis*, voltou atrás, e manteve a sistemática procedimental do diploma processual revogado, com a admissibilidade desdobrada.

13.2.8. Desnecessidade de ratificação

Com o Novo Código de Processo Civil, não é mais necessária a ratificação da interposição do recurso especial e/ou do recurso extraordinário, caso, anterior ou simultaneamente à interposição do recurso excepcional, sejam opostos embargos declaratórios contra o acórdão da apelação (ou eventualmente do agravo de instrumento) pela outra parte. Portanto, se os embargos de declaração forem rejeitados ou não alterarem a conclusão do julgamento anterior, o recurso interposto pela outra parte antes da publicação do julgamento dos embargos de declaração será processado e julgado independentemente de ratificação.

Por outro lado, caso o acolhimento dos embargos de declaração implique modificação da decisão embargada, o embargado que já tiver interposto outro recurso contra a decisão originária tem o direito de complementar ou alterar suas razões, nos exatos limites da modificação, no prazo de 15 (quinze) dias, contado da intimação da decisão dos embargos de declaração. Por essa razão, aliás, a antiga Súmula 418 do STJ ("é inadmissível o Recurso Especial interposto antes da publicação do acórdão dos embargos de declaração, sem posterior ratificação") foi cancelada e, no seu lugar, aprovada a Súmula 579, *verbis*: "não é necessário ratificar o recurso especial interposto na pendência do julgamento dos embargos de declaração quando inalterado o julgamento anterior" (Corte Especial, julgado em 01/07/2016, DJe 01/08/2016).

13.3. Efeitos

13.3.1. Efeito devolutivo

Os recursos excepcionais possuem efeito devolutivo limitado.

O Tribunal somente poderá conhecer das questões constitucionais ou infraconstitucionais aventadas na hipótese de cabimento eleita pelo recorrente (matérias do art. 102, inciso III, e do art. 105, inciso III, da Constituição Federal). Vale lembrar: as questões de fato não são reapreciadas no STF e no STJ. A regra geral do efeito devolutivo dos recursos aplica-se aos recursos especial e extraordinário: a interposição do recurso devolve ao tribunal a *matéria impugnada*. E, como são recursos de fundamentação vinculada, o recorrente estará limitado às hipóteses de cabimento previstas na CF/88.

Ainda, admitido o recurso extraordinário ou o recurso especial por um dos fundamentos apontados no recurso excepcional, devolve-se ao tribunal superior o conhecimento dos demais fundamentos – levantados pelo recorrente no recurso extremo – para a solução do capítulo impugnado (art. 1.034, parágrafo único, do NCPC). Assim, caso a decisão, do tribunal de origem, que realiza o juízo de admissibilidade dos recursos excepcionais, admitir parcialmente REsp ou RExt, a parte recorrente não precisará interpor recurso de agravo do outro fundamento, pois todas as matérias constantes do recurso excepcional serão devolvidas ao Tribunal *ad quem*. É o exemplo de Recurso Especial interposto pelos fundamentos da violação à lei federal e, também, por dissídio jurisprudencial: se apenas por um dos fundamentos o recurso for recebido, o outro estará devolvido ao Tribunal Superior.

Quanto ao efeito translativo (ou profundidade do efeito devolutivo), que permite a reapreciação das questões de ordem pública mesmo quando não alegadas pelas partes, havia grande polêmica sob a égide do CPC/73. No STJ, preponderava que mesmo as questões de ordem pública precisavam ser previamente discutidas nas instâncias ordinárias.[379] O STF passou a contar com a mesma orientação: somente seria possível analisar questões de ordem pública devidamente prequestionadas.[380] Cumpre refletir, porém, se a orientação será mantida diante do parágrafo único do art. 1.034 do NCPC.

13.3.2. Efeito suspensivo

Os recursos excepcionais não possuem efeito suspensivo decorrente de lei (*ope legis*), mas é possível que seja agregado efeito suspensivo por pronunciamento judicial (*ope judicis*).

Já se viu que, na apelação, o magistrado de origem não faz o exame de admissibilidade do recurso e tampouco decide os efeitos em que o recurso de apelo é recebido. Tudo fica com o segundo grau. Não é por outro motivo que os pedidos de agregação de efeito suspensivo, quando o recurso de apelação não o tem (casos do art. 1.012, § 1º, NCPC), devem ser encaminhados ao tribunal, mesmo que o processo ainda esteja em tramitação em primeiro grau.

Por sua vez, nos recursos excepcionais, cabe ao órgão *a quo* o exame de admissibilidade inicial, não encaminhando diretamente ao Tribunal Superior, motivo pelo qual eventual pedido de efeito suspensivo será apresentado ao órgão competente no próprio tribunal de origem (até a admissibilidade) ou, após o juízo positivo de admissibilidade, perante o Tribunal Superior. Portanto, embora não tenham os recursos especial e extraordinário efeito suspensivo, a parte interessada pode requerer, conforme art. 1.029, § 5º, combinado com art. 995, ambos do NCPC, tal efeito. São três as vias para apresentação desse requerimento:

a) ao próprio tribunal de origem, onde o recurso é interposto, no período compreendido entre a interposição do recurso e a publicação da decisão acerca do juízo de admissibilidade do REsp e/ou RExt;

b) caso já tenha sido proferida decisão admitindo o recurso excepcional, ou seja, se *positivo* o juízo de admissibilidade, a parte poderá requerer efeito suspensivo diretamente ao STJ e/ou STF, no período compreendido entre a publicação da decisão de admissão e a distribuição do recurso no Tribunal Superior competente, ficando, neste caso, o relator sorteado prevento;

---

[379] AgRg no AREsp 426171/RJ, DJe em 19.12.2014; AgRg no REsp 1147283/RS, DJe em 18.12.2014; AgRg nos EDcl no REsp 1469360/SP, DJe em 26.11.2014

[380] Assim: "Nos termos da jurisprudência desta Corte, exige-se o regular prequestionamento das questões constitucionais, ainda que se trate de matéria de ordem pública" (ARE 930708 AgR, Relator Min. Roberto Barroso, Primeira Turma, julgado em 02/02/2016).

c) se, além de já admitido o recurso excepcional no tribunal *a quo* e, ainda, já tiver sido remetido e distribuído o recurso ao STJ ou STF, o pedido será encaminhado e endereçado ao relator do recurso no Tribunal Superior.

Para que o efeito suspensivo seja concedido, a parte deverá demonstrar a presença dos seus requisitos: *risco de dano grave, de difícil ou impossível reparação* e *probabilidade de provimento do recurso* (art. 995, parágrafo único, NCPC). Nessa seara, quando o pedido for feito perante o tribunal recorrido, o juízo de admissibilidade ainda estará pendente. Por outro lado, gize-se que, para que o pedido seja feito perante o Tribunal Superior (alíneas *b* e *c*, acima), o tribunal de origem *deve* ter *admitido* o recurso excepcional. A lei não prevê, portanto, possibilidade de pedido de efeito suspensivo caso a corte de segundo grau tenha *inadmitido* o recurso. Portanto, não basta comprovar *risco de dano grave, de difícil ou impossível reparação* e demonstrar a *probabilidade de provimento do recurso*, mas deve o recurso excepcional ter sido *admitido*.

Registre-se, por oportuno: o que a lei está a exigir para que o efeito suspensivo seja concedido ao recurso excepcional, pelos Tribunais Superiores, no que tange à necessária *admissão* do recurso pelo tribunal *a quo*, nada mais faz do que prever aquilo que já era entendimento jurisprudencial firmado, tanto pelo STJ, como pelo STF. Vide, entre tantas outras decisões: STF, Pet. 2.705-QO, Rel. Min Celso de Mello, DJ em 20.05.2005. No STJ, o entendimento é(ra) o mesmo, embora a Corte, em casos excepcionalíssimos, concedia efeito suspensivo a recurso especial, mesmo quando não admitido na origem (vide AgRg na MC 23747/SP, Rel. Min. Napoleão Nunes Maia Filho, julgado em 08.09.2015, Primeira Turma do STJ).

O CPC/73 não previa a possibilidade de concessão de efeito suspensivo. Por isso, não havia previsão expressa no Código, como há no art. 1.029, § 5º, do NCPC, que prevê a forma para se fazer o pedido de efeito suspensivo. O pedido, no novel diploma processual, é feito por petição simples. No CPC/73, enquanto vigente, o meio para se pleitear efeito suspensivo aos recursos excepcionais era a *medida cautelar inominada*. Esta cabia perante o próprio tribunal de origem, enquanto não realizado o exame de admissibilidade; mas, após a admissibilidade, a medida deveria ser requerida perante o Tribunal Superior competente. Veja que o sistema atual apenas formalizou a lógica anterior, além de ter facilitado o acesso ao pleito, pois desnecessária propositura de ação, já que o pedido de efeito suspensivo, no NCPC, se faz mediante petição simples.

Mas o NCPC não encerra a complexidade das questões: do pronunciamento judicial, proferido pelo Presidente ou Vice-Presidente do tribunal de origem, que decide o pleito de efeito suspensivo, cabe recurso? E mais: para qual órgão? Não há previsão específica nesse sentido no NCPC. Entendemos que, dessa decisão, caberá recurso de agravo interno (ou regimental, se previsto no Regimento Interno do tribunal de segundo grau competente) a eventual "órgão colegiado" competente para julgar as decisões monocráticas proferidas pelo Presidente ou pelos Vice-Presidentes na apreciação dos recursos excepcionais. O Tribunal de Justiça do Rio Grande do Sul, por exemplo, implementou a *Câmara da Função Delegada dos Tribunais Superiores*, formada pelos três Vice-Presidentes do TJRS (art. 35-A do Regimento Interno), competente para julgar "os recursos das decisões dos Vice-Presidentes proferidas nos recursos extraordinário e especial, nos termos do Código de Processo Civil".

E da decisão desse colegiado, cabe(ria) alguma medida, pela parte interessada, acerca da decisão que concede – ou não – o efeito suspensivo? Entendemos que sim. Pelo sistema do CPC/73, da decisão que, apreciando *medida cautelar* para concessão de efeito suspensivo ao REsp ou RExt, concedesse o efeito suspensivo, cabia *agravo de instrumento*[381] e, da decisão que negasse o pleito, cabeia nova *medida cautelar* ao STF ou STJ.[382] Como a lógica da *cautelar inominada* restou afastada pelo NCPC, como se viu, e haja vista que as hipóteses de cabimento dos recursos de agravo (de instrumento e em recurso especial e extraordinário) são taxativas no novel diploma (arts. 1.015 e 1.042, respectivamente), entendemos que poderá a parte interessada apresentar, perante o Tribunal Superior competente, *petição simples*,[383] embora não se possa afastar a possibilidade de *Mandado de Segurança*, haja vista que se trata de decisão judicial sem previsão de recurso (ou, até, a própria *Medida Cautelar Inominada*). Entretanto, ao STJ e ao STF caberá fixar esse entendimento.

13.4. Procedimento

Os recursos excepcionais são interpostos perante os tribunais de origem, onde foi prolatado o acórdão recorrido. Diferentemente do recurso de apelação, que é interposto no juízo recorrido – em primeiro grau, mas este não faz o juízo de admissibilidade; os recursos especial e extraordinário, por seu turno, são interpostos perante o tribunal de origem, e este realiza o juízo de admissibilidade. O órgão que realiza o juízo de admissibilidade, contudo, não é o órgão prolator do acórdão recorrido, mas outro órgão, indicado pelo Regimento Interno do tribunal competente. Via de regra, será alguma das Vice-Presidências da Corte.

Recebida a petição do recurso pela secretaria do órgão recorrido, os autos são remetidos para o órgão competente, dentro do tribunal, para a admissibilidade do recurso excepcional. Ato contínuo, a secretaria intima a parte recorrida para, querendo, contra-arrazoar o(s) recurso(s) no prazo de quinze dias. Em seguida, os autos são conclusos para juízo de admissibilidade (Presidente ou Vice-Presidente do Tribunal), que deverá (art. 1.030, NCPC):

> a) negar seguimento a recurso extraordinário que discuta questão constitucional à qual o Supremo Tribunal Federal não tenha reconhecido a existência de repercussão geral ou a recurso extraordinário interposto contra acórdão que esteja em conformidade com entendimento do Supremo Tribunal Federal exarado no regime de repercussão geral;

---

[381] Vide AgRg na MC 14635/PR; e AgRg na MC 15429/SP.
[382] Vide AgRg na MC 11.448/RJ, DJe em 01.02.2007, Rel. Min. Teori Zavascki.
[383] Aplicando-se a mesma lógica do art. 1.012, § 3º, inciso I, do NCPC.

b) negar seguimento a recurso extraordinário ou a recurso especial interposto contra acórdão que esteja em conformidade com entendimento do Supremo Tribunal Federal ou do Superior Tribunal de Justiça, respectivamente, exarado no regime de julgamento de recursos repetitivos;

c) encaminhar o processo ao órgão julgador para realização do juízo de retratação, se o acórdão recorrido divergir do entendimento do Supremo Tribunal Federal ou do Superior Tribunal de Justiça exarado, conforme o caso, nos regimes de repercussão geral ou de recursos repetitivos;

d) sobrestar o recurso que versar sobre controvérsia de caráter repetitivo ainda não decidida pelo Supremo Tribunal Federal ou pelo Superior Tribunal de Justiça, conforme se trate de matéria constitucional ou infraconstitucional;

e) selecionar o recurso como representativo de controvérsia constitucional ou infraconstitucional, nos termos do § 6º do art. 1.036, caso entenda tratar-se de multiplicidade de recursos e tenha o objetivo de encaminhar ao STJ ou ao STF para fins de julgamento na forma de REsp ou RExt repetitivos;

f) realizar o juízo de admissibilidade e, se positivo, remeter o feito ao Supremo Tribunal Federal ou ao Superior Tribunal de Justiça, desde que:

i) o recurso ainda não tenha sido submetido ao regime de repercussão geral ou de julgamento de recursos repetitivos;

ii) o recurso tenha sido selecionado como representativo da controvérsia; ou

iii) o tribunal recorrido tenha refutado o juízo de retratação.

Nos casos das alíneas *a*, *b* e *d*, caberá recurso de agravo interno, no próprio tribunal de origem. Com efeito, nota-se, aqui, mais uma vez, a preocupação do legislador com as decisões dos Tribunais Superiores. Quer dizer, se o STF tiver negado repercussão geral na análise de recurso extraordinário, qualquer RExt posteriormente interposto com base na mesma tese jurídica terá seu seguimento negado pelo tribunal de origem. Da mesma forma, se o STF já tiver julgado outro recurso extraordinário no mérito, com repercussão geral reconhecida, a decisão deve ser respeitada pelos tribunais de segundo grau, motivo pelo qual um recurso extraordinário interposto contra acórdão que estiver em conformidade com o julgamento do STF terá seguimento negado. E, ainda, no mesmo sentido, qualquer recurso especial ou extraordinário interposto contra acórdão que esteja em conformidade com julgamento de recurso repetitivo feito pelo STF ou pelo STJ igualmente não terá seguimento. Por fim, caso haja interposição de recurso especial ou extraordinário, por pender julgamento de recurso repetitivo no STJ ou no STF, o recurso deve ser *sobrestado*. Todas essas hipóteses têm relação com a estabilidade, coerência e integridade das decisões, em especial as decisões provenientes de julgados repetitivos ou com repercussão geral.

Assim, nos casos da decisão que nega seguimento a REsp ou RExt com base nas alíneas *a* e *b*, não caberá Agravo em Recurso Especial ou em Recurso Extraordinário (a ser encaminhado para o STJ ou STF), mas *apenas* agravo interno (no próprio tribunal de origem) – vide art. 1.042, *caput*, do NCPC. O agravo interno deverá ser julgado pelo "órgão colegiado" competente para julgar as decisões monocráticas proferidas pelos Vice-Presidentes na apreciação dos recursos excepcionais. Esse órgão deve ser criado por cada Tribunal, em seu Regimento Interno. O Tribunal de Justiça do Rio Grande do Sul, por exemplo, implementou a *Câmara da Função Delegada dos Tribunais Superiores*, formada pelos três Vice-Presidentes do TJRS (art. 35-A do Regimento Interno), competente para julgar "os recursos das decisões dos Vice-Presidentes proferidas nos recursos extraordinário e especial, nos termos do Código de Processo Civil".[384] Não há, em tese, acesso ao STJ e/ou ao STF, discutindo-se a questão apenas perante o tribunal de origem (pela via do agravo interno), embora a doutrina sustente o cabimento de *Reclamação* e, eventualmente, até de recurso especial ou extraordinário nesses casos.[385]

Percebe-se, nos casos em que ao Presidente ou Vice-Presidente cabe negar seguimento aos recursos excepcionais, que há um claro propósito do legislador em manter a estabilidade da jurisprudência, dando à lei imenso prestígio à palavra do STF e do STJ. Essa tomada de posição reflete a consciência da comunidade jurídica de que as decisões judiciais criam Direito e de que o Direito deve ser *estável* e *uniforme*.[386]

Por sua vez, no caso da alínea *c*, se o acórdão recorrido – pelo REsp ou pelo RExt – divergir do entendimento do Supremo Tribunal Federal ou do Superior Tribunal de Justiça exarado nos regimes de repercussão geral ou de recursos repetitivos, o Vice-Presidente encaminhará o processo ao órgão julgador para realização do juízo de retratação. Não realizada a retratação, o REsp/RExt será encaminhado ao Tribunal Superior para julgamento, após admissão. Se houver retratação, pode haver REsp/RExt pela outra parte, mas, se inadmitido, não

---

[384] No Tribunal Regional Federal da 4ª Região, por sua vez, a competência para julgar o agravo interno interposto da decisão da (Vice-)Presidência que nega seguimento ao REsp/RExt nesses casos será da Seção competente em razão da matéria (art. 14, parágrafo único, alínea *f*, combinado com art. 309, ambos do Regimento Interno do TRF4). No TRF4, existem oito turmas e a cada grupo de duas Turmas corresponde uma Seção (vide art. 10 do Regimento Interno do tribunal).

[385] Embora pareça não haver acesso ao STF e ao STJ nesses casos, não se pode olvidar a possibilidade de manejo de Ação de Reclamação, endereçada diretamente ao STF ou ao STJ, quando a decisão proferida pelo tribunal de origem negar seguimento a RExt ou a REsp com base no art. 1.030, inciso I (vide art. 988, inciso IV, §§ 4º e 5º, inciso II, do NCPC). No caso, a negativa de seguimento do recurso extraordinário, determinada pelo tribunal de origem, ocorre porque versa o RExt sobre matéria idêntica a outro recurso extraordinário cuja repercussão geral já tenha sido negada pelo STF ou porque o recurso extraordinário foi interposto contra acórdão que esteja em conformidade com entendimento do Supremo Tribunal Federal exarado no regime de repercussão geral; ou, ainda, porque o REsp ou o RExt foi interposto contra acórdão que esteja em conformidade com entendimento do Supremo Tribunal Federal ou do Superior Tribunal de Justiça, respectivamente, exarado no regime de julgamento de recursos repetitivos. Ora, é possível que a decisão de negativa de seguimento, proferida pelo tribunal de origem, relacione *indevidamente* a tese jurídica adotada pelo STF/STJ no julgamento de um recurso extraordinário ou especial julgado no regime da repercussão geral ou repetitivo (ou não reconhecida repercussão geral do RExt). Atente-se, contudo, que, da decisão de negativa de seguimento proferida com base no art. 1.030, inciso I, caberá *agravo interno* (§ 2º do art. 1.030); assim, a ideia é a de que a parte interessada interponha o agravo interno da negativa de seguimento ao RExt/REsp e, em conjunto, Ação de Reclamação, haja vista que não caberá a reclamatória se a decisão reclamada transitar em julgado. De outra banda, há entendimento no sentido de que, em face do acórdão proferido pelo Tribunal de origem, ao analisar o *agravo interno* previsto no art. 1.030, § 2º, do NCPC, caberá recurso especial ou extraordinário, conforme o caso, pois pode haver motivos para que a tese firmada no julgamento de recursos repetitivos (ou, quiçá, firmada no regime de repercussão geral) não se aplique ao caso concreto apreciado pelo tribunal de origem, ou, até mesmo, poderá haver razões para a superação da tese jurídica adotada. Nesse sentido, também, MEDINA, José Miguel Garcia. *Novo Código de Processo Civil comentado: com remissões e notas comparativas ao CPC/1973*. 4. ed. São Paulo: Revista dos Tribunais, 2016, p. 1.550.

[386] WAMBIER, Teresa Arruda Alvim; DANTAS, Bruno. *Recurso especial, recurso extraordinário e a nova função dos tribunais superiores no direito brasileiro*. 3. ed. São Paulo: Revista dos Tribunais, 2016, p. 407.

caberá recurso, pois não cabe Agravo em Recurso Especial ou Extraordinário nos regimes de repercussão geral ou de recursos repetitivos (vide art. 1.042, *caput*, do NCPC); aliás, havendo retratação, se a outra parte interpor recurso excepcional, este será contrário a julgado exarado nos regimes de repercussão geral ou de recursos repetitivos e, portanto, terá seu seguimento negado pelo Vice-Presidente do tribunal de origem (aplicando-se as alíneas *a* ou *b*) – e só caberá agravo interno, e não agravo em REsp ou RExt.

Ainda, no caso da alínea *e* (seleção do recurso como representativo de controvérsia constitucional ou infraconstitucional), em tese não cabe recurso desta. Nada impede, contudo, que a parte promova recurso para "órgão colegiado" competente para julgar as decisões monocráticas proferidas pelos Vice-Presidentes na apreciação dos recursos excepcionais. Mas difícil será ter matéria para tal recurso, a menos que a matéria discutida nos autos seja diversa da matéria objeto dos demais recursos selecionados como representativos de controvérsia.

Por fim, não ocorrendo qualquer dos casos das alíneas anteriores (*a* até *e*), o Vice-Presidente fará o juízo de admissibilidade do recurso especial e/ou do recurso extraordinário (alínea *f*). Por um lado, da decisão de inadmissibilidade da alínea *f*, caberá Agravo em Recurso Especial ou em Extraordinário ao Tribunal Superior respectivo. Em caso de inadmissibilidade, caberá Agravo em Recurso Especial ou Extraordinário, a fim de destrancar o recurso excepcional inadmitido, forçando a subida aos Tribunais Superiores. Por outro lado, caso seja o recurso excepcional admitido, o processo será remetido ao Tribunal Superior competente (se ambos foram interpostos, primeiro ao STJ), o que ocorrerá caso se trate de um recurso excepcional *individual* (ainda não afetado para fins de julgamento pelos regimes dos recursos repetitivos ou da repercussão geral) ou, se já julgado REsp pelo regime repetitivo ou RExt pelo regime repetitivo ou de repercussão geral e o acórdão recorrido divergir da tese adotada pelo Tribunal Superior, caso o órgão prolator do acórdão recorrido não realizar o juízo de retratação, quando encaminhado o processo para tanto (vide alínea *c*).

Chegando o recurso ao Tribunal Superior, será distribuído a uma das Turmas competentes em razão da matéria. Distribuído o recurso e sorteado o relator, este poderá, na forma do art. 932, incisos III a V, decidir *monocraticamente*. Da mesma forma, poderá decidir monocraticamente nos casos em que os Regimentos Internos do STJ e do STF permitirem.[387] Havendo julgamento monocrático, caberá, da decisão, agravo interno (art. 1.021), ao colegiado competente. Caso não haja julgamento monocrático, será o recurso incluído em pauta para sessão de julgamento pelo órgão colegiado (Turma). Aplicam-se, a partir daqui, as regras acerca *da ordem dos processos no tribunal* (arts. 929 a 946).

---

[387] No STJ, os poderes do relator para julgamento monocrático de Recurso Especial são mais amplos do que os estabelecidos pelo art. 932, incisos III a V, do NCPC, conforme se observa do art. 34, inciso XVIII, do seu Regimento Interno. E, para fins de julgamento de Agravo em Recurso especial, são maiores ainda, conforme inciso VII do art. 34, que dá ao relator competência para *decidir* o agravo em recurso especial. No STF, a competência do relator está no § 1º do art. 21 do seu Regimento Interno.

Lições de PROCESSO CIVIL — Recursos

13.5. Regime jurídico dos recursos repetitivos

O CPC/73, nos artigos 543-B e 543-C, previa o julgamento de recursos extraordinário e especial repetitivos. O NCPC, nos arts. 1.036 a 1.041, vai no mesmo sentido, mas aprofunda e incrementa o instituto do julgamento dos recursos excepcionais repetitivos com vistas aos ditames do novel diploma no que tange à valorização da uniformização da jurisprudência e impõe a obrigatoriedade de observância desses julgamentos pelos Tribunais de segunda instância e pelos juízos de primeiro grau.

Assim, sempre que houver multiplicidade de recursos especial e extraordinário com fundamento em idêntica questão de direito, haverá afetação dos processos para julgamento em conjunto, pelo regime jurídico dos recursos repetitivo (recurso extraordinário repetitivo ou recurso especial repetitivo), visando a otimização e celeridade dos provimentos jurisdicionais e a efetivação da segurança jurídica e da isonomia.

Faz-se necessário, portanto, estudar essa especial forma de julgamento dos recursos excepcionais (arts. 1.036-1.041, NCPC).

O Presidente ou o Vice-Presidente do Tribunal de Justiça ou do Tribunal Regional Federal competente selecionará dois ou mais recursos representativos da controvérsia que serão encaminhados à Superior Instância (Superior Tribunal de Justiça ou Supremo Tribunal Federal), conforme o caso (art. 1.036, § 1º, NCPC). Escolhidos e encaminhados os representantes da controvérsia, os demais recursos serão sobrestados e afetados aos representativos enviados ao STJ ou STF, aguardando o julgamento.

Para além do sobrestamento dos recursos excepcionais pendentes no Tribunal de origem, aqueles afetados aos escolhidos como representativos da controvérsia e enviados ao STJ ou STF, o Presidente ou o Vice-Presidente do TJ ou do TRF determinará a suspensão do trâmite de todos os outros processos pendentes que tramitem no Estado ou na região, e não apenas aqueles processos em que penda admissibilidade de recurso excepcional e não escolhidos como representativos da controvérsia.

Já se observa uma diferença bastante significativa entre o *procedimento* dos Recursos Especial e Extraordinário Repetitivos no NCPC em comparação com o CPC/73: a lei processual prevê expressamente a suspensão dos processos que tramitem em primeiro (ainda não sentenciados) e em segundo grau de jurisdição (aguardando julgamento de apelo, de ou de embargos declaratórios). Sob a vigência do diploma processual anterior, apenas se suspendia (*sobrestamento*) o processamento dos recursos especial e extraordinário já interpostos e ainda pendentes de juízo de admissibilidade no Tribunal de origem. Os processos que tratavam da mesma questão de direito objeto do recurso repetitivo que ainda estivessem em primeiro grau ou aguardando julgamento em segundo grau mantinham seu trâmite normal. Pelo novel diploma, todos os processos em tramitação no Estado ou na região, encontrados em qualquer fase processual. A pretensão é evitar julgamentos de processos individuais sobre temas que deverão ser apreciados em sede de recursos repetitivos, cuja decisão será *vinculante* a todos os juízes e tribunais (art. 927, inciso III, *in fine*, do NCPC).

Não está expresso na lei processual, mas vale a ponderação, à luz de todo o sistema que o NCPC estabelece acerca da *vinculatividade* das decisões proferidas nos julgamentos de processos ou recursos – especial e extraordinário – repetitivos: será que caberia ação rescisória da decisão de mérito final que não tenha observado orientação firmada em julgamento de processos ou recursos repetitivos (desde que transitado em julgado antes da decisão de mérito objeto da eventual rescisória)? Ora, se cabe ação rescisória, por violação manifesta de norma jurídica, contra decisão baseada em súmula ou acórdão proferido em casos repetitivos em que não tenha sido considerada a distinção entre a questão discutida no processo e o padrão decisório que lhe deu fundamento (art. 966, § 5º), por que não haveria de caber rescisória por não aplicação de tese firmada no julgamento de casos repetitivos? Especialmente quando a decisão desses casos é obrigatória (art. 927, III). E, ainda, se é considerada omissa a decisão que não se manifeste sobre tese firmada em julgamento de casos repetitivos (art. 1.022, parágrafo único, inciso I), não se estaria diante de uma decisão que viola manifestamente norma jurídica? Ao que tudo indica, a resposta é afirmativa.

Retornando à suspensão dos processos com a decisão de afetação, o interessado pode requerer, ao Presidente ou o Vice-Presidente do TJ ou do TRF, que exclua da decisão de sobrestamento e inadmita o recurso especial ou extraordinário que tenha sido interposto intempestivamente, tendo o recorrente o prazo de cinco dias para manifestar-se desse requerimento. Da decisão que indeferir o requerimento, caberá agravo interno (art. 1.036, § 3º, do NCPC). O órgão competente para o julgamento deste agravo interno deverá ser devidamente indicado no Regimento Interno de cada tribunal, haja vista que não é decisão de relator de órgão fracionário (Turma ou Câmara), mas sim, decisão singular do Presidente ou de Vice-Presidente.

De outra banda, ressalte-se que a escolha feita pelo Presidente ou pelo Vice-Presidente do TJ ou do TRF não vincula o relator no Tribunal Superior, que poderá selecionar outros recursos representativos da controvérsia. Ademais, o relator, no STJ ou STF, pode selecionar os recursos representativos da controvérsia e julgá-los na forma do julgamento de repetitivos, independentemente da iniciativa do Presidente ou do Vice-Presidente do TJ ou do TRF.

Importa grifar que deverão ser escolhidos, como representantes da controvérsia, recursos admissíveis e que contenham abrangente fundamentação e argumentação a respeito da questão a ser decidida, buscando a maior abrangência possível da discussão em relação à questão de direito objeto do julgamento e uma motivação qualificada da decisão a ser proferida.

Selecionados os recursos, o relator, no Tribunal Superior, reconhecendo presentes os requisitos da multiplicidade de recursos com fundamento em idêntica questão de direito, proferirá decisão de afetação, identificando a questão a ser julgada e determinando a suspensão dos processos pendentes no território nacional que versem sobre a mesma questão.

Poderá o relator, ainda, requisitar aos Presidentes e Vice-Presidentes dos Tribunais de Justiça ou dos Tribunais Regionais Federais a remessa de um recurso representativo da controvérsia, a fim de obter recursos de vários Estados e regiões brasileiras.[388] Havendo mais de uma afetação, estará prevento o relator que primeiro proferir decisão que determina a afetação e identifica a questão a ser julgada.

Por outro lado, se, ao receber os recursos representativos de controvérsia, enviados pelos Presidentes e Vice-Presidentes dos TJs ou dos TRFs, o relator, no Tribunal Superior, entender por não proceder a afetação (e assim, por não julgar os recursos pelo procedimento do julgamento de recursos repetitivos), comunicará sua decisão ao tribunal de origem, para revogação da suspensão dos processos.

As partes deverão ser intimadas da decisão de suspensão de seu processo. O juiz ou o relator do processo, conforme o caso, procederá à suspensão determinada pelo Tribunal Superior. A parte interessada poderá requerer o prosseguimento do seu processo, se demonstrar a distinção entre a questão a ser decidida no processo e aquela a ser julgada no REsp ou RExt afetado, ouvindo-se a parte contrária em 5 dias.

O requerimento de prosseguimento será feito ao juiz do processo (se em 1º grau); ao relator (se no tribunal de origem, se pendente julgamento da apelação); ao relator do acórdão recorrido (se sobrestado REsp ou RExt já interposto, diante da afetação); ao relator no Tribunal Superior (se lá já estiver em tramitação REsp ou RExt e lá for determinado o sobrestamento). Nos dois primeiros e no último caso, se reconhecida a distinção do caso, será o próprio juiz ou o próprio relator (no tribunal de origem ou no Tribunal Superior) que determinará o prosseguimento do processo. Caso, por outro lado, seja sobrestado REsp ou RExt no tribunal de origem, e o relator acolher o pedido de prosseguimento por distinção, informará a decisão ao Presidente ou Vice-Presidente do tribunal de origem, para que o REsp ou o RExt seja encaminhado ao STJ ou STF, para julgamento, após, evidentemente, juízo de admissibilidade (na forma do art. 1.030 do NCPC).

Da decisão que resolve o requerimento de prosseguimento por distinção caberá agravo de instrumento, se o processo estiver em primeiro grau, ou agravo interno, se a decisão for do relator (seja no tribunal de origem, seja no Tribunal Superior).

O relator do julgamento do recurso excepcional repetitivo poderá admitir a manifestação de pessoas e órgãos com interesse na controvérsia. Mais. Poderá realizar audiência pública, para oitiva de pessoas com experiência na matéria, a fim de instruir o procedimento, além de requisitar informações aos tribunais de origem acerca da controvérsia. Ao final, o Ministério Público será ouvido e, após, haverá julgamento.

---

[388] Neste caso, se os recursos requisitados contiverem outras questões além daquela que é o objeto da afetação, caberá ao tribunal decidir esta em primeiro lugar e depois as demais, em acórdão específico para cada processo.

O acórdão de julgamento do recurso excepcional repetitivo conterá a análise de todos os fundamentos da tese jurídica discutida. Além disso, como se viu linhas acima, o relator, na decisão de afetação, poderá requisitar ao Presidente e Vice-Presidentes dos Tribunais de Justiça ou dos Tribunais Regionais Federais a remessa de um recurso representativo da controvérsia. Neste caso, quando os recursos requisitados contiverem outras questões além daquela que é objeto da afetação, caberá ao tribunal decidir esta em primeiro lugar e depois as demais, em acórdão específico para cada processo.

Com o julgamento, os órgãos colegiados declararão prejudicados os demais recursos versando sobre idêntica controvérsia (quando já interposto o recurso excepcional da decisão de segundo grau), ou decidirão os processos (quando ainda pendente julgamento – a apelação ou o agravo de instrumento – o recurso em segundo grau) aplicando a tese adotada pelo Tribunal Superior.

Negada a existência de repercussão geral no RExt afetado, serão considerados não admitidos os demais recursos extraordinários cujo processamento tenha sido sobrestado. Desta decisão, não caberá Agravo em Recurso Extraordinário; não haverá, assim, como *forçar* a subida do RExt ao STF.

Publicado o acórdão paradigma:

a) O Presidente ou Vice-Presidente do tribunal de origem negará seguimento aos recursos excepcionais já interpostos e sobrestados na origem, se o acórdão coincidir com a orientação do Tribunal Superior;

b) O órgão que proferiu o acórdão recorrido na origem reexaminará sua decisão no processo ou no recurso anteriormente julgado (ex: recurso de apelação), se o acórdão recorrido contrariar a orientação do Tribunal Superior;

c) Os processos suspensos em primeiro e segundo graus retomarão o curso para julgamento e aplicação da tese firmada pelo Tribunal Superior;

d) Se os recursos versarem sobre questão relativa a prestação de serviço público objeto de concessão, permissão ou autorização, o resultado do julgamento será comunicado ao órgão, ao ente ou à agência reguladora competente para fiscalização da efetiva aplicação, por parte dos entes sujeitos a regulação, da tese adotada;

e) A parte poderá, diante da publicação do acórdão paradigma pelo Tribunal Superior, desistir da ação em curso em primeiro grau de jurisdição, antes de proferida a sentença e independentemente do consentimento do réu, mesmo que já apresentada contestação, caso em que ficará isenta de custas e honorários sucumbenciais.

Mantido o acórdão divergente pelo Tribunal de origem, contra o qual a parte interpôs o recurso excepcional sobrestado, o recurso especial e/ou extraordinário será remetido ao Tribunal Superior respectivo, pelo regime dos recursos excepcionais repetitivos. Realizado, porém, juízo de retratação pelo órgão que proferiu a decisão recorrida pelo recurso excepcional, o Tribunal de origem, se for o caso, decidirá das demais questões ainda não decididas, cujo enfrentamento se tornar necessário em decorrência da alteração do julgado.

Ademais, se o recurso excepcional versar sobre outras questões, caberá ao presidente ou ao vice-presidente do tribunal recorrido, depois do reexame pelo órgão de origem (que proferiu o acórdão recorrido por Resp e/ou RExt sobrestado) e independentemente de ratificação do recurso, sendo positivo o juízo de admissibilidade, determinar a remessa do recurso ao tribunal superior para julgamento das demais questões de direito (federal e/ou constitucional), se for o caso.

Cumpre ressaltar que o regime dos recursos repetitivos pode ser considerado um sucesso, já contando com inúmeros precedentes.

Exemplifica-se com recurso especial que será julgado no STJ pela modalidade dos julgamentos repetitivos, que avaliará a validade do aumento da mensalidade do plano de saúde por mudança de faixa etária. Trata-se do REsp 1.568.244/RJ, afetado em 18 de maio de 2016.

É evidente a relevância e transcendência do assunto. Seja do assunto dos planos de saúde, seja as demais matérias já julgadas em como casos repetitivos. Aliás, são tantas as matérias discutidas em múltiplos recursos que têm impacto em todo o território nacional. Nada mais justo e democrático que tenha tratamento isonômico pelo Poder Judiciário. Com a *vinculatividade* a todos os juízes e tribunais, das decisões proferidas em recursos repetitivos, advinda com o NCPC, a tendência do Superior Tribunal de Justiça deverá ser cada vez mais julgar tais matérias em sede de recursos repetitivos.

Capítulo 14 – Recurso extraordinário

14.1. Conceito

O Recurso Extraordinário é o remédio jurídico recursal que tem por objetivo contestar o pronunciamento judicial fundado em questão constitucional controvertida. Trata-se de recurso endereçado à mais alta corte brasileira, o Supremo Tribunal Federal, e o principal objetivo deste expediente processual é proteger a Constituição Federal. Nessa esteira, o STF, como guardião maior da Constituição Federal, é o órgão que, por excelência, tem a função de dar a palavra final acerca da interpretação e aplicação do texto constitucional. Há, atualmente, rígidos requisitos de admissibilidade a serem superados para que o recurso possa ser examinado, no mérito, pelo Supremo Tribunal Federal.

Como se viu na apresentação conjunta dos recursos excepcionais, o entendimento firmado nas decisões do STJ e STF irradia seus efeitos para juízes e tribunais de todo o país. E o Supremo Tribunal Federal tem a função especial de fixar a interpretação e aplicação da Constituição Federal. De suma importância, portanto, para o Direito brasileiro, tanto quanto as leis e o próprio texto constitucional, são as decisões proferidas pelo STF. E o recurso extraordinário é um dos instrumentos disponíveis ao interessado para alçar o debate das questões constitucionais à Corte Constitucional brasileira.[389]

O recurso extraordinário, enquanto recurso de *fundamentação vinculada*, e como recurso a ser remetido ao STF enquanto Corte Suprema, apresenta hipóteses de cabimento restritas e requisitos de admissibilidade rigorosos, de modo que não deveria ser possível levar à apreciação do STF um número muito grande de recursos, embora nossa Suprema Corte já tenha um altíssimo índice de processos em tramitação.

Cumpre registrar que as características essenciais do recurso extraordinário já foram tratadas em capítulo próprio, de modo que resta um exame detido acerca da sua admissibilidade.

---

[389] "Vale destacar que o recurso extraordinário é o meio pelo qual a Suprema Corte irá se debruçar sobre determinada questão constitucional incidenter tantum, ou seja, no bojo de uma situação jurídica palpável (trata-se de questão prejudicial, similar ao direito português), diferente do que ocorre no controle abstrato, no qual não há propriamente partes nem uma situação de conflito oriunda da aplicação concreta da norma tida por (in)constitucional" (SCALABRIN, Felipe. *Causa de pedir e atuação do Supremo Tribunal Federal*. Porto Alegre: Verbo Jurídico, 2014, p. 82)

14.2. Admissibilidade (cabimento)

Com efeito, é na admissibilidade que os recursos excepcionais merecem maior atenção. Isso porque há requisitos específicos de cabimento que devem estar presentes para abrir as portas da via excepcional. Assim, o primeiro dos requisitos de admissibilidade – o cabimento – merece redobrado alarma. Adiante-se que os demais requisitos de admissibilidade do recurso extraordinário já foram tratados, de modo que o *cabimento* merecerá aqui especial atenção.

Nessa linha, vai bem a distinção feita pela doutrina entre condições genéricas e condições específicas quanto ao cabimento do extraordinário.[390] As condições genéricas diriam respeito a qualquer hipótese estampada no art. 102, III, CF, enquanto as condições específicas seriam propriamente os tipos lá previstos (alíneas do citado dispositivo constitucional).

Assim, para o estudo do *cabimento* do recurso extraordinário, necessário considerar a existência de condições genéricas e condições específicas. **Presentes todas as condições genéricas e ao menos uma das condições específicas**, será cabível o recurso extraordinário.

O estudo de cada uma delas deriva do texto constitucional. De fato, o cabimento do recurso extraordinário somente pode ser modificado por emenda constitucional (o que ocorreu, por exemplo, com advento da EC 45).

14.2.1. Condições genéricas

14.2.1.1. Esgotamento das instâncias ordinárias

Para que seja possível o seu manejo, não pode ser cabível outro recurso (exceto os embargos de declaração porque sempre cabíveis e o recurso especial, porque não é ordinário). As vias recursais precisam ter sido esgotadas. A decisão precisa ter sido tomada em única ou última instância. Essa condição traz repercussões práticas variadas. A seguir, três exemplos:

a) *Se couber ainda recurso ordinário, ainda não cabe recurso extraordinário*: assim, a **Súmula 281, STF**: "É inadmissível o recurso extraordinário, quando couber, na justiça de origem, recurso ordinário da decisão impugnada";

b) *Se couber embargos infringentes, ainda não cabe recurso extraordinário*: assim, a **Súmula 354, STF**: "Em caso de embargos infringentes parciais, é definitiva a parte da decisão embargada em que não houve divergência na votação". Ao caso, aliás, também se aplica a Súmula 281, STF;

c) *Nem sempre a única ou última instância é um tribunal*: razão por que da **Súmula 640, STF**: "É cabível recurso extraordinário contra decisão proferida por juiz de primeiro grau nas causas de alçada, ou por turma recursal de juizado especial cível e criminal".

---

[390] ASSIS, Araken de. *Manual dos Recursos*, op. cit., p. 737.

14.2.1.2. Prequestionamento

A questão versada no recurso excepcional deve, necessariamente, ter sido objeto de prévio exame pelo órgão recorrido. É preciso ter discutido o tema anteriormente. Trata-se da locução "causas decididas". A questão constitucional precisa ter sido tratada na decisão. A propósito, *prequestionar* é obter uma resposta da questão pelo órgão que se pretenda, num segundo momento, confrontar pela via extraordinária.

14.2.1.3. Repercussão geral

Para o direito vigente, não basta que haja uma dúvida na interpretação da Constituição ou inobservância pelo órgão recorrido de algum dispositivo constitucional, é necessário demonstrar que está presente a repercussão geral da matéria controvertida (art. 1.035 do NCPC). A repercussão geral foi estabelecida no intuito de desafogar o excessivo afluxo de processos ao Supremo Tribunal Federal. Ademais, tem a intenção de fazer com que a Suprema Corte do país apenas se debruce sobre causas realmente relevantes para o direito brasileiro como um todo. Apesar de essa condição possuir estatura constitucional, o conceito de repercussão geral não está na Constituição (que delegou a definição para a lei – no caso o CPC – art. 102, § 3º, CF).

Mas, afinal, *quando há repercussão geral*?

Primeiro, há repercussão geral quando a questão ventilada possuir relevância econômica, social, política ou jurídica e, ainda, ultrapassar os limites subjetivos da causa, isto é, ser relevante a ponto de influenciar muito mais do que apenas a causa em julgamento (é a transcendência da questão constitucional) (art. 1.035, § 1º, NCPC).

E quando há relevância? Para Araken de Assis, Arruda Alvim e Eduardo Arruda Alvim, configurar-se-á relevância econômica nas causas que envolverem o sistema financeiro; política, nos litígios em que figurar organismo estrangeiro ou que possam ter reflexos importantes no plano das relações de poder do Estado, seja qual for o nível de governo; jurídica, nas causas versando institutos básicos, como a proteção do direito adquirido; social, nas causas envolvendo direitos dessa natureza (ex: moradia) e nas ações coletivas. Além de ser relevante por um desses pontos de vista, deverá ficar clara a transcendência, isto é, alçar-se a causa para além dos interesses das partes. Mas apenas a partir das decisões do STF acerca das preliminares de repercussão geral é que se poderá estabelecer mais precisamente os requisitos acerca da existência do instituto.[391]

---

[391] ASSIS, Araken de; ALVIM, Arruda; ALVIM, Eduardo Arruda. *Comentários ao código de processo civil*. 2. ed. São Paulo: Revista dos Tribunais, 2012, p. 1.259-1.260. A título exemplificativo, no âmbito cível, as seguintes matérias já foram consideradas com repercussão geral: direito tributário (limitações constitucionais ao poder de tributar – RE 598.468/SC; RE 596.286/RJ; RE 587.108/RS); questões de competência (direito processual – RE 601.220/SP; RE 586.789/PR; RE 594.435/SP); direito fundamental à saúde (RE 566.471/RN; RE 578.801/RS); ações afirmativas (política de cotas em universidades – RE 597.285/RS); direito previdenciário (RE 587.970/SP), dentre outras.

Vale registrar que o julgamento de um caso mediante sistemática de recursos repetitivos, por si só, não significa a existência de repercussão geral.[392]

Segundo, também há repercussão geral quando o recurso extraordinário impugnar acórdão que contrarie súmula ou jurisprudência dominante do STF e, também, quando a decisão recorrida tiver reconhecido a inconstitucionalidade de tratado ou lei federal, nos termos do art. 97 da Constituição Federal (art. 1.035, § 3º, I e III, NCPC). É a chamada repercussão geral presumida.[393]

Terceiro, por fim, há repercussão geral quando houver julgamento de mérito do incidente de resolução de demandas repetitivas (IRDR). Assim, o recurso extraordinário contra decisão tomada em IRDR dispensa a demonstração de repercussão geral, que é presumida (art. 987, § 1º, NCPC). Essa última hipótese é seguramente controvertida já que a multiplicidade de demandas, por si só, não implica a transcendência da questão constitucional. Acrescente-se que a admissibilidade do IRDR realizada por tribunais locais acabaria, na via reflexa, afastando a competência do STF para definir os casos que possuem, ou não, repercussão geral. Tecnicamente, isto representa retirar o filtro da repercussão geral para todos os casos julgados através do incidente de resolução de demandas repetitivas, o que vai de encontro ao propósito da própria repercussão geral. Porém, como a própria CF/88 delegou para a legislação infraconstitucional o perfil do filtro, não se poderia dizer que há, aí, inconstitucionalidade (art. 102, § 3º, CF/88).

Pois bem. Verifica-se que o requisito da repercussão geral é de acentuada relevância para o recurso extraordinário. Por essa razão, há detalhado *procedimento* para o seu reconhecimento ou afastamento.[394]

Em primeiro lugar, vale registrar que apenas *pela manifestação de dois terços* dos membros do STF é que o recurso extraordinário pode ser inadmitido por ausência de repercussão geral. Nessa linha, a lei estabelece *quorum* mínimo para que o recurso extraordinário seja barrado por ausência de repercussão geral. A repercussão geral, ao fim, representa tema de interesse de toda a sociedade. Ora, a decisão acerca da sua existência ou não aplica-se a todos os casos futuros, tanto que o art. 1.030, inciso I, alínea *a*, do NCPC, determina ao Vice-Presidente do tribunal de origem, ao receber o recurso extraordinário para análise (e eventual juízo de admissibilidade), deve negar a seguimento ao RExt que discuta questão constitucional à qual o STF não tenha reconhecido a

---

[392] Essa hipótese estava prevista no art. 1.035, § 3º, II, do NCPC. Todavia, a disposição foi revogada pela Lei 13.256/2016.

[393] "A repercussão geral é presumida quando o recurso versar questão cuja repercussão já houver sido reconhecida pelo Tribunal, ou quando impugnar decisão contrária a súmula ou a jurisprudência dominante desta Corte." (RE 645.057-AgR, rel. min. Luiz Fux, julg. 25-10-2012, Primeira Turma, DJE de 31-10-2012).

[394] Diante da *relevância* e da *transcendência* da questão constitucional que será decidida pelo Supremo Tribunal Federal, quando este entender pela *existência* de repercussão geral, o relator do recurso extraordinário poderá admitir a manifestação de terceiros, por procurador habilitado, nos termos do Regimento Interno do STF. O objetivo do instituto do *amicus curiae* é apoiar a Corte Constitucional em conhecimentos técnicos eventualmente envolvidos na questão jurídica em julgamento, diante da relevância e da transcendência da matéria que será decidida, ampliando não apenas o contraditório, mas, especialmente, a legitimidade democrática da decisão a ser proferida.

existência de repercussão geral ou a RExt interposto contra acórdão que esteja em conformidade com entendimento do STF exarado pelo regime da repercussão geral (frise-se, ainda, que, nesses casos, desta negativa de seguimento do RExt não cabe sequer Agravo em RExt para forçar a subida do recurso excepcional ao STF; mas, apenas, agravo interno).

Ademais, o recorrente deverá demonstrar, especificamente, em suas razões de recurso, a existência da repercussão geral, que será apreciada exclusivamente pelo STF. O CPC/73 exigia que tal demonstração fosse em *preliminar* de recurso; o NCPC, por sua vez, não faz tal exigência. De qualquer forma, continua sendo requisito de *regularidade formal* específico do recurso extraordinário. Logo, não demonstrando a parte recorrente, em seu RExt, a existência da repercussão geral, o recurso excepcional não será sequer conhecido. Por segurança, assim, embora não seja mais *preliminar*, é recomendável ao recorrente sustentar a existência da repercussão geral em item próprio, a fim de evitar não conhecimento do recurso por ausência da aludida demonstração.

Andou bem o NCPC em retirar a exigência de demonstração da existência de repercussão geral como preliminar de recurso. Não é tarefa fácil dissociar a "repercussão geral" de "questão constitucional". Como saber *se há* repercussão geral *da questão constitucional versada no RExt* sem antes analisar *qual é a questão constitucional versada no RExt*? Entretanto, é fundamental informar que segue, ao menos até então, em vigor o art. 327 do Regimento Interno do E. STF, que dispõe que serão recusados os recursos extraordinários que não apresentem preliminar formal de repercussão geral. A situação deverá ser enfrentada e esclarecida pela doutrina e pela jurisprudência, em especial pelo Supremo Tribunal Federal. Aos advogados, resta fazer, por hora, a sinalização da existência da repercussão geral em preliminar, para evitar juízo de inadmissibilidade do RExt por tal motivo.

De outra banda, para fins de atender aos anseios do novel diploma processual em relação à uniformidade das decisões e aos princípios da segurança jurídica e da isonomia, o novel diploma estabelece que, reconhecida a repercussão geral, o relator determinará a suspensão do processamento de todos os processos pendentes no território nacional que versem sobre a matéria objeto da controvérsia. Nota-se a importância que a lei processual empresta ao Recurso Extraordinário – mesmo *individual* (ou: não repetitivo) – em caso de reconhecimento da repercussão geral, sobrestando todos os processos em tramitação no território nacional.[395]

---

[395] No CPC/73, só havia sobrestamento dos processos em que recurso extraordinário já estivesse interposto e pendente de admissibilidade. E, ainda, para todos os processos que chegavam à (Vice-)Presidência do tribunal de origem para admissibilidade. Quer dizer, não havia suspensão dos processos em tramitação no primeiro grau de jurisdição e tampouco dos processos pendentes de julgamento definitivo em segundo grau. Isto demonstra a preocupação do legislador do novel diploma processual em incrementar a estabilização das decisões. Ora, sob a égide do CPC/73, mesmo que pendente julgamento pelo STF de questão *com* repercussão geral, os demais processos seguiam tramitando em primeiro grau e em segundo grau, e decisões – para todos os lados – eram sendo proferidas nesses processos enquanto o STF não se manifestava. Daí a importância da nova regra.

A parte interessada, nos processos pendentes que venham a ter sua tramitação suspensa, quando a decisão da suspensão tiver sido proferida após a interposição de RExt com a mesma matéria, poderá requerer ao Presidente ou ao Vice-Presidente do Tribunal de origem que exclua da decisão de sobrestamento e inadmita o recurso extraordinário que tenha sido interposto intempestivamente. A intenção deste procedimento é evitar que um RExt intempestivamente interposto venha a atrasar a decretação do trânsito em julgado do processo (ocorrido em virtude da intempestividade do recurso), diante do seu sobrestamento decorrente do reconhecimento da repercussão geral pelo Supremo Tribunal Federal em outro RExt interposto em outro processo.[396]

Deste requerimento, a parte recorrente terá cinco dias para manifestar-se. E da decisão que indeferir o requerimento de exclusão do processo do interessado dos efeitos da decisão de sobrestamento e inadmissão do RExt intempestivo caberá agravo interno, ao órgão colegiado competente para apreciar as decisões do Presidente e dos Vice-Presidentes em recursos especial e extraordinário.[397]

O recurso extraordinário que tiver sua repercussão geral reconhecida deverá ser julgado em um ano, muito embora não haja penalidade pela inobservância do prazo (art. 1.035, § 9º, NCPC).[398]

Se for reconhecida a repercussão geral, os processos em tramitação em todo o território nacional que versem sobre o mesmo assunto serão suspensos, como se viu linhas acima. Entendemos que, aqui, se aplica subsidiariamente a regra contida nos §§ 9º a 13 do art. 1.037 do NCPC: havendo suspensão/sobrestamento indevido, ou seja, se o processo suspenso tratar de questão constitucional *distinta* daquela a ser apreciada pelo STF no regime da repercussão geral, a parte poderá requerer o prosseguimento do seu processo.[399]

Julgado o mérito do recurso extraordinário, pelo STF, com repercussão geral, a tendência é que tal decisão seja, dali em diante, aplicada por todos os juízes e tribunais no país, embora tal decisão – em regime de repercussão

---

[396] Ora, se a Suprema Corte entender presente a repercussão geral de um RExt e determinar a suspensão de todos os demais processos pendentes no território nacional sobre a mesma matéria, não há porque aqueles casos em que recurso extraordinário já foi interposto, mas intempestivamente, fiquem suspensos/sobrestados aguardando o julgamento pelo STF.

[397] O Tribunal de Justiça do Rio Grande do Sul, por exemplo, implementou a *Câmara da Função Delegada dos Tribunais Superiores*, formada pelos três Vice-Presidentes do TJRS (art. 35-A do Regimento Interno), competente para julgar "os recursos das decisões dos Vice-Presidentes proferidas nos recursos extraordinário e especial, nos termos do Código de Processo Civil".

[398] A penalidade anteriormente prevista era a cessão da suspensão, dispositivo que foi revogado pela Lei 13.256/16.

[399] O requerimento de prosseguimento será feito ao juiz do processo (se em 1º grau); ao relator (se no tribunal de origem, se pendente julgamento da apelação); ao relator do acórdão recorrido (se sobrestado REsp ou RExt já interposto, diante da afetação); ao relator no Tribunal Superior (se lá já estiver em tramitação REsp ou RExt e lá for determinado o sobrestamento). No mesmo sentido, entendendo ser cabível pedido de exclusão do recurso extraordinário da decisão de suspensão do processo por reconhecimento da repercussão geral: THEODORO JÚNIOR, Humberto. *Curso de Direito Processual Civil*, vol. III. 47. ed. Rio de Janeiro: Forense, 2016, p. 1.104; e, também, MARINONI, Luiz Guilherme; ARENHART, Sérgio Cruz; MIRIDIERO, Daniel. *Novo curso de processo civil*: tutela dos direitos mediante procedimento comum, vol. II. São Paulo: Revista dos Tribunais, 2015, p. 530.

geral – não esteja no rol específico do art. 927 do NCPC (que prevê quais decisões são obrigatórias/vinculativas). Contudo, sempre que tal julgamento for no Pleno do STF (o julgamento dos recursos extraordinários é feito em uma das Turmas ou, eventualmente, no Plenário), a decisão será vinculante, conforme inciso V do art. 927.

De qualquer forma, a decisão de mérito, *obrigatória/vinculante* ou não formalmente, *na prática* acabará sendo, haja vista que, diante do inciso I, alínea *a*, do art. 1.030 do NCPC, os tribunais de origem negarão seguimento a recurso extraordinário interposto contra acórdão que esteja em conformidade com entendimento do Supremo Tribunal Federal exarado no regime de repercussão geral. Portanto, mesmo que a decisão não seja necessariamente *obrigatória*, o recurso extraordinário não subirá ao STF, se desafiar acórdão que esteja em conformidade com a decisão de mérito tomada pela Suprema Corte em regime de repercussão geral.

Há, pois, evidente natureza *híbrida* do instituto da *repercussão geral*, haja vista que é aplicada em recursos extraordinários *individuais* ou *repetitivos* e, mesmo quando utilizado nos *individuais*, os *efeitos práticos* da decisão alcançarão os demais processos em tramitação, diante da obrigação de os tribunais de origem negarem seguimento aos recursos extraordinários nos casos do inciso I, alínea *a*, do art. 1.030. Sobre essa questão, Teresa Arruda Alvim Wambier e Bruno Dantas sinalizam que o objetivo do § 5º do art. 1.035 do NCPC (suspender a todos os processos em curso no território nacional que versem sobre a mesma matéria do RExt com repercussão geral reconhecida) é concretizar a isonomia, apontando que, embora o NCPC não preveja a *obrigatoriedade* ou *vinculatividade* (no sentido forte do termo) da decisão proferida pelo STF com repercussão geral no julgamento de um RExt *individual*, o *único* sentido lógico da regra do § 5º do art. 1.035 é que a orientação do STF seja acatada por todos os juízes e tribunais.[400]

Caso seja negada a existência de repercussão geral, o Presidente ou Vice-Presidente do tribunal de origem negará seguimento aos recursos extraordinários que versarem sobre matéria idêntica (art. 1.035, § 8º, c/c art. 1.030, inciso I, alínea *a*, ambos do NCPC). Com efeito, negada a repercussão geral pelo STF, a questão constitucional debatida em um determinado recurso extraordinário, a partir dali, todos os recursos extraordinários que chegarem para admissibilidade nos tribunais de segundo grau terão seu seguimento negado e, portanto, barrando-se a subida à Corte Constitucional.

Ressalte-se que, da decisão do Presidente ou do Vice-Presidente do tribunal de origem que negar seguimento a recursos extraordinários (seja porque versam sobre matéria idêntica a outro recurso extraordinário cuja repercussão geral tenha sido negada pelo STF, seja quando o recurso extraordinário for interposto contra acórdão que estiver em conformidade com entendimento do Supremo Tribunal Federal exarado no regime de repercussão geral), caberá

---

[400] WAMBIER, Teresa Arruda Alvim; DANTAS, Bruno. *Recurso especial, recurso extraordinário e a nova função dos tribunais superiores no direito brasileiro.* 3. ed. São Paulo: Revista dos Tribunais, 2016, p. 412.

agravo interno.[401] Não há, em tese, acesso à Suprema Corte,[402] discutindo-se a questão apenas perante o tribunal de origem.

Por outro lado, se o recurso extraordinário for interposto em face de acórdão de segundo grau e já houver sido julgado, no mérito, recurso extraordinário pelo STF com repercussão geral, e a primeira divergir da segunda, o Presidente ou o Vice-Presidente do tribunal *a quo* devolverá o processo ao órgão fracionário prolator da decisão recorrida para realizar o juízo de retratação (art. 1.030, inciso II, do NCPC). Ato contínuo, feita a retratação, prejudicado estará o RExt, por ausência de interesse; mas se a retratação restar refutada pelo órgão fracionário prolator do acórdão recorrido pelo RExt, será realizado o juízo de admissibilidade do recurso excepcional e, se positivo, será o processo enviado ao STF (art. 1.030, inciso V, alínea *c*, do NCPC). Se negativo o juízo, caberá Agravo em Recurso Extraordinário (art. 1.042 do NCPC).

14.2.3. Condições específicas

As condições específicas de cabimento que permitem o manejo do recurso extraordinário estão elencadas no art. 102, inciso III, da CF/88. São, como se viu, as hipóteses de cabimento, que são fundamentalmente objeto do recurso extraordinário. Todas elas giram em torno de uma questão constitucional, isto é, violação ao texto constitucional – seja por outra lei (lei que afronte a Constituição), seja por decisão administrativa ou judicial (ato do Poder Público que afronte a Constituição).

---

[401] O Tribunal de Justiça do Rio Grande do Sul, por exemplo, implementou a *Câmara da Função Delegada dos Tribunais Superiores*, formada pelos três Vice-Presidentes do TJRS (art. 35-A do Regimento Interno), competente para julgar "os recursos das decisões dos Vice-Presidentes proferidas nos recursos extraordinário e especial, nos termos do Código de Processo Civil".

[402] Embora pareça não haver acesso ao STF nesses casos, não se pode olvidar a possibilidade de manejo de Ação de Reclamação, endereçada diretamente ao Supremo Tribunal Federal, quando a decisão proferida pelo tribunal de origem negar seguimento a RExt com base no art. 1.030, inciso I, alínea *a*. No caso, a negativa de seguimento do recurso extraordinário, determinada pelo tribunal de origem, ocorre porque versa o RExt sobre matéria idêntica a outro recurso extraordinário cuja repercussão geral já tenha sido negada pelo STF ou porque o recurso extraordinário foi interposto contra acórdão que esteja em conformidade com entendimento do Supremo Tribunal Federal exarado no regime de repercussão geral. Ora, é possível que a decisão de negativa de seguimento, proferida pelo tribunal de origem, relacione *indevidamente* a tese jurídica adotada pelo STF no julgamento de um recurso extraordinário com repercussão geral ao RExt negado; ou, ainda, que relacione *indevidamente* o recurso extraordinário em exame com RExt a qual o STF não tenha reconhecido a existência de repercussão geral. Atente-se, contudo, que, da decisão de negativa de seguimento proferida com base no art. 1.030, inciso I, alínea *a*, caberá *agravo interno* (§ 2º do art. 1.030). A ideia é a de que a parte interessada deve interpor o agravo interno da negativa de seguimento ao RExt e, em conjunto, Ação de Reclamação ao STF, haja vista que não caberá a reclamatória se a decisão reclamada transitar em julgado. A conclusão acerca do cabimento da Reclamação a fim de garantir a observância adequada de decisão do STF em repercussão geral é oriunda da interpretação dos §§ 4º e 5º, inciso II, do art. 988 do NCPC, embora não se desconheça que o STF não admitia, sob a égide do CPC/73, o cabimento de Reclamação para questionar a aplicação feita pelos tribunais de origem do sistema da repercussão geral (REcl 7.547/SP, Rel. Min. Ellen Gracie, entre outros julgados). No mesmo sentido, entendendo ser cabível Reclamação para garantir a observância de acórdão de recurso extraordinário com repercussão geral reconhecida, vide MEDINA, José Miguel Garcia. *Novo Código de Processo Civil comentado: com remissões e notas comparativas ao CPC/1973*. 4. ed. São Paulo: Revista dos Tribunais, 2016, p. 1.426.

A *questão constitucional*, em todos os casos, limita a admissibilidade do recurso extraordinário. Tal remédio é voltado preponderantemente à discussão de teses jurídicas. Por esta razão, como já adiantado, questões de fato não podem ser reexaminadas no recurso extraordinário.

A seguir, a análise de cada uma delas.

14.2.3.1. Contrariar dispositivo da Constituição

Cabe recurso extraordinário quando a decisão "contrariar dispositivo da constituição". Contrariar significa fazer oposição a ela. É refutar o texto constitucional; negá-lo. Neste aspecto, é necessário que a ofensa à Constituição seja direta. Não basta uma violação reflexa ou indireta da Constituição.

O tema enseja polêmica porque a Constituição brasileira é realmente extensa, de modo que a violação ao texto pode ser frequente. O STF, porém, já assentou que "Não cabe recurso extraordinário por contrariedade ao princípio constitucional da legalidade, quando a sua verificação pressuponha rever a interpretação dada a normas infraconstitucionais pela decisão recorrida" (Súmula 636 do STF).

Apenas a título exemplificativo, já se decidiu, no passado, que *a ampla defesa "independe da interpretação da lei ordinária que a discipline"* (RE 345.580, STF – Rel. Min. Sepúlveda Pertence). Por outro lado, em maio de 2013, no ARE 748.371/MT, o STF negou repercussão geral a recurso cujo objeto seria a ampla defesa e o contraditório.

É importante anotar, também, que por muitas vezes a violação a um dispositivo de lei federal violará igualmente um princípio constitucional. Nas regras infraconstitucionais, sempre haverá por detrás dela um princípio constitucional que a legitime. É o que ocorre, por exemplo, nas questões relativas à (im)penhorabilidade de bem de família (regulado pela Lei nº 8.009/90), que, em verdade, tutelam o direito fundamental à moradia (vide ARE 684.036/SP, do Supremo Tribunal Federal).

14.2.3.2. Declarar a inconstitucionalidade de tratado ou lei federal

É cabível recurso extraordinário contra a decisão que *declarar a inconstitucionalidade de tratado ou lei federal*. Quanto ao tema, no primeiro grau, não há formalidade: basta que o juiz declare a inconstitucionalidade no caso concreto. Porém, nos tribunais, a declaração de inconstitucionalidade precisa observar as formalidades do art. 97 da Constituição Federal (cláusula da *reserva de plenário*).[403]

Os tribunais de segundo grau, ao declarar a inconstitucionalidade, devem fazê-lo pelo seu Órgão Especial ou Plenário (conforme Regimento Interno). E,

---

[403] Há, ainda, a Súmula Vinculante nº 10, segundo a qual deve-se remeter ao Plenário (ou Órgão Especial) mesmo quando não declarar inconstitucional expressamente, se não se aplicar a lei em questão com base no Texto Maior.

ainda que não seja o caso de declaração expressa de inconstitucionalidade, se não se aplicar a lei em questão com base no Texto Maior, mesmo assim o processo deve ser enviado do órgão fracionário ao Órgão Especial (ou Tribunal Pleno).

Neste caso, há interpretação da lei ou tratado entendido como em dissonância com a Constituição Federal. Não há *contrariedade* à própria Constituição; há, sim, juízo de inconstitucionalidade da lei ou do tratado, por não estar em *conformidade* com a Lei Maior.

Com efeito, entende relevante a Constituição Federal, ao prever essa hipótese de cabimento de recurso extraordinário, permitir que a parte interessada leve à questão ao Supremo Tribunal Federal, para que a última palavra acerca da (eventual) inconstitucionalidade de tratado ou de lei federal seja da Corte Constitucional, órgão que, por excelência, é o guardião da Carta Magna de 1988.

14.2.3.3. Julgar válida lei ou ato de governo local em face da constituição

Ao julgar válida lei ou ato de governo local contestados em face da CF/88, a corte recorrida afirma a sua constitucionalidade. Todavia, a última palavra sobre a constitucionalidade de uma regra sempre cabe ao Supremo Tribunal Federal. Por outro lado, vale lembrar que a simples contestação de lei local não enseja recurso extraordinário (Súmula 280 do STF).

Neste caso, a decisão recorrida privilegia lei ou ato de governo local, entendendo em conformidade com a CF/88. Com efeito, cabe RExt se o/a ato/lei local, contestado em face da Constituição Federal, é considerado(a) válido(a). Há, pois, potencial ofensa à Carta Maior.

Mas o inverso não é verdadeiro: se a Corte, em única ou última instância, julga inconstitucional lei ou ato de governo local, não cabe recurso extraordinário, pois não há ofensa à CF/88 e, assim, descabe posicionamento da Suprema Corte sobre a questão, conforme Súmula 280 do STF (ofensa a direito local).

A propósito do tema, o STF já decidiu que: "Revela-se inadmissível o recurso extraordinário, quando a alegação de ofensa resumir-se ao plano do direito meramente local (ordenamento positivo do Estado-Membro ou do Município), sem qualquer repercussão direta sobre o âmbito normativo da Constituição da República". (RE 605.977-AgRg, Rel. Min. Celso de Mello, julgamento em 6-4-2010, Segunda Turma, DJE de 14-5-2010.).

14.2.3.4. Julgar válida lei local em face de lei federal

Nestes casos, se o órgão recorrido julgar válida a lei local contestada em face de lei federal é porque deixou de aplicar a lei federal. A análise desta questão deve ser competência do STF, e não do STJ (como pode dar a primeira impressão, já que havia, em tese, ofensa à lei federal).

Entretanto, a questão acerca da validade de lei local em relação à lei federal fica em torno da superação ou do não seu limite na competência de legislar, calcada esta no sistema de repartição de competências legislativas previsto na Constituição Federal.

Nesse sentido, aliás: "enquadramento do recurso extraordinário na hipótese de cabimento inscrita no art. 102, III, d, exige a demonstração, pelo recorrente, de que a Corte de origem, ao julgar válida lei local contestada em face de lei federal, ofendeu o sistema de repartição de competências legislativas estatuído na Constituição". (AI 774.514-AgR, Rel. Min. Joaquim Barbosa, julgamento em 31-8-2010, Segunda Turma, DJE de 1º-10-2010.)

Capítulo 15 – Recurso especial

15.1. Conceito

Trata-se de recurso com estatura constitucional que tem por objetivo assegurar a uniformidade na interpretação e aplicação das leis federais. O recurso especial (REsp) é sempre centrado em uma questão federal (art. 105, III, CF/88) e é do Superior Tribunal de Justiça a competência para processar e julgar essa modalidade recursal. Nessa linha de raciocínio, é função do STJ, enquanto Tribunal Superior competente para apreciar questões de direito infraconstitucional federal, pacificar a interpretação e aplicação das leis federais no país.

Frise-se que, como a federação brasileira é centralizadora, aglutinando a maioria das competências legislativas para a União, nada mais natural do que a existência de múltiplas questões federais surgindo diariamente perante os juízes e tribunais de todos os Estados federados, o que, como via de consequência, gera interpretações divergentes. Por isso, o recurso especial é o remédio recursal apto a levar ao STJ a apreciação das questões de direito infraconstitucional, para que este Tribunal Superior dê a última palavra acerca da interpretação e aplicação das leis federais.

Com efeito, se o recurso especial tem o objetivo fundamental de alçar ao STJ a apreciação, em última instância, da interpretação e aplicação de leis federais, o objeto do REsp é analisar eventuais contrariedades a leis federais ou tratados. Mas, para além disso, haja vista que a função maior do STJ é uniformizar a aplicação da lei federal no país, o REsp também tem como objeto levar ao STJ divergências jurisprudenciais entre tribunais diversos, a fim de pacificar a interpretação e aplicação das questões de direito infraconstitucional.

Portanto, resta claro que o REsp faz com que o STJ funcione não apenas como Corte de Controle, pois o recurso especial, se provido, gerará a reforma da decisão proferida (muitas vezes em processos individuais, tendo, assim, efeitos *inter partes*), mas também para que o Superior Tribunal de Justiça funcione como Corte de Precedentes (Corte Suprema), irradiando seu entendimento acerca das questões de direito infraconstitucional para todos os juízes e tribunais brasileiros.

Na mesma esteira do recurso extraordinário, o recurso especial, enquanto recurso de *fundamentação vinculada*, apresenta hipóteses de cabimento restritas e requisitos de admissibilidade rigorosos. A seguir, serão estudadas as particularidades do Recurso Especial.

15.2. Admissibilidade (cabimento)

Tal como ocorre com o recurso extraordinário, para o estudo do *cabimento* do recurso especial, é necessário considerar a existência de condições genéricas e condições específicas. **Presentes todas as condições genéricas e ao menos uma das condições específicas**, será cabível o recurso especial. As condições decorrem do texto constitucional (art. 105, III, CF/88).

São condições genéricas: (a) o esgotamento das instâncias ordinárias dos tribunais; (b) o prequestionamento da questão federal levantada. Verifica-se, pois, similaridade nas condições genéricas do recurso especial e do recurso extraordinário.

De fato, compete ao Superior Tribunal de Justiça julgar, em recurso especial, as causas decididas, em única ou última instância, pelos Tribunais Regionais Federais ou pelos tribunais dos Estados, do Distrito Federal e Territórios, quando a decisão recorrida (*i*) contrariar tratado ou lei federal, ou negar-lhes vigência; (*ii*) julgar válido ato de governo local contestado em face de lei federal; (*iii*) der à lei federal interpretação divergente da que lhe haja atribuído outro tribunal. Essas três hipóteses são as condições específicas para o cabimento do recurso especial.

É imperativo, portanto, o estudo das hipóteses de cabimento. Todas elas giram em torno do que se entende por *questão federal*. Questão federal é, pois, aquela que diz respeito à contrariedade à lei federal ou a divergências – de aplicação e interpretação – das leis elaboradas pelo Congresso Nacional. Desse modo, com o recurso especial, pretende-se uma uniformização do direito vigente em todo o território nacional. Em tom de crítica, vale frisar que, como a competência legiferante da União é amplíssima, a quantidade de questões federais também o é, incrementando e potencializando o número de demandas perante o STJ.[404]

Atualmente, não existe um filtro relativo à transcendência da questão federal. Em termos mais direitos: não há repercussão geral em recurso especial. O acúmulo de questões federais a serem julgadas pelo STJ não deveria ser solucionado com uma admissibilidade mais rigorosa, mas sim, com um incremento na quantidade de ministros. É por essa razão que a Constituição Federal apenas define a composição mínima do STJ em trinta e três magistrados, o que permite concluir que o tribunal poderia ser expandido (art. 104, *caput*, CF/88). De todo modo, como é mais fácil e financeiramente menos oneroso criar um filtro recursal, já tramita proposta de emenda constitucional que cria

---

[404] Ressalte-se que, quanto mais o Superior Tribunal de Justiça julgar recursos especiais pelo regime dos recursos repetitivos, que são de observação obrigatória pelo NCPC (art. 927, inciso III), menos demandas, a médio e longo prazo, subirão a esse Tribunal Superior. Da mesma forma, quanto mais Súmulas forem editadas pelo STJ, menos decisões divergentes serão, neste médio e longo prazo, tomadas pela jurisdição ordinária. Evidentemente, o STJ deverá, por outro lado, ficar atento e aberto à modificação de seus entendimentos, para não engessar a interpretação e aplicação das *questões federais* no país.

a "relevância da questão federal" como condição genérica de admissibilidade do recurso especial (PEC 209/12).

Por fim, os demais requisitos de admissibilidade do recurso especial foram tratados em capítulo próprio, remanescendo exame detalhado das condições de admissibilidade propriamente.

15.2.1. Condições genéricas

15.2.1.1. Esgotamento das instâncias ordinárias nos tribunais

Quanto ao esgotamento das instâncias ordinárias dos tribunais, significa dizer que não pode ser cabível qualquer outro recurso (exceto os embargos de declaração e o recurso extraordinário). Todos os recursos manejáveis precisam ter sido empregados (exemplo: embargos infringentes; agravo regimental). "Das instâncias ordinárias dos tribunais" significa dizer que a decisão deve necessariamente ter partido de um "órgão colegiado de 2º grau" (tribunal; acórdão).

Em razão da locução *tribunais*, não cabe recurso especial contra decisão proferida pelos órgãos recursais de 2º grau dos Juizados Especiais (Súmula 203, STJ).

15.2.1.2. Prequestionamento

A questão versada no recurso excepcional deve, necessariamente, ter sido objeto de prévio exame pelo órgão recorrido. É preciso ter discutido o tema anteriormente. Trata-se da expressão *causas decididas*. A questão federal precisa ter sido tratada nas instâncias ordinárias ou decorrer da decisão recorrida.

Valem aqui todas as considerações feitas sobre o prequestionamento em capítulo anterior.

15.2.2. Condições específicas

15.2.2.1. Contrariar tratado ou lei federal, ou negar-lhes vigência

Poderá ser confrontado por recurso especial o pronunciamento dos tribunais que contrariar tratado ou lei federal, ou negar-lhes vigência (art. 105, III, *a*, CF/88).

A negativa de vigência ocorre tanto quando se aplica lei que não tem aplicação à espécie em lugar da lei federal cabível, como quando se faz incidir sobre fato certo dispositivo legal inaplicável; já *contrariar* soa mais grave, não admitindo sequer "interpretação razoável" do (sentido normativo do) dispositivo.[405] As leis federais são: lei ordinária, lei complementar, medida provisória, decreto legislativo e lei delegada.

---

[405] DIDIER JÚNIOR, Fredie; CUNHA, Leonardo Carneiro da. *Curso de direito processual civil*: o processo civil nos tribunais, recursos, ações de competência originária de tribunal e querela nullitatis, incidentes de competência originária de tribunal. 13. ed., reform. Salvador: JusPodivm, 2016, p. 344.

Pode ocorrer violação direta a dispositivo de lei federal; omissão quanto à normatividade do dispositivo (deixar de aplicar – negar vigência – determinado dispositivo de lei federal); ou divergência de interpretação do sentido da norma.[406] Portanto, pode ser objeto de recurso especial contrariedade direta à lei federal, interpretação equivocada do sentido/aplicação da lei ou divergência de interpretação e aplicação da lei federal por tribunais diversos.

Esta hipótese de cabimento do recurso especial se mostra assaz necessária para um país continental e de pluralidade de valores, com farta legislação federal, o que certamente causa divergência de qual legislação é aplicável aos casos e, também, de qual o alcance interpretativo das *questões federais*. Portanto, se o objetivo da jurisdição é – cada vez mais – uma aplicação uniforme do Direito, imperativa se faz a existência de uma Corte pacificadora do entendimento do direito infraconstitucional aplicável a todo o país. Ao fim, a aplicação uniforme do direito é uma *questão de democracia*, de *isonomia* e de *segurança jurídica*, valores inafastáveis de um Estado Democrático de Direito.

15.2.2.2. *Julgar válido ato de governo local contestado em face de lei federal*

O pronunciamento judicial dos tribunais que julgar válido ato de governo local contestado em face de lei federal pode ser combatido por recurso especial (art. 105, III, *b*, CF/88).

Como se viu no cabimento do recurso extraordinário, este será o recurso cabível se for o caso de a decisão de única ou última instância julgar válida *lei local contestada em face de lei federal* (diante da questão constitucional de competência legislativa). Mas, por outro lado, se a decisão a ser recorrida julgar válido *ato de governo local em face de lei federal*, caberá recurso especial. De certo modo, na situação em apreço, a decisão recorrida nega vigência à lei federal, pois deixa de aplicá-la para julgar válido ato administrativo local. E, nesse caso, a competência não pode ser de outro senão do Superior Tribunal de Justiça, guardião da legislação infraconstitucional federal.

15.2.2.3. *Dar interpretação divergente em lei federal: dissídio jurisprudencial*

Quando o pronunciamento judicial do tribunal der à lei federal interpretação divergente da que lhe haja atribuído outro tribunal, caberá recurso especial (art. 105, III, c, CF/88).

---

[406] A interpretação jurídica, na leitura de Castanheira Neves, deve ser vista como a determinação normativo-pragmaticamente adequada de um critério jurídico do sistema de direito vigente para a solução do caso concreto. A interpretação jurídica visa à expressão da norma da norma, sendo o objeto da interpretação jurídica a norma enquanto norma, não o texto legal. Nesse sentido, a interpretação tem o objetivo de atingir na norma a normatividade prático-jurídica solicitada, como critério, pela problematicidade concreta do caso decidendo e que seja normativo-materialmente adequada à sua solução. Portanto, é na perspectiva problemática do caso que a norma é interrogada e só nessa sua interrogação para o caso oferecerá ela a sua normatividade. (Conforme CASTANHEIRA NEVES, António. *Metodologia jurídica*: problemas fundamentais. Coimbra: Coimbra Editora, 1993, p. 142-144).

É o chamado *dissídio jurisprudencial* sobre as leis federais. Se dois tribunais distintos interpretarem a lei de forma diferente, aplicando-a de forma diversa em casos semelhantes ou idênticos, será cabível o recurso especial. A principal função constitucional do Superior Tribunal de Justiça, reafirma-se, é promover a unidade do Direito, uniformizando a jurisprudência nacional, eliminando as divergências entre os tribunais.

O recorrente deve, ao invocar o dissídio jurisprudencial, além de acostar a prova da decisão utilizada como paradigma (o chamado *acórdão paradigma*), indicar as circunstâncias que identifiquem ou assemelhem os casos confrontados (acórdão *paradigma* x acórdão *recorrido*). É requisito de *regularidade formal* do recurso especial, o qual, se não cumprido, implicará o não conhecimento do recurso (art. 1.029, § 1º, do NCPC). O recorrente, nesse sentido, deve demonstrar analiticamente a divergência apontada, transcrevendo trechos dos acórdãos e confrontando-os. Não basta, assim, a mera transcrição das ementas dos trechos dos acórdãos.

Portanto, é imperioso ao recorrente demonstrar claramente aos julgadores a semelhança entre os problemas fático-probatórios dos acórdãos, aproximar as questões jurídicas debatidas nos acórdãos (*paradigma* e *recorrido*) e, em seguida, a divergência do entendimento adotado no dispositivo da decisão. Fazer, inclusive, quando for o caso, um "quadro comparativo", apontando, em itens, os principais pontos (causa de pedir e pedido formulado na demanda e fundamentos e dispositivos da decisão) do acórdão paradigma e do acórdão recorrido.

A questão, é problemática e controvertida, merece um exemplo. Acórdão recorrido proveu parcialmente recurso de apelação, declarando a responsabilidade da empresa recorrente pela inscrição (supostamente) indevida do nome da parte recorrida nos órgãos de inadimplentes, entendendo que havia responsabilidade civil da recorrente por esse fato, em vez de ser caso de culpa exclusiva da vítima ou fato de terceiro. No caso, houve fraude perpetrada por terceiro, na qual o fraudador abriu conta-corrente em nome da recorrida e emitiu cheques dessa conta, distribuindo no comércio). Um dos comerciantes, o apelante, recebeu o cheque (fraudado), que retornou impago, efetivando, ato contínuo, a inscrição do nome da pessoa existente no cheque nos cadastros de inadimplentes. Não havia discussão acerca dos fatos, que eram incontroversos; a situação era, no processo, eminentemente de direito. A empresa recorrente entendia que, no caso concreto (em que, frise-se, a inscrição do nome da recorrida no SPC ocorreu antes de esta ter comunicado à CDL do extravio/furto dos seus documentos e, ainda, em que a conta-corrente foi aberta de forma fraudulenta perante a instituição financeira – que não era ré no processo), não tinha responsabilidade pelos danos eventualmente sofridos pela recorrida, por falta de nexo causal, em razão da culpa exclusiva da vítima e pelo fato de terceiro, na forma do art. 14, § 3º, inciso II, do Código de Defesa do Consumidor. O recorrente interpôs Recurso Especial com base na violação ao art. 14, § 3º, inciso II, do Código de Defesa do Consumidor, e com base na divergência jurisprudencial, na medida em que havia acórdão do TJ/SP no sentido de sua tese. Aliás, no que concerne ao fato de terceiro (falha do banco ao abrir a conta por fraude de terceiro), há entendimento do próprio Egrégio Superior Tribunal de Justiça no sentido sustentado pelo recorrente: REsp 831336/RJ, Rel. Min. Humberto Gomes de Barros, Terceira Turma, julgado em 06.03.2008, DJe 01.04.2008.

Interessante sinalizar que o § 2º do art. 1.029 do NCPC, revogado pela Lei nº 13.256/2016, seguindo a mesma orientação da valorização do princípio do contraditório e da motivação das decisões judiciais que orienta todo o novel diploma processual, determinava que, nos casos de dissídio, não poderia o recurso ser inadmitido com base no fundamento "genérico" de que as circunstâncias fáticas do caso paradigma são diversas daquelas do caso concreto, sem demonstrar a distinção. Trata-se de medida que objetivava ir de encontro às repetidas decisões de inadmissibilidade de Recurso Especial em que o STJ deixava de conhecer do recurso baseado em dissídio jurisprudencial calcado no fundamento – genérico e defensivo – de que o caso paradigma seria diverso do caso concreto, mas sem apontar os motivos pelos quais a Corte entendia diversos os casos (que, na prática, muitas vezes eram idênticos ou muito semelhantes).

Nesse sentido, andou mal o legislador em revogar tal dispositivo, o que faz pensar que o Superior Tribunal de Justiça poderá seguir agindo nesse sentido, em que pese a regra revogada estar, noutras palavras, insculpida no inciso VI do § 1º do art. 489 do NCPC, pelo qual não se considera fundamentada qualquer decisão judicial que deixar de seguir jurisprudência ou precedente invocado pela parte sem demonstrar a existência de distinção no caso em julgamento ou a superação do entendimento. Observa-se que a regra revogada dizia mais do mesmo da regra do art. 489, § 1º, inciso VI; mas a revogação da regra específica para o Recurso Especial, a nosso ver, é mau presságio. Que o futuro demonstre que esta antevisão está totalmente equivocada.

Capítulo 16 – Agravo de admissão (agravo em recurso especial e em recurso extraordinário)

16.1. Conceito

Os recursos excepcionais são apresentados diretamente ao órgão *a quo*. Por expressa previsão legal, conforme já tratado, o órgão *a quo* realizará o primeiro juízo de admissibilidade de tais recursos (art. 1.030, NCPC). Assim, por exemplo, interposto recurso especial em face de acórdão que julga apelação, caberá ao tribunal local verificar se o recurso pode ser manejado naquela situação. Trata-se, com efeito, de uma delegação decorrente de expressa previsão legal para que outro órgão realize o exame quanto à possibilidade de manejar o recurso excepcional.

Como a admissibilidade não é realizada pelo órgão responsável pelo exame do mérito do recurso, o ordenamento processual prevê instrumento que possibilite a rediscussão do tema diretamente por tal órgão. Assim, como os recursos excepcionais são voltados aos tribunais superiores, o agravo de admissão,[407] também chamado de "agravo em recurso especial" e "agravo em recurso extraordinário", é o recurso destinado à rediscussão da admissibilidade do recurso especial ou do recurso extraordinário que não tenham sido admitidos pelo órgão *a quo*.

Sob a égide do CPC/73, todas as hipóteses de inadmissibilidade davam azo ao agravo em recurso especial e em recurso extraordinário. O NCPC, como se verá, reduziu as hipóteses de cabimento deste recurso, dificultando o acesso aos tribunais superiores.

16.2. Admissibilidade

Com efeito, quando o tribunal *a quo* não admitir o recurso excepcional, caberá ao interessado, em quinze dias, interpor *agravo* (em recurso especial ou em recurso extraordinário), nos próprios autos, para devolver ao STJ ou ao STF

---

[407] Utilizando a expressão *agravo de admissão*: PORTO, Sérgio Gilberto; USTARRÓZ, Daniel. *Manual dos Recursos Cíveis*. 5. ed. Porto Alegre: Livraria do Advogado, 2016, p. 265.

o juízo de admissibilidade do recurso competente. Positivo o juízo de admissibilidade, haverá processamento do recurso excepcional.

O *cabimento* do agravo de admissão é bem específico: o recurso é cabível contra a decisão do presidente ou do vice-presidente do tribunal recorrido que não admitir recurso extraordinário ou recurso especial (art. 1.042, NCPC). Consoante tratado anteriormente, é o Presidente ou o Vice-Presidente do tribunal recorrido que realiza o exame de admissibilidade, oportunidade em que diversas posturas podem ser tomadas (art. 1.030, NCPC).

Importa ressaltar que não cabe agravo de admissão da decisão que inadmitir o recurso especial ou o recurso extraordinário quando a decisão de inadmissibilidade estiver fundada na aplicação de entendimento firmado em regime de repercussão geral ou em julgamento de recursos repetitivos. O diploma processual tratou esses casos como "negativa de seguimento" (vide art. 1.030, inciso I, do NCPC). A ideia é que se o acórdão proferido no julgamento de recursos repetitivos ou em regime de repercussão geral tem *eficácia vinculante*, não há motivo para que um recurso, fadado ao desprovimento, suba ao tribunal superior respectivo.

Nessa esteira, quando o processo em que houve a interposição de REsp e/ou RExt vai concluso ao (vice-)presidente do tribunal de origem para apreciação, a última providência tomada é a admissão ou não do recurso excepcional. Antes, o magistrado verá se não será caso de negativa de seguimento, de sobrestamento, de encaminhar para retratação ou selecionar o recurso como representativo de controvérsia. Em todos esses casos, não caberá agravo em recurso especial e em recurso extraordinário (eventualmente será cabível o agravo interno). Mas, quando nenhuma dessas situações ocorrer, o magistrado fará o juízo de admissibilidade do recurso excepcional (inciso V do art. 1.030 do NCPC). Esta decisão, se for no sentido de não admitir o REsp e/ou o RExt, poderá ser desafiado pelo agravo em recurso especial e/ou em recurso extraordinário.

Confiram-se, por uma questão de didática, as possíveis posturas da (vice-)presidência em relação aos recursos excepcionais e o cabimento do agravo de admissão (art. 1.030, NCPC):

Interposição de recurso especial e ou recurso extraordinário	
Posturas da (Vice-) Presidência	**Recurso cabível**
Admitir o recurso →	Não cabe recurso
Encaminhar os autos para retratação → (acórdão contrário a tese de recurso com repercussão geral ou repetitivo)	Não cabe recurso
Suspender a causa → (quando a tese de repetitivo ainda não foi julgada)	Agravo interno
Negar seguimento → (acórdão conforme a tese de recurso com repercussão geral ou repetitivo)	Agravo interno
Negar seguimento → (acórdão de tese com ausência de repercussão geral já reconhecida)	Agravo interno
Não admitir → (qualquer causa de inadmissibilidade não tratada acima)	Agravo de Admissão

16.3. Efeitos

O agravo em recurso especial e em recurso extraordinário é dotado de efeito devolutivo restrito. Devolve-se ao Tribunal Superior competente a apreciação da *matéria relativa à admissibilidade* do recurso excepcional não admitido. Quer dizer, o STJ ou o STF, ao julgar o recurso, analisarão se o recurso deve ou não ser admitido. Caso entenda que não, o recurso será desprovido, mantendo-se a decisão de segundo grau. Sendo, contudo, provido, o recurso excepcional será admitido e terá tramitação no Tribunal Superior. Neste último caso, o recurso excepcional já poderá ser julgado de plano, em ato contínuo ao julgamento do agravo (art. 1.042, § 5°, NCPC).

Acrescente-se que o agravo em recurso especial e em recurso extraordinário não possui efeito suspensivo. Nesse sentido, o recorrente, que teve seu recurso excepcional negado pelo tribunal de origem, poderá requerer ao STJ ou ao STF que ao agravo seja agregado efeito suspensivo, na forma do art. 995, parágrafo único, do NCPC. Até porque, não sendo admitido o recurso excepcional no Tribunal de origem, não caberá a aplicação do § 5° do art. 1.029 do NCPC (que prevê a forma do pedido de efeito suspensivo nos Recursos Especial e Extraordinário).

Contudo, esse caso será excepcional, como ocorria sob a égide do CPC/73. Como se viu no capítulo de apresentação conjunta dos recursos excepcionais, o STJ aceitava, em casos excepcionais, a concessão de efeito suspensivo a agravo interposto contra a decisão de inadmissão do Recurso Especial.[408] Nesse sentido, não há por que a referida corte não conceder efeito suspensivo, em casos excepcionais, ao recurso de agravo em recurso especial (e o mesmo deverá ocorrer perante o STF, excepcionalmente, na apreciação do agravo em recurso extraordinário).

Não há um procedimento previsto para o pedido de efeito suspensivo, sendo certo, porém, que o requerimento é possível, nos termos do art. 995, parágrafo único. Em primeiro lugar, a forma mais simples de se fazer esse pedido é no corpo do próprio recurso. É direito do recorrente esse pleito. Contudo, como não há *juízo de admissibilidade* e nem mesmo *recebimento* desse recurso no tribunal de origem, onde o recurso é interposto, este pedido de efeito suspensivo será apreciado apenas quando o recurso chegar ao tribunal superior competente. Isto pode eventualmente causar dano ao recorrente.

Nessa linha, não se pode afastar a possibilidade de o interessado apresentar diretamente petição simples perante o Tribunal Superior competente para o julgamento do agravo da decisão de inadmissão do REsp ou do RExt, para evitar dano iminente, enquanto tramita o agravo no tribunal de origem, aplicando-se, por analogia e no que couber, o inciso I do § 3° do art. 1.012 e o inciso I do § 5° do art. 1.029, ambos do NCPC. Isso porque, interposto o agravo em recurso especial ou em recurso extraordinário, o recurso será processado, e essa tramitação levará, naturalmente, um determinado tempo, motivo pelo

---

[408] Vide AgRg na MC 23747/SP, Rel. Min. Napoleão Nunes Maia Filho, julgado em 08.09.2015, Primeira Turma do STJ.

qual o Tribunal Superior não apreciará de logo o recurso. Após a interposição, há o processamento; a parte agravada será intimada para contra-arrazoar; após esse prazo, o recurso será remetido ao STJ ou ao STF (por vezes, após ser digitalizado no tribunal de origem). Isto demanda tempo. Nesse sentido, deve-se ter uma válvula de escape para o interessado em requerer o efeito suspensivo no agravo em REsp ou em RExt.

Ora, se no NCPC a petição simples substituiu a ação cautelar inominada como veículo para o pleito de efeito suspensivo aos recursos excepcionais, não há por que a mesma lógica não ser aplicada para a concessão de efeito suspensivo ao agravo (em recurso especial ou em recurso extraordinário). Até porque, vale rememorar, o STJ admitia a possibilidade da *medida cautelar* também para concessão de efeito suspensivo ao recurso de agravo interposto contra a decisão de inadmissão do recurso excepcional.[409]

16.4. Procedimento

O recurso é dirigido ao presidente ou ao vice-presidente do tribunal de origem. O prazo é de quinze dias e independe de preparo. Após o prazo das contrarrazões (igualmente de 15 dias), não havendo retratação, o agravo será remetido ao Tribunal Superior competente, quando poderá o Tribunal Superior julgá-lo em conjunto com o REsp e/ou com o RExt, assegurando-se, neste caso, a sustentação oral, se julgado pelo colegiado.

Cumpre anotar que se aplica ao agravo em recurso especial e em recurso extraordinário o regime de repercussão geral e de recursos repetitivos, inclusive quanto à possibilidade de sobrestamento e juízo de retratação (§ 2º do art. 1.042 do NCPC). Portanto, as diretrizes acerca dos regimes de repercussão geral e de recursos repetitivos devem ser adotadas no processamento do agravo em REsp e em RExt, podendo, por exemplo, o recurso ser sobrestado no tribunal de origem quando for afetado recurso especial e/ou extraordinário, no tribunal superior competente, para julgamento na forma de recurso repetitivo, pois há suspensão dos processos que versem sobre a matéria em todo o território nacional. Da mesma forma ocorre caso o STF determine a suspensão de processos que tratem de matéria com repercussão geral reconhecida e determinada a suspensão da tramitação dos processos sobre o assunto no país. E, além disso, poderá ser o caso de, interposto o agravo em REsp e/ou em RExt, o (vice-)presidente do tribunal de origem remeter o processo ao órgão julgador (prolator do acórdão de segundo grau desafiado pelo REsp e/ou pelo RExt interposto e não admitido) para juízo de retratação, na hipótese de ter havido julgamento, pelo STJ ou pelo STF, de recurso pelo regime da repercussão geral ou repetitivo, após a realização do juízo de admissibilidade do recurso excepcional inadmitido.

De outra banda, na hipótese de interposição conjunta de REsp e de RExt, será, se for o caso, interposto um agravo para cada decisão recorrida em rela-

---

[409] STJ, MC 14769/ES, Rel. Min. Laurita Vaz, DJe em 10.11.2008.

ção a cada um dos recursos excepcionais inadmitidos. Neste caso, o processo será remetido, primeiro, ao STJ. Concluído o julgamento no STJ, os autos serão remetidos ao STF, se for o caso, salvo se prejudicado o recurso.

Por fim, a prática difundida foi mantida: caso o recurso seja provido, isso significará, noutros termos, que o recurso excepcional é admissível e, portanto, poderá ter o seu mérito julgado. De fato, admitido o recurso excepcional através do respectivo agravo de admissão, o tribunal superior está autorizado a realizar desde já o julgamento de tal recurso (art. 1.042, § 5º, NCPC).

Capítulo 17 – Embargos de divergência

17.1. Conceito

Trata-se de recurso que tem por objetivo uniformizar o entendimento dos Tribunais Superiores quando, entre as suas Turmas, houver divergência na solução jurídica apresentada a casos similares. Está previsto nos artigos 1.043 e 1.044 do NCPC. A previsão desta espécie recursal demonstra a importância da *uniformização* para a teoria geral dos recursos. Ora, se dos Tribunais Superiores deve surgir uma interpretação e aplicação uniformizada do direito infraconstitucional (STJ) e constitucional (STF), a influenciar todo o território nacional, nada mais lógico do que prever uma forma de sanar as divergências internas dessas Cortes.

Nesse sentido, a função dos embargos de divergência é legitimar a atividade dos Tribunais Superiores. Quando as Cortes de Vértice, cuja razão de ser é dar a última palavra sobre o direito federal e sobre a Constituição Federal, revelam desarmonia interna, esses tribunais passam a não cumprir adequadamente a sua função. Os embargos de divergência, pois, desempenham a função de levar a efeito a concreta aplicação do princípio da isonomia e, ainda, têm o potencial de gerar sensível diminuição de recursos.[410]

Com efeito, os embargos de divergência servem para eliminar interpretações/aplicações contraditórias eventualmente existentes entre órgãos do STJ e do STF, também com o objetivo de incrementar o dever de estabilidade, integridade e coerência das decisões do Tribunal, como quer o art. 926 do NCPC.

Apenas para exemplificar, no tema responsabilidade civil do Estado, havia divergência no STJ sobre o prazo da ação indenizatória contra o Poder Público. Enquanto a 1ª Turma entendia que se aplicava o Dec. 20910/32 (05 anos), a 2ª Turma compreendia que se aplicava o Código Civil (03 anos). Em embargos de divergência, a 1ª Seção assentou o prazo de 05 anos, uniformizando a questão (EDiv. 1.137.354, STJ).

Notável a relevância do instituto: a divergência resolvida no julgado acima citado tem influência direta na interpretação e aplicação do direito em todo o território nacional. Ora, a controvérsia entre a incidência do prazo prescri-

---

[410] WAMBIER, Teresa Arruda Alvim; DANTAS, Bruno. *Recurso especial, recurso extraordinário e a nova função dos tribunais superiores no direito brasileiro*. 3. ed. São Paulo: Revista dos Tribunais, 2016, p. 567.

cional de três ou cinco anos nas ações de indenização em face do Estado assolaram os tribunais de todo o país. Controvérsia tal que o próprio Superior Tribunal de Justiça conviveu com essa divergência longo tempo, o que expõe a importância e a razão de ser dos embargos de divergência.

17.2. Admissibilidade

Quanto ao *cabimento*, são três os requisitos para a possibilidade de manejo dos embargos de divergência: a) decisão tomada por turma do Supremo Tribunal Federal ou do Superior Tribunal de Justiça; b) decisão tomada no bojo de recurso extraordinário ou recurso especial; c) divergência atual entre os órgãos do mesmo tribunal.

Acrescente-se, ainda em matéria de cabimento, que cabe embargos de divergência contra acórdão que, em agravo regimental, decide recurso especial, conforme Súmula nº 316 do STJ (plenamente aplicável ao agravo interno), e, além disso, é necessário que o paradigma da divergência seja um acórdão (de outra Turma ou órgão fracionário). No mesmo sentido, o entendimento atual do STF, que cancelou a Súmula nº 599, no julgamento dos Agravos Regimentais em Recurso Extraordinário 285.093, 283.240 e 356.069.

Caberão os embargos de divergência sejam os acórdãos, paradigma e embargado, de mérito ou um de mérito e o outro que, embora não tenha conhecido de recurso, tenha apreciado a controvérsia (art. 1.043, I e III). Ainda, a divergência pode verificar-se na aplicação do direito material ou do direito processual (art. 1.043, § 2º). Importa ressaltar, também, que cabem embargos de divergência quando o acórdão paradigma for da mesma Turma que proferiu a decisão embargada, quando o colegiado tenha sofrido alteração em sua composição em mais da metade de seus membros (art. 1.043, § 3º).

E mais: poderão ser confrontadas teses jurídicas contidas em julgamentos de recursos e de ações de competência originária dos Tribunais Superiores (art. 1.043, § 1º, do NCPC). Este dispositivo trata da *origem* da tese jurídica invocada em embargos de divergência. Sob a vigência do CPC/73, entendia-se que a divergência só poderia ocorrer entre decisões que tivessem julgado Recurso Especial ou Recurso Extraordinário, apesar de alguns posicionamentos favoráveis à utilização do paradigma como oriundo do julgamento de alguma ação originária. O NCPC, com a positivação da regra contida no dispositivo em apreço, resolve essa contenda e permite expressamente que o paradigma invocado seja decorrente de julgamento de REsp ou RExt e, também, de acórdãos exarados em causas de competência originária. Nada mais óbvio, à luz do sistema instituído pelo novel diploma processual, cujo objetivo é, sem dúvidas, uniformizar e estabilizar a jurisprudência dos tribunais.

De outra banda, o § 5º do art. 1.043 do NCPC, seguindo a mesma lógica do NCPC em relação à qualificada motivação das decisões judiciais, vedava ao Tribunal inadmitir recurso com base em fundamento genérico de que as circunstâncias fáticas dos casos são diversas, sem apontar expressamente a existência da distinção. Tal determinação restou revogada pela Lei nº 13.256/2016, que alterou o NCPC antes de sua entrada em vigor.

O objetivo da referida regra era agir em sentido contrário ao que se constata na prática forense dos Tribunais Superiores no julgamento desse recurso. O que se vê são decisões que negam provimento aos Embargos de Divergência "por não estar devidamente comprovada a divergência" entre os arestos, mas sem apontar expressamente a distinção dos casos. Não se compreende o motivo pelo qual o legislador "voltou atrás" nesse sentido. Por toda a ideologia por trás do novel diploma processual, com valorização do contraditório e da motivação das decisões judiciais, por que revogar tal dispositivo? Quer dizer que se pretende tolerar que os Tribunais Superiores neguem provimento a Embargos de Divergência sem sinalizar a diferença entre os casos? A Lei 13.256/2016, que promoveu alterações no NCPC, andou mal nesse ponto (embora ao art. 489, § 1º, inciso VI, do NCPC, traga a mesma obrigação contida no dispositivo revogado... Mas, afinal, na prática, um valerá pelo outro?).

Ainda na admissibilidade, quanto à tempestividade, o prazo é de quinze dias, conforme todos os demais recursos. Há preparo que deve ser devidamente adimplido.

Noutra perspectiva, quanto à regularidade formal, o recorrente deve demonstrar a divergência entre os órgãos, mencionando especificamente as circunstâncias em que os casos se identificam ou assemelham, fazendo o cotejo analítico entre as decisões (art. 1.027, § 4º, *in fine*, do NCPC). Aplica-se o mesmo regramento do dissídio jurisprudencial previsto como causa de recurso especial (art. 105, inciso III, alínea *c*, da CF/88). O recorrente, portanto, deverá explicitar a identidade ou semelhança do caso decidido e do caso paradigma e, ato contínuo, sinalizar a divergência na conclusão jurídica entre as decisões cotejadas.

17.3. Efeitos

Quanto ao efeito devolutivo, o recurso de embargos de divergência é de *devolutividade restrita*. Isso quer dizer que a única matéria que pode ser objeto de cognição é a tese jurídica em que haja divergência. Ora, se o recurso é de *fundamentação vinculada*, a devolutividade igualmente é limitada, não havendo qualquer *profundidade* nesse efeito. Assim, não poderá o órgão julgador manifestar-se acerca de matéria estranha à divergência apontada, devendo ficar restrita à análise da existência – ou não – de similaridade entre os casos.

Noutro espectro, a interposição de embargos de divergência no Superior Tribunal de Justiça interrompe o prazo para a interposição de recurso extraordinário por qualquer das partes (art. 1.044, § 1º, NCPC).

Além disso, o recurso *não possui efeito suspensivo*. Como é cediço, no NCPC, a regra é a de que os recursos não são dotados de efeito suspensivo. Pela lição do art. 995, *caput*, os recursos não impedem a eficácia da decisão recorrida, salvo disposição legal em sentido contrário ou decisão judicial em sentido diverso. Mas a todos os recursos pode ser atribuído efeito suspensivo, *ope judicis*, desde que requerido pelo recorrente e deferido pelo Magistrado, presentes os requisitos da *probabilidade do provimento do recurso* e houver *risco de lesão grave de difícil ou impossível reparação* (parágrafo único do art. 995). O pedido é feito no bojo do próprio recurso.

17.4. Procedimento

Cabe a cada Tribunal estabelecer o procedimento dos embargos de divergência (art. 1.044, *caput*, do NCPC). De fato, a matéria é regulada pelo Regimento Interno do Supremo Tribunal Federal (arts. 330 a 332) e pelo Regimento Interno do Superior Tribunal de Justiça (arts. 266 a 267).

No Superior Tribunal de Justiça, os dispositivos do Regimento Interno que tratam dos Embargos de Divergência repetem os dispositivos do diploma processual. Entretanto, existem algumas normas a mais.

A primeira, bem procedimental: admitidos os Embargos de Divergência, em decisão fundamentada, será intimado o embargado para manifestar-se em quinze dias (art. 267 do RISTJ). Impugnados ou não os embargos, serão conclusos para julgamento em sessão (parágrafo único do art. 267 do RI/STJ).

A outra regra contida no RISTJ, acerca do procedimento dos Embargos de Divergência, dispõe que, sorteado o relator, ele poderá indeferir os embargos liminarmente se intempestivos ou se não comprovada ou não configurada a divergência jurisprudencial atual (juízo de admissibilidade negativo), ou negar-lhes provimento caso a tese deduzida no recurso seja contrária à fixada em julgamento de recurso repetitivo ou de repercussão geral, a entendimento firmado em incidente de assunção de competência, a súmula do STF ou do STJ, ou ainda, a jurisprudência dominante acerca do tema (juízo de mérito negativo). Estes poderes do relator estão previstos no art. 266-C do RISTJ.

Nota-se que esses poderes do relator previstos no RISTJ desbordam daqueles previstos no art. 932, incisos III a V, do NCPC. Quer dizer, ao receber os Embargos de Divergência, o relator poderá, além de julgar monocraticamente o recurso, nos termos previstos no NCPC, também, decidir de forma singular, nos casos expostos no art. 266-C do RISTJ. Evidentemente que, tratando-se de decisão do relator, caberá agravo interno (art. 1.021 do NCPC), para levar a apreciação da questão pelo órgão colegiado competente (que, no STJ, será o colegiado da Seção competente).

Por sua vez, o RISTF também traz seu regramento procedimental acerca dos embargos de divergência. Há um dispositivo interessante no que toca à hipótese de cabimento. Conforme *caput* do art. 330 do RISTF, cabem embargos de divergência da decisão de turma que, em recurso extraordinário ou em *agravo de instrumento*, divergir de julgado de outra Turma ou Plenário (frise-se que o dispositivo ainda não foi devidamente atualizado). Segundo este dispositivo, caberia embargos de divergência tanto do julgamento de Recurso Extraordinário, como de julgamento de Agravo (antes de Instrumento, hoje "apenas" Agravo) em Recurso Extraordinário.

Compatibilizando-se as hipóteses de cabimento e os Regimentos Internos do STF e do STJ, pode-se dizer que seria cabível Embargos de Divergência nos casos inseridos no art. 1.043 do NCPC, seja em julgamento de Recursos Especial ou Extraordinário, assim como dos acórdãos proferidos em Agravo Regimental e Agravo Interno (das decisões monocráticas proferidas pelo relator de REsp ou RExt), bem como dos acórdãos que venham a julgar Agravo em REsp ou em RExt? Pensamos que sim. Esta resposta a jurisprudência dará – e deverá quiçá sumular – ao longo das demandas a partir da vigência do novo Código de Processo Civil.

Por fim, como visto no item anterior, a interposição de embargos de divergência no Superior Tribunal de Justiça interrompe o prazo para a interposição de recurso extraordinário por qualquer das partes. Dessa forma, eventual interposição, por qualquer das partes, de recurso extraordinário, antes da publicação do acórdão de julgamento dos embargos de divergência interpostos pela outra parte, faz com que o RExt seja processado independentemente de ratificação, caso o julgamento dos embargos não altere a conclusão do julgamento anterior.

Capítulo 18 – Recurso ordinário constitucional

18.1. Conceito

A Constituição Federal estabeleceu que, de determinadas decisões, o recurso cabível seria direcionado diretamente aos tribunais superiores: Superior Tribunal de Justiça ou Supremo Tribunal Federal.

Trata-se de situação peculiar, na qual, por uma escolha constitucional, caberá recurso do pronunciamento judicial para os tribunais superiores. Nestes casos, a competência recursal é ordinária. Dito de outro modo, apesar de o recurso ser direcionado para os tribunais superiores, não se trata de recurso excepcional, mas sim, com vênia à tautologia, recurso ordinário. O detalhe é importantíssimo: como não se trata de recurso extraordinário (gênero), não há prequestionamento e nem necessidade de esgotamento de instâncias ordinárias.

No recurso ordinário, os tribunais superiores operam como legítimos atores do segundo grau de jurisdição. Com efeito, o recurso ordinário constitucional é aquele que, com previsão na própria Constituição, possibilita a rediscussão das decisões em face das quais é cabível o recurso em apreço, em que todas as matérias de fato e de direito podem ser ventiladas. Conclui-se que a fundamentação é livre – o que implica a possibilidade de a parte recorrente aduzir quaisquer matérias fático-jurídicas para a solução do caso em julgamento.

Como visto, a Constituição Federal sinaliza as hipóteses de cabimento do recurso (art. 102, inciso II, e art. 105, inciso II). Tais hipóteses estão previstas igualmente no art. 1.027 do NCPC.

18.2. Admissibilidade

Quanto à admissibilidade do recurso ordinário, aplicam-se todas as regras relativas ao tema. Assim, por exemplo, em tema de tempestividade, o prazo é de quinze dias. Questão controvertida diz respeito ao cabimento do recurso ordinário, isto é, as hipóteses que autorizam o seu manejo e, pelo texto constitucional, identificam-se casos de cabimento perante o Superior Tribunal de Justiça e casos de cabimento perante o Supremo Tribunal Federal.

18.2.1. Cabimento perante o Superior Tribunal de Justiça

Os casos de utilização do recurso ordinário para o Superior Tribunal de Justiça estão previstos na Constituição (art. 105, II). Em matéria civil, a questão é reprisada no Novo Código de Processo Civil (art. 1.027, NCPC). Assim, cabe recurso ordinário (cível), nas seguintes hipóteses (vide art. 1.027, inciso II, do NCPC):

a) Decisão denegatória de mandado de segurança decidida em única instância pelos Tribunais Regionais Federais ou pelos tribunais dos Estados, do Distrito Federal e Territórios;

b) Decisão sobre as causas em que forem partes Estado estrangeiro ou organismo internacional, de um lado, e, do outro, Município ou pessoa residente ou domiciliada no País.

Na primeira hipótese (alínea *a*), trata-se de recurso cabível contra a decisão final em sede de Mandado de Segurança processado originariamente nos Tribunais de Justiça ou Regionais Federais. Neste caso, a decisão definitiva desses tribunais de segundo grau é decisão de primeira instância, motivo pelo qual o recurso cabível – o Recurso Ordinário – tem fundamentação livre e não depende do preenchimento dos requisitos dos recursos excepcionais, funcionando o Superior Tribunal de Justiça como segunda instância.

Na segunda hipótese (alínea *b*), por sua vez, as causas correm em primeiro grau de jurisdição, perante a Justiça Federal, conforme art. 109, inciso II, da Constituição Federal. Interessante que o texto constitucional, ao mesmo tempo em que determina a competência para os juízes federais de primeira instância para processar as causas em que forem partes Estado estrangeiro ou organismo internacional, de um lado, e, do outro, Município ou pessoa residente ou domiciliada no país, entrega ao Superior Tribunal de Justiça o "segundo grau" de jurisdição.

Nessa senda, o que se denota da interpretação do art. 109, inciso II, e do art. 105, inciso II, alínea *b*, ambos da CF/88 (bem como do art. 1.027, II, *b*), é que, da sentença proferida pelo juízo federal de primeiro grau naqueles casos, não cabe Recurso de Apelação ao Tribunal Regional Federal competente, mas sim Recurso Ordinário diretamente ao Superior Tribunal de Justiça. Não é por outro motivo que, nesses casos, das decisões interlocutórias – previstas no art. 1.015 do NCPC – proferidas pelo juízo de primeiro grau, cabe Agravo de Instrumento, igualmente direto ao Superior Tribunal de Justiça, conforme art. 1.027, § 1º, do novo diploma processual. Por outro lado, gize-se, por oportuno, que, das decisões interlocutórias eventualmente proferidas pelo relator do Mandado de Segurança impetrado em segundo grau (hipótese da alínea *a*), caberá Agravo Interno (art. 1.021 do NCPC), e não de Instrumento ao STJ.

18.2.2. Cabimento perante o Supremo Tribunal Federal

Os casos de utilização do recurso ordinários para o Supremo Tribunal Federal estão previstos na Constituição (art. 102, II). Em matéria civil, a questão é reprisada no Novo Código de Processo Civil (art. 1.027). Assim, cabe recurso ordinário (cível), nas seguintes hipóteses (vide art. 1.027, inciso I, do NCPC):

a) Decisão denegatória de mandado de segurança;
b) Decisão denegatória de mandado de injunção;
c) Decisão denegatória de *habeas data*.

Cumpre ressaltar que, nos três casos acima, é necessário que a decisão tenha sido tomada por Tribunal Superior; daí a competência recursal "de segunda instância", do Supremo Tribunal Federal. O que se colhe das hipóteses de cabimento do Recurso Ordinário perante a Suprema Corte brasileira é que, nas três espécies de processo (MS, MI e HD), a decisão de mérito deve ter sido de *denegação* da ordem. O objetivo é possibilitar ao impetrante a rediscussão de toda a matéria de fato e de direito discutida nesses *mandamus*. Por outro lado, poder-se-á questionar: e da decisão que *conceder* a ordem (de segurança, de injunção ou de *habeas data*), cabe qual recurso? Resposta: recursos especial e/ou recurso extraordinário, *se for o caso* e presentes os requisitos desses recursos excepcionais. Ainda, não é demais referir que, nos *mandamus* indicados no art. 1.027, inciso I, do NCPC, de competência originária dos Tribunais Superiores, das decisões interlocutórias proferidas, caberá Agravo Interno (art. 1.021 do NCPC).

Anote-se, também, que a disposição do NCPC está em harmonia com a Lei do Mandado de Segurança (art. 18 da Lei 12.016/09). Quanto ao mandado de injunção (Lei 13.300/16), não há disposição expressa acerca dos recursos, apesar de se aplicável subsidiariamente, por força do art.14, a Lei 12.016/09.

18.3. Efeitos

O recurso ordinário possui efeito devolutivo amplo. Aliás, haja vista a íntima relação que o Recurso Ordinário tem com Apelação, as regras específicas do recurso de apelo, no que tange ao efeito devolutivo, são igualmente aplicáveis a ele. É o que se denota do art. 1.027, § 2º, NCPC. A profundidade do efeito devolutivo da apelação, no que toca à tese da *causa madura*, que permite o julgamento do mérito da causa seja feito pelo órgão *ad quem* nas hipóteses em que a decisão recorrida não resolveu o mérito ou quando for decretada nula, aplica-se ao recurso ordinário. E nem poderia ser diferente. Reporta-se, aqui, a todas as questões relacionadas com o efeito devolutivo tratadas por ocasião do estudo da apelação.

De outra banda, o Recurso Ordinário não é dotado de efeito suspensivo, pois a lei não menciona expressamente esse efeito e, assim, incide o art. 995, *caput*, do NCPC.[411] Contudo, da mesma forma como ocorre na apelação e nos recursos especial e extraordinário, é cabível o pedido de efeito suspensivo. Este pedido será, no recurso ordinário, feito da mesma forma que é feito tal pedido nos recursos excepcionais: aplica-se o art. 1.029, § 5º, do NCPC, no que couber (art. 1.027, § 2º).

---

[411] Art. 995. Os recursos não impedem a eficácia da decisão, salvo disposição legal ou decisão judicial em sentido diverso.

18.4. Procedimento

Nos casos do inciso I e da alínea *a* do inciso II do art. 1.027, o recurso deverá ser interposto perante o tribunal de origem. Ato contínuo, intimar-se-á o recorrido para contrarrazões, no prazo de 15 dias. Após, com ou sem contrarrazões, os autos serão remetidos ao STF ou ao STJ, conforme o caso, independentemente de juízo de admissibilidade (art. 1.028, §§ 2º e 3º) – tem a mesma lógica do recurso de apelação, no qual o Magistrado de primeiro grau não realiza o juízo de admissibilidade.

Por sua vez, no caso da alínea *a* do inciso II do art. 1.017, o recurso será interposto perante o juízo de primeiro grau de jurisdição, aplicando-se as mesmas regras de intimação para contrarrazões e, após, remetidos os autos ao STJ, independentemente de juízo de admissibilidade.

Neste momento, importa frisar que não se deve aplicar a letra fria do art. 1.029, § 5º, como determina o § 2º do art. 1.027. Deve-se, em verdade, aplicar o § 3º do art. 1.012. Isso porque a redação originária do § 5º do art. 1.029, à qual o § 2º do art. 1.027 efetivamente se refere, teve sua redação alterada pela Lei 13.256/2016, não tendo sido, contudo, alterada a redação ao § 2º do art. 1.027. Antes da primeira reforma do NCPC – antes mesmo de sua entrada em vigor –, a previsão originária do Código era a de que os tribunais de origem não realizariam o exame de admissibilidade dos recursos excepcionais, tal como não o faz o juiz de primeiro grau em relação ao recurso de apelo. Por isso, deve-se aplicar o art. 1.012, § 3º, do NCPC,[412] no que tange ao procedimento do pedido de efeito suspensivo ao Recurso Ordinário.

Ora, ao Recurso Ordinário deve-se aplicar a lógica do Recurso de Apelação, e não dos Recursos Especial e Extraordinário, pois a admissibilidade destes é feita no tribunal de origem recorrido; já a admissibilidade do ordinário não o é (§ 3º do art. 1.028 do NCPC), seguindo o sistema do recurso de apelo. Não há, pois, como aplicar a letra do § 5º do art. 1.029, pois, enquanto o REsp e o RExt terão sua admissibilidade feita no tribunal de origem, o recurso ordinário não terá, não havendo como o recorrente requerer o efeito suspensivo ao tribunal de origem.

Nesse andar, o pedido é apresentado diretamente ao Tribunal Superior respectivo, no período entre a interposição do recurso (Ordinário) e a sua distribuição no Tribunal Superior, ficando o relator designado para o exame – do efeito suspensivo – prevento para julgar o recurso – Ordinário. Ou, se já distribuído o recurso no tribunal superior, o pedido de efeito suspensivo deve ser apresentado diretamente ao relator.[413]

---

[412] Art. 1.012, § 3º. O pedido de concessão de efeito suspensivo nas hipóteses do § 1º poderá ser formulado por requerimento dirigido ao: I – tribunal, no período compreendido entre a interposição da apelação e sua distribuição, ficando o relator designado para seu exame prevento para julgá-la; II – relator, se já distribuída a apelação.

[413] No mesmo sentido, DIDIER JÚNIOR, Fredie; CUNHA, Leonardo Carneiro da. *Curso de direito processual civil*: o processo civil nos tribunais, recursos, ações de competência originária de tribunal e querela nullitatis, incidentes de competência originária de tribunal. 13. ed. Salvador: JusPodivm, 2016, p. 296.

Capítulo 19 – Incidente de resolução de demandas repetitivas

19.1. Conceito

A valorização dos precedentes e a necessidade de tratamento isonômico para situações idênticas contam com variados instrumentos processuais. Realmente, "a igualdade em direitos seria quimérica, se na solução das crises fossem desiguais as sentenças e os provimentos judiciais".[414] Nesse contexto, uma das principais inovações trazidas pelo NCPC, com inspiração no direito estrangeiro,[415] é o incidente de resolução de demandas repetitivas (arts. 976-987, NCPC), remédio jurídico vocacionado para a solução unitária de uma controvérsia jurídica presente em repetidos processos.

Em linhas gerais, a proposta do incidente é que, caso surja uma controvérsia "unicamente de direito" em variados processos distintos, seja realizado, pelos tribunais, um julgamento único e apto a fixar a "tese jurídica" aplicável a todas as demandas em que se discuta a questão. Por essa razão, enquanto ela é discutida, serão suspensos os processos em que se debate o tema (art. 982, I, NCPC) e, após o seu julgamento, a solução apresentada no incidente será obrigatoriamente adotada para as demandas relacionadas (art. 985, NCPC). O magistrado da causa, então, julgará a ação valendo-se da tese fixada no incidente.

Há quem considere o incidente um típico *instrumento de caráter coletivo*, já que "se intenta implantar uniformidade de tratamento judicial a todos os possíveis litigantes colocados em situação igual àquela disputada no caso pa-

---

[414] THEODORO JÚNIOR, Humberto. *Curso de direito processual civil*, vol. III. Rio de Janeiro: Forense, 2015, p. 911.

[415] A principal referência é o *Musterverfahren* alemão, instituto criado com o escopo de facilitar o julgamento das ações repetitivas relacionadas com o mercado de capitais. Há, porém significativas diferenças. Questão curiosa é que o procedimento alemão é considerado uma verdadeira "legislação experimental" num país que "notoriamente não possui tradição em processo coletivo" (AMARAL, Guilherme Rizzo. Efetividade, segurança, massificação e a proposta de um "incidente de resolução de demandas repetitivas". *Revista de Processo*, São Paulo, v. 36, n. 196, p. 237-275, jun. 2011, p. 258). Na doutrina brasileira, em 2007, já se propunha, *de lege ferenda*, a adoção de um procedimento similar ao Musterverfahren (CABRAL, Antonio do Passo. O novo procedimento modelo (*Musterverfahren*) alemão: uma alternativa às ações coletivas. *Revista de Processo*, São Paulo, v. 32, n. 147, p. 123-146, maio. 2007, p. 88).

drão".⁴¹⁶ Há também quem vislumbre no incidente a presença de uma situação jurídica coletiva caracterizada pelo "direito à certificação da questão repetitiva" para o grupo de pessoas "em cujo processo a questão se repete".⁴¹⁷ À luz do direito positivo, por outro lado, é possível estabelecer uma definição inicial.

> ⇒ Trata-se de incidente processual destinado à fixação da tese jurídica apta a solucionar questão de direito controvertida em repetidos processos em que haja risco de ofensa à isonomia e à segurança jurídica.

Como se percebe, a adequada compreensão do instituto depende de um exame mais acurado da sua natureza jurídica e das condições que autorizam o seu manejo, isto é, o seu cabimento.

19.2. Natureza jurídica

Logo de início, questões interessantes podem ser levantadas sobre a natureza jurídica do incidente de resolução de demandas repetitivas. É que diferentes enfoques podem trazer distintas respostas.

Primeiro, sob o ponto de vista dos *remédios jurídicos*, indaga-se se o incidente é recurso, ação ou sucedâneo recursal.

O incidente de resolução de demandas repetitivas é seguramente remédio jurídico à disposição das partes para evitar um tratamento desigual no que diz respeito ao exame do caso. Não se trata, porém, de meio para confrontar decisão judicial já proferida (não busca a reforma ou invalidação de pronunciamento judicial). O remédio também não corre nos próprios autos, já que é autuado em separado, com distribuição própria (art. 981, NCPC). Daí se conclui que não se trata de recurso na acepção tradicionalmente empregada. Também não pode ser considerado ação, já que pretensão alguma é veiculada no incidente. Pelo contrário, o incidente antecederá o julgamento da pretensão deduzida em juízo.

Assim, na perspectiva dos remédios jurídicos, o incidente de resolução de demandas repetitivas deve ser considerado um sucedâneo recursal, tal como ocorre com outros incidentes (como, p. ex., a suspensão de segurança nas demandas contra o Poder Público). A rigor, o *nomen iuris* foi corretamente empregado: trata-se de *incidente processual* na sua autêntica acepção.⁴¹⁸

Segundo, há quem tente identificar a sua natureza a partir do julgamento realizado. Nessa ótica, o IRDR poderia ser um instrumento de *julgamento concreto* ou de *julgamento abstrato*. Seria concreto se a análise fosse feita a partir do

---

⁴¹⁶ THEODORO JÚNIOR, Humberto. *Curso de direito processual civil*, vol. III. Rio de Janeiro: Forense, 2015, p. 912.

⁴¹⁷ DIDIER JÚNIOR, Fredie; ZANETI JÚNIOR, Hermes. Ações coletivas e o incidente de julgamento de casos repetitivos – Espécies de processo coletivo no direito brasileiro: aproximações e distinções. *Revista de Processo*, São Paulo, v. 41, n. 256, p. 209-218, jun. 2016, p. 214.

⁴¹⁸ Sobre o conceito de incidente processual aqui compreendido, vide: RODRIGUES, Marcelo Abelha. *Suspensão de segurança*: sustação da eficácia de decisão judicial proferida contra o poder publico. 3. ed. São Paulo: Rev dos Tribunais, 2010, p. 21-44.

caso levado a julgamento. Do contrário, seria abstrato na hipótese de o exame ser circunscrito estritamente à tese jurídica controvertida. Para a corrente que considera que o IRDR é um instrumento de julgamento abstrato,[419] há certa semelhança entre o instituto e o controle de constitucionalidade. Confira-se, a propósito, interessante reflexão sobre o tema: "Afinal, o controle abstrato destina-se precipuamente a manter a higidez e coerência da ordem jurídica considerada sob o aspecto objetivo, sem vinculação imediata e necessária com a existência de lide, contraposição de vontades ou lesão a algum interesse subjetivo de determinada pessoa. É o que pretende o incidente ao definir a melhor resposta jurisdicional a uma questão controvertida exclusivamente de direito. Claro que as lesões aos interesses subjetivos serão apreciadas, mas no momento subsequente, quando já fixada a tese".[420]

O direito positivo conspira para que IRDR seja considerado um instrumento de *julgamento abstrato*, já que pode ser suscitado pelo juiz e pelos próprios tribunais; terá seguimento mesmo em caso de desistência; tem por requisitos pressupostos que independem da situação presente no caso concreto e produz efeitos para além da pretensão originária.

Terceiro, há também dissenso quanto à *natureza preventiva* ou *repressiva* do incidente. O caráter preventivo poderia ser identificado em instrumento processual que evitasse o ajuizamento de diversas causas idênticas, enquanto o caráter repressivo seria típico de instrumentos que surgem apenas após o ajuizamento de diversas causas idênticas.[421] Essa polarização em nada contribui para o diálogo sobre o instituto. É evidente que uma postura não exclui a outra: o IRDR é repressivo porque cobra a efetiva repetição de processos pendentes, mas é também preventivo porque se o incidente é admitido, o processo é suspenso, razão pela qual há um desestímulo ao ajuizamento de novas ações individuais sobre o tema controvertido.

19.3. Pressupostos

Apesar de não ser um recurso, é inegável que o IRDR também possui requisitos de admissibilidade, isto é, *pressupostos* que precisam estar presentes para que o incidente possa ser manejado. Vale frisar que o tema ostenta relevância prática não apenas para que se saiba quando pode ser utilizado, mas também porque é a aceitação do incidente que tem o condão de promover a ordem de suspensão dos processos que versarem sobre a tese jurídica nele controvertida.

---

[419] Defendendo a posição: CUNHA, Leonardo Carneiro da. Anotações sobre o incidente de resolução de demandas repetitivas previsto no projeto do novo Código de Processo Civil. *Revista de Processo*, São Paulo, v. 36, n. 193, p. 255-279, mar. 2011, p. 255.

[420] MENDES, Aluísio Gonçalves de Castro; TEMER, Sofia Orberg. O incidente de resolução de demandas repetitivas do novo Código de Processo Civil. *Revista de Processo*, São Paulo, v. 40, n.2 43, p. 283-332, maio 2015, p. 293.

[421] Favorável ao caráter repressivo: CAVALCANTI, Marcos de Araújo. *O incidente de resolução de demandas repetitivas e as ações coletivas*. Salvador: Juspodivm, 2015, p. 508.

Os requisitos para o cabimento do incidente de resolução de demandas repetitivas são os seguintes: (a) efetiva repetição de processos sobre a mesma questão de direito (art. 976, I, NCPC); (b) risco de ofensa à isonomia e à segurança jurídica (art. 976, II, NCPC); (c) ausência de afetação da tese jurídica perante os tribunais superiores (art. 976, § 4º, NCPC).

Há ainda quem considere um quarto requisito,[422] qual seja, a pendência do processo perante o tribunal que irá julgar o incidente. Justificam os defensores dessa corrente pelo fato de que: (a) o art. 978, parágrafo único, expressamente aponta que o órgão colegiado que julga o incidente "julgará igualmente" os recursos e a remessa necessária do processo que lhe deu origem; (b) é necessário que haja um caso concreto, ou causa-piloto, "devendo o julgamento desse caso concreto ser, além de decisão do caso efetivamente julgado, um precedente que funcionará como padrão decisório para outros casos, pendentes ou futuros".[423] Basicamente, para essa corrente, sem que já haja uma causa no tribunal, não seria possível admitir o incidente. O requisito certamente enfraquece o papel do IRDR em razão da consequência prática: será necessário aguardar a subida de algum processo para os tribunais.[424]

O tema, porém, é controvertido.[425] Há posição de escol contrária a esse requisito.[426] Explica-se a sua ausência por uma escolha legislativa: é que o anteprojeto de lei que deu origem ao NCPC contemplava a disposição, mas ela não foi, ao final, mantida.[427] Ao que tudo indica, o diploma processual tornou o IRDR uma técnica processual autônoma do caso que lhe dá origem, de forma que é acertado afastar a pendência de processo no tribunal como pressuposto para sua admissibilidade.

19.3.1. Efetiva repetição de processos sobre a mesma questão de direito

Bem se percebe que o incidente é destinado à unidade na aplicação e compreensão do direito por seus protagonistas. Nessa linha, pressupõe-se que, para que admissível, haja uma *efetiva repetição de processos sobre a mesma questão unicamente de direito* (art. 976, I, NCPC).

---

[422] CÂMARA, Alexandre Freitas. *O novo processo civil brasileiro*. 2. ed. São Paulo: Atlas, 2016, p. 481; CAVALCANTI, Marcos de Araújo. *O incidente de resolução de demandas repetitivas e as ações coletivas*. Salvador: Juspodivm, 2015, p. 431, NEVES, Daniel Amorim Assumpção. *Manual de Direito Processual Civil: volume único*. 8. ed. Salvador: Juspodivm, 2016, p. 1.401; Enunciado n.º 344, FPPC: A instauração do incidente pressupõe a existência de processo pendente no respectivo tribunal.

[423] CÂMARA, Alexandre Freitas. *O novo processo civil brasileiro*. 2. ed. São Paulo: Atlas, 2016, p. 481.

[424] "Destarte, estando em tramitação na primeira instância várias demandas repetitivas sobre uma mesma questão de direito, enquanto não julgadas e não interposto o recurso (ou não sendo o caso de remessa necessária) em pelo menos uma delas, o IRDR não pode sequer ser suscitado, uma vez que não existe pendência de causa perante o tribunal." (CAVALCANTI, Marcos de Araújo. *O incidente de resolução de demandas repetitivas e as ações coletivas*. Salvador: Juspodivm, 2015, p. 432).

[425] Vide, com bons argumentos favoráveis e contrários: MENDES, Aluísio Gonçalves de Castro; TEMER, Sofia Orberg. O incidente de resolução de demandas repetitivas do novo Código de Processo Civil. *Revista de Processo*, São Paulo, v. 40, n. 243, p. 283-332, maio 2015, p. 302.

[426] BUENO, Cássio Scarpinella. *Novo Código de Processo Civil Anotado*. São Paulo: Saraiva, 2015, p. 613.

[427] Art. 988, § 2º, do PLS. Excluído no substitutivo da Câmara dos Deputados.

Essa "efetiva repetição de processos" permite concluir que não bastam duas ações sobre questão jurídica controvertida para que seja instaurado o incidente. Significa, no mínimo, que a reprise de demandas deve ser intensa, e não meramente episódica. O requisito, por outro lado, não é meramente numérico. Não é necessário que haja uma grande quantidade de demandas para a instauração do incidente.[428] Também não se trata de um critério objetivo: não há quantidade mínima ou máxima estabelecida por lei.[429] Isto não significa que haja discricionariedade do tribunal para aferir a admissibilidade do incidente. Pelo contrário, a integridade do direito, compreendida conjugadamente com os limites semânticos do texto e com a historicidade dos institutos correlacionados, permitirá, com o tempo, que sejam depurados critérios firmes para a verificação da sua admissibilidade.

Acrescente-se que a "efetiva repetição" pode ocorrer entre ações de qualquer natureza, sejam elas individuais, sejam coletivas. De fato, "as ações coletivas também podem fazer parte de um conjunto de processos repetitivos (individuais e/ou coletivos)".[430]

A "mesma questão de direito" precisa ser levantada nos processos seriados. Trata-se, pois, de controvérsia jurídica. A questão de direito pode compreender o contexto material ou processual (art. 976, § 4º, NCPC). Vale pontuar o sentido reverso: não cabe IRDR para a solução de questão predominante fática,[431] ainda que haja demandas seriadas.[432] Quanto à matéria que pode ser tratada, o diploma processual não prevê qualquer restrição de modo que todos os ramos do direito podem ser abrangidos pelo incidente:[433] trata-se de mecanismo que poderá ser empregado para solucionar questões de direito civil, previdenciário, administrativo, tributário, processual civil etc.

Outro ponto, já levantado nestas *Lições*, é que inexiste, sob o ponto de vista ôntico-normativo, uma questão que seja "unicamente de direito". Todo o problema-decidendo levado ao Judiciário revela um caso a ser solucionado. Desse modo, o termo "unicamente", previsto no diploma processual (art. 976, I, NCPC), deve ser compreendido de forma bastante abrangente: o que se espera é que o IRDR solucione *questões preponderantemente jurídicas*.[434]

---

[428] Enunciado nº 87, FPPC. A instauração do incidente de resolução de demandas repetitivas não pressupõe a existência de grande quantidade de processos versando sobre a mesma questão, mas preponderantemente o risco de quebra da isonomia e de ofensa à segurança jurídica.

[429] CAVALCANTI, Marcos de Araújo. *O incidente de resolução de demandas repetitivas e as ações coletivas*. Salvador: Juspodivm, 2015, p. 423.

[430] Idem, ibidem.

[431] MENDES, Aluísio Gonçalves de Castro; TEMER, Sofia Orberg. O incidente de resolução de demandas repetitivas do novo Código de Processo Civil. *Revista de Processo*, São Paulo, v.40, n.243, p. 283-332, maio 2015, p. 294.

[432] Vide, inclusive com a proposta *de lege ferenda* para ampliação do instituto: CAVALCANTI, Marcos de Araújo. *O incidente de resolução de demandas repetitivas e as ações coletivas*. Salvador: Juspodivm, 2015, p. 426-428.

[433] Enunciado nº 88, FPPC. Não existe limitação de matérias de direito passíveis de gerar a instauração do incidente de resolução de demandas repetitivas e, por isso, não é admissível qualquer interpretação que, por tal fundamento, restrinja seu cabimento.

[434] Confira-se o exemplo: "(...) mesmo existindo diversidade de fatos, a questão jurídica pode ser a mesma. Basta imaginar diferentes remessas de nomes para cadastros de devedores por uma causa comum, quando cada autor indicará um fato diferente, afinal, cada inclusão é um fato. Contudo, nesse caso a causa da inclu-

19.3.2. Risco de ofensa à isonomia e à segurança jurídica

O incidente de resolução de demandas repetitivas também pressupõe que haja risco de ofensa à isonomia e à segurança jurídica (art. 976, II, NCPC). Trata-se de requisito conjugado: possibilidade de violação à igualdade de tratamento entre sujeitos que se encontram em situação análoga e possibilidade de infringência à estabilidade do sistema jurídico conjugado. É preciso recordar aqui que só há segurança jurídica quando a jurisprudência é íntegra e coerente, de modo que a potencialidade de decisões díspares acerca de uma mesma questão de direito é reveladora, a um só tempo da insegurança e da ofensa à isonomia.

Em um Estado Democrático de Direito, a segurança jurídica assume relevância ímpar, e o incidente contribui com a formação de um Sistema Judicial que atenda às legítimas expectativas dos litigantes. É por essa razão que basta a potencial violação para que seja admitido o incidente. Diferente do que aponta determinada corrente,[435] não é necessário que haja decisões conflitantes, caso em que o risco já teria se transmudado em dano efetivo à igualdade e à segurança. Assim, a existência de sentenças antagônicas não é um requisito do IRDR – muito embora, com mais razão, justifique a sua utilização. É que o pretérito inseguro confirma prospectivamente a insegurança do caso seguinte.

Essa potencial violação também não é evidência de discricionariedade. Pelo contrário, não se trata de cogitação subjetiva quanto ao risco de decisões distintas. Trata-se de risco concreto, isto é, que se extrai do contexto da questão de direito colocada em xeque. Assim, caso haja polêmica (doutrinária ou jurisprudencial) sobre os limites de incidência da norma, seguramente há uma potencial insegurança autorizadora do IRDR. Quanto maior a divergência, maior será o risco e, portanto, mais autorizado o manejo do incidente.

19.3.3. Ausência de afetação da tese jurídica perante os tribunais superiores

Há ainda um requisito negativo. Trata-se da ausência de afetação da tese jurídica perante os tribunais superiores. Com efeito, é incabível o IRDR "quando um dos tribunais superiores, no âmbito de sua respectiva competência, já tiver afetado recurso para definição de tese sobre questão de direito material ou processual repetitiva." (art. 976, § 4º, NCPC).

O presente requisito parece confirmar a posição de alguns no sentido de que o incidente faz parte de um microssistema de precedentes em que se incluem os recursos excepcionais.[436] No mínimo, tanto os julgamentos de

---

são nos cadastros de devedores é comum, de forma a ser irrelevante a diversidade dos fatos para a fixação da tese jurídica" (NEVES, Daniel Amorim Assumpção. *Manual de Direito Processual Civil*: volume único. 8. ed. Salvador: Juspodivm, 2016, p. 1.400).

[435] CUNHA, Leonardo Carneiro da. Anotações sobre o incidente de resolução de demandas repetitivas previsto no projeto do novo Código de Processo Civil. *Revista de Processo*, São Paulo, v. 36, n. 193, p. 255-279, mar. 2011, p. 262.

[436] Enunciado nº 345, FPPC. O incidente de resolução de demandas repetitivas e o julgamento dos recursos extraordinários e especiais repetitivos formam um microssistema de solução de casos repetitivos, cujas normas de regência se complementam reciprocamente e devem ser interpretadas conjuntamente.

recursos excepcionais repetitivos como o julgamento do IRDR são considerados "julgamento de casos repetitivos" (art. 928, NCPC). Não faria sentido algum instaurar incidente para a uniformização de uma tese jurídica que já aguarda solução pelos tribunais superiores. A medida seria inútil.[437] Vale registrar que os efeitos do julgamento do IRDR e dos recursos excepcionais repetitivos são praticamente os mesmos, tanto que ambos figuram no catálogo de observância compulsória (art. 927, III, NCPC), de sorte que até mesmo por uma questão de economia processual se justifica a limitação.[438]

19.4. Legitimidade

A legitimação para suscitar o incidente de resolução de demandas repetitivas é mais abrangente do que a legitimidade da própria demanda. Isto porque o NCPC trouxe um rol mais amplo de legitimados, de modo a valorizar a proteção à segurança jurídica. Desse modo, possuem legitimidade para instaurar o IRDR (art. 977, NCPC):

a) *Partes*: evidentemente, as partes do processo podem dar início ao IRDR (art. 977, I, NCPC). É que o risco potencial à isonomia e à segurança afetará diretamente sua esfera de interesses;

b) *Ministério Público*: considerando que o *parquet* é fiscal da ordem jurídica, também é sujeito legitimado para suscitar o IRDR (art. 977, III, NCPC);

c) *Defensoria Pública*: a Defensoria Pública igualmente é parte legítima para a instauração do IRDR (art. 977, III, NCPC);

d) *Magistrado*: tanto o juiz da causa, como o relator, nos Tribunais, podem dar início ao incidente (art. 977, I, NCPC). A legitimação do juiz de primeiro grau não constava no projeto inicial do diploma processual (que determinava a instauração apenas perante os tribunais) e acabou incluída na versão final do NCPC.[439] Por decorrência da colegialidade inerente à estrutura dos tribunais, apesar do silêncio legislativo, tudo indica que os demais membros do tribunal integrantes do colegiado também podem suscitar o incidente no curso do julgamento perante os tribunais.

19.5. Efeitos

Variados efeitos podem ser identificados no IRDR. Dois, porém, merecem especial destaque. Quando o incidente é admitido pelo tribunal, haverá a sus-

---

[437] CÂMARA, Alexandre Freitas. *O novo processo civil brasileiro*. 2. ed. São Paulo: Atlas, 2016, p. 481.
[438] MENDES, Aluísio Gonçalves de Castro; TEMER, Sofia Orberg. O incidente de resolução de demandas repetitivas do novo Código de Processo Civil. *Revista de Processo*, São Paulo, v. 40, n. 243, p. 283-332, maio 2015, p. 295.
[439] CAVALCANTI, Marcos de Araújo. *O incidente de resolução de demandas repetitivas e as ações coletivas*. Salvador: Juspodivm, 2015, p. 436.

pensão de todos os processos pendentes em torno do tema (art. 982, I, NCPC) e, ocorrendo o julgamento, será fixada a tese jurídica aplicável aos casos pendentes e futuros (art. 985, NCPC).

19.5.1. Em razão da admissibilidade: suspensão dos processos

A suspensão dos processos pendentes é o principal efeito do juízo positivo de admissibilidade do IRDR. Com efeito, presentes os requisitos para o cabimento, o tribunal deverá admitir o incidente e, uma vez admitido, o relator "suspenderá os processos pendentes, individuais ou coletivos, que tramitam no Estado ou na região, conforme o caso" (art. 982, I, NCPC). A redação do dispositivo não é boa.

Não é o relator que suspenderá cada um dos processos individuais em que haja a questão de direito controvertida. Na realidade, o relator determinará a suspensão e, então, comunicará os órgãos jurisdicionais competentes para que adotem a providência (art. 982, § 1º, NCPC). É o juiz ou relator de cada processo que determinará a suspensão. Verifica-se, pois, a necessidade de um pronunciamento judicial para que o "comando geral" de suspensão atinja os demais processos. Assim, o órgão jurisdicional da causa a ser suspensa deverá se pronunciar sobre a identidade entre a questão de direito versada nela e no IRDR.[440]

Aplica-se, por extensão, o art. 1.037 e seus parágrafos (que trata dos recursos repetitivos), de modo que as partes deverão ser intimadas e poderão, inclusive, alegar que o seu caso é distinto daquele objeto do IRDR.[441] Caso haja identidade, o processo obrigatoriamente deverá ser suspenso (art. 313, IV, NCPC).[442] Demonstrada, porém, a distinção, o feito deverá prosseguir (art. 1.037, § 12, NCPC).

O pronunciamento judicial que determina a suspensão pode ser desafiado por *agravo de instrumento*, se a ordem partir do juiz de primeiro grau (art. 1.015, XIII, c/c art. 1.037, § 13, NCPC), ou por *agravo interno*, se a ordem vier do relator no tribunal (art. 1.021, c/c art. 1.037, § 13, NCPC).[443] É que a suspen-

---

[440] DIDIER JÚNIOR, Fredie Souza; TEMER, Sofia Orberg. A decisão de organização do incidente de resolução de demandas repetitivas: importância, conteúdo e o papel do regimento interno do tribunal. *Revista de Processo*, São Paulo, v.41, n.258, p. 257-278, ago. 2016, p. 273.

[441] CAVALCANTI, Marcos de Araújo. *O incidente de resolução de demandas repetitivas e as ações coletivas*. Salvador: Juspodivm, 2015, p. 448.

[442] Não é possível, portanto, formular pedido de exclusão dos efeitos do incidente para que uma causa com a tese idêntica seja julgada de forma diferente. É vedado, portanto, o "requerimento de autoexclusão (*opt-out*)". Caso haja interesse, a parte deve apontar a distinção entre o seu caso e o caso versado no IRDR (CAVALCANTI, Marcos de Araújo. *O incidente de resolução de demandas repetitivas e as ações coletivas*. Salvador: Juspodivm, 2015, p. 559).

[443] MENDES, Aluísio Gonçalves de Castro; TEMER, Sofia Orberg. O incidente de resolução de demandas repetitivas do novo Código de Processo Civil. *Revista de Processo*, São Paulo, v. 40, n. 243, p. 283-332, maio 2015, p. 310. Contra, considerando hipótese que não comporta agravo: NEVES, Daniel Amorim Assumpção. *Manual de Direito Processual Civil: volume único*. 8. ed. Salvador: Juspodivm, 2016, p. 1.412. Por outro lado, ainda que se considere inexistente um microssistema de casos repetitivos, é cabível o agravo de instrumento. Como bem lembrado outra corrente, ao estabelecer que a causa se enquadra na tese jurídica padrão, o

são do processo, quando não há identidade, acarreta nítido e imediato prejuízo à parte.[444]

Quanto à extensão da suspensão em cada caso, há controvérsia. Podem ser identificadas duas correntes: (a) todos os atos processuais serão paralisados; (b) nem todos os atos processuais serão paralisados, de modo que apenas o julgamento deve aguardar a fixação da tese. Não há, porém, solução *a priori*. Cada caso cobrará exame quanto à adequação do processamento ou não. Medidas urgentes evidentemente podem ser pleiteadas mesmo durante a suspensão. Aliás, o diploma processual é contundente em fixar a competência para a análise de tais providências perante o órgão judicial da causa suspensa, e não do IRDR (art. 982, § 2º, NCPC). Em termos mais direitos: a suspensão pelo IRDR não é óbice para a concessão de tutela de urgência, seja ela cautelar ou antecipatória. É verdade, porém, que a existência de possível insegurança jurídica sobre questão de direito, pressuposto para o incidente, pode tornar *menos provável* o direito pleiteado, influenciando negativamente na concessão da tutela de urgência (art. 300, NCPC). E caso os pedidos sejam decomponíveis, a parcela autônoma da demanda que não diz respeito à questão de direito controvertida pode ter regular seguimento.[445] Não se justifica a suspensão total se existem capítulos independentes que podem ser apreciados mediante, por exemplo, julgamento antecipado parcial do mérito (art. 356, NCPC).[446]

Quanto à extensão territorial da suspensão, a ordem dos tribunais abrange sua esfera de competência (art. 982, I, NCPC). Assim, por exemplo, admitido o incidente perante o Tribunal de Justiça do Rio Grande do Sul, todos os processos do Estado do Rio Grande do Sul serão atingidos. De outro lado, admitido o incidente perante Tribunal Regional Federal da 4ª Região, serão atingidos os Estados do Rio Grande do Sul, Santa Catarina e Paraná.

Há mais: o diploma processual prevê que a determinação de suspensão pode ser ampliada para todo o território nacional. Realmente, a possibilidade de que uma tese jurídica seja debatida em vários Estados do país é enorme se consideradas as dimensões territoriais do Brasil e a abrangência da legislação federal. Para que isso ocorra é necessário formular requerimento diretamente ao órgão competente para o conhecimento do respectivo recurso extraordinário ou especial sobre o tema (art. 982, § 3º, NCPC). É dizer, caberá ao Superior Tribunal de Justiça ou ao Supremo Tribunal Federal determinar a *suspensão nacional dos processos* e, então, comunicar os órgãos jurisdicionais competentes

---

magistrado da causa está adiantando uma parcela do seu juízo sobre o mérito e, das decisões que apreciam o mérito, cabe agravo de instrumento nos termos do art. 1.015, II, NCPC (MARINONI, Luiz Guilherme; ARENHART, Sérgio Cruz; MITIDIERO, Daniel. *Novo Código de Processo Civil comentado*. São Paulo: Revista dos Tribunais, 2015, p. 917).

[444] Isto não impede que a distinção seja posteriormente alegada quando da aplicação da tese, através do recurso cabível (CAVALCANTI, Marcos de Araújo. *O incidente de resolução de demandas repetitivas e as ações coletivas*. Salvador: Juspodivm, 2015, p. 449).

[445] CAVALCANTI, Marcos de Araújo. *O incidente de resolução de demandas repetitivas e as ações coletivas*. Salvador: Juspodivm, 2015, p. 447.

[446] MENDES, Aluísio Gonçalves de Castro; TEMER, Sofia Orberg. O incidente de resolução de demandas repetitivas do novo Código de Processo Civil. *Revista de Processo*, São Paulo, v.40, n.243, p. 283-332, maio 2015, p. 315.

para que adotem a providência (art. 982, § 1º, NCPC). Essa suspensão nacional pode ser requerida pelos legitimados para a instauração do IRDR (art. 977, NCPC) e, também, por qualquer parte em processo em curso "no qual se discuta a mesma questão objeto do incidente" (art. 982, § 4º, NCPC). Só o tempo dirá se essa legitimação amplíssima é realmente conveniente para o sistema. É que numa situação de causas repetitivas, o aumento da legitimidade inevitavelmente incrementará a quantidade de postulações e de energia despendida pelo Judiciário.

Quanto à duração, a suspensão dos processos não deve ser perpétua, sob pena de verdadeira negativa da prestação jurisdicional. Nessa esteira, o NCPC prevê que o IRDR deve ser julgado no prazo de um ano[447] e, caso isto não ocorra, cessará a suspensão anteriormente determinada. O relator, porém, poderá manter a ordem de suspensão ainda que escoado o prazo, desde que o faça de forma fundamentada (art. 980, parágrafo único, NCPC).

19.5.2. Em razão do julgamento: fixação da tese para casos pendentes e futuros

Uma vez realizado o julgamento do incidente de resolução de demandas repetitivas, a solução dada à questão de direito controvertida é fixada e se torna aplicável aos casos pendentes e, inclusive, aos casos futuros (art. 985, NCPC).

Aliás, por expressa previsão legal, a tese incidirá "a todos os processos individuais ou coletivos que versem sobre idêntica questão de direito e que tramitem na área de jurisdição do respectivo tribunal, inclusive àqueles que tramitem nos juizados especiais do respectivo Estado ou região" (art. 985, I, NCPC) e "aos casos futuros que versem idêntica questão de direito e que venham a tramitar no território de competência do tribunal", salvo revisão da tese (art. 985, II, NCPC).

O que importa destacar aqui é que o primordial efeito do julgamento do IRDR é o estabelecimento da solução jurídica única à questão de direito que ensejou a sua instauração. Haverá, pois, pronunciamento do tribunal a respeito da tese jurídica que causava um potencial risco à isonomia e à segurança jurídica.

Evidentemente, a fixação da tese abrange apenas os limites da competência territorial do tribunal. Não há, no ponto, qualquer dissenso. Daí decorre também que, se o pronunciamento judicial que resolve o IRDR for confrontado por recurso especial ou recurso extraordinário, "a tese jurídica adotada pelo Supremo Tribunal Federal ou pelo Superior Tribunal de Justiça será aplicada no território nacional a todos os processos individuais ou coletivos que versem sobre idêntica questão de direito" (art. 987, § 2º, NCPC).

Destaque-se que a fixação da tese não solucionará imediatamente uma pluralidade de demandas, pois ela deverá ser posteriormente "aplicada aos

---

[447] O termo inicial não é previsto em lei. De todo modo, correta a posição doutrinária no sentido de que o prazo se inicia com a publicação da decisão que admite o incidente (CAVALCANTI, Marcos de Araújo. *O incidente de resolução de demandas repetitivas e as ações coletivas*. Salvador: Juspodivm, 2015, p. 450).

casos concretos pelos juízos dos respectivos processos repetitivos pendentes".[448] O juiz da causa, inclusive, deverá exercer um juízo de adequação entre a tese e o caso: "a aplicação pura e simples do precedente, de forma automática, corresponde, até mesmo, à violação manifesta da ordem jurídica, de forma a justificar ação rescisória".[449]

A questão polêmica, na realidade, diz respeito à *autoridade da tese fixada*, tema extremamente atual e que trata da questão do papel da jurisprudência no direito brasileiro. Trata-se de precedente obrigatório? Haveria eficácia vinculante? Há quem defenda, por exemplo, que a decisão "estabelece um padrão decisório a ser empregado, posteriormente, como precedente vinculante".[450] Didaticamente,[451] é possível aglutinar o dissenso em três correntes: (1ª) deve ser observada a coisa julgada decorrente do incidente;[452] (2ª) o estabelecimento da tese forma um precedente obrigatório;[453] (3ª) a fixação da tese promove um efeito vinculante ou eficácia expansiva do julgado.

Somente a maturação do debate em torno do instituto poderá trazer uma resposta segura. De todo modo, há significativos indicativos normativos que favorecem a tese do *efeito vinculante*, ou da *eficácia expansiva do julgado*:

a) *Improcedência liminar*: o juiz de primeiro grau pode julgar imediatamente improcedente, isto é, sem a citação da parte contrária, o pedido que contrarie a tese fixada (art. 332, III, NCPC);

b) *Tutela provisória de evidência*: o juiz de primeiro grau pode autorizar a imediata fruição do bem da vida controvertido mediante o deferimento de tutela provisória de evidência na hipótese de a questão de fato puder ser comprovada apenas documentalmente e houver tese fixada em IRDR (art. 311, II, NCPC);

c) *Dispensa de remessa necessária*: não haverá reexame obrigatório da sentença que estiver fundada em tese de incidente (art. 496, § 4º, NCPC);

d) *Observância da tese*: as decisões em IRDR constam no rol daquelas que devem ser observadas pelos juízes e tribunais (art. 927, III, NCPC);

---

[448] CAVALCANTI, Marcos de Araújo. *O incidente de resolução de demandas repetitivas e as ações coletivas*. Salvador: Juspodivm, 2015, p. 574.

[449] THEODORO JÚNIOR, Humberto. Jurisprudência e precedentes vinculantes no novo código de processo civil: demandas repetitivas. *Revista de Processo*, São Paulo, v. 41, n. 255, p. 359-372, maio 2016, p. 364.

[450] CÂMARA, Alexandre Freitas. *O novo processo civil brasileiro*. 2. ed. São Paulo: Atlas, 2016, p. 485.

[451] Não é pretensão das *Lições* aprofundar o intenso debate sobre o tema. Vide, no ponto: MENDES, Aluísio Gonçalves de Castro; TEMER, Sofia Orberg. O incidente de resolução de demandas repetitivas do novo Código de Processo Civil. *Revista de Processo*, São Paulo, v. 40, n. 243, p. 283-332, maio 2015, p. 325.

[452] "É óbvio que a resolução única da questão incidente nos casos repetitivos nada mais é do que uma decisão que produz coisa julgada sobre a questão que interessa a todos os litigantes dos processos pendentes. Significa que se está diante de coisa julgada que se estende a terceiros." (MARINONI, Luiz Guilherme. O 'problema' do incidente de resoluçãode demandas repetitivas e dos recursos extraordinário e especial repetitivos. *Revista de Processo*, São Paulo, v. 40, n. 249, p.399-419, nov. 2015, p. 403).

[453] Defendendo essa posição: DIDIER JÚNIOR, Fredie; ZANETI JÚNIOR, Hermes. Ações coletivas e o incidente de julgamento de casos repetitivos – Espécies de processo coletivo no direito brasileiro: aproximações e distinções. *Revista de Processo*, São Paulo, v. 41, n. 256, p. 209-218, jun. 2016, p. 214; MENDES, Aluísio Gonçalves de Castro; TEMER, Sofia Orberg. O incidente de resolução de demandas repetitivas do novo Código de Processo Civil. *Revista de Processo*, São Paulo, v. 40, n. 243, p. 283-332, maio 2015, p. 326.

e) **Poderes do relator**: nos tribunais, o relator pode monocraticamente negar provimento a recurso contrário à tese fixada no incidente (art. 932, IV, c, NCPC) ou, dar provimento a recurso contra decisão contrária à tese de IRDR (art. 932, V, c, NCPC);

f) **Reclamação**: é cabível a utilização de reclamação contra pronunciamento judicial que não observe a tese fixada no incidente de resolução de demandas repetitivas, seja pela sua aplicação como pela sua não aplicação (art. 985, § 1º, c/c art. 988, IV e § 4º, NCPC);

g) **Dispensa de caução na execução provisória**: no cumprimento das sentenças condenatórias ainda não transitadas em julgado e que tenham arrimo na questão jurídica unitariamente solucionada pelo IRDR, é dispensada garantia para a realização de atos irreversíveis (art. 521, IV, NCPC).

Essa extensão de efeitos do IRDR é realmente significativa. Tanto que transborda os limites da função jurisdicional e deságua na função administrativa. Nessa esteira, o diploma processual prevê que as agências reguladoras[454] devem ser comunicadas acerca da decisão para efetiva aplicação da tese perante os entes sujeitos à regulação quando se tratar de questão relativa à prestação de serviço público concedido, permitido ou autorizado (art. 985, § 2º, NCPC). Em termos mais diretos, é dizer que o prestador de serviço público concedido, permitido ou autorizado deve observar a tese jurídica fixada no IRDR, sob pena de incorrer em eventuais sanções provenientes das agências reguladoras.

19.6. Procedimento

19.6.1. Instauração

O incidente de resolução de demandas repetitivas deve ser suscitado pelos sujeitos legitimados (art. 977, NCPC). Quando se tratar de pedido formulado pelas partes, pelo Ministério Público ou Pela Defensoria Pública, deve ser apresentada petição específica para tanto. Quando formulado por magistrado, deverá ser encaminhado por ofício. Seja como for, é necessário que o pedido seja instruído "com os documentos necessários à demonstração do preenchimento dos pressupostos para a instauração do incidente" (art. 977, parágrafo único, NCPC). O pedido é destinado ao presidente do tribunal (art. 977, *caput*, NCPC).

A instauração do incidente deve ser amplamente divulgada (art. 979, NCPC). Trata-se de previsão consentânea com a publicidade e o direito à informação[455] esperados de um Estado Democrático de Direito e que está em sinto-

---

[454] Trata-se de autarquia de regime especial, destinada preponderante à fiscalização de serviços públicos. Nesse sentido: "A expansão deste tipo de administração estaria ligada ao conflito gerado entre o modelo econômico adotado (capitalista) e o Estado, enquanto, Social. Com a implantação do Programa Nacional de Desestatização (PND – Lei 9491/97), surgiu ao Estado o dever de regular a prestação dos serviços públicos, que agora não seriam mais prestados diretamente pelo Estado, mas sim pro empresas privadas (...)" (SANTANNA, Gustavo da Silva. *Direito administrativo*. 2. ed. Porto Alegre: Verbo Jurídico, 2013, p. 76).

[455] MENDES, Aluísio Gonçalves de Castro; TEMER, Sofia Orberg. O incidente de resolução de demandas repetitivas do novo Código de Processo Civil. *Revista de Processo*, São Paulo, v. 40, n. 243, p. 283-332, maio 2015, p. 307.

nia com a ampliação do debate que se pretende no julgamento da tese: há, pois, uma pretensão de construção democrática da solução através do processo.

Consoante já apontado anteriormente, não é necessário que a causa esteja pendente no tribunal para que seja formulado o pedido. Nessa esteira, em termos procedimentais, o incidente de resolução de demandas repetitivas deve ser devidamente registrado e autuado em apartado e posteriormente encaminhado ao tribunal. Significa dizer que o IRDR goza de autonomia procedimental.[456]

Ao que tudo indica, o incidente goza também de autonomia funcional: como a sua finalidade não é apenas solucionar o caso concreto, mas fixar tese jurídica para todos os casos idênticos pendentes e futuros, o seu julgamento independe da situação em que se encontrar a causa originária. Não é à toa, pois, que *a desistência ou o abandono do processo não impede o exame de mérito do IRDR* (art. 976, § 1º).

Não há um prazo para dar início ao IRDR. Em princípio, logo após o ajuizamento da ação, o legitimado poderia provocar o tribunal para instauração do incidente. Como o procedimento foi estruturado para os tribunais inferiores,[457] um verdadeiro "redesenho do quadro institucional projetado originalmente pela Constituição",[458] é lícito concluir que poderá ser suscitado até a conclusão do julgamento pelos tribunais. A questão, porém, tem pouca relevância prática porque se a causa é repetitiva, ainda que já julgado um caso, o IRDR poderá ser suscitado perante outro processo.

Apenas para exemplificar, o IRDR pode ser instaurado antes do julgamento da causa no primeiro grau ou após a sentença; pode, também, ser instaurado antes do julgamento do recurso de apelação quando a causa já estiver pendente no tribunal. Nada impede, ainda, que o IRDR seja suscitado em processo de competência originária do tribunal, como a ação rescisória.

19.6.2. Juízo de admissibilidade

Suscitado e instaurado o incidente, caberá ao presidente do tribunal encaminhar os autos ao "órgão indicado pelo regimento interno dentre aqueles responsáveis pela uniformização de jurisprudência do tribunal" (art. 978, NCPC). Este mesmo órgão ficará posteriormente encarregado de julgar o recurso, a remessa necessária ou o processo de competência originária que deu origem ao incidente (art. 978, parágrafo único, NCPC). Trata-se aqui de mera regra de prevenção, e não de requisito para a admissibilidade do incidente conforme já adiantado.

---

[456] MENDES, Aluísio Gonçalves de Castro; TEMER, Sofia Orberg. O incidente de resolução de demandas repetitivas do novo Código de Processo Civil, op. cit. p. 290.

[457] CAVALCANTI, Marcos de Araújo. *O incidente de resolução de demandas repetitivas e as ações coletivas*. Salvador: Juspodivm, 2015, p. 438; Enunciado nº 343, FPPC. O incidente de resolução de demandas repetitivas compete a tribunal de justiça ou tribunal regional.

[458] REICHELT, Luis Alberto. O incidente de resolução de demandas repetitivas no novo Código de Processo Civil brasileiro e o redimensionamento do papel constitucionalmente associado aos tribunais de justiça e aos tribunais regionais federais. *Revista de Processo*, São Paulo, v. 40, n. 248, p. 273-285, out. 2015, p. 280.

Após a instauração, o *órgão colegiado* competente para o julgamento deverá realizar o juízo de admissibilidade do IRDR (art. 981, NCPC).[459] O relator, pois, não tem poderes para exercer o juízo de admissibilidade isoladamente. Não se aplicam as disposições do art. 932, IV e V, do NCPC, já que referentes apenas ao processamento de recursos.[460]

O crivo da admissibilidade identifica a presença dos pressupostos para o cabimento do incidente (art. 976, NCPC). Surgem, pois, duas possíveis situações:

a) **Juízo negativo de admissibilidade**: considera incabível o IRDR na hipótese em julgamento. A inadmissibilidade, porém, não impede que, uma vez satisfeito o requisito faltante, seja novamente suscitado o incidente (art. 976, § 4º, NCPC);

b) **Juízo positivo**: considera que estão preenchidos os pressupostos para o cabimento do incidente, de modo que deve ser processado. Veja-se que o juízo positivo confirma, pelo órgão colegiado, que há risco de ofensa à isonomia e à segurança jurídica. Por essa razão que a admissão do IRDR traz como principal efeito a suspensão dos processos pendentes sobre a mesma questão de direito controvertida na esfera de competência do tribunal, tema já tratado. Além disso, admitido o IRDR, caberá ao relator determinar as providências para sua instrução.

19.6.3. Instrução

De fato, além do efeito de suspender os processos idênticos, a admissibilidade do IRDR leva à fase instrutória. Caberá ao relator a condução dos trabalhos nos seguintes termos:

a) Deverá intimar o Ministério Público para, querendo, se manifestar no prazo de quinze dias (art. 982, III, NCPC);

b) Poderá requisitar informações a outros órgãos judiciais que possuam, no seu acervo, processos com a temática em debate (art. 982, II, NCPC);

c) Poderá determinar a oitiva de quaisquer interessados na causa (inclusive terceiros e *amicus curiae* – art. 138) e que estão autorizados a requerer a juntada de documentos ou solicitar diligências necessárias à elucidação da questão de direito controvertida (art. 983, *caput*, NCPC);

d) Poderá designar audiência pública destinada a "ouvir depoimentos de pessoas com experiência e conhecimento na matéria" (art. 983, § 1º, NCPC)

Para uma parcela da doutrina, após a admissibilidade do incidente, devem ser tomadas variadas providências relacionadas com a instrução. Segundo essa corrente, trata-se de uma "decisão de organização", tomada pelo relator,

---

[459] Há uma frisante constatação sobre a competência: para que seja respeitada a cláusula constitucional da reserva de plenário (art. 97, CF/88), caso a tese jurídica seja de caráter constitucional, o julgamento da causa deverá ser qualificado e, portanto, ocorrer pelo Órgão Especial ou pelo Plenário (CÂMARA, Alexandre Freitas. *O novo processo civil brasileiro*. 2ª ed. São Paulo: Atlas, 2016, p. 482).

[460] No mesmo sentido, aduzindo que o "julgamento unipessoal deve ser visto com reservas", já que a atribuição foi conferida ao colegiado: DIDIER JÚNIOR, Fredie Souza; TEMER, Sofia Orberg. A decisão de organização do incidente de resolução de demandas repetitivas: importância, conteúdo e o papel do regimento interno do tribunal. *Revista de Processo*, São Paulo, v. 41, n.258, p. 257-278, ago. 2016, p. 262.

que possibilita: "(i) identificação do objeto do incidente; (ii) escolha, se necessário, dos casos representativos da controvérsia; (iii) definição de critérios para a participação de terceiros, seja como amicus curiae, seja como sujeitos juridicamente interessados, inclusive definindo uma possível calendarização do procedimento no incidente; (iv) comunicação aos interessados e à sociedade sobre a afetação da matéria; (v) comunicação aos juízos inferiores sobre a suspensão das demandas que versem sobre a questão submetida a julgamento".[461] Não se vislumbra óbice, porém, para que tais providências sejam tomadas por ocasião da decisão que admite o incidente.

Verifica-se que o incidente é estruturado para possibilitar um amplo e democrático debate sobre a questão de direito controvertida: há uma verdadeira "ampliação do contraditório" que "confere legitimidade constitucional à decisão que se irá proferir para servir como padrão decisório dotado de eficácia vinculante".[462] Não é à toa que poderá aceitar a participação de *amicus curiae* e, também, de sujeitos (partes) que figurem em outros processos em que discutida a mesma questão.

19.6.4. Julgamento

Após a instrução, o IRDR deverá ser julgado pelo órgão colegiado em que tramita (art. 978, NCPC). Por ocasião do julgamento, o relator apresentará a exposição do objeto do incidente e da instrução havida (relatório) e, após, é possível que haja sustentação oral dos sujeitos interessados na causa (art. 984, I e II, NCPC). No seguimento, apresentará voto. Os demais membros do órgão colegiado também apresentarão votos. Não há neste particular, regramento específico, aplicando-se a ordem geral (arts. 938-941, NCPC).

O julgamento do IRDR deve contar com uma qualificada densidade de fundamentação, especialmente porque irá assentar a tese jurídica aplicável para todos os casos seriados. Há, pois, significativo ônus argumentativo. Aplicam-se, é claro, as regras gerais quanto ao dever de fundamentação (art. 489, §§ 1º e 2º). Além disso, o "conteúdo do acórdão abrangerá a análise de todos os fundamentos suscitados concernentes à tese jurídica discutida, sejam favoráveis ou contrários" (art. 984, § 2º, NCPC). O primordial efeito do julgamento do incidente é a fixação da tese jurídica aplicável a todos os processos idênticos (art. 985, NCPC).

19.6.5. Recursos cabíveis

Considerando a autonomia procedimental do IRDR, vários pronunciamentos judiciais poderão surgir durante a sua tramitação, além dos evidentes juízo de admissibilidade e juízo de mérito. Cumpre, pois, identificar quais os recursos cabíveis.

---

[461] DIDIER JÚNIOR, Fredie Souza; TEMER, Sofia Orberg. A decisão de organização do incidente de resolução de demandas repetitivas: importância, conteúdo e o papel do regimento interno do tribunal. *Revista de Processo*, São Paulo, v. 41, n .258, p. 257-278, ago. 2016, p. 263.
[462] CÂMARA, Alexandre Freitas. *O novo processo civil brasileiro*. 2. ed. São Paulo: Atlas, 2016, p. 484.

A *primeira decisão* questionável é aquela relacionada com a admissibilidade do IRDR. Trata-se de pronunciamento que não confronta o mérito e que é tomada pelo órgão colegiado. Dessa decisão, *não há recurso* expressamente previsto. Ora, dado que todo pronunciamento comporta esclarecimento e integração, sem dúvida cabem ***embargos de declaração***.[463] Questão interessante diz respeito à possibilidade de sustar a eficácia suspensiva da decisão de admissibilidade do IRDR mediante recurso. Considerando que os tribunais superiores possuem competência para exame do mérito recursal do IRDR e que inclusive podem estender a suspensão para o âmbito nacional, é possível argumentar em favor do cabimento de ***petição avulsa*** direcionada ao STJ ou STF para que obstem a ordem de suspensão de todos os processos seriados. Aplica-se o art. 982, § 3º, ao reverso.

A *segunda decisão* questionável é aquela tomada pelo relator no curso da instrução do IRDR. Aliás, várias decisões podem surgir dessa forma: indeferimento de provas, inadmissão de intervenção de terceiros, inadmissão de *amicus curiae* etc. Trata-se aqui de decisão monocrática que pode ser desafiada por ***agravo interno*** direcionado ao órgão colegiado competente para o exame de mérito do incidente.

A *terceira decisão* questionável diz respeito ao exame do mérito do IRDR. Trata-se, pois, de pronunciamento judicial decorrente do órgão colegiado responsável pela análise da causa. Além dos ***embargos de declaração*** (sempre cabíveis), o diploma processual expressamente autoriza o manejo de ***recurso extraordinário*** e ***recurso especial*** (art. 987, NCPC). Para o manejo dos recursos excepcionais, deverão estar presentes todos os requisitos próprios de cabimento. Há, contudo, um detalhe: presume-se que a tese controvertida possui repercussão geral (art. 987, § 1º, NCPC). Além disso, em tais situações, os recursos excepcionais possuem efeito suspensivo decorrente de lei (art. 987, § 1º, NCPC). Assim, caso seja interposto o recurso, a decisão do IRDR não produzirá imediatamente os seus efeitos.

Apesar de não se tratar de recurso especial repetitivo e recurso extraordinário repetitivo, tais remédios recursais nitidamente veicularão pretensão repetitiva, razão pela qual a sua solução poderá impactar em diversos processos. Por fim, "apreciado o mérito do recurso, a tese jurídica adotada pelo Supremo Tribunal Federal ou pelo Superior Tribunal de Justiça será aplicada no território nacional a todos os processos individuais ou coletivos que versem sobre idêntica questão de direito" (art. 987, § 2º, NCPC).

19.7. Revisão da tese

A tese jurídica fixada em incidente de resolução de demandas repetitivas pode ser objeto de revisão.

---

[463] Enunciado nº 556, FPPC. É irrecorrível a decisão do órgão colegiado que, em sede de juízo de admissibilidade, rejeita a instauração do incidente de resolução de demandas repetitivas, salvo o cabimento dos embargos de declaração.

A revisão deve ser realizada perante o mesmo tribunal que julgou a causa e pode ser instaurada de ofício ou através de requerimento do Ministério Público ou da Defensoria Pública (art. 986, NCPC).

Nota-se, porém, uma ausência de sincronia entre os legitimados para instaurar o incidente e os legitimados para requerer a revisão da tese. É que a revisão não pode ser pleiteada pelas partes dos processos suspensos. Aliás, sequer as partes das demandas ajuizadas *após* o julgamento do IRDR (casos futuros) poderão suscitar a revisão da tese jurídica fixada no incidente. O diploma processual é, no mínimo, omisso quanto ao tema.

Ora, se as decisões proferidas em sede de IRDR são *obrigatórias* (art. 927, III, NCPC), e havendo diversas situações processuais que servem para (re)afirmar a tese fixada no julgamento do IRDR, impedir que a parte litigante de demanda futura – proposta após a conclusão do julgamento do IRDR – possa discutir a revisão da tese até então firmada é tolher o acesso à justiça dessa parte. Ora, figure-se o exemplo de uma parte propor demanda sustentando a necessária revisão da tese jurídica fixada em IRDR já julgado; se a demanda não for julgada improcedente em liminar, o magistrado de primeiro grau estará *vinculado* a decidir conforme a tese; ao apelar ao tribunal, este julgará monocraticamente o recurso e, após o agravo interno (e embargos declaratórios, se for o caso), o eventual recurso especial ou extraordinário que vier a ser interposto terá seu seguimento negado (art. 1.030, inciso I, alínea *b*, do NCPC), não cabendo, desta decisão, recurso ao tribunal superior competente, mas apenas agravo interno (art. 1.030, § 2º, do NCPC).

Isso poderá contribuir para o engessamento da jurisprudência, visto que normalmente são as partes que identificarão os fundamentos necessários e terão maior interesse na revisão do precedente firmado no julgamento do IRDR. Não há, pois, justificativa razoável para essa restrição. De qualquer forma, não está excluída a possibilidade de a parte interessada provocar a Defensoria Pública e/ou o Ministério Público para formularem o pedido de revisão de tese jurídica. Aliás, sequer está afastada por completo a possibilidade de a parte de demanda futura peticionar ao tribunal, em "petição avulsa", requerendo essa revisão. Aliás, os Regimentos Internos dos Tribunais deve(ria)m prever hipótese de proposta de revisão de tese, como ocorre no Supremo Tribunal Federal, que prevê, em seu Regimento Interno, a possibilidade de se propor revisão ou cancelamento de súmula vinculante (arts. 354-A e seguintes).

Há, ainda, quem defenda a possibilidade de a parte que vier a propor demanda futura (proposta após o julgamento do IRDR) venha a apresentar *novo* IRDR perante o tribunal competente, demonstrando a necessidade de revisão da tese antes firmada. Justamente por redundar na formação de outro precedente obrigatório, a revisão da tese deve ocorrer – senão por pedido do Ministério Público, Defensoria Pública ou de ofício pelo tribunal – pela instauração de novo IRDR.[464] Evidentemente, na revisão da tese, o tribunal deve ob-

---

[464] DIDIER JÚNIOR, Fredie; CUNHA, Leonardo Carneiro da. *Curso de direito processual civil: o processo civil nos tribunais, recursos, ações de competência originária de tribunal e querela nullitatis, incidentes de competência originária de tribunal.* 13. ed. Salvador: JusPodivm, 2016, p. 614-615.

servar a necessidade de fundamentação adequada e específica, considerando os princípios da segurança jurídica, da proteção da confiança e da isonomia (art. 927, § 4º, do NCPC). Por fim, haja vista que o órgão julgador também pode pleitear a revisão da tese, a parte interessada, em processo futuro, tem o direito de requerer ao magistrado julgador de seu processo a instauração da revisão da tese.[465]

---

[465] WAMBIER, Luiz Rodrigues; TALAMINI, Eduardo. *Curso avançado de processo civil: cognição judicial (processo comum de conhecimento e tutela provisória)*, volume 2. 16. ed., reformulada e ampliada de acordo com o novo CPC. São Paulo: Revista dos Tribunais, 2016, p. 737.

Capítulo 20 – Incidente de assunção de competência

20.1. Conceito

A tentativa de solução jurídica unitária para casos distintos conta com outro instrumento previsto no diploma processual. Não se trata, porém, de novidade. Apesar da nova e aprimorada[466] fisionomia, a assunção de competência já existia no sistema processual anterior,[467] ainda que desprovida de eficácia vinculante.[468]

Vale registrar que, enquanto o incidente de resolução de demandas repetitivas se destina à uniformização da resposta dada às causas repetitivas, o incidente de assunção de competência tem a finalidade de encaminhar para órgão colegiado questão de direito sem repetição em múltiplos processos, mas que conte com grande repercussão social (art. 947, NCPC). O incidente também pode ser manejado para dissipar as divergências entre câmaras ou turmas do tribunal quando se tratar de relevante questão de direito (art. 947, § 4º, NCPC).

Há, portanto, uma preocupação comum em ambos: tanto o IRDR como o incidente de assunção de competência buscam "orientar os membros do tribunal e os juízes a ele submetidos mediante a formação de precedente ou de jurisprudência vinculante".[469] Assim como a decisão fruto do IRDR, a solução do incidente de assunção de competência é de observância compulsória (art. 927, III e art. 947, § 3º, NCPC). Nessa esteira, é possível estabelecer uma definição inicial.

⇒ Trata-se de incidente processual destinado à fixação da tese jurídica apta a solucionar relevante questão de direito, com grande repercussão social e sem repetição em múltiplos processos ou que cause divergência entre as câmaras ou turmas do tribunal.

---

[466] NEVES, Daniel Amorim Assumpção. *Manual de Direito Processual Civil:* volume único. 8. ed. Salvador: Juspodivm, 2016, p. 1.343.

[467] Art. 555, § 1º, CPC/73. Ocorrendo relevante questão de direito, que faça conveniente prevenir ou compor divergência entre câmaras ou turmas do tribunal, poderá o relator propor seja o recurso julgado pelo órgão colegiado que o regimento indicar; reconhecendo o interesse público na assunção de competência, esse órgão colegiado julgará o recurso.

[468] MOREIRA, José Carlos Barbosa. *Comentários ao Código de Processo Civil*, vol. V, op. cit., p. 667.

[469] MARINONI, Luiz Guilherme; ARENHART, Sérgio Cruz; MITIDIERO, Daniel. *Novo Código de Processo Civil comentado.* São Paulo: Revista dos Tribunais, 2015, p. 889.

O esquema geral do incidente de assunção de competência é simples. Quando, em algum tribunal, se percebe a existência dos seus pressupostos, determina-se que a causa (recurso, remessa necessária ou processo originário) seja julgada diretamente por outro órgão colegiado indicado pelo regimento interno do Tribunal. Como o incidente busca uniformizar o entendimento a respeito de relevante questão de direito, é de se concluir que o regimento apontará a função para órgão que tenha esse papel uniformizador.[470]

Nesse sentido, seja qual for o órgão que o Regimento Interno atribuir competência para julgar o incidente de assunção de competência, o acórdão *obrigará* a juízes e tribunais a observação, seja esse órgão o Pleno ou o Órgão Especial do Tribunal ou não. Não é imperativo, pois, que o Regimento Interno indique o Órgão Especial como competente para o incidente de assunção, embora seja uma tendência, como ocorre no STJ (art. 16, inciso IV, do RI/STJ).[471]

20.2. Natureza jurídica

Assim como o IRDR, o fenômeno em exame não ostenta natureza recursal. Não há, pois, a pretensão de promover a reforma, a invalidação, o esclarecimento ou a integração de decisão anterior.[472] Pelo contrário, trata-se de instrumento processual que antecede o julgamento da causa e promove o deslocamento da competência do órgão *ad quem* para outro órgão judicial. No panorama dos remédios jurídicos, o catálogo não deixa margem para dúvidas: trata-se de mais um sucedâneo recursal.

A rigor, porém, o nome foi corretamente empregado: trata-se de *incidente processual* e que muito se assemelha aos demais institutos de uniformização de jurisprudência já existentes no passado (como, por exemplo, aqueles previstos para os Juizados Especiais).

20.3. Pressupostos

São quatro os pressupostos para que seja cabível o emprego do incidente de assunção de competência. O texto legal seguramente traz complicações na

---

[470] À luz do direito anterior, confira-se a explicação sobre o órgão competente: "O Pleno do STF é competente para julgar as causas da competência das Turmas (1ª e 2ª), que por elas lhe sejam enviadas (RISTF 6º, II, *b*), nos casos enumerados no regimento interno (RISTF 11 e 343). As Seções do STJ (...) são competentes para julgar as causas da competência das Turmas (1ª à 6ª) que por elas lhe são enviadas (RISTJ 12, par. ún. II), nos casos enumerados no regimento interno (RISTJ 14)." (NERY JÚNIOR, Nelson; NERY, Rosa Maria. *Comentários ao Código de Processo Civil*: novo CPC – Lei 13.105/2015. São Paulo: Revista dos Tribunais, 2015, p. 1.876).

[471] No Tribunal de Justiça do Rio Grande do Sul, a competência para julgar o incidente de assunção de competência é das Turmas de Julgamento, compostas pelas Câmaras Cíveis integrantes da sua respectiva área de especialização (art. 13, inciso II, alínea *b*, do Regimento Interno do TJ/RS). É presidida pelo Desembargador mais antigo ou pelo 1º Vice-Presidente do Tribunal.

[472] Sobre a uniformização de jurisprudência do direito anterior, esclarecia Ovídio Baptista da Silva que ela "não visa diretamente à reforma da decisão atacada pelo recurso, mas apenas estabelecer o entendimento do tribunal a respeito da interpretação do direito aplicável à espécie litigiosa" (BAPTISTA DA SILVA, Ovídio A. *Curso de Processo Civil*, vol. 1. 5. ed. São Paulo: Revista dos Tribunais, 2001, p. 477).

interpretação dos requisitos, fato que cobrará atenção da doutrina e da jurisprudência no futuro. Ao que tudo indica, é possível sistematizar o tema da seguinte forma:

1º) *Causa pendente no tribunal*: diferente do que ocorre com o IRDR (que possui autonomia funcional e estrutural), o incidente de assunção de competência é apenas um meio para modificar a competência de quem irá julgar a causa já pendente perante algum tribunal. Desse modo, somente é cabível quando houver (a) recurso; (b) remessa necessário ou (c) processo de competência originária já em curso no tribunal (art. 947, *caput*, NCPC);

2º) *Relevante questão de direito com grande repercussão social*: quanto ao conteúdo da questão de direito levada ao órgão colegiado, é necessário que se trate de relevante questão de direito com grande repercussão social (art. 947, *caput*, NCPC). Ambos os conceitos são extremamente abertos, de modo que caberá ampla reflexão da comunidade jurídica;[473]

3º) *Sem repetição em múltiplos processos*: além de tudo, há um requisito negativo. É necessário que a causa não seja seriada, isto é, repetitiva (art. 947, *caput*, NCPC). A razão é simples, quando se trata de causa repetitiva, o regime jurídico a ser observado é outro: recursos repetitivos ou IRDR;[474]

4º) *Interesse público no julgamento*: além de tudo, para que haja essa peculiar mudança de competência que imprime, inclusive, maior eficácia vinculante ao julgado, é necessário que o órgão colegiado reconheça o interesse público presente no julgamento (art. 947, § 2º, NCPC). Trata-se, com efeito, de requisito excessivamente amplo e que cobrará refino por parte dos protagonistas do direito.[475] Vale referir, porém, que a existência de "divergência entre câmaras ou turmas do tribunal" é o melhor exemplo de presença de tal interesse, já que rompe com a integridade e a coerência do direito. É certo que a afronta à

---

[473] Nesse sentido, aliás, referência ao Enunciado nº 469, FPPC. A "grande repercussão social", pressuposto para a instauração do incidente de assunção de competência, abrange, dentre outras, repercussão jurídica, econômica ou política. Sobre o tema, destaca Luiz Guilherme Marinoni: "É preciso perceber, no entanto, que se trata antes de tudo de questão de direito com impacto relevante na vida social e não simplesmente de questão com impacto na sociedade, inclusive na dimensão jurídica. Deve se pensar, assim, numa questão jurídica que tem relevante impacto sobre uma ou mais das várias facetas da vida em sociedade. Porém, não basta que a questão de direito apenas diga respeito à política, à religião, à cultura ou à economia de uma região. É preciso que a resolução afete diretamente e com relevante impacto tais aspectos da vida social para que possa ser consderada de 'grande repercussão social'". (MARINONI, Luiz Guilherme. Sobre o incidente de assunção de competência. *Revista de Processo*, São Paulo, v. 41, n. 260, p. 233-256, out. 2016, p. 235).

[474] No mesmo sentido: MARINONI, Luiz Guilherme; ARENHART, Sérgio Cruz; MITIDIERO, Daniel. *Novo Código de Processo Civil comentado*. São Paulo: Revista dos Tribunais, 2015, p. 889; Enunciado nº 334, FPPC. Por força da expressão "sem repetição em múltiplos processos", não cabe o incidente de assunção de competência quando couber julgamento de casos repetitivos.

[475] Para uma corrente, há interesse público: "a) para prevenir divergência entre turmas ou câmaras do tribunal; b) para dirimir essas mesmas divergências; c) quando algum juiz propuser a revisão de questão de constitucionalidade já decidida pelo Pleno (RISTF, 11, II); d) quando algum juiz propuser a revisão de súmula do tribunal (RISTF 11, III; RISTJ 14, I)." (NERY JÚNIOR, Nelson; NERY, Rosa Maria. *Comentários ao Código de Processo Civil*: novo CPC – Lei 13.105/2015. São Paulo: Revista dos Tribunais, 2015, p. 1.876). Há posição doutrinária que vislumbra identidade entre a "grande relevância social" e o "interesse público no julgamento". Este último seria uma mera reafirmação, pelo órgão que assume a competência, da anterior relevância reconhecida pelo órgão que busca o deslocamento (MARINONI, Luiz Guilherme. Sobre o incidente de assunção de competência. *Revista de Processo*, São Paulo, v. 41, n. 260, p. 233-256, out. 2016, p. 240).

segurança jurídica manifestada pela discrepância de orientações entre órgãos de um mesmo tribunal revela o interesse público no julgamento.[476]

20.4. Legitimidade

A legitimação para suscitar o incidente é mais abrangente do que a legitimidade da própria demanda. Isto porque o NCPC trouxe um rol mais amplo de legitimados, de modo a valorizar a proteção à segurança jurídica. Desse modo, possuem legitimidade para a sua instauração:

a) *Partes*: evidentemente, as partes do processo podem suscitar a assunção de competência (art. 947, § 1°, NCPC);

b) *Ministério Público*: considerando que o *parquet* é fiscal da ordem jurídica, também é sujeito legitimado para suscitar o incidente (art. 947, § 1°, NCPC);

c) *Defensoria Pública*: a Defensoria Pública igualmente é parte legítima para a instauração do incidente (art. 947, § 1°, NCPC). É importante destacar que a legitimidade aqui conferida não se confunde com a das partes. Ainda que a Defensoria não seja parte, ela tem legitimidade para suscitar o incidente;

d) *Relator*: diferente do que ocorre com o IRDR, o incidente de assunção de competência somente tem lugar no tribunal. Desse modo, o órgão judicial que ostenta legitimidade para suscitar o incidente, de ofício, é o relator da causa (art. 947, § 1°, NCPC).

20.5. Efeitos

20.5.1. Em razão da admissibilidade: mudança da competência

A principal consequência da aceitação do incidente, isto, é do juízo positivo de admissibilidade, é o deslocamento da competência para o julgamento da causa. Com efeito, admitida a assunção, a causa não é mais julgada perante o órgão originariamente competente, mas sim pelo órgão colegiado indicado pelo regimento interno do tribunal.

Em termos de extensão, tudo o que foi versado no recurso, na remessa ou no processo de competência originária passará a ser objeto de análise pelo órgão colegiado. A devolutividade é, portanto, a mesma da causa originária.

A admissão do incidente de assunção de competência – já que obrigatoriamente não se relaciona com causas de massa – não produz qualquer efeito suspensivo distinto daquele previsto na causa originária e nem se expande para outros processos. Aí mais uma distinção entre o IRDR e o IAC.

---

[476] É por essa razão que o art. 947, § 4°, não pode ser compreendido como uma carta aberta à utilização do incidente sempre que houver divergência entre câmaras ou turmas. Não se trata de outra hipótese autônoma para o incidente, mas sim uma indicação normativa que dá completude às disposições anteriores (art. 947, *caput* e § 2°, NCPC).

20.5.2. Em razão do julgamento: fixação da tese

Dado que o incidente de assunção de competência tem lugar quando presente relevante questão de direito, a solução dessa questão passará a ser vinculante para os demais juízes e órgãos fracionários do tribunal. Aí um relevante traço comum entre o IRDR e o IAC: ambos promovem a fixação de tese jurídica que deverá ser aplicada aos casos idênticos.

Há, igualmente, fortes indícios que favorecem a tese do *efeito vinculante*, ou da *eficácia expansiva do julgado* realizado através da assunção de competência. Confira-se:

a) **Improcedência liminar**: o juiz de primeiro grau pode julgar imediatamente improcedente, isto é, sem a citação da parte contrária, o pedido que contrarie a tese fixada (art. 332, III, NCPC);

b) **Dispensa de remessa necessária**: não haverá reexame obrigatório da sentença que estiver fundada em tese de incidente (art. 496, § 4º, NCPC);

c) **Observância da tese**: as decisões em IAC constam no rol daquelas que devem ser observadas pelos juízes e tribunais (art. 927, III, NCPC);

d) **Poderes do relator**: nos tribunais, o relator pode monocraticamente negar provimento a recurso contrário à tese fixada no incidente (art. 932, IV, c, NCPC) ou, dar provimento a recurso contra decisão contrária à tese de IAC (art. 932, V, c, NCPC);

e) **Reclamação**: é cabível a utilização de reclamação contra pronunciamento judicial que não observe a tese fixada no incidente de assunção de competência (art. 988, IV, e § 4º, NCPC).

20.6. Procedimento

Não há um procedimento detalhado do incidente de assunção de competência no diploma processual – que reserva apenas um dispositivo para o assunto. Já se pode perceber, porém, a relevância do julgamento, já que causa relevantes efeitos no plano processual e autoriza a utilização de variados instrumentos.

Em razão disso, há quem defenda[477] que a *abertura ao diálogo* que se dá com o IRDR também deveria ocorrer com o IAC, de modo que seria possível uma aplicação subsidiária das regras referentes ao IRDR – como, por exemplo, a possibilidade de intervenção do amicus curiae e a realização de audiência pública – por ocasião do processamento do incidente de assunção de competência.

---

[477] CÂMARA, Alexandre Freitas. *O novo processo civil brasileiro*. 2. ed. São Paulo: Atlas, 2016, p. 455; NEVES, Daniel Amorim Assumpção. *Manual de Direito Processual Civil*: volume único. 8. ed. Salvador: Juspodivm, 2016, p. 1.345; Enunciado nº 201, FPPC. Aplicam-se ao incidente de assunção de competência as regras previstas nos arts. 983 e 984.

20.6.1. Instauração

O IAC deve ser suscitado pelos sujeitos legitimados (art. 947, § 1º, NCPC). Quando se tratar de pedido formulado pelas partes, pelo Ministério Público ou Defensoria Pública, deve ser apresentada petição específica para tanto. Quando formulado pelo relator, haverá deliberação para que os autos sejam encaminhados ao órgão colegiado previsto no regimento interno.

Uma vez mais cumpre afirmar que o incidente não tem autonomia procedimental. Bastará a remessa da causa em que veiculado para o órgão competente para o seu exame. "Evita-se assim o vaivém, causa de maior demora".[478]

Não há prazo previsto em lei para que seja suscitado o incidente. Como se trata, porém, de mecanismo que modifica a competência para o julgamento da causa é de se concluir que ele deve ser suscitado antes do julgamento do recurso, da remessa ou do processo de competência originária.[479]

20.6.2. Juízo de admissibilidade

Os autos serão encaminhados ao órgão colegiado competente que irá deliberar sobre a presença dos pressupostos para que haja a assunção de competência. O juízo de admissibilidade é duplo: tanto o órgão originariamente competente como o órgão definido pelo regimento interno para julgamento do IAC deverão justificar a existência de questão de direito de grande repercussão social.[480]

O juízo positivo de admissibilidade causa a efetiva assunção, isto é, o deslocamento da competência e que abrangerá também o julgamento do caso concreto.[481] Caso o órgão colegiado entenda que não estão presentes os requisitos para a assunção, devolverá os autos ao órgão de origem.[482]

20.6.3. Julgamento

Oportunamente, promove-se o julgamento da causa objeto da assunção. Caberá ao órgão colegiado definir a solução para a relevante questão de direito versada no incidente e, de imediato, aplicar a tese no caso concreto. Há boas razões para considerar que o julgamento deve ser realizado em duas etapas: *primeiro*, fixa-se, com alto de grau de fundamentação, a tese jurídica de modo a afastar eventuais divergências com outros órgãos judiciais; *segundo*, define-se a solução do caso concreto.

---

[478] Alusão feita por Barbosa Moreira ao procedimento do art. 555, § 1º, CPC/73 (MOREIRA, José Carlos Barbosa. *Comentários ao Código de Processo Civil*, vol. V, op. cit, p. 666).

[479] NEVES, Daniel Amorim Assumpção. *Manual de Direito Processual Civil*: volume único. 8. ed. Salvador: Juspodivm, 2016, p. 1.345.

[480] MARINONI, Luiz Guilherme. Sobre o incidente de assunção de competência. *Revista de Processo*, São Paulo, v. 41, n. 260, p. 233-256, out. 2016, p. 243.

[481] CÂMARA, Alexandre Freitas. *O novo processo civil brasileiro*. 2. ed. São Paulo: Atlas, 2016, p. 455.

[482] Idem, ibidem.

Consoante já apontado, uma vez realizado o julgamento, a tese jurídica deverá ser observada pelos juízes e órgãos fracionários vinculados ao tribunal (art. 947, § 3º, NCPC).

Vale frisar que, após o julgamento, não há particularidades relacionadas com os recursos cabíveis. Como a tese é solucionada em conjunto com o caso, o acórdão estará sujeito aos respectivos recursos.

20.7. Revisão da tese

Tal como ocorre com o incidente de resolução de demandas repetitivas, a tese fixada pelo incidente de assunção de competência pode ser objeto de revisão pelo tribunal (art. 947, § 3º, NCPC). Para tanto, deverá surgir uma nova causa a ser *novamente* remetida ao órgão colegiado competente.

Para os defensores do microssistema de precedentes, a revisão da tese em incidente de assunção de competência também de ser qualificada por uma abertura de diálogo, inclusive com participação daqueles que possam contribuir na formação da nova tese. Seria aplicável, portanto, o art. 927, § 2º, NCPC.[483]

---

[483] Enunciado nº 461, FPPC. O disposto no § 2º do art. 927 aplica-se ao incidente de assunção de competência.

Capítulo 21 – Ação rescisória

21.1. Introdução

É por todos conhecida a máxima de que a coisa julgada[484] torna imutável e indiscutível a decisão de mérito, não mais sujeita a recurso.[485] Em mesmo sentido, também não se discute a noção de que "a lei não prejudicará o direito adquirido, o ato jurídico perfeito e a coisa julgada" (art. 5º, inc. XXXVI, da Constituição da República). Partindo dessas premissas e da ideia de que os recursos se constituem impugnações dentro da mesma relação jurídica processual em que foi proferida decisão,[486] compreende-se facilmente que todo o arcabouço recursal previsto em lei está vinculado à não ocorrência do trânsito em julgado no processo.

Em assim sendo, uma vez formada a coisa julgada, a matéria debatida nos autos torna-se indiscutível, sendo incabível qualquer irresignação recursal. É nesse cenário que a *ação rescisória*[487] surge no ordenamento como a possibilidade de obter-se o "julgamento do julgamento", a partir de uma nova relação jurídica processual, que visa a cindir (rescindir) a decisão transitada em julgado.[488]

Se a *coisa julgada* é um dos elementos essenciais à conformação do próprio Estado Democrático de Direito porque garante a imutabilidade das decisões judiciais e, por consequência, a necessária e esperada segurança jurídica, não menos essencial é a necessidade de se dispor de técnicas processuais que permitam a *correção* do julgado,[489] nas hipóteses legalmente cabíveis. E essa

---

[484] Tema objeto de maiores reflexões e estudos no Capítulo 2 desta obra.
[485] Conforme se infere da redação do art. 502 do CPC 2015.
[486] MIRANDA, Francisco Cavalcanti Pontes de. *Tratado da ação rescisória das sentenças e de outras decisões*. 3º ed. corrigida, posta em dia e aumentada. Rio de Janeiro: Borsoi, 1957, p. 110.
[487] "Entre os extremos do respeito incondicional da coisa julgada formal e revisibilidade ou reformabilidade permanente e em todos os casos da sentenças e demais decisões, que trataria a insegurança, imprópria aos fins do direito, a técnica legislativa sustenta o princípio da coisa julgada formal, as admite, se alguns dos pressupostos apontados acontece, a revisão criminal e a ação rescisória de sentença e outras decisões. (MIRANDA, Francisco Cavalcanti Pontes de. *Comentários ao Código de Processo Civil*. 2. ed. Rio de Janeiro: Forense, 1974, p. 183.)
[488] MIRANDA, Francisco Cavalcanti Pontes de. *Tratado da ação rescisória das sentenças e de outras decisões*. Op. cit., p. 110.
[489] MIRANDA, Francisco Cavalcanti Pontes de. *Comentários ao Código de Processo Civil*. Op. cit., p. 183.

possibilidade – que por vezes reveste-se de uma necessidade – de se reformar (rescindir) as decisões judiciais proferidas em contrariedade ao direito, decorre da própria condição humana, conforme se infere da lição de Pontes de Miranda, para quem *o homem é o que é, por que sabe, mais do que outros animais, corrigir-se*.[490]

Com efeito, a chamada *ação rescisória*[491] tem como principal finalidade a desconstituição da coisa julgada (material) que recai sobre decisão que tenha apreciado o mérito.[492] A ação rescisória tem como escopo principal, muito embora não exclusivo, rescindir decisões de mérito transitadas em julgado, em face de circunstâncias taxativamente descritas na norma processual. Não se trata, portanto, de anulação ou declaração de nulidade de provimento jurisdicional.[493]

Se a finalidade principal da ação rescisória é corrigir um julgamento, (repita-se a ideia do "julgamento do julgamento") nada melhor para compreender a importância e a configuração atual deste instituto, do que resgatar-se as noções de *error in iudicando* e *error in procedendo*. No *error in iudicando* encontra-se a decisão equivocada, isto é, "um provimento jurisdicional em que a conclusão esta equivocada".[494] No direito romano, o *error in procedendo* produzia a inexistência do julgado, constituindo razão para declarar-se a nulidade[495] do julgado, e não a sua desconstituição.[496] Tais considerações são importantes para que se tenha a compreensão de que nos primórdios do direito romano não haviam mecanismos específicos de impugnação às decisões judiciais equivalentes aos recursos.[497]

Assim, de acordo com a lição de Pontes de Miranda, em seu Tratado da Ação Rescisória, reside no estudo do direito romano e no estudo do direito visigótico a mudança de tratamento das sentenças nulas (*nullitas*), que deixaram

---

[490] MIRANDA, Francisco Cavalcanti Pontes De. *Comentários ao Código de Processo Civil*. Op. cit., p. 183.

[491] A Ação Rescisória no CPC de 1939 estava disciplinada nos artigos 798 a 801, no CPC de 1973, nos artigos 485 a 495, e no CPC de 2015, nos artigos 966 a 975.

[492] BUENO, Cassio Scarpinella. *Curso sistematizado de direito processual civil*: recursos, processos e incidentes nos tribunais, sucedâneos recursais: técnicas de controle das decisões judiciais. 3. ed. rev., atual. e ampl. São Paulo: Saraiva, 2011, p. 359.

[493] Para essa correta compreensão, Alexandre Freitas Câmara leciona que os vícios que podem tornar uma decisão de mérito nula ou anulável são vícios internos a um processo em curso e nele podem ser reconhecidos. Ou seja, *transitada em julgado a sentença, tais vícios são sanados pela eficácia sanatória geral da coisa julgada. Uma vez transitada em julgado a sentença, não se poderá mais reconhecer a invalidade dos atos processuais viciados, ainda que se trate de um vício insanável. (...) Ocorre que, em alguns casos muito graves, expressamente indicados em lei, no momento do trânsito em julgado (quando fica sanada a invalidade) surge a rescindibilidade. Torna-se o provimento judicial rescindível, o que significa que ele pode vir a ser desconstituído através de pronunciamento judicial que poderá ser proferido no processo instaurado quando do ajuizamento da ação rescisória*. (CÂMARA, Alexandre Freitas. *Ação rescisória*. 3 ed. São Paulo: Atlas, 2014, p. 24)

[494] CÂMARA, Alexandre Freitas. *Ação rescisória*. Op. cit., p. 2.

[495] Nesse período do direito romano, "vigorava a ideia de que a sentença nula era, na verdade, inexistente (o vocábulo latino *nullum* significa 'inexistente')". CÂMARA, Alexandre Freitas. *Ação rescisória*. Op. cit., p. 2.

[496] MIRANDA, Francisco Cavalcanti Pontes De. *Tratado da ação rescisória das sentenças e de outras decisões*. Op. cit., p. 43.

[497] CÂMARA, Alexandre Freitas. *Ação rescisória*. Op. cit., p. 3.

de ser consideradas meramente inexistentes para serem objeto da *querela nullitatis*e *restitutio in integrum*.[498]

A *querela nullitatis* era dividida entre *sanabilis* (para vícios menos graves, nulidade relativa) e *insanabilis* (para os vícios mais graves, nulidade absoluta), sendo certo que a primeira modalidade acabou sendo absorvida pelo recurso de apelação, enquanto a segunda continuou adequada ao ataque de vícios da sentença que não se sanavam com a coisa julgada.[499] Já a *restitutio in integrum* nasceu no direito romano como mecanismo de desconstituição de contrato[500] eivados de vício do consentimento, passando, na Idade Média, a servir também para a desconstituição de sentenças.[501]

Por fim, definitiva é a lição de Alexandre Freitas Câmara quando leciona que a ação rescisória, nos moldes previstos na legislação em vigor, é resultado da fusão, num mesmo instituto, da *querela nulitatis insabilis* e a *restitutio in integrum*.[502]

21.2. Conceito e natureza jurídica

Para a correta e clara compreensão do instituto, resta imprescindível traçar-se resgate conceitual que, no caso específico da ação rescisória, deve perpassar pela sua análise legislativa, histórica[503] e doutrinária.

Do ponto de vista histórico, as linhas que antecedem esse texto trataram de conferir um panorama geral. Acerca da sua previsão legal vigente, o art. 966 do CPC 2015, que repete quase que integralmente a redação do art. 485 do CPC 1973,[504] estabelece que: "a decisão de mérito, transitada em julgado, pode ser rescindida", passando na sequência a tratar das hipóteses legais.

As hipóteses de cabimento no CPC 2015 serão objeto de análise no capítulo seguinte, valendo aqui a indicação de que o art. 966 contempla os incisos I ao VIII (*numerus clausus*), estabelecendo cada uma das únicas possibilidades de rescisão da decisão de mérito.

---

[498] MIRANDA, Francisco Cavalcanti Pontes De. *Tratado da ação rescisória das sentenças e de outras decisões*. Op. cit., p. 43.

[499] MACEDO. Alexander dos Santos. *Da querela nulitatis: sua subsistência no direito brasileiro*. Rio de Janeiro: Lumen Juris, 1998, p. 50-52.

[500] "A rescisão das sentenças está – nas suas origens – ligada à rescisão dos negócios jurídicos em geral." (MIRANDA, Francisco Cavalcanti Pontes De. *Comentários ao Código de Processo Civil*. Op. cit., p. 185).

[501] "Tratava-se, então, da *restitutio in integrum contra rem iudicatum*, em que se desenvolviam dois juízos distintos: um sobre o direito do postulante a obter a rescisão da sentença (*iudiciumrescindens*), outro sobre sua pretensão que havia sido objeto da primeira decisão (*iudiciumrescissorium*)". (CÂMARA, Alexandre Freitas. *Ação rescisória*. Op. cit., p. 4)

[502] CÂMARA, Alexandre Freitas. *Ação rescisória*. Op. cit., p. 4.

[503] Sob o aspecto histórico, recomenda-se a leitura dos artigos 798 e seguintes do CPC de 1939, dispositivos legais que consolidaram a previsão legal da ação rescisória nos vários ordenamentos processuais existentes no Brasil até aquele período (Decreto-Lei 1.608 de 18 de setembro de 1939).

[504] Verifica-se importante alteração no CPC 2015 (art. 966) ao tratar da possibilidade de ajuizamento de ação rescisória em face de "decisão de mérito", ao passo que o CPC de 1973 (art. 485), fazia referência à "sentença de mérito".

Quanto à definição em si, não é possível afastar-se da ideia propalada por Pontes de Miranda,[505] segundo o qual, na ação rescisória, há o julgamento do julgamento, sendo, pois, o processo sobre outro processo. Nessa ação não se examina o direito de alguém, mas a sentença passada em julgado, ou seja, *a prestação jurisdicional, não apenas apresentada, mas já entregue.*[506]

Aqui, essencial anotar-se que a ação rescisória visa a atacar a coisa julgada,[507] ou seja, senão houve o trânsito em julgado da respectiva decisão de mérito,[508] não há como falar-se em ação rescisória. Se o juízo é de reforma, revogação ou retratação,[509] então se trataria de outro instituto, o recurso, e não da rescisão da decisão de mérito transitada em julgado.

Quanto ao conceito doutrinário da ação rescisória, José Carlos Barbosa Moreira, por exemplo, refere textualmente que a ação rescisória é a ação autônoma por meio da qual *se pede a desconstituição de sentença transitada em julgado, com eventual rejulgamento, a seguir, da matéria nela julgada.*[510]

Definição muito semelhante é empregada por Luiz Guilherme Marinoni, Sérgio Cruz Arenhart e Daniel Mitidiero, para quem a ação rescisória *é uma ação que visa a desconstituir a coisa julgada.*[511] A definição de Alexandre Freitas Câmara segue o mesmo sentido: *demanda autônoma de impugnação de provimentos de mérito transitados em julgado, com eventual julgamento da matéria neles apreciada.*[512]

---

[505] MIRANDA, Pontes. *Tratado das ações: ações constitutivas: tomo IV*. 1 ed. atual. Nelson Nery Junior, Georges Abbout. São Paulo: Revista dos Tribunais, 2016, p. 673.

[506] MIRANDA, Pontes. *Tratado das ações: ações constitutivas: tomo IV*. Op. cit., p. 673.

[507] "A ação rescisória não importa se a sentença já está a produzir sua eficácia, ou não, se já a produziu, ou já se iniciou outra ação que seja efeito dela. O que importa é que haja coisa julgada formal. A ação rescisória ataca-a." (MIRANDA, Francisco Cavalcanti Pontes De. *Comentários ao Código de Processo Civil*. Op. cit., p. 215).

[508] Aqui uma importante observação feita por Nelson Nery Júnior: "não é qualquer decisão transitada em julgado que enseja a ação rescisória, mas somente aquela de mérito, capaz de ser acobertada pela autoridade da coisa julgada. Assim, se uma decisão de mérito veio a lume, quer por intermédio de decisão interlocutória, sentença ou acórdão, não importa: se sobre aquela se formou a autoridade da coisa julgada; é rescindível pela ação autônoma de impugnação regulada pelo CPC 966". (NERY JUNIOR, Nelson. *Comentários ao Código de Processo Civil*. Nelson Nery Junior, Rosa Maria de Andrade Nery. São Paulo: Revista dos Tribunais, 2015, p. 1.911)

[509] "Em consequência do que dissemos, não há ação rescisória de sentença que pode ser revogada ou reformada, porque a tal sentença falta a coisa julgada formal. Nem da sentença inexistente, pois seria rescindir-se o que não é: não se precisaria de desconstituir; bastaria, se interesse sobrevém a alguma alusão a essa sentença, a decisão declarativa de inexistência. Nem de sentença nula, por que se estaria a empregar o menos tendo-se à mão o mais". (MIRANDA, Francisco Cavalcanti Pontes De. *Comentários ao Código de Processo Civil*. Op. cit., p. 186).

[510] MOREIRA, José Carlos Barbosa. *Comentários ao Código de Processo Civil*. Vol. V. 11. ed. Rio de Janeiro: Forense, 2003, p. 98.

[511] "Tendo em conta que a coisa julgada concretiza no processo o princípio da segurança jurídica – substrato indelével do Estado Constitucional – a sua propositura só é admitida em hipóteses excepcionais, devidamente arroladas de maneira taxativa pela legislação (art. 966 do CPC)". (MARINONI, Luiz Guilherme. *Novo código de processo civil comentado*. Luiz Guilherme Marinoni, Sérgio Cruz Arenhrdt, Daniel Mitidiero. São Paulo: Revista dos Tribunais, 2015, p. 900).

[512] CÂMARA, Alexandre Freitas. *Ação rescisória*. Op. cit., p. 19.

Em linhas gerais, ação rescisória[513] é a ação autônoma[514] (que, portanto, se difere de qualquer outra modalidade recursal, quanto à natureza jurídico-processual) cujo escopo é rescindir uma decisão de mérito sobre a qual já se consolidou a autoridade da coisa julgada material (art. 502 do CPC 2015), mas que padece de algum dos defeitos taxativamente elencados no Código de Processo Civil em vigor, ensejando, quando for o caso, a prolação de nova decisão em seu lugar (art. 968, inc. I do CPC 2015). Nesse quadro, a ação rescisória serve tanto para promover a rescisão da coisa julgada (*iudicium rescindens*), como para viabilizar, em sendo o caso, o novo julgamento da causa (*iudicium rescissorium*)[515] e, para tanto, depende basicamente de: (i) existência de decisão de mérito[516] e/ou que impeça o seu reexame (art. 966, § 2º, do CPC 2015[517]); (ii) alegação de (ao menos) um dos vícios que autorizam o seu ajuizamento, conforme art. 966, *caput* e incisos de I a VIII do CPC 2015; (iii) observância do prazo decadencial de dois anos (art. 975 do CPC 2015).

Investigar a natureza jurídica da ação rescisória apresenta importância singular, especialmente, para marcar que esse instituto, definitivamente, não está ligado aos recursos previstos no ordenamento jurídico processual em vigor. As razões que levam a essa afirmação são muitas e o início dessa análise parte da percepção de que, no direito processual civil brasileiro, existem dois mecanismos básicos de impugnação das decisões judiciais, a saber: os recursos (taxativamente listados no art. 994 do CPC 2015) e as demandas autônomas de impugnação.[518]

Destarte, além da obrigatoriedade de estarem previstos em lei como tal, os recursos constituem – sabidamente – mecanismo de impugnação de de-

---

[513] Considerada uma ação de direito público. (MIRANDA, Francisco Cavalcanti Pontes de. *Tratado da ação rescisória das sentenças e de outras decisões*. Op. cit., p. 93).

[514] "A ação rescisória não é recurso, (...), trata-se de uma ação autônoma, que não só tem lugar noutra relação processual, subsequente àquela onde for a proferida a sentença a ser atacada, com pressupõe o encerramento definitivo dessa relação processual. A ação rescisória, em verdade, é uma forma de ataque a uma sentença já transitada em julgado; daí a razão fundamental de não se poder considera-la um recurso. Como toda ação, a rescisória forma uma nova relação processual diversa daquela onde fora prolatada a sentença ou o acórdão que se busca rescindir (SILVA, Ovídio A. Baptista da. *Curso de processo civil*, volume I, tomo I: processo de conhecimento. 8. ed., rev. e atualizada. Rio de Janeiro: Forente, 2008, p. 373).

[515] MARINONI, Luiz Guilherme. *Novo código de processo civil comentado.* Op. cit., p. 901.

[516] Sendo essencial anotar, a respeito desse tópico que, "tanto as decisões definitivas (de mérito) quanto terminativas (processuais) podem ser atacadas por ação rescisória (quanto às homologatórias, v. § 4º do art. 966"; (MEDINA, José Miguel Garcia. Art. 966. In: STRECK, Lenio Luiz; NUNES Dierle; CUNHA, Leonardo (orgs). *Comentários ao Código de Processo Civil*).

[517] "Além da decisão transitada em julgado, também pode ser objeto de ação rescisória aquelas decisões que, nada obstante não enfrentem o mérito da causa, impeçam a sua posterior discussão ou a sua rediscussão de maneira definitiva (art. 966, § 2º, CPC). A decisão que equivocadamente reconhece a existência de litispendência ou de coisa julgada, por exemplo, não constitui decisão de mérito, mas impede a sua discussão em processo posterior." (MARINONI, Luiz Guilherme. *Novo código de processo civil comentado.* Op. cit., p. 901).

[518] "Os meios de impugnação dividem-se, pois, em duas grandes classes: a dos recursos – assim chamados os que podem exercitar dentro do processo em que surgiu a decisão impugnada – e a das ações impugnativas autônomas, cujo exercício em regra, pressupõe a irrecorribilidade da decisão. No direito brasileiro, protótipo da segunda classe é a ação rescisória, eventualmente cabível para impugnar sentenças (de mérito) já transitadas em julgado." (MOREIRA, José Carlos Barbosa. *O novo processo civil brasileiro*: exposição sistemática do procedimento. Edição Revista e Atualizada. Rio de Janeiro: Forense, 2010, p. 114).

cisões judiciais incidentes ao processo em que a decisão judicial tenha sido proferida,[519] diferentemente do que ocorre com a ação rescisória que *provoca a instauração de um processo novo, autônomo em relação àquele em que se proferiu a decisão que se pretende rescindir*.[520]

A ação rescisória tem natureza de *ação constitutiva negativa*[521] ou *ação desconstitutiva*,[522] como a ação de revisão criminal, e tende à eliminação da sentença que transitou em julgado. Outrossim, se for o caso, a ação rescisória terá também, natureza *declaratória, constitutiva, condenatória, executiva* ou *mandamental*, consoante for o pedido a ser apreciado no *iudicium rescissorium*[523] (art. 968, inc. I, do CPC 2015)

Quanto ao caráter de ação autônoma em relação ao processo em que foi proferida a decisão de mérito transitada em julgado (objeto da ação rescisória), convém alertar que o art. 968 do CPC 2015 estabelece expressamente a necessidade de *distribuição* de uma nova petição que, evidentemente, deve levar em consideração todos os requisitos da petição inicial estabelecidos no art. 319 do CPC 2015.

21.3. Competência

De maneira geral, seja no capítulo específico das *"Competências"* no Código de Processo Civil (artigos 42 ao 53), seja nas próprias regras processuais da ação rescisória (artigos 966 ao 975), inexiste uma previsão clara, expressa e objetiva acerca da competência jurisdicional para conhecer e julgar o pedido rescisório da sentença.

Da leitura do art. 973 do CPC 2015 e das previsões constitucionais acerca da matéria,[524] todavia, é possível extrair algumas conclusões sobre a competência para ação rescisória.

⇒ **Redação do art. 973 do CPC 2015**:

Art. 973. Concluída a instrução, será aberta vista ao autor e ao réu para razões finais, sucessivamente, pelo prazo de 10 (dez) dias.

Parágrafo único. Em seguida, os autos serão conclusos ao relator, procedendo-se ao julgamento pelo órgão competente.

Ora, o parágrafo único desse dispositivo legal traz um indicativo muito claro de que os autos devem ser encaminhados ao *relator* (não ao juiz), ou seja,

---

[519] "O que caracteriza o recurso é ser impugnativo dentro da mesma relação jurídica processual da resolução judicial que se impugna. A ação rescisória e a revisão criminal não são recursos; são ações contra sentença: portanto, remédios jurídicos processuais com que se instaura outra relação jurídica processual". MIRANDA, Francisco Cavalcanti Pontes De. *Comentários ao Código de Processo Civil*. Op. cit., p. 236.

[520] CÂMARA, Alexandre Freitas. *Ação rescisória*. Op. cit., p. 19.

[521] MIRANDA, Pontes de. *Tratado da ações: ações constitutivas*: tomo IV. Op. cit., 682.

[522] BUENO, Cassio Scarpinella. *Curso sistematizado de direito processual civil*: recursos, processos e incidentes no nos tribunais, sucedâneos recursais: técnicas de controle das decisões judiciais. Op. cit., p. 361.

[523] Idem, ibidem.

[524] Conforme se observa da redação dos art. 102, I, *j*, da CRFB; art. 105, I, *e*, da CRFB e do art. 108, I, *b*, da CRFB.

daqui observa-se que a competência não será do juízo de primeiro grau, tratando-se, pois, de competência dos tribunais.

Nesse sentido, imperioso resgatar-se a regra do art. 102, inc. I, alínea "j", da Constituição da República, segundo o qual, compete ao Supremo Tribunal Federal processar e julgar, originalmente, a *ação rescisória de seus julgados*. Do mesmo modo, dispõe o art. 105, inc. I, alínea "e", da Norma Constitucional, quanto à competência originária do Superior Tribunal de Justiça para processar e julgar *a ação rescisória de seus julgados*. Em igual levada, o art. 108, inc. I, alínea "e", estabelece a competência originária dos Tribunais Regionais Federais em conhecer das *ações rescisórias de julgados seus ou dos juízes federais da sua região*.

Assim, conforme ensinamentos de Alexandre Freitas Câmara, é de se afirmar que a ação rescisória só pode ser processada e julgada por tribunais, não se admitindo o ajuizamento perante órgãos hierarquicamente inferiores (primeira instância).[525]

Outrossim, vigora (a partir do espectro constitucional) o entendimento de que "cada tribunal é competente para o julgamento da ação rescisória contra as decisões por ele próprio proferidas".[526]

As regras quanto à competência estadual, de outra parte, ficam subordinadas ao disposto no art. 125, § 1º, da Constituição da República, segundo o qual: *a competência dos tribunais será definida na Constituição do Estado, sendo a lei de organização judiciária de iniciativa do Tribunal de Justiça*. Destarte, a competência dos tribunais dos estados fica adstrita às ações rescisórias dos acórdãos que profira, bem como das sentenças dos juízes de primeiro grau.

Nesse sentido, célebre a lição de Barbosa Moreira, para quem o juízo competente para processar e julgar a ação rescisória deve ser hierarquicamente superior ao juízo que proferiu a sentença ou acórdão rescindendo. Assim, proferida sentença por juízo de primeiro grau, é competente para a ação rescisória o tribunal que teria competência recursal para examinar a matéria, se tivesse havido interposição de recurso.[527] Nas palavras de Alexandre Câmara Freitas, que enfrenta a matéria com a sua peculiar lucidez, *no caso de ter transitado em julgado sentença proferida por órgão de primeira instância, será competente para a ação rescisória o tribunal que teria sito, em tese, competente para apreciar a apelação que contra aquela sentença poderia ter sido interposta*.[528]

De outra banda, tratando-se de ação rescisória de acórdão, importa em deixar claro que a competência é do mesmo tribunal que proferiu o acórdão impugnado. Nada obstante, nesse caso, a ação rescisória deve serprocessada e julgadapor um órgão colegiado ampliado em relação aquele que proferiu o acórdão rescindendo, ou seja, um órgão colegiado com uma composição mais

---

[525] CÂMARA, Alexandre Freitas. *Ação rescisória*. Op. cit., p. 27.
[526] Idem, ibidem.
[527] MOREIRA, Barbosa. *Comentários ao Código de Processo Civil*. Op. cit., p. 204.
[528] CÂMARA, Alexandre Freitas. *Ação rescisória*. Op. cit., p. 28.

ampla, como um grupo ou turma de cinco desembargadores, se a câmara que proferiu o acórdão era composta de três desembargadores, por exemplo.[529]

Essa competência para o processamento e julgamento da ação rescisória, com efeito, é entendida como absoluta, já que leva em consideração o interesse público na preservação das decisões já transitadas em julgado.[530]

Por fim, relevante resgatar a importante lição de Pontes de Miranda, quanto à impossibilidade de se rescindir sentença estrangeira: *a sentença estrangeira não é suscetível de ser rescindida pelos juízes do Brasil*.[531] Na mesma quadra, ainda consta a lição de que, diferentemente, a sentença de homologação de sentença estrangeira,[532] que trata de *prestação jurisdicional do Estado brasileiro, pode ser objeto de ação rescisória*,[533] hipótese em que será oponível perante o Superior Tribunal de Justiça.[534] Nada obstante, caso a sentença estrangeira (objeto de homologação pelo STJ) seja revogada ou rescindida, a sua homologação, evidentemente, perde efeito.[535]

21.4. Cabimento (taxatividade legal) e previsão no novo CPC

Conforme já se delineou nas linhas anteriores desse breve estudo, a ação rescisória não é recurso e tem como finalidade atacar decisão judicial já *tran-*

---

[529] MOREIRA, Barbosa. *Comentários ao Código de Processo Civil*. Op. cit., p. 204.

[530] CÂMARA, Alexandre Freitas. *Ação rescisória*. Op. cit., p. 28.

[531] MIRANDA, Francisco Cavalcanti Pontes De. *Tratado da ação rescisória das sentenças e de outras decisões*. Op. cit., p. 205.

[532] Tema que encontra previsão legal no art. 961 do CPC 2015: A decisão estrangeira somente terá eficácia no Brasil após a homologação de sentença estrangeira ou a concessão do *exequatur* às cartas rogatórias, salvo disposição em sentido contrário de lei ou tratado. § 1º É passível de homologação a decisão judicial definitiva, bem como a decisão não judicial que, pela lei brasileira, teria natureza jurisdicional. § 2º A decisão estrangeira poderá ser homologada parcialmente. § 3º A autoridade judiciária brasileira poderá deferir pedidos de urgência e realizar atos de execução provisória no processo de homologação de decisão estrangeira. § 4º Haverá homologação de decisão estrangeira para fins de execução fiscal quando prevista em tratado ou em promessa de reciprocidade apresentada à autoridade brasileira. § 5º A sentença estrangeira de divórcio consensual produz efeitos no Brasil, independentemente de homologação pelo Superior Tribunal de Justiça. § 6º Na hipótese do § 5º, competirá a qualquer juiz examinar a validade da decisão, em caráter principal ou incidental, quando essa questão for suscitada em processo de sua competência.

[533] MIRANDA, Francisco Cavalcanti Pontes De. *Tratado da ação rescisória das sentenças e de outras decisões*. Op. cit., p. 205.

[534] Aqui cabe uma breve e importante observação quanto ao texto de Pontes de Miranda, acerca a ação rescisória da decisão que homologa sentença estrangeira. Aqueles que pesquisarem a edição do Tratado da Ação Rescisória (publicado em 1957) utilizado como um dos aportes de pesquisa nessa obra, observará que há a referência expressa de que a competência de homologação estrangeira seria do Supremo Tribunal Federal e, portanto, dessa corte, também seria a competência da respectiva ação rescisória. Ocorre que a homologação de sentença estrangeira na ordem constitucional então vigente e na Constituição da República de 1988 até a entrada em vigor da Emenda Constitucional 45/2004, era matéria de competência do Supremo Tribunal Federal. Com a publicação dessa Emenda Constitucional (45/2004), a competência para homologação de sentença estrangeira passou a ser do Superior Tribunal de Justiça, conforme redação do art. 105, inciso I, alínea "i", da Constituição da República. Nessa senda, eventual ação rescisória em face desta decisão homologatória também deve ser processada e julgada perante o próprio Superior Tribunal de Justiça.

[535] MIRANDA, Francisco Cavalcanti Pontes De. *Tratado da ação rescisória das sentenças e de outras decisões*. Op. cit., p. 205.

sitada em julgado que tenha incorrido numa das hipóteses previstas em lei (art. 966 do CPC de 2015). Nessa senda, a análise de cada uma das possibilidades de cabimento da ação rescisória revela-se uma das tarefas mais importantes (e árduas) para a correta e escorreita análise desse instituto.

Aqui, entretanto, localiza-se uma das questões mais relevantes para quem se dedica a estudar a ação rescisória, ou seja, a noção de que ela não tem como objeto rescindir sentenças injustas. Eventual injustiça da decisão ou má apreciação da prova reclama recurso próprio, antes do trânsito em julgado, evidentemente. Se a decisão transitou em julgado, entretanto, não será a ação rescisória o remédio para sanar eventual injustiça, sob pena de se transformar *a ação rescisória em um recurso ordinário com prazo dilatado*.[536] Com relação ao tema, Pontes de Miranda já salientava que eventual injustiça da decisão e a má apreciação da prova não autorizariam o manejo da ação rescisória,[537] fazendo a referência de que o *direito objetivo, o direito "in thesi", é o que não se pode violar, sob pena de rescindibilidade,* lecionando, em complemento, a diferença entre a *sentença injusta* em seu conjunto ou em seus pormenores, ou seja, em relação ao *direito subjetivo*, na qual a pretensão da parte já é protegida pelos recursos; da sentença que fere o direito objetivo, cuja realização é a finalidade do processo promover e assegurar,[538] essa sim, passível de ação rescisória.[539]

Quanto ao cabimento propriamente dito, dúvidas não existem quanto à taxatividade (diverso da ideia de rol exemplificativo) das hipóteses do art. 966 do CPC 2015,[540] ou seja, as hipóteses previstas em lei[541] – *numerus clausus* – não podem ser objeto de interpretação diversa ou extensiva, devendo seguir pontual e especificamente o disposto na norma processual.

É cabível a ação rescisória, portanto, quando a decisão de mérito (sentença ou acórdão), transitada em julgado se enquadrar numa das oito hipóteses legais abaixo indicadas:

i) se verificar que foi proferida por força de prevaricação, concussão ou corrupção do juiz;

ii) for proferida por juiz impedido ou por juízo absolutamente incompetente;

iii) resultar de dolo ou coação da parte vencedora em detrimento da parte vencida ou, ainda, de simulação ou colusão entre as partes, a fim de fraudar a lei;

iv) ofender a coisa julgada;

---

[536] CÂMARA, Alexandre Freitas. *Ação rescisória*. Op. cit., p. 35.

[537] MIRANDA, Francisco Cavalcanti Pontes de. *Tratado da ação rescisória das sentenças e de outras decisões*. Op. cit., p. 220.

[538] MIRANDA, Francisco Cavalcanti Pontes de. *Tratado da ação rescisória das sentenças e de outras decisões*. Op. cit., p. 221.

[539] Relevante, ainda, a diferenciação que Pontes de Miranda faz entre a *sententia lata contra iuslitigatoris* e a sentença contra *lex expressa*, para fins de rescindibilidade do transito em julgado. (MIRANDA, Francisco Cavalcanti Pontes de. *Tratado da ação rescisória das sentenças e de outras decisões*. Op. cit., p. 221-221).

[540] "O cabimento da ação rescisória limita-se aos casos extraordinários, expressamente enumerados em lei". (MARINONI, Luiz Guilherme. *O novo processo civil*. Luiz Guilherme Marinoni, Sérgio Cruz Arenhart, Daniel Mitidiero. São Paulo: Revista dos Tribunais, 2015, p. 572).

[541] "A ação rescisória não se presta para a correção de injustiça da sentença nem para reexame de prova. É medida excepcional que só pode fundar-se nas hipóteses taxativamente enumeradas em lei." (NERY JUNIOR, Nelson. *Comentários ao Código de Processo Civil*. Op. cit., p. 1.915).

v) violar manifestamente norma jurídica;

vi) for fundada em prova cuja falsidade tenha sido apurada em processo criminal ou venha a ser demonstrada na própria ação rescisória;

vii) obtiver o autor, posteriormente ao trânsito em julgado, prova nova cuja existência ignorava ou de que não pôde fazer uso, capaz, por si só, de lhe assegurar pronunciamento favorável;

viii) for fundada em erro de fato verificável do exame dos autos.

Em comparação com o art. 485 do CPC de 1973, ficaram mantidas praticamente[542] todas as hipóteses legais autorizadoras para o ajuizamento da ação rescisória (art. 966 do CPC 2015), não se repetindo, todavia, a hipótese prevista no inciso VIII (*houver fundamento para invalidar confissão, desistência ou transação, em que se baseou a sentença*).

Na sequência, far-se-á breve análise quanto a cada uma das possibilidades que ensejam a ação rescisória no CPC de 2015, conforme disposição legal da matéria.

21.4.1. Prevaricação, concussão ou corrupção do juiz

Trata essa hipótese de sentença proferida por juiz que, comprovadamente, tenha cometido os ilícitos penais tipificados nos artigos 319 (*prevaricação*[543]), 316 (*concussão*[544]) e 317 (*corrupção passiva*[545]) do Código Penal Brasileiro. Tendo o magistrado praticado quaisquer desses crimes, a sentença por ele proferida pode ser rescindida.[546]

A *prevaricação* vincula-se à situação em que o juiz, para satisfazer algum interesse ou sentimento pessoal (ou em nome de terceiro), retarda ou deixa e praticar ato de ofício, ou ainda pratica ato contra expressa disposição legal. O motivo que leva o juiz a agir contra a lei é a "satisfação de algum interesse ou sentimento pessoal, como por exemplo, a perseguição de alguém, a simpatia por certa pessoa".[547]

Por sua vez, a *concussão* está vinculada à exigência pelo juiz de alguma vantagem indevida em razão de suas funções. Nesse ilícito, o juiz exige, para a prática do ato jurisdicional – no caso, a prolação da sentença – "certa vantagem, precuniária ou não".[548]

Quanto à *corrupção*, para ensejar a propositura da ação rescisória, deve ser a passiva, importando a "solicitação ou recebimento pelo servidor público em razão de suas funções de vantagem indevida ou a aceitação quanto à promessa

---

[542] Todas as alterações pontuais trazidas no CPC 2015 serão tratadas nesse capítulo.

[543] Art. 319. Retardar ou deixar de praticar, indevidamente, ato de ofício, ou praticá-lo contra disposição expressa de lei, para satisfazer interesse ou sentimento pessoal.

[544] Art. 316. Exigir, para si ou para outrem, direta ou indiretamente, ainda que fora da função ou antes de assumi-la, mas em razão dela, vantagem indevida.

[545] Art. 317. Solicitar ou receber, para si ou para outrem, direta ou indiretamente, ainda que fora da função ou antes de assumi-la, mas em razão dela, vantagem indevida, ou aceitar promessa de tal vantagem.

[546] NERY JUNIOR, Nelson. *Comentários ao Código de Processo Civil*. Op. cit., p. 1.915.

[547] MARINONI, Luiz Guilherme. *O novo processo civil*. Op. cit., p. 573.

[548] Idem, ibidem.

de recebê-la".[549] Aqui, há essencial diferença do crime de concussão, visto que para configurar a corrupção, o juiz deve solicitar ou receber a vantagem, ou ainda, aceitar promessa, sem, contudo, exigir a vantagem.

De se salientar, por outro lado, que não é exigido condenação transitada em julgado quanto ao delito para que a ação rescisória seja manejada e devidamente processada,[550] conforme se infere da lição de Cássio Scarpinella Bueno, para quem "o deslinde da ação penal não é questão prejudicial da rescisória".[551]

Por fim, entende-se relevante a hipótese levantada por Nelson Nery Júnior,[552] que sustenta que no caso de membro de órgão rescisório (decisão colegiada de um Tribunal, por exemplo, no caso de um acórdão), basta que um dos julgadores de voto vencedor tenha cometido o crime para que seja rescindível o acórdão.[553] Outrossim, também é possível afirmar que o voto proferido por juiz que votou vencido não ensejaria ação rescisória, na medida em que ato do juiz (embora ilícito e reprovável) não teve influência alguma para o julgado.

21.4.2. Impedimento ou incompetência absoluta

Com efeito, a ausência de capacidade subjetiva (*impedimento*) ou objetiva absoluta (*incompetência*) do julgador também é causa ensejadora da ação rescisória. Sendo o juiz incompetente (art. 62 do CPC 2015) ou estando impedido (art. 144 do CPC 2015) para atuar no processo, "sua participação viola de tal maneira o ordenamento jurídico que o resultado da tutela jurisdicional se torna imprestável".[554]

> ⇒ **IMPORTANTE:** Pela importância da previsão legal, para fins de compreensão do tema, segue abaixo transcrição dos dispositivos legais que tratam da competência absoluta e do impedimento no CPC 2015:
> Art. 62. A competência determinada em razão da matéria, da pessoa ou da função é inderrogável por convenção das partes.
> Art. 144. Há impedimento do juiz, sendo-lhe vedado exercer suas funções no processo:
> I – em que interveio como mandatário da parte, oficiou como perito, funcionou como membro do Ministério Público ou prestou depoimento como testemunha;
> II – de que conheceu em outro grau de jurisdição, tendo proferido decisão;
> III – quando nele estiver postulando, como defensor público, advogado ou membro do Ministério Público, seu cônjuge ou companheiro, ou qualquer parente, consanguíneo ou afim, em linha reta ou colateral, até o terceiro grau, inclusive;

---

[549] MARINONI, Luiz Guilherme. *O novo processo civil*. Op. cit., p. 573.

[550] "Não se exige que o juiz tenha sido previamente condenado pela prática de um desses crimes, pois a prova pode ser feita na própria ação rescisória, cujo resultado independe da solução de eventual processo criminal." (NERY JUNIOR, Nelson. *Comentários ao Código de Processo Civil*. Op. cit., p. 1.915).

[551] BUENO, Cassio Scarpinella. *Curso sistematizado de direito processual civil*: recursos, processos e incidentes no nos tribunais, sucedâneos recursais: técnicas de controle das decisões judiciais. Op. cit., p. 375.

[552] Também sustentada por Cássio Scarpinella Bueno (ver em *Curso sistematizado de direito processual civil*: recursos, processos e incidentes no nos tribunais, sucedâneos recursais: técnicas de controle das decisões judiciais. Op. cit., p. 375).

[553] NERY JUNIOR, Nelson. *Comentários ao Código de Processo Civil*. Op. cit., p. 1.915.

[554] MARINONI, Luiz Guilherme. *O novo processo civil*. Op. cit., p. 573.

IV – quando for parte no processo ele próprio, seu cônjuge ou companheiro, ou parente, consanguíneo ou afim, em linha reta ou colateral, até o terceiro grau, inclusive;
V – quando for sócio ou membro de direção ou de administração de pessoa jurídica parte no processo;
VI – quando for herdeiro presuntivo, donatário ou empregador de qualquer das partes;
VII – em que figure como parte instituição de ensino com a qual tenha relação de emprego ou decorrente de contrato de prestação de serviços;
VIII – em que figure como parte cliente do escritório de advocacia de seu cônjuge, companheiro ou parente, consanguíneo ou afim, em linha reta ou colateral, até o terceiro grau, inclusive, mesmo que patrocinado por advogado de outro escritório;
IX – quando promover ação contra a parte ou seu advogado.

Sinale-se, todavia, que somente a *incompetência absoluta* do juízo e o *impedimento* do juiz geram o direito à ação rescisória, sendo certo afirmar que as hipóteses de incompetência relativa[555] (art. 63 do CPC 2015) e de suspeição[556] (art. 145 do CPC 2015), não autorizam o ajuizamento de pedido rescisório, visto que estas (vícios que se convalidam) são sanadas pelos efeitos da coisa julgada, "não podendo ser invocadas para revivificar a discussão sobre a decisão prolatada".[557]

21.4.3. Dolo, coação, simulação ou colusão entre as partes

Essa hipótese para o ajuizamento da ação rescisória no CPC de 2015 apresenta pequena diferenciação em relação ao CPC de 1973, na parte em que inclui a possibilidade de *coação* da parte vencedora sobre a vencida. Tanto o *dolo* (arts. 145 ao 150 do CC), como a *coação* (arts. 151 ao 155 do CC) são vícios do consentimento que no âmbito do direito civil prejudicam umas partes envolvidas em um negócio jurídico.[558]

Transportando-se para o processo civil, entende-se que a decisão poderá ser objeto de ação rescisória quando houver nexo de causalidade entre a conduta nociva de uma das partes com relação à outra e o resultado da lide.[559]

Com efeito, nesse inciso III do art. 966 do CPC de 2015, a lei busca impedir que as partes se sirvam do processo para obterem resultados ilícitos. Assim, se o processo é fraudulento ou simulado, é cabível a ação rescisória para desconstituir a coisa julgada.[560] O desvirtuamento da função do processo é tão relevan-

---

[555] "A incompetência absoluta, portanto, torna rescindível o provimento judicial". (CÂMARA, Alexandre Freitas. *Ação rescisória.* Op. cit., p. 44)
[556] "Pois no caso de ter transitado em julgado provimento de mérito proferido por juiz impedido, tal provimento será rescindível. Apenas no caso de impedimento, porém, e não no de suspeição, já que as hipóteses de cabimento da ação rescisória devem ser interpretadas restritivamente". (CÂMARA, Alexandre Freitas. *Ação rescisória.* Op. cit., p. 43)
[557] MARINONI, Luiz Guilherme. *O novo processo civil.* Op. cit., p. 573.
[558] LIPPMANN, Rafael Knoor. *Código de processo civil comentado.* Coordenação José Sebastião Fagundes, Antônio César Bochenek e Eduardo Cambi. São Paulo: Revista dos Tribunais, 2016, p. 1.324.
[559] LIPPMANN, Rafael Knoor. *Código de processo civil comentado.* Op. cit., p. 1.325.
[560] MARINONI, Luiz Guilherme. *Novo código de processo civil comentado.* Op. cit., p. 902.

te para a jurisdição que pode ser até mesmo invocado depois da comprovação de conluio.[561]

Com efeito, esse conluio[562] entre partes, com o objetivo de se alcançar alguma finalidade ilícita, chamado no CPC de 2015 de *colusão*,[563] encontra óbice legal no art. 142 do CPC 2015.

⇒ **Segue transcrição do dispositivo legal**:

> Art. 142. Convencendo-se, pelas circunstâncias, de que autor e réu se serviram do processo para praticar ato simulado ou conseguir fim vedado por lei, o juiz proferirá decisão que impeça os objetivos das partes, aplicando, de ofício, as penalidades da litigância de má-fé.

Desde que o magistrado não tenha percebido o intuito das partes e tenha proferido sentença contrária ao direito – no caso, em relação ao dispositivo acima transcrito – cabível será a ação rescisória.[564] Em outras palavras: a sentença decorrente de processo no qual as partes quiseram fraudar a lei ou decorrente de processo simulado (art. 142 do CPC 2015), é rescindível de pleno direito.[565]

Dessa forma, nos casos de dolo, coação, simulação ou colusão entre as partes, entendeu o legislador que processo estaria sendo utilizado como instrumento para se alcançar resultado contrário ao direito.

Nesses casos, ou a parte vencedora obstaculiza a adequada participação da parte vencida no processo (dolo ou coação), ou leva o juiz a interpretar a situação litigiosa de forma indevida e em desatenção à lealdade processual e à finalidade precípua do processo de resolver conflitos (simulação ou colusão). Em qualquer dessas hipóteses, verifica-se a violação do dever de boa-fé processual, a qual "constitui norma fundamental do novo processo civil brasileiro (art. 5º), daí a razão pela qual nessas circunstâncias impõe-se a desconstituição da coisa julgada".[566]

21.4.4. Ofensa à coisa julgada

A coisa julgada referida no inciso IV do art. 966 do CPC 2015 é a coisa julgada[567] (*auctoritas rei iudicatae*) material,[568] ou seja, a qualidade de imutabilidade que se agrega às decisões de mérito não mais sujeitas a recurso.[569] Nesse

---

[561] MARINONI, Luiz Guilherme. *O novo processo civil*. Op. cit., p. 574.
[562] "Simulação processual, definida como artifício que as partes utilizam no processo para, maliciosamente, obterem resultado contrário à norma jurídica" (CÂMARA, Alexandre Freitas. *Ação rescisória*. Op. cit., p. 47)
[563] Mesma designação apontada no art. 485, inc. III, do CPC 1973.
[564] BUENO, Cassio Scarpinella. *Curso sistematizado de direito processual civil*: recursos, processos e incidentes nos tribunais, sucedâneos recursais: técnicas de controle das decisões judiciais. Op. cit., p. 377.
[565] NERY JUNIOR, Nelson. *Comentários ao Código de Processo Civil*. Op. cit., p. 1.916.
[566] MARINONI, Luiz Guilherme. *O novo processo civil*. Op. cit., p. 574.
[567] "Se há ofensa à coisa julgada, cabe a ação rescisória". (MIRANDA, Francisco Cavalcanti Pontes De. *Tratado da ação rescisória das sentenças e de outras decisões*. Op. cit., p. 154.)
[568] Acerca do conceito de coisa julgada material, observa o que for a explanado no Capítulo 2 dessa obra.
[569] "A ação rescisória só se propõe contra sentence que transitou em julgado, isto é, de que não cabe, ou não mais cabe recurso." (MIRANDA, Pontes. *Tratado das ações: ações constitutivas*: tomo IV. Op. cit., p. 687).

sentido, aliás, importante salientar que a coisa julgada formal jamais ensejaria ação rescisória, porque, não tratando do mérito, não integra o espectro da coisa julgada material. A ação rescisória, nesse passo, trata de um mecanismo de preservação da coisa julgada material, *evitando-se que tal autoridade reste infirmada por sentença proferida em outro processo*.[570]

Com efeito, os elementos primordiais para a ação rescisória por ofensa à coisa julgada, na doutrina de Pontes de Miranda, são dois: (i) uma primeira sentença passado em julgado; (ii) uma segunda sentença com infração da preclusão, posterior, que também haja passado em julgado.[571] Lembrando-se: somente é possível intentar-se a ação rescisória quando houver trânsito em julgado da decisão de mérito objeto de discussão.

Sabidamente, a existência de coisa julgada impede a propositura de demanda judicial com as mesmas partes, mesma causa de pedir e mesmo pedido (art. 337, inc. VIII, do CPC 2015). Assim, se sobre determinado litígio já se operam os efeitos da coisa julgada material, *posterior e eventual processo visando à rediscussão da causa deve ser extinto sem resolução do mérito*,[572] conforme dicção do art. 485, inc. V, do CPC 2015.[573] Assim, nada obstante esse regramento processual que impede a repetição de pedido que já tenha sido objeto trânsito em julgado, caso sobrevenha nova ação e nova decisão definitiva de mérito sobre a causa já decidida, com a conseguinte formação de coisa julgada, a segunda coisa julgada desafia ação rescisória, nos termos do art. 966, inc. IV, do CPC 2015.

Com efeito, a questão é de fácil compreensão: é cabível ação rescisória por ofensa à coisa julgada, quando houver uma *primeira* sentença de mérito transitada em julgado e, na sequência, sem que o juiz tenha julgado extinta uma segunda ação (conforme permissivo legal do art. 485, incs. V e VI, do CPC 2015) sobre o mesmo litígio, é proferida uma *segunda* sentença de mérito que também transitou em julgado. Nessa hipótese, a segunda sentença foi produzida (mediante vício insanável) incorretamente, por que viola a primeira coisa julgada e, portanto, deve ser objeto de ação rescisória (de acordo com os requisitos e prazo legal). Nesse caso, aliás, a petição inicial da ação rescisória deve conter apenas o pedido de rescisão (art. 968, inc. I, do CPC 2015), uma vez que, desconstituída a segunda decisão sobre a demanda, prevalecerá a primeira, proferida no processo em que se formou a coisa julgada ofendida.[574]

Situação diferente, entretanto, ocorre quando é ultrapassado o prazo para o ajuizamento da ação rescisória em face dessa *segunda* coisa julgada. A discus-

---

[570] CÂMARA, Alexandre Freitas. *Ação rescisória*. Op. cit., p. 48.
[571] MIRANDA, Francisco Cavalcanti Pontes De. *Tratado da ação rescisória das sentenças e de outras decisões*. Op. cit., p. 154.
[572] MARINONI, Luiz Guilherme. *Novo código de processo civil comentado*. Op. cit., p. 902.
[573] "Caso seja ajuizada ação veiculando pretensão já acobertada pela coisa julgada material, o juiz deve, *exofficio* (CPC 485, § 3º) ou a requerimento da parte, extinguir o processo sem resolução do mérito, conforme determina o CP 485 V. O autor não tem interesse processual em obter sentença de mérito transitada em julgado e, se ajuizar a ação, o juiz também deverá extinguir o processo sem resolução do mérito, por força do CPC 485 VI." (NERY JUNIOR, Nelson. *Comentários ao Código de Processo Civil*. Op. cit., p. 1.916).
[574] LIPPMANN, Rafael Knoor. *Código de processo civil comentado*. Op. cit., p. 1.325.

são nesse caso fica centrada no conflito entre as coisas julgadas antagônicas, porque, findo o prazo para o ajuizamento da ação rescisória – art. 975 do CPC 2015 – passam a conviver no mundo jurídico duas sentenças transitadas em julgado sobre o mesmo litígio, o que, evidentemente, não pode ocorrer.

A doutrina controverte entre fazer prevalecer a primeira ou a segunda coisa julgada, no caso de esgotamento do prazo para o ajuizamento da ação rescisória. Com relação ao tema, Luiz Guilherme Marinoni, Sérgio Cruz Arenhart e Daniel Mitidiero referem que *nesses casos, deve prevalecer a segunda coisa julgada em detrimento da primeira.*[575] Aduzem que, além de a primeira coisa julgada não ter sido invocada no processo que levou à formação da segunda, essa sequer foi mesmo lembrada em tempo oportuno, permitindo o uso da ação rescisória e, assim, a desconstituição da coisa julgada formada posteriormente.[576] Para essa corrente, não seria possível imaginar que a coisa julgada que poderia ser desconstituída até determinado momento, simplesmente desaparece quando a ação rescisória não é utilizada.

Tal entendimento carrega muito do entendimento outrora trazido por Pontes de Miranda que, ao tratar do tema sob à ótica do CPC de 1939, já privilegiava a segunda coisa julgada em face da primeira, em caso de decisões antagônicas, quando sustentou que *a segunda toma o lugar da primeira, porque a lei a fez só rescindível no lapso quinquenal.*[577] Prossegue referindo que prevalece a segunda coisa julgada, não porque a primeira se desvalece, mas *sim porque, convalescendo-se inteiramente, tornando-se inatacável, irrescindível, torna impossível o que lhe é contrário.*[578]

Em sentido diverso, todavia, Nelson Nery refere que ultrapassado o prazo previsto no art. 975 do CPC 2015 e *havendo conflito entre duas coisas julgadas antagônicas, prevalece a primeira sobre a segunda, por que esta foi proferida com ofensa àquela.*[579]

Nada obstante a divergência doutrinária sobre a matéria e os entendimentos acima expostos, ressalvada – evidentemente – a hipótese de reconhecimento de prevalência da segunda coisa julgada não atacada por meio da ação rescisória, é possível observar-se a necessidade de respeito ao instituto da coisa julgada, assim como à necessidade de obtenção de segurança jurídica, premissas que trazem consigo a necessidade de respeito à primeira coisa julgada formada. É que a segunda coisa julgada – no caso de conflito entre coisas julgadas – produziu-se a partir de um vício (o não respeito à coisa soberanamente julgada, que jamais se convalidaria e que, incontroversamente, se constitui matéria de ordem pública). Veja-se que esse vício é tão grave e viola com tamanha força a ordem jurídica constituída, que está apto a extinguir o processo sem julgamento do mérito, na forma do art. 485, inc. V e VI, do CPC 2015 e, mesmo

---

[575] MARINONI, Luiz Guilherme. *O novo processo civil*. Op. cit., p. 574.
[576] Idem, ibidem.
[577] MIRANDA, Francisco Cavalcanti Pontes de. *Tratado da ação rescisória das sentenças e de outras decisões*. Op. cit., p. 154.
[578] Idem, ibidem.
[579] NERY JUNIOR, Nelson. *Comentários ao Código de Processo Civil*. Op. cit., p. 1.916.

depois do trânsito em julgado, ainda enseja o ajuizamento de ação rescisória. Defender a prevalência da segunda coisa julga seria o mesmo que reconhecer a formação de coisa julgada a partir de um vício insanável.

Pensamento diferente, além disso, poderia, na prática, trazer efeitos muito nefastos. Se cogitar-se, por exemplo, que a primeira coisa julgada de sentença condenatória esteja embasando pedido de cumprimento de sentença (execução de título judicial), essa primeira sentença transitada em julgado não teria vícios, teria sido constituída a partir e em respeito a todos os princípios fundamentais/constitucionais do processo e não teria violado nenhuma regra processual. Seria, portanto, certa, líquida e exigível. Mesmo assim, acaso recepcionado o entendimento de prevalência da segunda coisa julgada, em caso de conflito de coisas julgadas, estar-se-ia desconsiderando um título judicial correta e inquestionavelmente formado a partir da primeira coisa julgada, o que não se pode aceitar.

Por estas razões, entende-se que não reconhecer a segunda coisa julgada e fazer prevalecer a primeira coisa julgada – mesmo ciente dos termos do Informativo n° 565 do Superior Tribunal de Justiça[580] – significa restabelecer a ordem natural das coisas e os princípios que norteiam o Estado Democrático de Direito, conferindo segurança jurídica que o modelo constitucional de processo visa a assegurar.

21.4.5. Violação manifesta de norma jurídica

Aqui novamente o CPC 2015 (art. 966, inc. V: *violar manifestamente norma jurídica*) oferece redação relativamente diferente[581] e melhor em relação àquela empregada no CPC 1973 (art. 485, inc. V: *violar literal disposição de lei*[582]). Aliás, ainda que o antigo Código fizesse previsão à violação de lei, a doutrina já havia sedimentado entendimento de que a expressão seria equivalente à *norma jurídica*.[583] Assim, evidentemente, se pode conceber a ação rescisória para impugnar decisão que violou a Constituição da República, Constituições Estaduais ou Leis Orgânicas dos Municípios, leis propriamente ditas, medidas

---

[580] "Havendo conflito entre duas coisas julgadas, prevalecerá a que se formou por último, enquanto não desconstituída mediante ação rescisória. Precedentes citados: AgRg no REsp 643.998-PE, Sexta Turma, DJe 1/2/2010; REsp 598.148-SP, Segunda Turma, DJe 31/8/2009. REsp 1.524.123-SC, Rel. Min. Herman Benjamin, julgado em 26/5/2015, DJe 30/6/2015." (Período 1° de julho a 7 de agosto de 2015).

[581] Andou bem o legislador no particular, visto que *norma jurídica* não se confunde com o *texto literal da lei*, mas se identifica com o resultado interpretativo do texto normativo (LIPPMANN, Rafael Knoor, in *Código de processo civil comentado*. Op. cit., p. 1.325).

[582] De se atentar que o art. 485, inc. V do CPC 1973 foi fortemente inspirado na redação do art. 798, inc. I, alínea "c", do CPC 1939 que tinha a seguinte redação: "c) contra literal disposição de lei". Sobre o tema, consultar Álvaro Mendes Pimentel, que ao falar da origem dessa expressão no CPC 1939, assim leciona: "Empregou o projeto a expressão *literal disposição de lei*, usada pelo nosso Código Penal no art. 207, § 1°, e também adotada na antiga Constituição Federal de 1934, quando cogitou do recurso extraordinário, ao invés de *direito expresso*" (PIMENTEL, Álvaro Mendes. *Observações sobre o Projeto de Código de Processo Civil*. Rio de Janeiro, 1939).

[583] BUENO, Cassio Scarpinella. *Curso sistematizado de direito processual civil*: recursos, processos e incidentes no nos tribunais, sucedâneos recursais: técnicas de controle das decisões judiciais. Op. cit., p. 379.

provisórias que têm força de lei, como atos normativos infralegais, decretos e regulamentos.[584]

Com efeito, se o juiz desrespeita ou não observa manifestamente a norma jurídica, sua decisão não se encontra adequada e devidamente fundamentada à luz da ordem jurídica, não devendo, portanto, prevalecer.[585] A decisão de mérito transitado em julgado que não aplicou a lei ou a aplicou incorretamente é rescindível com fundamento no art. 966, inc. V, do CPC 2015, exigindo-se que tal violação seja visível e evidente.[586]

A respeito do tema, Pontes de Miranda afirma que "desde que existem regras escritas de interpretação, são literais como outra qualquer; se a letra é clara e o sentido não corresponde a ela, a infração da regra jurídica tal como se interpreta é que é violação do direito expresso".[587] Em outra passagem, é ainda mais didático e enfático: "a violação pode ser expressa, consciente, confessada, declarada, ou inexpressa, inconsciente, dissimulada, ocultada, velada, disfarçada; não importa como seja ela; o que é preciso para que se componha o pressuposto da rescisão, é a violação sem si, a negação do direito, conforme foi definido".[588]

Todavia, é essencial que fique assentado que não se admite a utilização da ação rescisória nos casos em que existente, ao tempo da formação da coisa julgada, divergência sobre a interpretação acolhida na decisão de mérito, porque isso importaria em manifesta violação da regra da irretroatividade da ordem jurídica e, portanto, manifesta violação do direito à segurança jurídica.[589]

A ação rescisória é remédio extremo e assim não pode ser utilizada como se fora um recurso. E, efetivamente, não o é, dada sua natureza de ação própria. É curial compreender que a ação rescisória somente é cabível nos casos de ofensa manifesta à norma jurídica. Para melhor compreensão dessa discussão, revela-se essencial trazer-se o conteúdo da Súmula 343 do Supremo Tribunal Federal: *"Não cabe ação rescisória contra ofensa literal de lei, quando a decisão rescindenda se tiver baseado em texto legal de interpretação controvertida nos tribunais"*.

Em suma, o que o verbete pretende evidenciar é que toda vez que a interpretação da norma que fundamenta a decisão que se pretende rescindir for controvertida na jurisprudência, é inviável identificar-se *violação manifesta da norma jurídica* e, portanto, não estaria contemplada a hipótese do art. 966, inc. V, do CPC 2015, tornando inadmissível o manejo da ação rescisória.

Nada obstante, não é necessário que o dispositivo de lei (norma jurídica) que se reputa violado conste expressamente da decisão que se pretende

---

[584] Com relação ao tema, Luiz Guilherme Marinoni, Sérgio Cruz Arenhart e Daniel Mitidiero chegam a indicar que é possível o manejo da ação rescisória inclusive quanto à violação de *princípio, regra ou postulado normativo*. (MARINONI, Luiz Guilherme. *Novo código de processo civil comentado*. Op. cit., p. 902.)

[585] MARINONI, Luiz Guilherme. *O novo processo civil*. Op. cit., p. 575.

[586] NERY JUNIOR, Nelson. *Comentários ao Código de Processo Civil*. Op. cit., p. 1.916.

[587] MIRANDA, Francisco Cavalcanti Pontes de. *Tratado da ação rescisória das sentenças e de outras decisões*. Op. cit., p. 154.

[588] Idem, p. 186.

[589] MARINONI, Luiz Guilherme. *O novo processo civil*. Op. cit., p. 575.

rescindir. Não se aplicam à ação rescisória os rigores formais aplicáveis no âmbito do recurso especial e do recurso extraordinário, quanto à exigibilidade do *prequestionamento*.[590]

Assim, para fins de ação rescisória, ainda hoje prevalece o entendimento consagrado na Súmula 343 do STF, de que "se à época do proferimento da decisão que se pretende rescindir, haja controvérsia nos tribunais acerca da correta – com ânimo de única – interpretação da norma jurídica que embasa a decisão, a rescisória deve ser afastada".[591]

É corrente, outrossim, o entendimento de que, a partir do julgamento proferido no Agravo Regimental no Agravo de Instrumento 460.439-9-DF, o Supremo Tribunal Federalestabeleceu duas diferentes situações para a incidência de tal súmula: (i) o *primeiro posicionamento* preconiza que se a questão for infraconstitucional, incide o enunciado da Súmula 343, ou seja, não cabe ação rescisória quando o fundamento for violação à literal disposição de texto legal de interpretação polêmica;[592] (ii) o *segundo posicionamento* indica que é inaplicável[593] a incidência da referida súmula, portanto cabível a ação rescisória, quando o respectivo fundamento for exclusivamente em interpretação de texto constitucional.[594]

21.4.6. Fundamento em prova falsa reconhecida em ação criminal ou na própria ação rescisória

Em consonância com o disposto no art. 966, inc. VI, do CPC 2015, é rescindível a sentença de mérito transitada em julgado que *for fundada em prova cuja falsidade tenha sido apurada em processo criminal ou venha a ser demonstrada na própria ação rescisória*. Trata-se nesse caso de reconhecer a possibilidade de rescisão de pronunciamento judicial que tenha por fundamento prova falsa, visto que isso terá induzido o julgador a errar em sua decisão.[595]

Assim, se o magistrado, ao constituir seu convencimento o faz baseado em prova falsa, certamente resta equivocada sua valoração sobre os fatos, redundando numa sentença rescindível. Se o erro foi relevante, ou seja, capaz de alterar o resultado do julgamento, então caberá a ação rescisória fundada na

---

[590] BUENO, Cassio Scarpinella. *Curso sistematizado de direito processual civil*. Op. cit., p. 380.

[591] Idem, ibidem.

[592] Com relação ao tema, Cássio Scarpinella Bueno refere que "é pacifico o entendimento quanto à não incidência da Súmula 343 do STF aos casos em que a decisão diz respeito à interpretação de norma constitucional".(Idem, p. 381.)

[593] Contudo, essa vertente de entendimento vem sendo relativizada em face do julgamento do Recurso Especial 1.026.234-DF, cujo voto condutor foi da lavra do Ministro Teori Albino Zavascki, a 1ª Turma do STJ, no qual fica patente o entendimento quanto à mitigação da aplicação da Súmula 343 do STF, também em relação aos dispositivos de lei infraconstitucionais.

[594] Vide Súmula 27 do TRF da 3ª Região ("É inaplicável a Súmula 343 do Supremo Tribunal Federal, em ação rescisória de competência da Segunda Seção, quando implicar exclusivamente interpretação de texto constitucional.").

[595] CÂMARA, Alexandre Freitas. *Ação rescisória*. Op. cit., p. 61.

falsidade da prova.⁵⁹⁶ Nesse sentido, é essencial que a prova falsa seja um dos fundamentos da decisão e que, *sem ela, a decisão teria outro conteúdo*.⁵⁹⁷ Assim, se a prova falsa não for o fundamento suficiente e bastante da decisão, a ação rescisória não pode ser acolhida.

Reitere-se: é imprescindível que a prova falsa tenha sido decisiva na formação do convencimento judicial, por que a falsidade da prova contamina a adequação da decisão judicial, por levar o juiz à conclusão diversa daquela que seria atingida caso não houvesse a contribuição ilícita na formação do convencimento.⁵⁹⁸ Assim, a prova falsa deve levar o juiz a uma conclusão (decisão) que, sem a sua existência, não seria possível. Deve haver a demonstração de que o juiz se apoiou na prova falsa para chegar à decisão rescindenda. Assim, se a prova falsa não tem influência no deslinde da controvérsia, então o pedido rescisório não deve ser reconhecido.

Para que a prova falsa seja suficiente a embasar a ação rescisória é necessário que sua falsidade seja apurada em processo criminal (com a observância do contraditório⁵⁹⁹) ou ao longo do procedimento da própria ação rescisória.⁶⁰⁰ No mesmo sentido, a tratar dos elementos do pressuposto da prova falsa, Pontes de Miranda aponta a necessidade de que se apresente a sentença criminal sobre a falsidade ou que se faça a prova inequívoca da falsidade na própria ação rescisória.⁶⁰¹

Por fim, duas observações: (i) se a ação penal relativa à falsidade documental está prescrita ou se está prescrita a condenação, a ação rescisória pode ser proposta e nela se produzir a prova da falsidade documental;⁶⁰² (ii) já se decidiu que o laudo técnico incorreto, incompleto ou inadequado, embora não se enquadre no conceito de prova falsa, pode ser atacado na ação rescisória por falsidade ideológica⁶⁰³ (STJ, 3ª Turma, REsp 331.550/RS).

21.4.7. Prova nova cuja existência ignorava ou que não pode fazer uso

A primeira observação a se fazer diz respeito à alteração promovida no art. 966, inc. VII, do CPC 2015 (*obtiver o autor, posteriormente ao trânsito em julgado, prova nova cuja existência ignorava ou de que não pôde fazer uso, capaz, por si só, de lhe assegurar pronunciamento favorável*) em comparação com a redação do art. 485, inc. VII, do CPC 1973 (*depois da sentença, o autor obtiver documento novo,*

---

⁵⁹⁶ MARINONI, Luiz Guilherme. *O novo processo civil*. Op. cit., p. 575.

⁵⁹⁷ BUENO, Cassio Scarpinella. *Curso sistematizado de direito processual civil*: recursos, processos e incidentes no nos tribunais, sucedâneos recursais: técnicas de controle das decisões judiciais. Op. cit., p. 382.)

⁵⁹⁸ LIPPMANN, Rafael Knoor, in *Código de processo civil comentado*. Op. cit., p. 1.325.

⁵⁹⁹ "É imprestável para esse fim a falsidade apurada em procedimento anterior à propositura da ação rescisória sem a observância do contraditório com a parte adversa" (MARINONI, Luiz Guilherme. *Novo código de processo civil comentado*. Op. cit., p. 903.)

⁶⁰⁰ BUENO, Cassio Scarpinella. *Curso sistematizado de direito processual civil*. Op. cit., p. 383.)

⁶⁰¹ MIRANDA, Francisco Cavalcanti Pontes de. *Tratado da ação rescisória das sentenças e de outras decisões*. Op. cit., p. 196.

⁶⁰² Idem, p. 201.

⁶⁰³ MARINONI, Luiz Guilherme. *Novo código de processo civil comentado*. Op. cit., p. 903.

cuja existência ignorava ou de que não pôde fazer uso, capaz, por si só, de lhe assegurar pronunciamento favorável).[604]

Assim, o novo Código admite ação rescisória baseada em *prova nova* e não apenas em *documento novo* (como ocorria no velho Código), estabelecendo ainda, que *prova nova* é aquela obtida após o *trânsito em julgado*, e não *depois da sentença*. Dessa forma, não só o documento, mas qualquer espécie de prova (pericial, testemunhal, depoimento, ou outra) é capaz de ensejar a ação rescisória, desde que: (i) se configure como prova nova, entendida como aquela preexistente[605] à formação da coisa julgada da qual a parte, porque dela não sabia ou por razões alheias não teve condições de manejá-la, não fez uso no processo; (ii) que a prova nova tenha o condão de, por si só, alterar substancialmente o resultado da demanda.[606]

Nesse sentido, relevante destacar que não pode a parte, simplesmente, deixar de produzir a prova em juízo e, diante do resultado desfavorável do processo, querer se valer da mesma para promover pedido rescisório.[607] Por fim, relevante reiterar que não basta a existência de uma prova nova para a rescisão do pronunciamento judicial, essa prova deve ser capaz de, *por si só, assegurar pronunciamento favorável* (conforme a própria dicção legal), exigindo-se, pois, nexo causal entre o conteúdo da prova novo e o desfecho da ação rescisória. Em outras palavras, "o documento deve ser de tal sorte decisivo, a ponto de se alterar a valoração das provas existentes ao tempo da decisão rescindenda".[608] Assim, se a prova nova não for capaz de assegurar resultado favorável à parte, a ação rescisória não terá êxito.

21.4.8. Fundamento em erro de fato verificável do exame dos autos

Para a admissão de ação rescisória com fundamento no inciso VIII do art. 966 do CPC 2015, ou seja, fundada em *erro de fato* é imprescindível que exista nexo de causalidade entre ele e a sentença rescindenda. Em outras palavras: é preciso que o erro de fato tenha influído decisivamente no julgamento rescindendo.

Com efeito, *há erro de fato quando a decisão rescindenda admitir um fato inexistente ou quando considerar inexistente um fato efetivamente ocorrido*, conforme se infere da leitura da primeira parte do § 1º do art. 966 do CPC 2015. Sendo, ainda, indispensável que o fato não represente ponto controvertido sobre o qual o juiz deveria ter se pronunciado (art. 966, § 1º, parte final).

Nesses termos, a admissão da ação rescisória por erro de fato, está condicionada aos seguintes pressupostos: (i) que a sentença esteja baseada em erro

---

[604] "O atual CPC é mais abrangente do que o CPC/1973, pois admite não só a apresentação de documento novo, mas também tudo que possa formar prova nova em relação ao que constou da instrução no processo original" (NERY JUNIOR, Nelson. *Comentários ao Código de Processo Civil*. Op. cit., p. 1.922).

[605] "Prova nova é aquela preexistente ao processo cuja decisão se procura rescindir. Não é prova nova aquela que se formou após o trânsito em julgado da decisão" (MARINONI, Luiz Guilherme. *Novo código de processo civil comentado*. Op. cit., p. 903.)

[606] LIPPMANN, Rafael Knoor. *Código de processo civil comentado*. Op. cit., p. 1.326.

[607] BUENO, Cassio Scarpinella. *Curso sistematizado de direito processual civil*. Op. cit., p. 383.

[608] NERY JUNIOR, Nelson. *Comentários ao Código de Processo Civil*. Op. cit., p. 1.923.

de fato; (ii) esse erro possa ser apurado independentemente da produção de novas provas; (iii) que sobre o fato não tenha havido controvérsia entre as partes; (iv) que não tenha havido pronunciamento judicial sobre o fato.[609]

21.5. Legitimidade

21.5.1. Legitimação ativa

Estabelece o art. 967 do CPC de 2015, expressamente, quem são os legitimados para propor a ação rescisória.

> Art. 967. Têm legitimidade para propor a ação rescisória:
> I – quem foi parte no processo ou o seu sucessor a título universal ou singular;
> II – o terceiro juridicamente interessado;
> III – o Ministério Público:
> a) se não foi ouvido no processo em que lhe era obrigatória a intervenção;
> b) quando a decisão rescindenda é o efeito de simulação ou de colusão das partes, a fim de fraudar a lei;
> c) em outros casos em que se imponha sua atuação;
> IV – aquele que não foi ouvido no processo em que lhe era obrigatória a intervenção.
> Parágrafo único. Nas hipóteses do art. 178, o Ministério Público será intimado para intervir como fiscal da ordem jurídica quando não for parte.

Assim, nos termos do dispositivo ora invocado, detêm legitimidade para propor a ação rescisória:

> i) aquele que foi parte na demanda original (independentemente de ter sido autor ou réu) ou seu sucessor, tratando essa, da hipótese mais comum quando do ajuizamento da ação rescisória, na medida em que aquele que foi parte no processo original é quem – usualmente – ostentará interesse processual para arguir alguma das condições estabelecidas no art. 966 do CPC 2015;
> ii) o terceiro prejudicado também é legitimado a propor a ação rescisória, na condição de não ter sido parte na relação jurídica processual original. Nessa hipótese, o terceiro deve comprovar que a decisão rescindenda, de alguma forma, atinge sua esfera de direitos;
> iii) o CPC 2015 amplia a atuação do Ministério Público como parte na ação rescisória, admitindo-o não somente nos casos de *inobservância de sua intervenção obrigatória* (art. 487, III, "a", do CPC 1973) ou de *colusão ou simulação entre as partes*(art. 487, III, "b", do CPC 1973), estabelecendo também uma nova hipótese prevista na alínea "c" do próprio art. 967, inc. III, do CPC 2015, estabelecendo legitimação ativa do Ministério Público também nos casos *em que se imponha sua atuação*. Essa nova hipótese, com efeito, apresenta-se mais consentânea com a previsão constitucional do art. 129 da Constituição da República, assim como do art. 178 do CPC 2015;
> iv) a outra novidade no que tange à legitimidade para a ação rescisória é o disposto no inc. IV do art. 967 do CPC 2015, ao tratar da hipótese de ser parte *aquele que não foi ouvido no processo em que lhe era obrigatória a intervenção*, como a hipótese do litisconsorte necessário que deixou de ser citado na ação original.[610]

---

[609] Pressupostos sustentados por Luiz Guilherme Marinoni, Sérgio Cruz Arenhart e Daniel Mitidiero (MARINONI, Luiz Guilherme. *O novo processo civil*. Op. cit., p. 576) e Nelson Nery Junior (NERY JUNIOR, Nelson. *Comentários ao Código de Processo Civil*. Op. cit., p. 1.923).

[610] NERY JUNIOR, Nelson. *Comentários ao Código de Processo Civil*. Op. cit., p. 1.939.

21.5.2. Legitimação passiva

Acerca da legitimidade passiva, com efeito, Alexandre Freitas Câmara há muito já leciona que, salvo melhor juízo, inexiste qualquer divergência, ou seja, todos aqueles que tenham participado da relação processual original e não estejam no polo ativo da ação rescisória deverão ocupar posição no polo passivo.[611]

Veja-se que o art. 967 do CPC 2015, com redação semelhante (ressalvadas às inovações legislativas antes apontadas) ao art. 487 do CPC 1973, faz referência expressa e única à legitimação ativa para a ação rescisória. Inexiste, contudo, qualquer previsão quanto à legitimação passiva, silêncio ocorrido na legislação revogada e repetido no novo Código.[612]

Nada obstante, doutrina e jurisprudência não oscilam em exigir, no polo passivo e em litisconsórcio necessário, a presença de todos aqueles que figuraram como partes na demanda original (desde o início da lide ou de forma ulterior, como no caso da assistência litisconsorcial) e que, obviamente, não estejam insertos no polo ativo da ação rescisória.[613]

Nesse sentido, correta a lição de Nelson Nery Junior ao afirmar que todos os partícipes da relação processual oriunda da ação matriz devem ser citados, como litisconsortes necessários, para ação rescisória, por que o acórdão que será nela proferida atingirá a esfera jurídica de todos.[614]

21.6. Da petição inicial: requisitos essenciais e depósito

Como não poderia deixar de ser, em se tratando a ação rescisória de uma ação própria (e não um recurso, conforme já exaustivamente demonstrado), o legislador tratou de especificar a forma como a petição inicial deve ser elaborada. Nesse sentido, o art. 968 do CPC 2015, expressamente determina que a petição inicial da ação rescisória deve ser elaborada com observância dos requisitos do art. 319.

É preciso, então, antes de tudo, que a petição inicial da ação rescisória esteja em conformidade com o disposto no art. 319 do Código de Processo Civil.[615]

Efetivamente, não existem maiores discussões quanto aos requisitos da petição inicial na ação rescisória, sendo necessário observar-se, para tanto, a dicção legal a respeito da matéria:

---

[611] CÂMARA, Alexandre Freitas. *Ação rescisória*. Op. cit., p. 89.
[612] Sinale-se que no CPC 1939 sequer havia qualquer referência à legitimidade das partes, seja ativa, seja passiva.
[613] LIPPMANN, Rafael Knoor, in *Código de processo civil comentado*. Op. cit., p. 1.329.
[614] NERY JUNIOR, Nelson. *Comentários ao Código de Processo Civil*. Op. cit., p. 1.939.
[615] De acordo com alerta já feito por Alexandre Câmara Freitas, embora lecionando sobre a ação rescisória no CPC 1973. (CÂMARA, Alexandre Freitas. *Ação rescisória*. Op. cit., p. 104).

Art. 968. A petição inicial será elaborada com observância dos requisitos essenciais do art. 319, devendo o autor:

I – cumular ao pedido de rescisão, se for o caso, o de novo julgamento do processo;

II – depositar a importância de cinco por cento sobre o valor da causa, que se converterá em multa caso a ação seja, por unanimidade de votos, declarada inadmissível ou improcedente.

Aqui abre-se espaço para tratar-se de um dos elementos mais importantes de toda e qualquer petição inicial: a competência. Na ação rescisória, deve-se indicar o juízo competente, compreendendo-se esse sempre como o tribunal, visto que o juízo de primeiro grau (conforme já se demonstrou) não tem competência para rescindir suas próprias sentenças. A ação rescisória, pois, deve ser processada em julgada no tribunal que teria competência recursal para examinar a matéria, se fosse possível a interposição de recurso.[616]

Com efeito, importante salientar que se a petição apresentar algum vício sanável, a parte dispõe do direito subjetivo à emenda da petição, sendo vedado ao juiz indeferir de plano, sem prévio diálogo com o requerente[617] (art. 321 do CPC 2015).[618]

Outrossim, de acordo com o caso e a necessidade (sempre vinculada às hipóteses legais do art. 966 do CPC 2015), o autor deve cumular o pedido de rescisão da sentença transitada em julgado (*iudicium rescindens*), com o pedido de novo julgamento (*iudicium rescissorium*).

De outro lado, conforme se infere da redação do art. 968, inc. II, do CPC 2015, a parte que ajuíza a ação rescisória tem o dever legal de efetuar o depósito prévio de valor equivalente a cinco por cento do valor da causa.[619] Com efeito, esse dispositivo determina que se discuta, portanto, qual deve ser o valor da causa na ação rescisória.

Acerca da matéria, contudo, o Superior Tribunal de Justiça já consolidou entendimento de que "o valor da causa em ação rescisória, em regra, deve corresponder ao da ação originária, corrigido monetariamente. No entanto, na hipótese de discrepância entre o valor da causa originária e o benefício econômico obtido, deve prevalecer este último".[620]

Assim, o depósito de que trata o dispositivo legal deve equivaler a cinco por cento do valor da ação originária, devidamente corrigido monetariamente.[621] Acerca desse depósito, entende-se relevante salientar, ainda, que:

---

[616] NERY JUNIOR, Nelson. *Comentários ao Código de Processo Civil*. Op. cit., p. 1.941.

[617] MARINONI, Luiz Guilherme. *Novo código de processo civil comentado*. Op. cit., p. 907.

[618] Art. 321. O juiz, ao verificar que a petição inicial não preenche os requisitos dos arts. 319 e 320 ou que apresenta defeitos e irregularidades capazes de dificultar o julgamento de mérito, determinará que o autor, no prazo de 15 (quinze) dias, a emende ou a complete, indicando com precisão o que deve ser corrigido ou completado. Parágrafo único. Se o autor não cumprir a diligência, o juiz indeferirá a petição inicial.

[619] Sobre o valor da causa no CPC 2015, ver o disposto no art. 291 do CPC 2015.

[620] AgInt no REsp 896571/SE – Agravo Interno no Recurso Especial 2006/0222149-0 (julg. 16-06-2016).

[621] Acerca do valor da causa na ação rescisória, colhe-se o entendimento de Nelson Nery Junior, para quem "o valor da causa na ação rescisória é o da ação matriz, na qual foi proferida a decisão de mérito que se pretende rescindir, atualizada monetariamente, ou o valor do proveito econômico total que se pretende obter com a procedência da rescisória (iudiciumrescidens) e rejulgamento (iudiciumrescissorium)." (NERY JUNIOR, Nelson. *Comentários ao Código de Processo Civil*. Op. cit., p. 1.943).

i) não se aplica à União, aos Estados, ao Distrito Federal, aos Municípios, às suas respectivas autarquias e fundações de direito público, ao Ministério Público, à Defensoria Pública e aos que tenham obtido o benefício de gratuidade da justiça;

ii) O depósito previsto no inciso II do art. 968, inc. II do CPC 2015 não será superior a 1.000 (mil) salários-mínimos;

iii) a petição inicial será indeferida quando não efetuado o depósito previsto no art. 968, inc. II do CPC 2015.

Por fim, salienta-se que que quando do ajuizamento da petição inicial da ação rescisória devem ser juntados os documentos tidos como essenciais (art. 320 do CPC 2015[622]), mormente: (i) cópia da decisão rescindenda; (ii) certidão do trânsito em julgado para comprovar a rescindibilidade e a tempestividade;[623] (iii) outros que a parte entender relevantes para o justo e regular deslinde do feito.

21.7. Possibilidade (ou não) de concessão de efeito suspensivo

O tratamento legal quanto aos efeitos do ajuizamento da ação rescisória (mormente quanto à possibilidade ou não de concessão de efeito suspensivo), expressamente estabelecido no art. 969 do CPC 2015, tem suas origens no CPC de 1973, mas precisamente no art. 489 que, em sua redação original, assim previa: *"a ação rescisória não suspende a execução da sentença rescindenda"*. Dessa previsão extraia-se a conclusão de que a ação rescisória era – no regime anterior – completamente desprovida de efeito suspensivo que pudesse obstar o provimento judicial rescindendo.

A redação original do dispositivo, como acima observado, mereceu críticas contundentes da doutrina, como a de Alexandre Freitas Câmara, para quem o texto era *defeituoso*, uma vez que tratava apenas da execução, "o que levava a que se pudesse estabelecer uma ligação entre esse dispositivo e os provimentos de natureza condenatória".[624] Isso porque, qualquer que fosse a eficácia da sentença (declaratória, constitutiva, condenatória, mandamental ou executiva *lato sensu*), esta continuava produzindo seus efeitos mesmo que fosse ajuizada a ação rescisória.

Nada obstante a previsão legal anterior (art. 469 na sua redação original), a doutrina[625] e a jurisprudência debatiam sobre possibilidade de atribuir-se efeito suspensivo à ação rescisória. Nesse compasso, verificaram-se algumas

---

[622] Art. 320. A petição inicial será instruída com os documentos indispensáveis à propositura da ação.

[623] NERY JUNIOR, Nelson. *Comentários ao Código de Processo Civil*. Op. cit., p. 1.942.

[624] CÂMARA, Alexandre Freitas. *Ação rescisória*. Op. cit., p. 96.

[625] Sobre o assunto recomenda-se a leitura de Galeno Lacerda em texto publicado na Revista de Processo (RePro, 29/38 de 1983) e na Revista da AJURIS (29/60), segundo o qual: "A ação rescisória constitui uma lide nova, com finalidade legal e constitucional de cassar a sentença viciada. Se revestir, desde logo, de fumus boni iuris e se houver periculum in mora, em virtude da execução atual e virtual do julgado rescindindo, legitima-se, portanto, de modo inequívoco, o uso de outra ação, de outra função jurisdicional, cuja finalidade consiste, precisamente, em tornar possível, útil e eficaz o resultado da ação rescisória." (LACERDA, Galeno. Ação Rescisória e Suspensão Cautelar da Execução do Julgado Rescindendo, Porto Alegre, *Revista da AJURIS* nº 29, 1983).

alterações legislativas – como o art. 4º da Lei nº 8.437/1993,[626] com redação dada pela Medida Provisória 1984-12 de 1999, assim como da Medida Provisória 2180-35 de 2001 – que, paulatinamente inspiraram a publicação da Lei nº 11.280 de 2006, a qual atribuiu nova redação ao art. 469 do CPC 1973: *"O ajuizamento da ação rescisória não impede o cumprimento da sentença ou acórdão rescindendo, ressalvada a concessão, caso imprescindíveis e sob os pressupostos previstos em lei, de medidas de natureza cautelar ou antecipatória de tutela"*.

É justamente essa redação dada em 2006, que reconhece a inexistência (em regra) de efeito suspensivo na ação rescisória, mas que viabiliza a concessão de medida cautelar ou antecipatória, nos caso previstos em lei, que deu origem ao atual art. 969 do CPC 2015:

⇒ **Redação vigente**:

⇒ Art. 969. A propositura da ação rescisória não impede o cumprimento da decisão rescindenda, ressalvada a concessão de tutela provisória.

Assim, ainda que em regra não se admita a concessão de efeito suspensivo à ação rescisória (conforme se verifica expressamente da primeira parte do art. 969), *poderá o autor, excepcionalmente, e havendo demonstração irretorquível de que há probabilidade do direito e perigo na demora, sob pena de ato ilícito ou dano injusto, postular tutela provisória*[627] (arts. 294 a 311 do CPC 2015) para suspender os efeitos da sentença rescindenda.

Nesse sentido, valiosa a reflexão de Luiz Guilherme Marinoni, Sérgio Cruz Arenhart e Daniel Mitidiero, que lecionam que, ainda que seja certa a inexistência de efeito suspensivo na ação rescisória, não há como se desconsiderar que o autor pode, em determinados casos, demonstrar com alguma facilidade (até mesmo por prova documental) alguma das hipóteses do art. 966 do CPC 2015 e que, nesses casos, não seria justo submetê-lo aos efeitos da sentença e, consequentemente, a eventual execução.[628]

A verdade é que o regime proposto pelo CPC 2015 (art. 969), é uma adaptação da regra já existente no CPC 1973 (art. 489), restando, em suma duas conclusões a partir desta nova redação:

i) o ajuizamento da ação rescisória, por si só, não suspende a eficácia da decisão transitada em julgado. Sendo condenatória a decisão, este pronunciamento judicial estará sujeito à execução definitiva, nada obstante a propositura da ação, exceto se no bojo da ação rescisória for concedida tutela provisória com o escopo de suspender a eficácia da decisão rescindenda;

ii) a redação do art. 969 do CPC 2015 faz referência expressa à concessão de *tutela provisória*, que é gênero do qual são espécies da tutela da evidência e da urgência. Se o dispositivo legal faz expressa alusão ao gênero (tutela provisória), a suspensão da decisão rescindenda pode ser obtida tanto atra-

---

[626] Lei das Medidas Cautelares contra atos do Poder Público.

[627] MARINONI, Luiz Guilherme. *O novo processo civil*. Op. cit., p. 579.

[628] "Será correto submeter o jurisdicionando, por exemplo, a uma sentença proferida por juiz absolutamente incompetente, apenas pelo fato de que a ação rescisória ainda se arrasta para a definição de algo que já foi evidenciado no início do processo? Absolutamente não. Estando presentes os pressupostos legais, é possível obter tutela provisória no bojo da ação rescisória". (MARINONI, Luiz Guilherme. *O novo processo civil*. Op. cit., p. 580).

vés de tutela da urgência (que exige a demonstração de probabilidade do direito e perigo da demora), como através de tutela da evidência[629] (que prescinde a demonstração do perigo de dano irreparável ou ao resultado útil do processo, conforme se infere da redação do art. 311 do CPC 2015[630])

21.8. Julgamento e natureza da decisão

Conforme já referido (ver capítulo da competência), o julgamento da ação rescisória deve ocorrer perante um órgão colegiado, ou seja, diante de tribunal. Assim, deve o tribunal, primeiramente, examinar a presença dos pressupostos processuais, como os requisitos da petição inicial, depósito prévio de cinco por cento do valor da causa,[631] tempestividade (dois anos, conforme art. 975 do CPC 2015) e até mesmo a representação processual das partes, entre outros, evidentemente.

Destarte, uma vez verificados os pressupostos processuais, incumbe ao tribunal identificar as condições da ação (interesse processual e legitimidade das partes), assim como a existência das hipóteses do art. 485 do CPC 2015, que permitem a extinção do processo sem julgamento do mérito.

No caso de decidir pela extinção sem julgamento do mérito da ação rescisória, sendo unânime a decisão, o tribunal deve determinar o levantamento pelo demandado, do depósito de cinco por cento do valor causa, feito pelo demandante quando do ajuizamento do pedido (art. 974, parágrafo único, do CPC 2015).

De modo geral as possíveis decisões cabíveis pelo tribunal quando do julgamento da ação rescisória constam do art. 974 e parágrafo único do CPC 2015[632] e podem ser resumidas no quadro abaixo:

Procedente	Inadmissível ou Improcedente
Rescisão da decisão (*iudiciumrescindens*) com a restituição do depósito ao autor	Inadmissibilidade ou improcedência do pedido rescisório
Se for o caso, novo julgamento (*iudiciumrescissorium*)	Reversão do depósito em favor do réu (se ocorrida em votação unânime), sem prejuízo da aplicação do art. 82, § 2º, do CPC 2015

---

[629] LIPPMANN, Rafael Knoor, in *Código de processo civil comentado*. Op. cit., p. 1.331.

[630] Art. 311. A tutela da evidência será concedida, independentemente da demonstração de perigo de dano ou de risco ao resultado útil do processo, quando: I – ficar caracterizado o abuso do direito de defesa ou o manifesto propósito protelatório da parte; II – as alegações de fato puderem ser comprovadas apenas documentalmente e houver tese firmada em julgamento de casos repetitivos ou em súmula vinculante; III – se tratar de pedido reipersecutório fundado em prova documental adequada do contrato de depósito, caso em que será decretada a ordem de entrega do objeto custodiado, sob cominação de multa; IV – a petição inicial for instruída com prova documental suficiente dos fatos constitutivos do direito do autor, a que o réu não oponha prova capaz de gerar dúvida razoável.

[631] Veja-se que a esse respeito, por exemplo, o art. 968, § 3º, do CPC 2015 determina o indeferimento da petição inicial, caso não seja efetuado o depósito exigido no inicso II desse mesmo artigo.

[632] Art. 974. Julgando procedente o pedido, o tribunal rescindirá a decisão, proferirá, se for o caso, novo julgamento e determinará a restituição do depósito a que se refere o inciso II do art. 968. Parágrafo único. Considerando, por unanimidade, inadmissível ou improcedente o pedido, o tribunal determinará a reversão, em favor do réu, da importância do depósito, sem prejuízo do disposto no § 2º do art. 82.

Aqui, essencial fazer a diferenciação entre os juízos rescindente (revogação da decisão viciada) e rescisório (prolação de nova decisão, em substituição à decisão revogada, conforme for o caso[633]). Assim, afastada a possibilidade de inadmissibilidade do pedido rescisório,[634] o julgamento de mérito da ação rescisória, realizado pelo tribunal, será bipartido:[635]

> i) *iudicium rescindens*:[636] nesse juízo, deve ser verificado se a decisão atacada é ou não contaminada pelo vício alegado pelo autor na causa de pedir, conforme hipóteses legais do art. 966 do CPC 2015. Julgado *improcedente* esse pedido, restará encerrada a prestação jurisdicional, uma vez que o tribunal terá entendido que o defeito alegado na petição inicial inexiste e, portanto, o pronunciamento judicial deve ser mantido tal foi como exarado. Julgado *procedente* esse pedido, o tribunal revogará a decisão atacada, uma vez que o pronunciamento judicial foi proferido em desacordo com a ordem jurídica estabelecida;
>
> ii) *iudicium rescissorium*:[637] a primeira observação a se fazer é que o juízo rescindente é sempre preliminar ao juízo rescisório. Com efeito, esse juízo rescisório verifica-se somente quando for julgado procedente o pedido rescindente. Uma vez revogada a decisão rescindenda, torna-se necessário – conforme o caso – que outra seja proferida em substituição. Assim, no juízo rescisório julga-se a causa originária (novo julgamento ou rejulgamento), não a ação rescisória.

21.9. Recursos cabíveis

21.9.1. Embargos de declaração

Do julgamento da ação rescisória – dúvidas não existem – será possível a interposição de embargos de declaração, nos estritos termos do art. 1.022 do CPC 2015.

Será competente para conhecer dos embargos de declaração o relator, quando a decisão embargada tiver sido proferida por ele, monocraticamente. Por outro lado, será do colegiado a competência quando se tratar de decisão colegiada.[638]

---

[633] Porque haverá casos em que não será necessário um novo julgamento, coo na hipótese de ação rescisória decorrente de coisa julgada. Uma vez rescindida a segunda coisa julgada sobre o mesmo litígio, não haveria necessidade de um novo julgamento.

[634] "O pedido na ação rescisória é inadmissível se o demandante narrou, como causa de pedir, alegação estranha aos incisos do art. 966, ou se não concorrem os demais pressupostos de sua admissibilidade (por exemplo, existência de decisão definitiva ou decisão impeditiva com trânsito em julgado, tempestividade, etc." (MARINONI, Luiz Guilherme. *Novo código de processo civil comentado*. Op. cit., p. 911),

[635] LIPPMANN, Rafael Knoor, in *Código de processo civil comentado*. Op. cit., p. 1.334.

[636] "No juízo rescindente, então, incumbe ao tribunal decidir a respeito do pedido de rescisão e, além disso, dar destino ao depósito de cinco por cento do valor da causa. Caso o pedido de rescisão tenha sido julgado improcedente, por decisão unânime, o depósito será levantado pelo demandado. Em qual outro caso (julgamento de improcedência por maioria ou julgado de procedência), autorizar-se-á o levantamento do depósito pelo demandante. (CÂMARA, Alexandre Freitas. *Ação rescisória*. Op. cit., p. 134/135).

[637] "Já se teve oportunidade de verificar, anteriormente, que em alguns casos o demandante tem de cumular, ao pedido de rescisão do provimento transitado em julgado, ou outro pedido de rescisão do provimento transitado em julgado, ou outro pedido, o de rejulgamento da causa original. É este que se refere o chamado *iudiciumrescissurium*, isto é, o juízo rescisório. Nesse se opera, então, novo julgamento da matéria que havia sido decidida na decisão cassada (isto é, rescindida). (CÂMARA, Alexandre Freitas. *Ação rescisória*. Op. cit., p. 136).

[638] CÂMARA, Alexandre Freitas. *Ação rescisória*. Op. cit., p. 142.

21.9.2. Recurso especial e recurso extraordinário

Na hipótese de ter sido a ação rescisória processada e julgada por tribunal local, como Tribunal de Justiça dos Estados ou Tribunal Regional Federal, pode ser cabível o Recurso Especial (art. 105, inc. III, da Constituição da República) ou Recurso Extraordinário[639] (art. 102, inc. III, da Constituição da República).[640]

Em qualquer dessas hipóteses recursais, o recorrente deve-se ater ao disposto no art. 1.029 do CPC 2015, que trata do processamento do Recurso Especial e do Recurso Extraordinário, assim como atender a todos os requisitos de admissibilidade, como prequestionamento, tempestividade, preparo e esgotamento dos recursos ordinários.

Nesse sentido, relevante fazer a distinção do Recurso Especial e do Recurso Extraordinário nas hipóteses de decisões decorrentes do *iudicium rescindense* do *iudicium rescissorium*.

Quando esses recursos excepcionais forem interpostos contra acórdão (ou parte dele) relativo ao juízo rescindente, a matéria objeto da impugnação deve-se cingir-se no vício do próprio acórdão que julgou a ação rescisória.[641] Já quando o recurso (especial ou extraordinário) for interposto em face de acórdão relativa ao juízo rescisório, a matéria objeto da impugnação é o próprio rejulgamento da lide, de maneira que pode ser livremente discutida a questão de mérito posta na decisão rescindenda.[642]

21.9.3. Agravo interno

Em face de decisão monocrática proferida pelo relator, na ação rescisória, o recurso cabível será o agravo interno, conforme previsão do art. 1.021 do CPC 2015.[643]

Com efeito, no âmbito da ação rescisória é possível cogitar-se das mais variadas decisões monocráticas, como por exemplo:

i) concessão ou não de liminar (em tutela provisória) para fins de efeito suspensivo, consoante previsão do art. 969 do CPC 2015;

ii) reconhecimento *exofficio* de incompetência absoluta do tribunal, na forma do art. 968, § 5º, do CPC 2015;

iii) improcedência liminar da petição inicial, na forma do art. 332 do CPC 2015.

---

[639] "Já o recurso extraordinário será cabível de decisões proferidas em ação rescisória por quaisquer tribunais, inclusive o STJ." (CÂMARA, Alexandre Freitas. *Ação rescisória*. Op. cit., p. 148).

[640] "O acórdão que julga ação rescisória pode ser impugnado por embargos de declaração, recurso especial e recurso extraordinário" (NERY JUNIOR, Nelson. *Comentários ao Código de Processo Civil*. Op. cit., p. 1.956). Em mesmo sentido, sinala-se: "Do julgamento da ação rescisória caberá, conforme o acaso, embargos de declaração (art. 1.022 , CPC), recurso especial (art. 105, III, CF) e/ou recurso extraordinário (art. 102, III, CF)." (MARINONI, Luiz Guilherme. *Novo código de processo civil comentado*. Op. cit., p. 912).

[641] NERY JUNIOR, Nelson. *Comentários ao Código de Processo Civil*. Op. cit., p. 1.957.

[642] Idem, ibidem.

[643] Art. 1.021. Contra decisão proferida pelo relator caberá agravo interno para o respectivo órgão colegiado, observadas, quanto ao processamento, as regras do regimento interno do tribunal.

Essas e eventuais outras decisões monocráticas poderão ser objeto de agravo interno, na forma da legislação processual em vigor.

21.9.4. Impossibilidade de remessa necessária

Há quem pudesse questionar da possibilidade de remessa necessária (art. 496 do CPC 2015), quando eventual decisão na ação rescisória fosse proferida contra a União, Estados, Distrito Federal, Municípios e suas respectivas autarquias e fundações de direito público.

Tal possibilidade, todavia, não se afigura plausível. O instituto da remessa necessária aplica-se somente à decisão de mérito do juízo singular. Como a decisão da ação rescisória é proferida no tribunal, necessariamente por juízo colegiado, não se mostra necessário o eventual reexame por tribunal superior.[644]

21.10. Decadência do direito à ação rescisória

Tema da maior relevância no estudo da ação rescisória diz respeito ao prazo legal para a propositura desta medida. Estabelece o art. 975 do CPC 2015 que esse prazo será de 2 (dois) anos, contados do trânsito em julgado da última decisão proferida no processo.

⇒ **Para melhor compreensão, segue o inteiro teor do dispositivo legal**:

Art. 975. O direito à rescisão se extingue em 2 (dois) anos contados do trânsito em julgado da última decisão proferida no processo.

Como se trata de direito potestativo da parte, esse prazo de dois anos tem incontroversa natureza decadencial. Assim, em regra o direito à rescisão da sentença, por ser decadencial, não se suspende e nem se interrompe (art. 207 do Código Civil). Nada obstante, o art. 975, § 1º, do CPC prevê a possibilidade de prorrogação desse prazo decadencial.

Outra observação bastante relevante é a de que ultrapassado o prazo decadencial previsto no *caput* do art. 975 do CPC 2015, estar-se-á diante da coisa soberanamente julgada, ou seja, a perpétua inimpugnabilidade e intangibilidade da sentença de mérito transitada em julgado.

Quanto ao termo inicial para o ajuizamento da ação rescisória, a despeito do conteúdo da Súmula 401 do Superior Tribunal de Justiça,[645] o CPC 2015 estabeleceu que o prazo é contado a partir do trânsito em julgado da última decisão proferida no processo.

Por fim, traz-se questão interessante para o debate acerca da ação rescisória, ou seja, a possibilidade de aplicar-se (ou não) o instituto da *prescrição intercorrente*. Com efeito, o fato de o prazo para ao ajuizamento ser de natureza decadencial poderia trazer dúvidas quanto à possibilidade de incidência de eventual prescri-

---

[644] NERY JUNIOR, Nelson. *Comentários ao Código de Processo Civil.* Op. cit., p. 1.958.
[645] Súmula 401 do STJ. "O prazo decadencial da ação rescisória só se inicia quando não for cabível qualquer recurso do último pronunciamento judicial".

ção intercorrente. Quanto ao tema, a Súmula 264 do Supremo Tribunal Federal (publicada em 13 de dezembro de 1963), estabelece que: "Verifica-se a prescrição intercorrente pela paralisação da ação rescisória por mais de cinco anos".

Nesse sentido, vale lembrar que a Súmula 264 do STF foi publicada quanto ainda vigia o fundamento do art. 178, § 10, inc. VIII, do Código Civil de 1916.[646] Veja-se que quando da publicação da referida súmula, efetivamente, compreendia-se que o prazo tinha natureza prescricional. Entendeu, posteriormente, a jurisprudência do próprio Supremo Tribunal Federal identificou que "a circunstância de o atual Código de Processo Civil ter especificado melhor que a legislação anterior qual seja a natureza jurídica do prazo para propor a ação rescisória, no sentido de que não é de prescrição, mas de decadência, não tornou superada a Súmula 264".[647]

Dessa forma, tomando-se o cuidado de não confundir conceitos e institutos (especialmente quanto aos prazos de natureza decadencial e prescricional e sempre tendo-se presente que o prazo para ao ajuizamento da ação rescisória tem natureza decadencial), é cabível a ocorrência da chamada prescrição intercorrente, sempre que a ação rescisória restar injustificadamente paralisada por mais de dois anos.

21.11. Dos institutos e regras processuais esparsas que têm relação com a ação rescisória

O estudo da ação rescisória é um dos mais instigantes, influentes e importantes temas do ramo do processo civil. No caso em tela, o escopo maior foi aportar elementos que permitissem ao leitor uma melhor compreensão sobre a temática, de modo a incentivar outras e mais aprofundadas reflexões.

Nesse sentido e também justificando a relevância do estudo da ação rescisória no âmbito do processo civil brasileiro, segue abaixo pequeno quadro demonstrativo de outros institutos e regras processuais diretamente ligados com as decisões proferidas no âmbito da ação rescisória:

Instituto ou regra processual	Como a ação rescisória é prevista
Documentos que fazem a mesma prova que os originais	Art. 425, § 1º, do CPC 2015: Os originais dos documentos digitalizados mencionados no inciso VI deverão ser preservados pelo seu detentor até o final do prazo para propositura de ação rescisória.
Protesto de decisão judicial	Art. 517, § 3º, do CPC 2015: O executado que tiver proposto ação rescisória para impugnar a decisão exequenda pode requerer, a suas expensas e sob sua responsabilidade, a anotação da propositura da ação à margem do título protestado.

---

[646] Lembrando que o CPC 1939 não estabelecia prazo para a ação rescisória e que esse prazo era expressamente previsto no CC 1916: Art. 178. Prescreve: § 10. Em 5 (cinco) anos: VIII – O direito de propor ação rescisória de sentença de última instância.

[647](RE 103363, Relator(a): Min. SOARES MUNOZ, Primeira Turma, julgado em 18/09/1984, DJ 30-08-1985 PP-14348 EMENT VOL-01389-02 PP-00393 RTJ VOL-00115-01 PP-00315)

Impugnação ao Cumprimento de Sentença (coisa julgada inconstitucional)	Art. 525, § 15º: Se a decisão referida no § 12 for proferida após o trânsito em julgado da decisão exequenda, caberá ação rescisória, cujo prazo será contado do trânsito em julgado da decisão proferida pelo Supremo Tribunal Federal
Impugnação ao Cumprimento de Sentença contra a Fazenda Pública (coisa julgada inconstitucional)	Art. 535, § 8º: Se a decisão referida no § 5º for proferida após o trânsito em julgado da decisão exequenda, caberá ação rescisória, cujo prazo será contado do trânsito em julgado da decisão proferida pelo Supremo Tribunal Federal.
Ação Monitória – hipótese em que o juiz determina a expedição de mandado de pagamento, de entrega de coisa ou para execução de obrigação de fazer	Art. 701, § 3º: É cabível ação rescisória da decisão prevista no *caput* quando ocorrer a hipótese do § 2º.
Da possibilidade de sustentação oral de 15 minutos	Art. 937, inciso VI: na ação rescisória, no mandado de segurança e na reclamação;
Da decisão não unânime no colegiado do Tribunal	Art. 942, § 3º A técnica de julgamento prevista neste artigo aplica-se, igualmente, ao julgamento não unânime proferido em: I – ação rescisória, quando o resultado for a rescisão da sentença, devendo, nesse caso, seu prosseguimento ocorrer em órgão de maior composição previsto no regimento interno;

Capítulo 22 – Ação (declaratória) de nulidade ou ineficácia da sentença e a *querela nullitatis insanabilis*

22.1. Breve apresentação

Tema da mais elevada importância e fascínio no direito processual civil brasileiro, a *ação de nulidade da sentença* (ora tratada pela doutrina simplesmente como *querela nullitatisinsanabilis*, ora entendida como *action ullitatis*e por vezes compreendida como ação declaratória de ineficácia da sentença), ainda desperta curiosidade e divergências em torno do seu significado e alcance. Com efeito, muito se discute sobre a sua aplicabilidade e cabimento, especialmente nos casos em que não mais é possível manejar-se a ação rescisória em face de uma sentença nula (plano da validade) ou inexistente (plano da existência).[648]

Trata-se, pois, de medida cuja origem remonta o direito intermediário italiano[649] e cuja finalidade era o desfazimento de sentenças acometidas de *errores in procedendo*. No curso da história, entretanto, o instituto acabou por ser absorvido pelo recurso de apelação e pela própria ação rescisória.[650]

De salientar que a discussão acerca dos contornos da *querela nullitatis*[651] tem como pano de fundo duas realidades básicas: (i) a *primeira*, a de que, sabida e incontroversamente, decorrido o prazo de dois anos para a propositura da ação rescisória, a sentença deixa de ser rescindível e passa a ser simplesmente

---

[648] Compreensão a que se deve a Pontes de Miranda e sua clássica orientação dos planos da existência, validade e eficácia (MIRANDA, Pontes. *Tratado das ações: ações constitutivas*: tomo IV. 1. ed. atual. Nelson Nery Junior, Georges Abbout. São Paulo: Revista dos Tribunais, 2016, p. 85/86).

[649] MARINONI, Luiz Guilherme. *Novo curso de processo civil*: tutela dos direitos mediante procedimento comum. Vol. II. Luiz Guilherme Marinoni, Sérgio Crus Arenhart, Daniel Mitidiero. São Paulo: Revista dos Tribunais, 2015, p. 600.

[650] MARINONI, Luiz Guilherme. *Novo curso de processo civil*: tutela dos direitos mediante procedimento comum. Op. cit., p. 600.

[651] Medida processual que tem por pressuposto a inexistência do processo – ou do ato sentencial – de modo que, se o ato não existe, também não pode existir a qualidade de imutabilidade que poderia incidir sobre ele. (Idem, p. 601)

existente e válida;⁶⁵² (ii) e a *segunda*, a que indica que *o nulo é irratificável, como o é o inexistente*,⁶⁵³ ou seja, por esta compreensão, não se vislumbra a possibilidade de subsistência de uma sentença nula (que contenha uma nulidade absoluta) ou inexistente.

Em outras palavras, ultrapassado o prazo legal da ação rescisória,⁶⁵⁴ não há mais como alegar-se vícios na sentença. Nesse contexto, essencial encontrar resposta para a seguinte questão: como combater a sentença (decisão) judicial eivada de nulidade ou inexistente (como no caso de réu revel não citado ou cuja citação ocorreu de maneira defeituosa), já transitada em julgada, mas não mais sujeita à ação rescisória?

A resposta a esse questionamento evidentemente não é fácil, mas pode estar contida nessa ação declaratória de ineficácia ou inexistência de ato sentencial, a chamada *querela nullitatis*. Isso porque, essa demanda trata de hipótese de *inexistência processual*, tendo seu cabimento limitado às situações em que não se verifica algum dos pressupostos processuais de existência (*a exemplo da jurisdição, da dualidade de partes ou de uma demanda judicial*⁶⁵⁵). Com efeito, tem-se admitido como hipóteses mais comuns para o cabimento da *querela nullitatis*, a ausência ou nulidade da citação de réu revel ou a ausência de citação de litisconsorte necessário, e isso não por que a citação seja um pressuposto processual de existência, mas porque sem a citação, a coisa julgada não é oponível contra a parte.⁶⁵⁶

Nesse sentido, a chamada *querela nullitatis insanabilis* será objeto de estudo e exposição, o qual, evidentemente, não irá exaurir o tema e tampouco dar contornos definitivos, mas apenas trazer reflexões ao leitor a fim de que seja possível avançar-se no estudo da impugnação das decisões judiciais.

22.2. Sobrevivência da *querela nullitatis*⁶⁵⁷ no direito brasileiro

Muito embora inexista previsão legal expressa, a *querela nullitatis insanabilis* ainda sobrevive no direito processual civil brasileiro, sobretudo, como modo de impugnação e oposição a sentenças nulas e sentenças inexistentes. Com efeito, ainda que não tenha os mesmos contornos da querela de nulidade outrora existente no direito antigo, essa medida vige no direito vigente como modo de impugnação a decisões judiciais contaminadas por algum vício não convalidável.

Trata-se de instituto que, nas palavras de Ovídio A. Baptista da Silva, era utilizado no direito romano como "meio autônomo de impugnação contra

---

⁶⁵² LUCCA, Rodrigo Ramina de. *Querela Nullitatis* e o réu revel não citado no processo civil brasileiro. *Revista de Processo*. São Paulo, Volume 202, Ano 36, Dezembro de 2011, p. 126.

⁶⁵³ MIRANDA, Pontes de. *Tratado das ações: ações constitutivas*. Op. cit., p. 148.

⁶⁵⁴ Biênio legal conforme se depreende do art. 975 do CPC 2015.

⁶⁵⁵ MARINONI, Luiz Guilherme. *Novo curso de processo civil*. Op. cit., p. 601.

⁶⁵⁶ Idem, ibidem.

⁶⁵⁷ Título inspirado em importante ensaio de Ovídio A. Baptista da Silva: "SILVA. Ovídio. A. Baptista da. Sobrevivência da querela nullitatis. In: *Da sentença liminar à nulidade da sentença*. Rio de Janeiro: Forense, 2002".

sentença nula, de modo que a apelação ficasse reservada para o controle, por autoridade superior, da injustiça da sentença (*errones in iudicando*), atribuindo-se à *querela nullitatis* a função de reparar os vícios formais que pudessem tornar nula a sentença".[658]

Com efeito, prossegue Ovídio Baptista A. da Silva, sustentando que não se pode negar a sobrevivência da *querela nullitatis* no direito brasileiro, "pois a virtude sanatória dos recursos não poderia, por exemplo, tornar uma sentença contendo dispositivo impossível ou incerto, isenta de uma tal nulidade".[659] E essa nova ação (declaratória de inexistência ou nulidade – *querela nullitatis*), por óbvio, não se sujeitaria a nenhum prazo preclusivo, e ainda que a parte não tenha apresentado o tema em recurso, "a omissão não impedirá o exercício da ação de nulidade, em qualquer tempo".[660]

Com efeito, ainda que hodiernamente se observe um cenário de relativa pacificação quanto à persistência/sobrevivência do instituto da *querela nullitatis* no direito processual em vigor, tal é resultado de muitos anos de discussões e divergências sobre o tema.A compreensão de que a *querela nullitatis* é sim compatível com o sistema processual brasileiro passou por muitas provações. Toma-se como exemplo destes acalorados debates do passado, as quase apagadas páginas do acórdão do Recurso Extraordinário n° 62.128, julgado em 15 de maio de 1967. Nesse emblemático julgamento, o Ministro Oswaldo Trigueiro foi enfático ao explicitar que o art. 1.010 do CPC 1939 "não tem o condão de fazer reviver a querela nullitatis".[661] A ementa do acórdão, aliás, é ainda maisexpressa ao indicar que:

> Ação Rescisória e querela de nulidade. No vigente direito processual civil brasileiro, a ação rescisória é o único meio admissível para invalidar sentença com trânsito em julgado. Recurso extraordinário conhecido e provido.

Do corpo deste acórdão se extrai, outrossim, que a decisão recorrida (a que deu origem ao Recurso Extraordinário[662]) havia reconhecido a procedência da ação autônoma de nulidade da sentença, após o trânsito em julgado, fazendo referência expressa à admissibilidade da *querela nullitatis*. Ou seja, verifica-se que naquele momento havia forte resistência do Supremo Tribunal Federal quanto ao tema.

Com efeito, tais divergências jurisprudenciais persistiram até o início dos anos 1980, quando então sobreveio decisão histórica, também do Supremo Tribunal Federal, proferida pelo Ministro José Carlos Moreira Alves. Trata-se do acórdão do Recurso Extraordinário n° 97.589, julgado em 17.11.1982, em que

---

[658] SILVA. Ovídio. A. Baptista da. Sobrevivência da querela nullitatis. In: *Da sentença liminar à nulidade da sentença*. Op. cit., p. 83.

[659] Idem, p. 85.

[660] Idem, p. 118.

[661] "A meu ver, essa peculiaridade da execução, não tem o condão de fazer reviver a querela nullitatis como ação autônoma, em concorrência com a ação rescisória" (RE 62.128/SP – Julgado em 15.05.1967 – Disponível em www.stf.jus.br)

[662] Essencial anotar que naquela época (1967), o Supremo Tribunal Federal possuía outras competências constitucionais e que o Superior Tribunal de Justiça (criado com a Constituição de 1988) ainda não existia.

se sustentou a sobrevivência da *querela nullitatis* ao se interpretar o disposto no art. 741, inciso I, do CPC 1973, então em vigor.

Nesta decisão, o Ministro José Carlos Moreira Alves sustentou que sentença proferida em processo no qual o réu revel não foi citado, ou o foi invalidamente, a sentença é viciada por *nulidade absoluta,* que pode ser declarada mediante ação de embargos à execução ou ação autônoma de nulidade, ambas, independentes da ação rescisória. O referido acórdão restou assim ementado:

> Ação declaratória de nulidade de sentença por ser nula a citação do réu revel na ação em que ela foi proferida. 1. Para a hipótese prevista no artigo 71, I, do atual CPC – que é a falta de nulidade ou nulidade da citação, havendo revelia – persiste no direito brasileiro – a "querela nullitatis", o que implica em dizer que a nulidade da sentença, nesse caso, pode ser declarada em ação declaratória de nulidade, independentemente do prazo para a propositura da ação rescisória que, em rigor, não lhe é cabível para essa hipótese. 2. Recurso extraordinário conhecido, negando-se-lhe, porém, provimento.

Essa decisão encerra verdadeiro marco no direito processual civil brasileiro, sobretudo, porque desde então a jurisprudência nacional se consolidou no sentido de permitir a propositura da *querela nullitatis* como meio autônomo de impugnação de sentença transitada em julgado.[663]

Quanto à extensão dos efeitos da *querela nullitatis,* convém recordar que o CPC 1973, antes da reforma trazida pela Lei nº 11.232/2005, determinava que na execução fundada em título judicial, a oposição do executado podia se realizar por meio de embargos à execução.[664] Pois, exatamente um dos fundamentos para a interposição destes embargos era a ausência ou nulidade da citação, no caso de réu revel. Possibilitava-se, então, a *cassação de sentença transitada em julgado, independentemente da propositura da ação rescisória e até mesmo depois do decurso do prazo bienal.*[665]

Assim, por serem os embargos exclusivos daqueles casos em que a sentença era condenatória, não se podia deixar de considerar que era preciso reconhecer a existência de remédio semelhante em favor do réu revel (sem ter sido validamente citado) nos casos em que a sentença fosse meramente declaratória ou constitutiva.[666]

22.3. Cabimento da *querela nullitatis*

O estudo da *querela nullitatis* é essencial, não apenas como meio de impugnação de decisões judiciais eivadas de nulidades, mas também para a compreensão histórica das origens da própria ação rescisória. Nesse sentido, Pontes

---

[663] LUCCA, Rodrigo Ramina de. *Querela Nullitatis* e o réu revel não citado no processo civil brasileiro. Op. cit., p. 115.
[664] Sabidamente, com a reforma estabelecida pela Lei nº 11.232/2005, o título executivo judicial passou a ser exigível através de um processo sincrético, através da fase de cumprimento de sentença (art. 475-J do CPC 1973) e a oposição do executado, por meio de impugnação à fase de cumprimento de sentença (art. 475-L do CPC 1973), medidas processuais que passam a integrar, respectivamente, os artigos 523 e 525 do CPC 2015.
[665] CÂMARA, Alexandre Freitas. *Ação rescisória. 3 ed.* São Paulo: Atlas, 2014, p. 187.
[666] Idem, ibidem.

de Miranda já associava o surgimento da ação rescisória à antiga *querela nullitatis*.[667] Em igual sentido, Alexandre Freitas Câmara refere que a ação rescisória não só tem origem na *querela nullitatis*, como este instituto ainda sobrevive no direito moderno,[668] tendo espaço para ser empregado e discutido.

Tratando-se, especificamente, do seu cabimento, resta essencial trazer-se a lição do art. 239 do CPC 2015,[669] segundo o qual "para a validade do processo é indispensável a citação do réu ou do executado, ressalvadas as hipóteses de indeferimento da petição inicial ou de improcedência liminar do pedido". Em outras palavras, o desenvolvimento válido do processo depende, entre outros aspectos, da citação formal e regularmente realizada.

Nesses termos, não há como se conceber que uma decisão judicial seja proferida em processo no qual réu (que restou considerado revel[670]), em verdade, não foi citado ou restou irregularmente citado. Com efeito, é inegável a importância da citação no processo, seja pela necessária e imprescindível participação do réu na formação da relação jurídica processual, seja pela necessária construção dialética da decisão judicial que, inegavelmente, depende do autor, do réu e do juiz (*actum trium personarum*).

Assim, o processo em que não ocorreu a citação ou em que a citação foi defeituosa é, salvo a inexistência de prejuízo às partes, um processo nulo.[671] Efetivamente, o réu não citado não é parte no processo e, por essa razão, não pode suportar os efeitos de eventual sentença, passado em julgado ou não. Nesse sentido, o réu revel não citado ou invalidamente citado tem legitimidade para propor ação declaratória de ineficácia da sentença ou ação declaratória de nulidade (inexistência) da sentença, mesmo depois de transcorrido o prazo de dois anos para o ajuizamento da ação rescisória.

Conforme se infere da jurisprudência dominante do Superior Tribunal de Justiça,[672] o fundamental é compreender que a *querela nullitatis*, quando cabível, se situa no plano da existência, não se confundindo com as questões afeitas ao plano da validade. Assim, havendo nulidade, seja ela relativa ou absoluta, a sentença existe, e se não reformada, a pedido ou de ofício em qualquer grau de jurisdição, transita em julgado e produz efeitos válidos, somente podendo ser desconstituída no caso de nulidade absoluta, por meio de revisão criminal ou de ação rescisória sujeita a prazo decadencial bienal.

---

[667] MIRANDA, Francisco Cavalcanti Pontes de. *Tratado da ação rescisória das sentenças e de outras decisões*. 3. ed. corrigida, posta em dia e aumentada. Rio de Janeiro: Borsoi, 1957, p. 43.

[668] CÂMARA, Alexandre Freitas. *Ação rescisória*. Op. cit., p. 186.

[669] A citação sempre foi ato processual caro e muito relevante ao processo civil brasileiro, tanto que o CPC 1939, assim previu a matéria: *Art. 165. Será necessária a citação, sob pena de nulidade, no começo da causa ou da execução*. No mesmo sentido, o CPC 1973, assim estabelecia: Art. 214. Para a validade do processo é indispensável a citação inicial do réu.

[670] Nessa hipótese, reconhecida a procedência da *querela nullitatis*, a sentença deve ser cassada e a revelia levantada, possibilitando o contraditório e a ampla defesa.

[671] LUCCA, Rodrigo Ramina de, *Querela Nullitatis* e o réu revel não citado no processo civil brasileiro. Op. cit., p. 135.

[672] Agravo Regimental na Petição nº 10.975/RJ, julgado em 03.11.2015.

Por outro lado, havendo vício insanável, a sentença proferida é inexistente e, por esta razão, sequer transita em julgado, podendo, por isso mesmo, ser reconhecido o vício a qualquer tempo, seja por simples petição, seja por meio de ação declaratória (*querela nullitatis insanabilis*). Tratam-se estes de vícios que não convalidam e também não se sujeitam ao regime da prescrição. Exemplo notório de vício insanável reiteradamente invocado na doutrina e na jurisprudência passível de declaração de nulidade é a ausência de citação válida que conduz à própria inexistência da relação jurídica processual, conforme se infere da redação do art. 525, inc. I, do CPC 2015 e da redação do art. 535, inc. I, do CPC 2015.

Verifica-se, outrossim, que a doutrina e a jurisprudência vêm ampliando o espectro do cabimento dessa ação declaratória de nulidade (ora entendida como de *ineficácia* e também chamada de ação declaratória de *inexistência*),[673] passando a admiti-la também nas hipóteses de (i) ausência das condições da ação; (ii) de sentença proferida em desconformidade com coisa julgada anterior.[674]

Ainda quanto ao cabimento, importante trazer-se o entendimento de Alexandre Freitas Câmara para quem o direito brasileiro vigente deveria admitir a *querela nullitatis* também em relação às decisões proferidas no âmbito dos Juizados Especiais Cíveis,[675] em que a ação rescisória é expressamente vedada, conforme art. 56 da Lei nº 9.099/1995.[676]

22.4. Competência, forma, prazo para interposição e efeitos da decisão

Acerca da competência jurisdicional para o processamento da *querela nullitatis*, dúvidas não persistem. Diferentemente do que ocorre com a *ação rescisória*, em que o juízo competente para processar e julgar deve ser hierarquicamente superior ao juízo que proferiu a sentença ou acórdão rescindindo, a *querela nullitatis* deve ser processada e julgada no juízo que supostamente proferiu a decisão viciada.[677]

A *querela nullitatis*, portanto, não está afeta à competência originária dos tribunais e tampouco pode ser equiparada a algum tipo de medida recursal, sobretudo, porque o *juízo competente para o seu exame é o juízo de primeiro grau*.[678]

Outrossim, como o objetivo dessa demanda não é a rescisão da coisa julgada, mas sim o reconhecimento da inexistência de processo, da sentença ou da própria coisa julgada, não há propriamente um prazo para o seu ajuiza-

---

[673] Ainda com relação ao cabimento, importante trazer à colação o conteúdo do Informativo 576 do STJ, segundo o qual: "Não é possível utilizar ação declaratória de nulidade (querela nullitatis) contra título executivo judicial fundado em lei declarada não recepcionada pelo STF em decisão proferida em controle incidental que transitou em julgado após a constituição definitiva do referido título. REsp 1.237".
[674] Recurso Especial 1.496.208/RS, julgado em 13.04.2015.
[675] CÂMARA, Alexandre Freitas. *Ação rescisória*. Op. cit., p. 188.
[676] Art. 59. Não se admitirá ação rescisória nas causas sujeitas ao procedimento instituído por esta Lei.
[677] Conflito Negativo de Competência nº 114.593/SP, julgado em 22.06.2011.
[678] MARINONI, Luiz Guilherme. *Novo curso de processo civil*. Op. cit., p. 600.

mento, conforme se observa, por exemplo, do acórdão de julgamento da Ação Rescisória 569/PE, julgado em 18.02.2011 (Rel. Min. Cambpell Marques).

Quanto à forma, a *querela nullitatis* segue o procedimento comum, ou seja, tal como ocorre com a ação rescisória, a sua mera interposição não tem o efeito de evitar a prática de atos fundados na coisa julgada[679] que se pretende declarar inexistente. Em outras palavras, inexiste previsão quanto à concessão de efeito suspensivo, a impedir eventual execução do julgado, eficácia que se poderia cogitar na hipótese de concessão de antecipação de tutela.

Por fim, relevante salientar que, julgada procedente a *querela nullitatis*, afastam-se definitivamente os efeitos da coisa julgada cuja sentença se postulou a declaração de inexistência.

---

[679] MARINONI, Luiz Guilherme. *Novo curso de processo civil*. Op. cit., p. 601.

Capítulo 23 – Reclamação

23.1. Conceito e considerações gerais

A medida judicial denominada *reclamação* – chamada de "garantia das garantias"[680] – ganha no CPC 2015 novo e revigorante tratamento legal, para além das previsões contidas nos artigos 13 a 18 da Lei nº 8.038 de 1990[681] que a disciplinavam perante o Supremo Tribunal Federal e Superior Tribunal de Justiça.

Com efeito e em linhas gerais, a reclamação – expressamente prevista no art. 988 do CPC 2015 – é uma ação processual que visa a preservar a competência de tribunal, garantir a autoridade das decisões de tribunal e garantir a eficácia dos precedentes das Cortes Superiores e das jurisprudências vinculantes das Cortes de Justiça.[682]

No direito brasileiro, a reclamação tem sua origem em 1957, através do Regimento Interno do STF (Emenda 40), corroborando entendimento já jurisprudencialmente consolidado, com base na teoria dos portes implícitos (*implied powers*),[683] até ser definitivamente consagrada na Constituição da República nos artigos 102, inciso I, alínea "l" e art. 105, inciso I, alínea "f", e, mais recentemente, expressamente incluída no CPC 2015, através dos artigos 988 a 993.

Atualmente, conforme acima indicado, a reclamação tem assento constitucional, estabelecendo competência – assim como de outros tribunais – do Supremo Tribunal Federal e do Superior Tribunal de Justiça para processar e julgar, originariamente, as reclamações para a preservação de sua competência e garantia da autoridade de suas decisões.[684]

23.2. Natureza jurídica

Nada obstante eventual discussão no passado, modernamente é majoritário o entendimento de que a reclamação é *verdadeira* ação voltada a preservar a

---

[680] DANTAS, Marcelo Navarro Ribeiro. *Reclamação constitucional*. Porto Alegre: Fabris, 2000, p. 501.

[681] Expressamente revogados, conforme se infere da redação do art. 1.072, inc. IV, do CPC 2015: "Revogam-se: IV – os arts. 13 a 18, 26 a 29 e 38 da Lei nº 8.038, de 28 de maio de 1990;".

[682] MARINONI, Luiz Guilherme. *Novo código de processo civil comentado*. Luiz Guilherme Marinoni, Sérgio Cruz Arenhardt, Daniel Mitidiero. São Paulo: Revista dos Tribunais, 2015, p. 920.

[683] SÁ, Renato Montans de. *Manual de direito processual civil*. 2. ed. São Paulo: Saraiva, 2016, p. 1.166.

[684] STRECK, Lenio Luiz. Art. 988. In: ——; NUNES, Dierle; CUNHA, Leonardo (orgs). *Comentários ao Código de Processo Civil*. São Paulo: Saraiva, 2016, p. 1.294.

competência e a autoridade das decisões dos tribunais.⁶⁸⁵ Nesse sentido, aliás, conveniente trazer a lição de Lenio Luiz Streck, para quem "já não há dúvida, hoje, que a reclamação é uma medida jurisdicional, pondo fim à antiga discussão de que a reclamação constituiria mera medida administrativa".⁶⁸⁶

A compreensão de que a reclamação possui natureza jurídico-processual de ação própria, nada obstante, ainda pode encontrar alguma resistência jurisprudencial, especialmente no Supremo Tribunal Federal, para quem a reclamação é entendida como mero exercício do direito de petição (art. 5º, inc, XXXIV, alínea "a", da Constituição da República). Nesse sentido, exemplo paradigmático é o contido na conclusão do acórdão da Ação Direta de Inconstitucionalidade nº 2.212-1, julgada em 02.03.2010, da qual se extrai o seguinte trecho: "A natureza jurídica da reclamação não é a de um recurso, de uma ação e nem de um incidente processual. Situa-se ela no âmbito do direito constitucional de petição previsto no artigo 5º, inciso XXXIV, da Constituição Federal".

Nada obstante o debate e esse entendimento, a doutrina majoritariamente se inclina a indicar que a natureza jurídica da reclamação é de ação própria, conforme se extrai (e.g) dos ensinamentos de José Miguel Garcia Medina, para quem "a reclamação é ação de competência dos tribunais",⁶⁸⁷ e da lição de Luiz Guilherme Marinoni, Sérgio Cruz Arenhart e Daniel Mitidiero: "a reclamação é uma ação que visa a preservar a competência do tribunal, garantir a autoridade das decisões de tribunal e garantir a eficácia dos precedentes das Cortes Supremas".⁶⁸⁸

Trata-se, pois, de ação processual cujo exercício faz surgir nova relação jurídica processual perante o Tribunal competente para julgá-la.⁶⁸⁹

23.3. Hipóteses de cabimento

Comparando-se à redação dos artigos 13 a 18 da Lei 8.038/1990, o CPC 2015 ampliou significativamente as hipóteses de cabimento da reclamação.

Na forma do art. 988 do CPC 2015, é cabível a reclamação nos seguintes casos: I – preservar a competência do tribunal; II – garantir a autoridade das

---

⁶⁸⁵ BUENO, Cassio Scarpinella. *Manual de processo civil: inteiramente estruturado à luz do novo CPC, de acordo com a lei n. 13.256, de 4-2-2016*. 2. ed., atual. e ampl. São Paulo: Saraiva, 2016, p. 654.

⁶⁸⁶ STRECK, Lenio Luiz. Art. 988. In: ——; NUNES, Dierle; CUNHA, Leonardo (orgs). *Comentários ao Código de Processo Civil*. Op. cit., p. 1.294.

⁶⁸⁷ MEDINA, José Miguel Garcia. *Novo Código de Processo Civil comentado*: com remissões e notas comparativas ao CPC/1973. 4. ed. rev., atual. e ampl. São Paulo: Revista dos Tribunais, 2016, p. 1.425.

⁶⁸⁸ MARINONI, Luiz Guilherme. *Novo código de processo civil comentado*. Op. cit., p. 920.

⁶⁸⁹ "É insatisfatória e arcaica a explicação fundada no direito de petição. O exercício desse direito perante o órgão judicial traduz, na realidade, o direito à tutela jurídica do Estado, não se revelando aceitável volver ao entendimento de vencido de ação correspondente, formando o processo, corresponda ao direito de petição. Não se cuidando de recurso, e considerando o alvo do remédio (o provimento do órgão judiciário), a reclamação constitui nítida ação impugnativa autônoma, ao menos no caso de 'cassa decisão exorbitante' e principalmente, na predisposição de invalidar pronunciamentos proferidos em desacordo com a súmula vinculante, e nesses casos, é similar ao mandado de segurança, quando cabível contra decisões judiciais" (ASSIS, Araken, *Manual dos recursos*. 8. ed. rev. atual. e ampl. São Paulo: Revista dos Tribunais, 2016, p. 1.060).

decisões do tribunal; III – garantir a observância de enunciado de súmula vinculante e de decisão do Supremo Tribunal Federal em controle concentrado de constitucionalidade; IV – garantir a observância de acórdão proferido em julgamento de incidente de resolução de demandas repetitivas ou de incidente de assunção de competência.

Destarte, perceptível que cabe reclamação sempre que se vislumbrar a usurpação de competência de tribunal; violação de autoridade de decisão; ofensa à autoridade de precedentes de Cortes Supremas e de jurisprudência,[690] assim como no caso de aplicação indevida de tese jurídica e sua não aplicação aos casos que a ela correspondam (§ 4º do art. 988).

Quanto ao cabimento, outrossim, importante chamar a atenção para o conteúdo da Resolução nº 03/2016 do STJ. Tal regramento, com efeito, autoriza o cabimento da reclamação (mesmo sem previsão na Constituição da República) contra decisões das turmas recursais dos Juizados Especiais Cíveis. Para melhor compreensão, segue transcrição do art. 1º dessa Resolução:

> Art. 1º Caberá às Câmaras Reunidas ou à Seção Especializada dos Tribunais de Justiça a competência para processar e julgar as Reclamações destinadas a dirimir divergência entre acórdão prolatado por Turma Recursal Estadual e do Distrito Federal e a jurisprudência do Superior Tribunal de Justiça, consolidada em incidente de assunção de competência e de resolução de demandas repetitivas, em julgamento de recurso especial repetitivo e em enunciados das Súmulas do STJ, bem como para garantir a observância de precedentes.

Salienta-se, por seu turno, que, apesar de não ter prazo fixado em lei para seu ajuizamento, o STF sedimentou posicionamento de que não será cabível a reclamação contra decisão transitada em julgado. Tal proibição decorre da Súmula 734 do STF ("*Não cabe reclamação quando já houver transitado em julgado o ato judicial que se alega tenha desrespeitado decisão do Supremo Tribunal Federal*") e da redação do art. 998, § 5º, inc. I, do CPC 2015, segundo o qual: "É inadmissível a reclamação: (i) proposta após o trânsito em julgado da decisão reclamada". Por fim, ressalta-se que:

> i) se após o julgamento da reclamação sobrevir o trânsito em julgado da decisão reclamada, não haverá impedimento para a utilização da medida, pois a reclamação não foi usada como sucedâneo de ação rescisória;[691]
>
> ii) não se pode ingressar com reclamação para reformar, mudar ou anular decisão judicial transitada em julgado, o que implicaria em utilizar a reclamação, como sucedâneo recursal, o que não é admitido.[692]

23.4. Competência, legitimidade e petição inicial

A reclamação pode ser proposta em qualquer tribunal e seu julgamento compete ao órgão jurisdicional cuja competência se visa a preservar ou a au-

---

[690] MARINONI, Luiz Guilherme. *Novo código de processo civil comentado*. Op. cit., p. 920.
[691] SÁ, Renato Montans de. *Manual de direito processual civil*. Op. cit., p. 1.175.
[692] MARINONI, Luiz Guilherme. *Novo código de processo civil comentado*. Op. cit., 602.

toridade se pretenda garantir,[693] conforme se observa do disposto no art. 998, § 1º, do CPC 2015.

Em outro sentido, são legitimados para propor a reclamação: (i) a parte interessada;[694] (ii) o Ministério Público.

A reclamação – por meio de petição inicial – deve ser instruída com prova documental e deve ser dirigida ao presidente do tribunal competente (art. 998, § 2º, do CPC 2015). Assim que recebida, será autuada e distribuída ao relator da causa principal, sempre que possível (art. 998, § 3º, do CPC 2015).

De se salientar, de outra parte, que nada obsta a que a mesma decisão seja atacada concomitantemente por recurso e reclamação, uma vez que se trata de medidas impugnativas autônomas e independentes,[695] conforme se observa da redação do art. 998, § 6º, do CPC 2015: "A inadmissibilidade ou o julgamento do recurso interposto contra a decisão proferida pelo órgão reclamado não prejudica a reclamação".

23.5. Providências do relator

Ao despachar a reclamação, o relator: I – requisitará informações da autoridade a quem for imputada a prática do ato impugnado, que as prestará no prazo de 10 (dez) dias; II – se necessário, ordenará a suspensão do processo ou do ato impugnado para evitar dano irreparável; III – determinará a citação do beneficiário da decisão impugnada, que terá prazo de 15 (quinze) dias para apresentar a sua contestação, conforme estabelece o art. 989 do CPC 2015.

Derradeiramente: (i) qualquer interessado poderá impugnar o pedido do reclamante (art. 990 do CPC 2015); (ii) na reclamação que não houver formulado, o Ministério Público terá vista do processo por 5 (cinco) dias, após o decurso do prazo para informações e para o oferecimento da contestação pelo beneficiário do ato impugnado.

23.6. Efeitos da decisão que julga a reclamação

Julgando procedente a reclamação, o tribunal cassará a decisão exorbitante de seu julgado ou determinará medida adequada à solução da controvérsia (art. 992 do CPC 2015).

O presidente do tribunal determinará o imediato cumprimento da decisão, lavrando-se, posteriormente, o acórdão (art. 993 do CPC 2015).

---

[693] BUENO, Cassio Scarpinella. *Manual de processo civil*: inteiramente estruturado à luz do novo CPC. Op. cit., p. 657.

[694] "Não há espaço para duvidar que parte interessada é a parte que, em dado processo concreto, vê o proferimento de decisão em colidência às hipóteses que justificam a reclamação"(BUENO, Cassio Scarpinella. *Manual de processo civil*: inteiramente estruturado à luz do novo CPC. Op. cit., p. 654.)

[695] MARINONI, Luiz Guilherme. *Novo curso de processo civil: tutela dos direitos mediante procedimento comum*. Volume II. Luiz Guilherme Marinoni, Sérgio Crus Arenhart, Daniel Mitidiero. São Paulo: Revista dos Tribunais, 2015, p. 603.

Capítulo 24 – Mandado de segurança (em matéria recursal)

24.1. Consideração inicial

Não será objeto deste capítulo tratar especificamente da ação de mandado de segurança – prevista na Lei 12.016, de 7 de agosto de 2009 – em todos os seus aspectos legais e procedimentais.

Também não se preocupará em analisar as hipóteses recursais em caso de decisão que concede ou denega a segurança pleiteada, mas sim, observar a possibilidade deste instrumento (de natureza mandamental e constitucional) ser manejado em face de atos judiciais praticados – ilegalmente e/ou com abuso de poder – e tidos por violadores de direito líquido e certo, não amparado por *habeas data* e *habeas corpus* (art. 1º da Lei do Mandado de Segurança).

24.2. Breves notas conceituais e natureza jurídica

Sabidamente, o mandado de segurança é remédio jurídico-processual constitucional oponível em face de ato de qualquer autoridade pública[696] que cometa ilegalidade ou abuso de poder, tendo como objetivo proteger titular de direito líquido e certo não aparado por *habeas data* e *habeas corpus*.[697]

Com efeito, trata-se do meio constitucional posto à disposição de toda pessoa física ou jurídica, órgão com capacidade processual ou universalidade reconhecida por lei, para a proteção de direito individual ou coletivo (líquido e certo).[698] Trata-se, pois, de ação civil constitucional que pode ser preventiva ou repressiva quando direito líquido e certo tiver sofrido ameaça ou lesão.

---

[696] Equiparam-se às autoridades, para os efeitos desta Lei, os representantes ou órgãos de partidos políticos e os administradores de entidades autárquicas, bem como os dirigentes de pessoas jurídicas ou as pessoas naturais no exercício de atribuições do poder público, somente no que disser respeito a essas atribuições. (art. 1º, § 1º, da Lei 12.016/2009)

[697] Art. 5º, LXIX – conceder-se-á mandado de segurança para proteger direito líquido e certo, não amparado por *habeas corpus* ou *habeas data*, quando o responsável pela ilegalidade ou abuso de poder for autoridade pública ou agente de pessoa jurídica no exercício de atribuições do Poder Público;

[698] MEIRELLES, Hely Lopes. *Mandado de segurança*. 31. ed. São Paulo: Malheiros, 2008, p. 26.

Apresenta-se, pois, na lição de Humberto Theodoro Júnior, como verdadeira garantia fundamental, de modo que a prerrogativa de manejá-lo equipara-se aos mais importantes direitos do homem reconhecidos pelo Estado Democrático de Direito.[699]

O mandado de segurança exige o exercício de uma pretensão mandamental e de uma pretensão à condenação, se houve violação; ou de pretensão mandamental e exercício de pretensão à declaração, se se trata de ameaça.[700] Constitui-se, portanto, uma ação de natureza eminentemente *mandamental*.

E, efetivamente, não se trata de mero processo de conhecimento para a declaração de direitos individuais e nem se limita à condenação para preparar futura execução forçada em face do Poder Público.[701] É sim, procedimento especial, de natureza imediata e implícita força executivo-mandamental em facede atos (praticados por autoridade) violadores de direito líquido e certo.

Nesse terreno, convém resgatar os ensinamentos de Pontes de Miranda, para quem "a ação mandamental é aquela que tem por fito preponderante que alguma pessoa atenda, imediatamente, ao que o juiz *manda*".[702] Assim, acolhida a segurança impetrada, o juiz vai além da simples declaração e condenação, devendo expedir mandado para que a autoridade cumpra a ordem imediatamente.

Assim, o juiz pode-se valer de todos os instrumentos do Poder Público tendentes a submeter a autoridade coatora à ordem de segurança, inclusive aqueles preconizados no art. 139, inc. IV, do CPC 2015.

> Art. 139. O juiz dirigirá o processo conforme as disposições deste Código, incumbindo-lhe:
> IV – determinar todas as medidas indutivas, coercitivas, **mandamentais** ou sub-rogatórias necessárias para assegurar o cumprimento de ordem judicial, inclusive nas ações que tenham por objeto prestação pecuniária;

24.3. Inviabilidade do mandado de segurança contra decisão judicial recorrível

Em princípio, cabe anotar que o mandado de segurança não é cabível em face de decisão judicial recorrível, sobretudo porque o modo de impugná-lo já consta do próprio procedimento observado em juízo.[703] Com efeito, é pelo recurso que se sana o erro ou o abuso cometido pela autoridade judiciária no âmbito dos processos.

---

[699] THEODORO JÚNIOR. Humberto. *O mandado de segurança segundo a Lei 12.016, de 07 de agosto de 2008*. Rio de Janeiro: Forense. 2009, p. 02.
[700] MIRANDA, Pontes de. *Tratado das ações: ações constitutivas: tomo IV*. 1 ed. atual. Nelson Nery Junior, Georges Abbout. São Paulo: Revista dos Tribunais, 2016, p. 106.
[701] THEODORO JÚNIOR. Humberto. *O mandado de segurança segundo a Lei 12.016, de 07 de agosto de 2008*. Op. cit., 3.
[702] MIRANDA, Pontes de. *Tratado das ações: ações constitutivas*: tomo IV. Op. cit., p. 38.
[703] THEODORO JÚNIOR. Humberto. *O mandado de segurança segundo a Lei 12.016, de 07 de agosto de 2008*. Op. cit., 14.

A inviabilidade de se utilizar o mandado de segurança como modo de impugnação de decisões judiciais encontra-se expressamente prevista no art. 5º, inciso II, da Lei do Mandado de Segurança:

Art. 5º Não se concederá mandado de segurança quando se tratar:
I – de ato do qual caiba recurso administrativo com efeito suspensivo, independentemente de caução;
II – de decisão judicial da qual caiba recurso com efeito suspensivo;
III – de decisão judicial transitada em julgado.

Em igual sentido, o Supremo Tribunal Federal já se posicionou contrariamente ao cabimento de mandado de segurança em face de ato jurisdicional, conforme se infere pelo conteúdo da Súmula 267: "*Não cabe mandado de segurança contra ato judicial passível de recurso ou correição parcial*".

Resta, pois, como regra geral, a inadmissibilidade do mandado de segurança como substitutivo de recurso próprio, pois por ele não se reforma a decisão impugnada, mas apenas se obtém a sustação de seis efeitos lesivos ao direito líquido e certo do impetrante.[704] Dessa forma, excetuadas as hipóteses tratadas no ponto seguinte, não é possível manejar-se mandado de segurança para atacar ato judicial.

24.4. Cabimento do mandado de segurança em face de ato judicial

De modo geral, conforme acima observado, descabe cogitar-se da impetração de mandado de segurança em face de decisão judicial que possa ser impugnada por recurso com efeito suspensivo (art. 5º, inc. II, da Lei do Mandado de Segurança) e decisão judicial transitada em julgado (art. 5º, inc. III, da Lei do Mandado de Segurança). Aliás, em se tratando de decisão judicial com trânsito em julgado, a Súmula 268 do STF é de redação bastante clara: "*Não cabe mandado de segurança contra decisão transitada em julgado*".

Ocorre que, em sendo o magistrado uma autoridade pública,[705] caso profira decisão judicial violando direito líquido da parte ou em abuso de direito – da qual não caiba recurso ou o recurso não comporte efeito suspensivo – tal pronunciamento pode ser objeto da ação de mandado de segurança. Sobre o tema, J. J. Calmon de Passos, em estudo que recebeu o título de "*O mandado de segurança contra atos jurisdicionais*", refere que se o juiz pratica ilegalidade, pela prática dessa ilegalidade pode ser afrontado perante o próprio Judiciário, com "com o objetivo de liberar-se a parte dos efeitos decorrentes de seu auto desautorizado".[706] E a forma que a decisão do juiz pode ser confrontada em caso de um agir abusivo ou violador de direito líquido e certo é o mandado de segurança.

---

[704] MEIRELLES, Hely Lopes. *Mandado de segurança*. Op. cit., p. 45.
[705] Portanto, equiparada a autoridade, conforme redação do art. 1º, § 1º, da Lei 12. 016/2009.
[706] PASSOS, J. J. Calmon de. *O mandado de segurança contra atos jurisdicionais*. In. Mandado de segurança. Coordenação Aroldo Plínio Gonçalves. Belo Horizonte. Del Rey, 1996, p. 101.

Prossegue o professor baiano indicando que "se ao juiz se concede o poder de fazer o direito, esse poder não lhe é conferido discricionariamente",[707] ou seja, "há, por conseguinte, para o magistrado, não só o dever de agir, mas o de agir conforme o previsto em lei",[708] razão pela qual o abuso pode e deve ser coibido, e uma das ferramentas disponíveis para tal preservação do direito das partes é o mandado de segurança.

O juiz ou a autoridade pública que ofende direito líquido e certo está sujeito ao remédio jurídico processual do mandado de segurança. Nesse caso, o juiz – na ação de mandado de segurança contra ele proposta – é parte.[709]

Com efeito, ainda que a regra geral estabelecida seja a de não cabimento do mandado de segurança contra decisão, se o ato judicial não é suscetível de recurso ou se o recurso cabível não é dotado de efeito suspensivo capaz de evitar a consumação de eventual ato abusivo, não haveria como excluir a possibilidade o mandado de segurança.[710] Aliás, essa é a dicção legal do art. 5º, inc. II, da Lei do Mandado de Segurança (*II – de decisão judicial da qual caiba recurso com efeito suspensivo*).

Por esse dispositivo, legal fica evidente que o legislador não teve a intenção de deixar ao desamparo do remédio constitucional as ofensas a direito líquido e certo perpetradas, paradoxalmente, pelo juiz.[711] Nesse quadrante, justifica-se o mandado de segurança contra ato judicial nas hipóteses em que há lesão ou ameaça de lesão, amparadas pela ordem jurídica e não existam normas processuais adequadas para cessar ou impedir violação de direito líquido e certo.[712]

Nada obstante, convém anotar que, para a simples finalidade de atribuir-se efeito suspensivo ao agravo de instrumento ou à apelação (procedimento que era comumente empregado no âmbito da antiga Lei 1.533, de 1951), o mandado de segurança não pode ser considerado o remédio processual adequado.[713] É que o art. 558 do CPC 1973 (com redação então dada pela Lei 9.139/1995) estabeleceu expressamente a possibilidade de concessão de efeito suspensivo pelo relator do recurso, com o que perde sentido utilizar-se do mandado de segurança para essa finalidade. Tal realidade se mantém no CPC 2015 visto que, ainda que não exista um dispositivo literalmente correspondente ao art. 558 da Norma Processual revogada, os artigos 995, parágrafo único, e 1.012, § 4º, da Norma Processual em vigor, são expressos ao indicar a possibilidade de o relator conceder efeito suspensivo ao recurso. Nessa seara, o mandado de segurança para concessão de efeito suspensivo somente seria possível se o

---

[707] PASSOS, J. J. Calmon de. *O mandado de segurança contra atos jurisdicionais*. Op. cit., p. 102.
[708] Idem, ibidem.
[709] MIRANDA, Pontes. *Tratado das ações: ações constitutivas*: tomo IV. Op. cit., p. 104.
[710] THEODORO JÚNIOR. Humberto. *O mandado de segurança segundo a Lei 12.016, de 07 de agosto de 2008.* Op. cit., 14.
[711] MEIRELLES, Hely Lopes. *Mandado de segurança*. Op. cit., p. 45.
[712] VITTA, Heraldo Garcia. *Mandado de segurança: comentários à Lei n. 12.016/2009*. 3. ed. São Paulo: Saraiva, 2010, p. 71.
[713] THEODORO JÚNIOR. Humberto. *O mandado de segurança segundo a Lei 12.016, de 07 de agosto de 2008.* Op. cit., p. 16.

relator do Tribunal se recursar a impedir liminarmente o abuso cometido pela decisão recorrida.[714]

No mesmo sentido, verifica-se também ser cabível o mandado de segurança em face de decisão judicial manifestamente ilegal ou eivada de teratologia, conforme explicitam precedentes do Superior Tribunal de Justiça.[715] Provenha o ato ofensor do Executivo, do Legislativo ou do Judiciário, o mandado de segurança "é o remédio heroico adequado",[716] desde que a impetração ocorra dentro dos pressupostos estabelecidos em lei.

Em resumo, como regra geral: (i) não se autoriza o uso do mandado de segurança em face de decisão judicial, sobretudo por que o "o reexame de qualquer decisão só é possível mediante o uso dos recursos ou das ações de impugnação",[717] como a ação rescisória ou a reclamação; (ii) o mandado de segurança contra ato jurisdicional não pode ser construído como uma espécie de recurso.[718] Mas, para que se possa admitir o mandado de segurança contra decisão judicial, se exige a presença de três requisitos:[719] (i) inexistência de instrumento recursal apto para a defesa do direito lesado ou ameaçado; (ii) inocorrência de coisa julgada; (iii) ocorrência de teratologia na decisão impugnada.

Convém ainda chamar a atenção para uma situação relevante e muito especial, ou seja, a dos Juizados Especiais Cíveis, cuja Lei 9.099/1995 não admite a ação rescisória (art. 59). Nesses casos, como o direito líquido e certo da parte pode ter sido flagrantemente violado e como não lhe é dado se valer de ação rescisória, deve-se admitir que a lesão grave possa ser remediada pela via do mandado de segurança.

Para concluir, traça-se abaixo, brevíssimo quadro de Súmulas dos Tribunais Superior que guardam estreita relação com o tema debatido nesse estudo:

Súmula 267
Não cabe mandado de segurança contra ato judicial passível de recurso ou correição.
Súmula 268
Não cabe mandado de segurança contra decisão judicial com trânsito em julgado.
Súmula 433
É competente o Tribunal Regional do Trabalho para julgar mandado de segurança contra ato de seu presidente em execução de sentença trabalhista.

---

[714] THEODORO JÚNIOR. Humberto. *O mandado de segurança segundo a Lei 12.016, de 07 de agosto de 2008*. Op. cit., p. 16.

[715] "Muito embora o art. 5º, inciso II, da Lei 12.016/2009, e o enunciado n. 267 da Súmula do STF reputem incabível o manejo do mandado de segurança contra decisão judicial da qual caiba recursocom efeito suspensivo, a jurisprudência desta Corte admite, excepcionalmente, que a parte prejudicada se utilize do mandamuspara se defender de ato judicial eivado de ilegalidade, teratologia ou abuso de poder." (Recurso Ordinário em Mandado de Segurança nº 50630/RS – julgado em 01.08.2016)

[716] MEIRELLES, Hely Lopes. *Mandado de segurança*. Op. cit., p. 47.

[717] PASSOS, J. J. Calmon de. *O mandado de segurança contra atos jurisdicionais*. Op. cit., p. 124.

[718] PASSOS, J. J. Calmon de. *O mandado de segurança contra atos jurisdicionais*. Op. cit., p. 125.

[719] THEODORO JÚNIOR. Humberto. *O mandado de segurança segundo a Lei 12.016, de 07 de agosto de 2008*. Op. cit., p. 17.

Súmula 624

Não compete ao Supremo Tribunal Federal conhecer originariamente de mandado de segurança contra atos de outros tribunais.

Súmula 376

Compete a turma recursal processar e julgar o mandado de segurança contra ato de juizado especial.

Súmula nº 414 do TST

I – A antecipação da tutela concedida na sentença não comporta impugnação pela via do mandado de segurança, por ser impugnável mediante recurso ordinário. A ação cautelar é o meio próprio para se obter efeito suspensivo a recurso. (ex-OJ nº 51 da SBDI-2 – inserida em 20.09.2000)

II – No caso da tutela antecipada (ou liminar) ser concedida antes da sentença, cabe a impetração do mandado de segurança, em face da inexistência de recurso próprio. (ex-OJs nºs 50 e 58 da SBDI-2 – inseridas em 20.09.2000)

III – A superveniência da sentença, nos autos originários, faz perder o objeto do mandado de segurança que impugnava a concessão da tutela antecipada (ou liminar). (ex-Ojs da SBDI-2 nºs 86 – inserida em 13.03.2002 – e 139 – DJ 04.05.2004)

Referências bibliográficas

ANTUNES DA CUNHA, Guilherme Cardoso; COSTA, Miguel do Nascimento; SCALABRIN, Felipe. *Lições de processo civil*: execução – conforme o novo CPC de 2015. Porto Alegre: Livraria do Advogado, 2015.

———; REIS, Maurício Martins. Por uma teoria dos precedentes obrigatórios conformada dialeticamente ao controle concreto de constitucionalidade. *Revista de Processo*, São Paulo, v. 39, n. 235, p. 263-292, set. 2014.

ARENHART, Sérgio Cruz; MITIDIERO, Daniel. *Novo Código de Processo Civil comentado*. São Paulo: Revista dos Tribunais, 2015.

ASSIS, Araken de. *Manual dos Recursos*. 5. ed. São Paulo: Revista dos Tribunais, 2013.

———. *Manual dos Recursos*. 8. ed. rev. atual. e ampl. – São Paulo: Revista dos Tribunais, 2016.

———. *Processo Civil brasileiro*. Volume 1: parte geral, fundamentos e distribuição de conflitos. 2. ed. rev. e atual. São Paulo: Revista dos Tribunais, 2016.

———. *Processo civil brasileiro*. Volume III: parte especial: procedimento comum (da demanda à coisa julgada) 2. ed. rev. e atual. São Paulo: Revista dos Tribunais, 2016.

———; ALVIM, Arruda; ALVIM, Eduardo Arruda. *Comentários ao código de processo civil*. 2. ed. São Paulo: Revista dos Tribunais, 2012.

BAPTISTA DA SILVA, Ovídio A. *Curso de Processo Civil*, vol. 1. 5ª ed. São Paulo: Revista dos Tribunais, 2001.

———. *Curso de processo civil*, volume I, tomo I: processo de conhecimento. 8. ed., rev. e atual. Rio de Janeiro: Forense, 2008.

———. *Jurisdição, direito material e processo*. Rio de Janeiro: Forense: 2008.

———. Sentença condenatória na Lei 11.232. *Revista Jurídica*. Porto Alegre, notadez informação, n. 345, p. 11-20, jul, 2006.

———. Sobrevivência da querela nullitatis. In: *Da sentença liminar à nulidade da sentença*. Rio de Janeiro: Forense, 2002.

———. *Sentença e coisa julgada*. 2. ed. Porto Alegre: Sergio Antonio Fabris Editor, 1988.

BUENO, Cassio Scarpinella. *Curso sistematizado de direito processual civil*: recursos, processos e incidentes nos tribunais, sucedâneos recursais: técnicas de controle das decisões judiciais. 3. ed. rev., atual. e ampl. São Paulo: Saraiva, 2011.

———. *Manual de direito processual civil*. São Paulo: Saraiva, 2015.

———. *Manual de processo civil*: inteiramente estruturado à luz do novo CPC, de acordo com a Lei n. 13.256, de 4-2-2016. 2. ed., atual. e ampl. São Paulo: Saraiva, 2016.

———. *Novo Código de Processo Civil Anotado*. São Paulo: Saraiva, 2015.

CABRAL, Antônio do Passo. *Breves comentários ao novo código de processo civil*. Coordenadores Teresa Arruda Alvim Wambier (*et al.*) 3. ed. rev. e atual. São Paulo: Revista dos Tribunais, 2016.

———. O novo procedimento modelo (*Musterverfahren*) alemão: uma alternativa às ações coletivas. *Revista de Processo*, São Paulo, v. 32, n. 147, p. 123-146, maio. 2007.

CALMON DE PASSOS, José Joaquim. *Ensaios e artigos*, vol. 1. Salvador: Juspodivm, 2014.

CÂMARA, Alexandre Freitas. *Ação rescisória*. 3 ed. São Paulo: Atlas, 2014.

_____. *Lições de direito processual civil*: vol. 1. 23. ed. São Paulo: Atlas, 2012.
_____. *O novo processo civil brasileiro*. 2ª ed. São Paulo: Atlas, 2016.
CAMBI, Eduardo. *Neoconstitucionalismo e neoprocessualismo*: direitos fundamentais, políticas públicas e protagonismo judiciário. 2. ed., rev. e atual. São Paulo: Revista dos Tribunais, 2011.
CASTANHEIRA NEVES, António. *Metodologia jurídica*: problemas fundamentais. Coimbra: Coimbra Editora, 1993.
_____. *Questão-de-Facto – Questão-de-Direito ou O Problema Metodológico da Juridicidade* (ensaio de uma reposição crítica). Coimbra: Livraria Almedina, 1967.
CAVALCANTI, Marcos de Araújo. *O incidente de resolução de demandas repetitivas e as ações coletivas*. Salvador: Juspodivm, 2015.
CRAMER, Ronaldo. *Ação Rescisória por violação de norma jurídica*. 2. ed. Salvador: Juspodivm, 2012.
COSTA, Miguel do Nascimento. Direito Fundamental à resposta correta e adequada à Constituição. In: Constituição, Economia e Desenvolvimento: *Revista da Academia Brasileira de Direito Constitucional*. Curitiba, 2013, vol. 5, n. 8, Jan.-Jun. p. 170-189.
CUNHA, Leonardo Carneiro da. Anotações sobre o incidente de resolução de demandas repetitivas previsto no projeto do novo Código de Processo Civil. *Revista de Processo*, São Paulo, v. 36, n. 193, p. 255-279, mar. 2011.
DANTAS, Marcelo Navarro Ribeiro. *Reclamação constitucional*. Porto Alegre: Sergio Fabris, 2000.
DIDIER JR., Fredie; CUNHA, Leonardo Carneiro da. *Curso de Direito Processual Civil*, vol. 3. 8. ed. Salvador: Juspodivm, 2010.
DIDIER JÚNIOR, Fredie; CUNHA, Leonardo Carneiro da. *Curso de direito processual civil*: o processo civil nos tribunais, recursos, ações de competência originária de tribunal e querela nullitatis, incidentes de competência originária de tribunal. 13. ed. Salvador: JusPodivm, 2016.
_____; TEMER, Sofia Orberg. A decisão de organização do incidente de resolução de demandas repetitivas: importância, conteúdo e o papel do regimento interno do tribunal. *Revista de Processo*, São Paulo , v. 41, n. 258, p. 257-278, ago. 2016.
_____; ZANETI JÚNIOR, Hermes. Ações coletivas e o incidente de julgamento de casos repetitivos – Espécies de processo coletivo no direito brasileiro: aproximações e distinções. *Revista de Processo*, São Paulo, v. 41, n. 256, p. 209-218, jun. 2016.
DWORKIN, Ronald. *Levando os direitos a sério*. Tradução de Jefferson Luiz Camargo e revisão técnica de Gildo Sá Leitão Rios. 2. ed. São Paulo: Martins Fontes, 2007.
_____. *O império do direito*. Tradução de Nelson Boeira. 3. ed. São Paulo: WMF Martins Fontes, 2010.
JORGE, Flávio Cheim. *Teoria Geral dos Recursos Cíveis*. 3. ed. São Paulo: Revista dos Tribunais, 2007.
LACERDA, Galeno. Ação Rescisória e Suspensão Cautelar da Execução do Julgado Rescindendo, Porto Alegre, *Revista da AJURIS* nº 29, 1983.
LIEBMAN, Enrico Tulio. *Eficácia e autoridade da sentença*. 3. ed. Trad. Alfredo Buzaid e Benvindo Aires. Rio de Janeiro: Forense, 1984.
LIPPMANN, Rafael Knoor. *Código de processo civil comentado*. Coordenação José Sebastião Fagundes, Antônio César Bochenek e Eduardo Cambi – São Paulo: Revista dos Tribunais, 2016.
LUCCA, Rodrigo Ramina de. Querela Nullitatis e o réu revel não citado no processo civil brasileiro. *Revista de Processo*. São Paulo, Volume 202, Ano 36, Dezembro de 2011.
MACEDO. Alexander dos Santos. *Da querela nulitatis*: sua subsistência no direito brasileiro. Rio de Janeiro: Lumen Juris. 1998.
MARINONI, Luiz Guilherme. *Julgamento nas Cortes Supremas*: precedentes e decisão do recurso diante do novo CPC. São Paulo: Revista dos Tribunais, 2015.
_____. *Novo curso de processo civil*: tutela dos direitos mediante procedimento comum. Volume II. Luiz Guilherme Marinoni, Sérgio Crus Arenhart, Daniel Mitidiero – São Paulo: Revista dos Tribunais, 2015.

——. O "problema" do incidente de resoluçãode demandas repetitivas e dos recursos extraordinário e especial repetitivos. *Revista de Processo*, São Paulo, v. 40, n. 249, p. 399-419, nov. 2015.

——. *O STJ enquanto corte de precedentes*: recompreensão do sistema processual da corte suprema. São Paulo: Revista dos Tribunais, 2013.

——. Sobre o incidente de assunção de competência. *Revista de Processo*, São Paulo, v. 41, n. 260, p. 233-256, out. 2016.

——. *Novo curso de processo civil*: tutela dos direitos mediante procedimento comum. Volume II. Luiz Guilherme Marinoni, Sérgio Crus Arenhart, Daniel Mitidiero. São Paulo: Revista dos Tribunais, 2015.

——; ARENHART, Sérgio Cruz; MITIDIERO, Daniel. Marinoni. *Novo Código de Processo Civil comentado*. São Paulo: Revista dos Tribunais, 2015.

——; ——; ——. *Novo curso de processo civil*: tutela dos direitos mediante procedimento comum, volume II. São Paulo: Revista dos Tribunais, 2015.

MARQUES, José Frederico. *Manual de direito processual civil*. Volume 3. São Paulo: Milleninum, 2000. p. 234.

MEDINA, José Miguel Garcia; ALVIM, Teresa Arruda. *Recursos e ações autônomas de impugnação* (Processo civil moderno, v. 2). 3. ed. São Paulo: Revista dos Tribunais, 2013.

MEDINA, José Miguel Garcia. *Novo Código de Processo Civil comentado*: com remissões e notas comparativas ao CPC/1973. 4. ed. rev., atual. e ampl. – São Paulo: Revista dos Tribunais, 2016.

——. Art. 966. In: STRECK, Lenio Luiz; NUNES Dierle; CUNHA, Leonardo (orgs). *Comentários ao Código de Processo Civil*. São Paulo: Saraiva, 2016.

MEIRELLES, Hely Lopes. *Mandado de segurança*. 31ª ed. São Paulo: Malheiros, 2008.

MENDES, Aluísio Gonçalves de Castro; TEMER, Sofia Orberg. O incidente de resolução de demandas repetitivas do novo Código de Processo Civil. *Revista de Processo*, São Paulo, v. 40, n. 243, p. 283-332, maio 2015.

MIRANDA, Francisco Cavalcanti Pontes de. *Comentários ao Código de Processo Civil*. 2. ed. Rio de Janeiro: Forense, 1974.

——. *Tratado da ação rescisória das sentenças e de outras decisões*. 3. ed. corrigida, posta em dia e aumentada. Rio de Janeiro: Borsoi, 1957.

——. *Tratado das ações: ações constitutivas*: tomo IV. 1. ed. atual. Nelson Nery Junior, Georges Abbout. – São Paulo: Revista dos Tribunais, 2016.

MITIDIERO, Daniel. Conceito de Sentença. In: ALVARO DE OLIVEIRA, Carlos Alberto (Coord.). *A nova execução*: comentários à Lei 11.232, de 22 de dezembro de 2005. Rio de Janeiro: Forense: 2006.

——. *Cortes superiores e cortes supremas*: do controle à interpretação; da jurisprudência ao precedente. São Paulo: Revista dos Tribunais, 2013.

MOREIRA, José Carlos Barbosa. A nova definição de sentença. *Revista de Processo*, nº 136. São Paulo: Revista dos Tribunais, junho de 2006.

——. *Comentários ao Código de Processo Civil*, vol. V. 12. ed. Rio de Janeiro: Forense, 2005.

——. *Temas de direito processual*. São Paulo: Saraiva. 1977.

——. *Temas de direito processual*: terceira série. Eficácia da Sentença e Autoridade da Coisa Julgada. São Paulo: Saraiva, 1984.

——. *O novo processo civil brasileiro*: exposição sistemática do procedimento. Edição revista e atualizada. Rio de Janeiro: Forense, 2010.

MÜLLER, Friedrich. *Teoria estruturante do direito*. Tradução de Peter Naumann e Eurides Avance de Souza. 2. ed. rev., atual. e ampl. São Paulo: Revista dos Tribunais, 2009.

NEVES, Daniel Amorim Assumpção. *Manual de Direito Processual Civil*: volume único. 8. ed. Salvador: Juspodivm, 2016.

NERY JÚNIOR, Nelson; NERY, Rosa Maria. *Comentários ao Código de Processo Civil*: novo CPC – Lei 13.105/2015. São Paulo: Revista dos Tribunais, 2015.

PASSOS, J. J. Calmon de. O mandado de segurança contra atos jurisdicionais. In. *Mandado de segurança*. Coordenação Aroldo Plínio Gonçalves. Belo Horizonte: Del Rey, 1996.

PEREIRA, Paula Pessoa. Legitimidade dos precedentes: universalidade das decisões do STJ. Coleção O Novo Processo Civil; Diretor Luiz Guilherme Marinoni; Coordenadores Sérgio Cruz Arenhart e Daniel Mitidiero. São Paulo: Revista dos Tribunais, 2014.

PIMENTEL, Álvaro Mendes. *Observações sobre o Projeto de Código de Processo Civil*. Rio de Janeiro, 1939.

PORTO, Sérgio Gilberto. *Coisa julgada civil*. 3. ed. rev. atual e ampl. São Paulo: Revista dos Tribunais. 2006.

——; USTARRÓZ, Daniel. *Manual dos Recursos Cíveis*. 5ª ed. Porto Alegre: Livraria do Advogado, 2016.

REICHELT, Luis Alberto. O incidente de resolução de demandas repetitivas no novo Código de Processo Civil brasileiro e o redimensionamento do papel constitucionalmente associado aos tribunais de justiça e aos tribunais regionais federais. *Revista de Processo*, São Paulo, v. 40, n. 248, p. 273-285, out. 2015.

RIBEIRO, Darci Guimarães; ANTUNES DA CUNHA, Guilherme. Tutelas de urgência: da estrutura escalonada às tutelas de urgência autônomas. In: *Controvérsias constitucionais atuais*, n. 2. Paulo Fayet, Geraldo Jobim e Marco Félix Jobim (organizadores). Porto Alegre: Livraria do Advogado, 2015.

ROCHA, Leonel Severo; STRECK, Lenio Luiz (orgs.). *Constituição, sistemas sociais e hermenêutica*: programa de pós-graduação em Direito da Unisinos: mestrado e doutorado, anuário 2006, n. 3. Porto Alegre: Livraria do Advogado, 2007.

RODRIGUES, Marcelo Abelha. *Suspensão de segurança*: Sustação da eficácia de decisão judicial proferida contra o poder público. 3. ed. São Paulo: Revista dos Tribunais, 2010.

SÁ, Renato Montans de. *Manual de direito processual civil*. 2. ed. São Paulo: Saraiva, 2016

SANTANNA, Gustavo da Silva. *Direito administrativo*. 2. ed. Porto Alegre: Verbo Jurídico, 2013.

——; SCALABRIN, Felipe. A legitimação pela fundamentação: anotação ao art. 489, §§ 1º e § 2º, do novo Código de Processo Civil. *Revista de processo*, vol. 255, p. 17-140, mai/2016.

SANTOS, Moacyr Amaral. *Primeiras linhas de direito processual civil*. Vol. 3. 23. ed. rev. e atual. por Maria Beatriz Amaral Santos Kohnen. São Paulo: 2009.

SCALABRIN, Felipe. A partir de quando incide a multa de 10% do art. 475-J? Anotação sobre a Súmula nº 517 do STJ. *Revista Eletrônica de Direito Processual*, v. 15, p. 150-164, 2015.

——. *As Deficiências da Teoria da Argumentação Jurídica*: uma análise da recepção da hermenêutica filosófica no Direito. Revista Crítica do Direito, v. 66, p. 62, 2015.

——. *Causa de pedir e atuação do Supremo Tribunal Federal*. Porto Alegre: Verbo Jurídico, 2014.

SILVA, José Afonso da. *Do recurso extraordinário no direito processual brasileiro*. São Paulo: Revista dos Tribunais, 1963.

STRECK, Lenio Luiz. Aplicar a "letra da lei" é uma atitude positivista? *Revista Novos Estudos Jurídicos* (NEJ), vol. 15, n. 1, p. 158-173, jan./abr., 2010.

——. Art. 504. In: ——; NUNES, Dierle, CUNHA, Leonardo (orgs.). *Comentários ao Código de Processo Civil*. São Paulo: Saraiva, 2016.

——. *Hermenêutica jurídica e(m) crise*: uma exploração hermenêutica da construção do direito. 10. ed. Porto Alegre: Livraria do Advogado, 2011.

——. *Verdade e consenso* – Constituição, Hermenêutica e Teorias Discursivas: da possibilidade à necessidade de respostas corretas em direito. 3. ed., revista, ampliada e com posfácio. Rio de Janeiro: Lumen Juris, 2009.

——; ABBOUD, George. *O que é isto – o precedente judicial e as súmulas vinculantes?* 2. ed. Porto Alegre: Livraria do Advogado, 2014.

TARUFFO, Michele. Precedente e jurisprudência. In: *Revista de Processo*, ano 36, volume 199, setembro/2011, Editora Revista dos Tribunais, 2011.

TESCHEINER, José Maria. Art. 502. In: STRECK, Lenio Luiz; NUNES Dierle; CUNHA, Leonardo (orgs). *Comentários ao Código de Processo Civil*. São Paulo: Saraiva, 2016.

THEODORO JÚNIOR, Humberto. Coisa julgada e a segurança jurídica: alguns temas atuais de relevante importância no âmbito das obrigações tributárias. In: JOBIM, Geraldo Cordeiro, Marco Felix Jobim, Denise Estrela Tellini. (Orgs.). *Tempestividade e Efetividade Processual*: Novos Rumos do Processo Civil Brasileiro. Caxias do Sul, RS: Plenum, 2010.

THEODORO JÚNIOR, Humberto. *Curso de direito processual civil*, vol. III. Rio de Janeiro: Forense, 2015.

——. *Curso de Direito Processual Civil*, vol. III. 47. ed. Rio de Janeiro: Forense, 2016.

——. Jurisprudência e precedentes vinculantes no novo código de processo civil: demandas repetitivas. *Revista de Processo*, São Paulo , v. 41, n. 255, p. 359-372, maio 2016.

——. *O mandado de segurança segundo a Lei 12.016, de 07 de agosto de 2008*. Rio de Janeiro: Forense. 2009.

USTÁRROZ, Daniel; PORTO, Sérgio Gilberto. *Manual dos recursos cíveis*. 4. ed. rev. e ampl. Porto Alegre: Livraria do Advogado, 2013.

VITTA, Heraldo Garcia. *Mandado de segurança*: comentários à Lei n. 12.016/2009. 3. ed. São Paulo: Saraiva, 2010.

WAMBIER, Luiz Rodrigues. *Curso avançado de processo civil*: cognição jurisdicional (processo comum de conhecimento e tutela provisória), vol. 2. 16. ed. reformulada e ampliada de acordo com o novo CPC. São Paulo: Revista dos Tribunais, 2016.

WAMBIER, Teresa Arruda Alvim; DANTAS, Bruno. *Recurso especial, recurso extraordinário e a nova função dos tribunais superiores no direito brasileiro*. 3. ed., rev., atual. e ampl. São Paulo: Revista dos Tribunais, 2016.

YARSHELL, Flávio Luiz. Convenção das partes em matéria processual: rumo a uma nova era? In: CABRAL, Antonio do Passo; NOGUEIRA, Pedro Henrique (Coords.). *Negócios processuais*. Salvador: Juspodivm, 2015.